# 阅读与写作

主  编  陈秀泉  王  敦  丘春明
副主编  刘春玉  阳代军  张  艳  李  林
　　　  兰海洋  何  冰  莫  丹  蒋维宇

中国水利水电出版社
www.waterpub.com.cn
·北京·

## 内 容 提 要

本书是编者根据近年来"阅读与写作"课程教学改革的最新进展，并结合多年的教学经验，专门为各类高职院校公共基础课程编写的新形态教材，旨在培养学生的阅读和理解能力、文学欣赏能力、语言表达和运用能力、常用应用文写作能力，以及学生的审美意趣和人文精神。本书内容基本能满足学生学习和今后工作的实际需要，可为学生的终身教育和发展奠定重要基础。在课程内容的构建方面，经典文学作品的阅读赏析与常用应用文的写作知识、技巧相结合，分为大学论道、文化传承、工匠精神、职场引航、影视艺术、文苑撷英、大美生活、感恩思源八个模块。教材编写组编写了配套的实操训练手册，充分体现了职业教育特色，让学生在情境实操中提高写作能力。

本书可作为高等职业技术院校及本科院校的素质教育教材，也可供阅读与写作爱好者参考使用。

图书在版编目（CIP）数据

阅读与写作 / 陈秀泉，王敦，丘春明主编. -- 北京：中国水利水电出版社，2023.7（2024.1重印）
高等职业教育通识类课程新形态系列教材
ISBN 978-7-5226-1543-1

Ⅰ. ①阅… Ⅱ. ①陈… ②王… ③丘… Ⅲ. ①大学语文课－阅读教学－高等职业教育－教材②汉语－应用文－写作－高等职业教育－教材 Ⅳ. ①H19②H152.3

中国国家版本馆CIP数据核字(2023)第104149号

策划编辑：周益丹　责任编辑：张玉玲　加工编辑：曲书瑶　封面设计：梁燕

| | |
|---|---|
| 书　名 | 高等职业教育通识类课程新形态系列教材<br>阅读与写作<br>YUEDU YU XIEZUO |
| 作　者 | 主　编　陈秀泉　王　敦　丘春明<br>副主编　刘春玉　阳代军　张　艳　李　林<br>　　　　兰海洋　何　冰　莫　丹　蒋维宇 |
| 出版发行 | 中国水利水电出版社<br>（北京市海淀区玉渊潭南路1号D座 100038）<br>网址：www.waterpub.com.cn<br>E-mail：mchannel@263.net（答疑）<br>　　　　sales@mwr.gov.cn<br>电话：（010）68545888（营销中心）、82562819（组稿） |
| 经　售 | 北京科水图书销售有限公司<br>电话：（010）68545874、63202643<br>全国各地新华书店和相关出版物销售网点 |
| 排　版 | 北京万水电子信息有限公司 |
| 印　刷 | 三河市德贤弘印务有限公司 |
| 规　格 | 184mm×260mm　16开本　15.5印张　312千字 |
| 版　次 | 2023年7月第1版　2024年1月第2次印刷 |
| 印　数 | 3001—6000册 |
| 定　价 | 59.00元 |

凡购买我社图书，如有缺页、倒页、脱页的，本社营销中心负责调换

**版权所有·侵权必究**

高等职业教育通识类课程新形态系列教材

总策划　陈秀泉

## 编委会

主　任　黄春波

副主任　王　敦　陈秀泉

编　委　王　景　何红梅　黎天业

　　　　瞿翠丽　阳代军　吴小宁

　　　　蒋戴丽　曾　静　何　飞

没有通识教育，就没有大学。作为一名从事人文教育研究近30年的教师，我对这一说法深以为然。亚里士多德说："人是有理性的动物。""理性"是人之所以为人的一个重要标准。理性来自博学多识，来自知自然人文、晓古今之事、通情而达理，也就是通常说的通识教育。

党的二十大报告提出："我们必须坚定历史自信、文化自信，坚持古为今用、推陈出新，把马克思主义思想精髓同中华优秀传统文化精华贯通起来、同人民群众日用而不觉的共同价值观念融通起来，不断赋予科学理论鲜明的中国特色，不断夯实马克思主义中国化时代化的历史基础和群众基础，让马克思主义在中国牢牢扎根。"通识教育的思想在我国可谓源远流长，《易经》提出"君子多识前言往行，以畜其德"；《中庸》主张"博学之，审问之，慎思之，明辨之，笃行之"。大学通识教育从性质上说，就是办学思想，是高等教育的重要组成部分；从目的上说，是通过增加学生知识的广度与深度，拓宽学生的视野，使学生兼备人文素养与科学素养，把学生培养成"全面发展的人"。《中国教育现代化2035》中将"以德为先，全面发展，面向人人，终身学习"作为教育现代化的基本理念，这与通识教育的理念和目标不谋而合。

当前，我国高职院校都开设了一定数量的通识教育类课程，但不少学校和教师认为通识教育就是加强学生的人文修养，增加学生的人文知识，提升学生的审美品位，并未充分认识到在我国高职教育已经从规模扩张进入到内涵建设的新阶段，高职院校应更加注重学生道德情操和社会主义核心价值观的培养，更加注重学生知识广博性和心智的培养，应该把帮助学生了解自己与社会、文明与文化、科学与技术、过去与未来作为高职教育的一个重点，从而实现高职教育指导思想和办学观念的根本转变。

大学通识教育应该"通"什么、"识"什么，仍是一个值得讨论的问题。不同层次的大学、不同层次的教育，应该掌握的通识知识是有差异的。就高职教育而言，学生应该通过通识教育，具备良好的品德，具有较好的人际互动和团队合作能力，具有比较广阔的社会视野，成为一个具有较高素养的公民。学生在语言素养上，应该具有较

好的沟通表达能力；在艺术素养上，应该具有较高的人文艺术和美感品位；在科学素养上，应该具有较强的思考、创造、自学能力和关怀生命、关怀自然的意识，应该拥有健康的体魄与心理调适能力。

正是基于以上对高等职业教育通识教育的认识和理解，我们编写了这套高等职业教育通识类课程新形态系列教材，探索构建与一流高职学生培养相适应的通识课程体系。系列教材策划编写力求体现"普、新、特、实"四个字。

"普"，就是基础性综合性视角。这套教材基于通识教育理念编写，既包括阅读与写作、高等数学等基础性课程，也包括大学生心理健康、公共体育、八桂文化等内容，旨在培养学生的思维能力、人际沟通交往能力等，为学生终身成长和可持续发展奠定基础。

"新"，就是新形态教材形式。本套教材以新的形态组织内容，以融媒体等形式立体化呈现内容。

"特"，就是体例和撰写特色。在系列教材中，我们将以新的编排体例，为学生的学习和实操带来新体验和感受。

"实"，就是务实和实用。整套教材的内容选择和实操任务设置从高职教育特点出发，注重通识教育的实用性，既利在当前，又着眼长远，让学生在受到广泛通识教育的同时，在实操项目的情境化设置中提高动手能力和创造力。

南宁职业技术学院作为全国56所中国特色高水平高职学校建设单位之一，近几年在高职院校通识教育方面积累了一些经验，这套教材的编写旨在为高职院校内涵建设打开一扇窗，为高职院校通识教育贡献绵薄之力。

陈秀泉

写于南宁职业技术学院金葵湖畔

2022 年 11 月 8 日

# 前言

人类文明发展史已延绵数千年，穿越时光隧道回头看，我们传承着许多变与不变的生存方式、认知行为和生活习惯。进入新时代，我们已习惯用"日新月异"来表达对历史巨变的感受，而"阅读与写作"却是个古老而常新的命题。

有人说，阅读是水，写作是舟；有人说，阅读是弓，写作是箭；有人说，阅读是前提，写作是阅读的结果……"熟读唐诗三百首，不会作诗也会吟""读书破万卷，下笔如有神"，或许在历史的长河中，我们早已深谙读与说、读与写的关系。

著名教育家叶圣陶先生在《略谈学习国文》中说："阅读是'吸收'的事情，从阅读，咱们可以领受人家的经验，接触人家的心情；写作是'发表'的事情，从写作，咱们可以显示自己的经验，吐露自己的心情。"在他看来，阅读就是吸收精神上的营养；写作是表达，把脑子里的东西拿出来，让人家知道，或者用嘴说，或者用笔写。阅读与写作，吸收与表达，一个是进，一个是出，老先生的话，已经说得很清楚了。只有爱阅读、会阅读、多阅读，辅以生活的积累和思考，文章才能越写越好。

在大力发展社会主义先进文化、弘扬革命文化、传承中华优秀传统文化、推进高职教育内涵式高质量发展的今天，与普通教育并行的职业教育对学生"阅读与写作"的能力要求越来越高，延续养成学生良好的阅读习惯，提升他们的阅读技能和写作能力，已成为高等职业教育通识教育一个迫切需要研究的课题。

从德国不莱梅大学和北京师范大学等联合开发的大规模职业能力诊断工具COMET职业能力测评的模型看，一个接受职业教育者，要"从初学者到专家"，即"从生手、熟手、高手到专家"，需要完成职业入门教育、职业关联性教育、职业功能性教育和知识系统化四个范围的专业教育。在我们看来，"阅读与写作"能力是贯穿这个模型能力达成始终的、最为基础的"隐性能力"，也是区分职业教育中、专、本等层次的一种能力要素，是改变人们对技术技能人才"动手能力还行，表达与文字功底不行"偏见的一种能力诉求。

然而，进入高职院校的大部分学生阅读与写作素质能力偏弱是一个不争的事实。这种能力的"短板"，往往成为他们升学道路上、求职就业过程中的"阿喀琉斯之踵"。

帮助他们在高等职业教育阶段提升这方面的能力，便成为了我们编写、开发、建设这本《阅读与写作》新形态教材的初衷。

在这本专门为高职院校公共选修课程编写的新形态教材中，我们特意对阅读与写作进行了有机整合，将阅读赏析和常用应用文写作知识、技巧相融合，并在体例、内容方面进行了创新。编写组按照写作项目化任务驱动进行模块设计，以校园生活或职场的真实情景导入，紧扣职业通用能力需求，兼顾人文性、职业性，将阅读与写作相结合，理论拓展与职业能力相结合，注重提升学生的阅读与写作能力。特别是本书配有实操训练手册，写作训练突出情境性、可操作性，内容由易而难，由简而繁，循序渐进，突出高职特色，新颖、独到，便于教师教学和学生自己练习。

本书由主编陈秀泉确定框架并对全书进行修改统稿，主编王敦、丘春明审稿。其中，前言由王敦执笔；模块一由莫丹执笔；模块二由李林执笔；模块三由张艳执笔；模块四由阳代军执笔；模块五由何冰执笔；模块六由丘春明、蒋维宇共同执笔；模块七由兰海洋执笔；模块八由刘春玉执笔。本书特别邀请了广西砚雍文化发展有限公司丘春明、阳光人寿保险股份有限公司广西分公司蒋维宇等企业专家参与编写，以进一步深化校企合作，主动对接职业岗位需求。

在这个 5G 时代，不少人阅读已从"纸端"转向"指端"，"读""看""听"并举，文字、音频、视频并用。为适应这种"阅读"新常态，我们在书中配置了大量二维码资料，方便学生线上线下学习。

本书的编写得到了南宁职业技术学院领导、有关部门、专家和教师的大力支持，借鉴了不少学界同仁的研究成果，在此一并致谢！

王敦<br>
壬寅霜降于沁竹斋<br>
2022 年 10 月

# 目录

序
前言

**模块一 大学论道** ..................1
  模块导读 ..................1
  学习目标 ..................1
  阅读·赏析 ..................2
    1. 大学（节选） ..................2
    2. 史记·孔子世家（节选） ..................5
    3. 为学与做人（节选） ..................7
    4. 怎样才配做一个现代学生（节选） ..................11
    5. 文学与人生（节选） ..................16
    6. 如果 ..................18
  写作指导 ..................20
    计划书写作 ..................20

**模块二 文化传承** ..................26
  模块导读 ..................26
  学习目标 ..................26
  阅读·赏析 ..................27
    1. 《诗经》三首 ..................27
    2. 长歌行 ..................30
    3. 季氏将伐颛臾 ..................32
    4. 唐宋诗四首 ..................35
    5. 宋词三首 ..................39
    6. 元曲二首 ..................42
    7. 墨池记 ..................45
  写作指导 ..................48
    新媒体文案写作 ..................48

**模块三 工匠精神** ..................56
  模块导读 ..................56
  学习目标 ..................56
  阅读·赏析 ..................57
    1. 考工记·总叙 ..................57
    2. 古剑篇 ..................62
    3. 杨生青花紫石砚歌 ..................64
    4. 匠人匠心（节选） ..................66
    5. 手工（节选） ..................71
    6. 平凡的世界（节选） ..................79
  写作指导 ..................85
    总结写作 ..................85

**模块四 职场引航** ..................92
  模块导读 ..................92
  学习目标 ..................92
  阅读·赏析 ..................93
    1. 史记·平原君虞卿列传（节选） ..................93
    2. 杜拉拉升职记（节选） ..................97
    3. 洛克菲勒留给儿子的38封信（节选） ..................101
    4. 致加西亚的信（节选） ..................105
    5. "极度"认真地工作能扭转人生 ..................109
    6. 终结个人英雄主义 ..................113
  写作指导 ..................117
    简历写作 ..................117

**模块五　影视艺术**..........................**123**
　模块导读..........................123
　学习目标..........................123
　影视·赏析..........................124
　　1. 流浪地球..........................124
　　2. 肖申克的救赎..........................131
　　3. 大山的女儿..........................136
　　4. 航拍中国..........................140
　　5. 掬水月在手..........................143
　写作指导..........................148
　　请示写作..........................148

**模块六　文苑撷英**..........................**155**
　模块导读..........................155
　学习目标..........................155
　阅读·赏析..........................156
　　1. 孔子的人格..........................156
　　2. 列子·天瑞篇（节选）..........................159
　　3. 我们为什么必须问大问题
　　　（节选）..........................161
　　4. 学做一个人..........................164
　　5. 重回莫高窟（节选）..........................166
　写作指导..........................170
　　演讲稿写作..........................170

**模块七　大美生活**..........................**178**
　模块导读..........................178

　学习目标..........................178
　阅读·赏析..........................179
　　1. 春夜宴从弟桃花园序..........................179
　　2. 定风波·莫听穿林打叶声..........................182
　　3. 论快乐..........................184
　　4. 热爱生命..........................187
　　5. 萤火虫的盛会（节选）..........................189
　写作指导..........................194
　　短视频脚本设计与写作..........................194

**模块八　感恩思源**..........................**203**
　模块导读..........................203
　学习目标..........................203
　阅读·赏析..........................204
　　1. 礼记·礼运（节选）..........................204
　　2. 现代诗三首..........................206
　　3. 家书两则..........................214
　　4. 乡土中国（节选）..........................217
　　5. 手下留情..........................222
　　6. 过节和观灯（节选）..........................226
　写作指导..........................231
　　调查报告写作..........................231

**参考文献**..........................**237**

# 模块一 大学论道

## 模块导读

大学是人生的新起点。进入大学首先要思考为什么要读大学，大学学什么，怎么学。大学不仅是学习知识和习得一技之长的殿堂，更是人生修养的大学堂。

本模块，我们一起从中国传统文化精华中领悟大学之道，从孔子"习其曲""习其数""习其志"到"得其为人"的学琴故事，感悟为学之道；从梁启超先生的文章读懂大学不但要读书，还要学会做人，努力使自己"不惑""不忧""不惧"；要像蔡元培先生说的那样，在大学里练就"狮子样的体力""猴子样的敏捷"，养成"骆驼样的精神"；在大学里，我们还要通过文学等，提高我们的审美能力，培养我们高尚的情操，丰富我们的人生内涵。同时，我们也要明白，人生道路可能会遇到种种困难和挑战，如果我们坚持梦想，不随波逐流，不逃避责任，不害怕困难，定能成为一个顶天立地的人。

"凡事预则立，不预则废。"作为刚踏进校门的大学生，我们要明确方向，制订目标，做好规划。本模块我们还将结合自己的实际情况，学习如何为自己充实而有意义的大学生活制作规划书。

## 学习目标

**阅读目标**

阅读选文，从中国传统优秀文化和著名思想家、文学家的论著中汲取思想精华和人生智慧，对为什么要读大学，大学学什么，怎么学等深层次的问题进行深入思考，树立大志向，做好职业规划。

**写作目标**

了解计划书的写作特点和要求，掌握计划书的写法。通过单元项目训练，学会制订学习、工作计划，学会写作学习计划书、工作计划书。

**思政目标**

通过阅读选文，在树立自己的人生目标和进行职业规划时能从中国传统优秀文化以及思想家、文学家的论著中受到教育，得到启发，树立正确的世界观、人生观、价值观，形成良好的品格和健全的人格，肩负起新时代赋予的社会责任。

# 1. 大学（节选）

## 选文背景

《大学》出自《礼记》，相传为春秋战国时期曾子所作，实为秦汉时期儒家作品，是一篇论述儒家修身齐家治国平天下思想的散文。《大学》全文文辞简约，内涵深刻，影响深远，强调了修己是治人的前提，修己是为了治国平天下，说明治国平天下和个人道德修养的一致性，二者相互作用，彼此协调。《大学》概括总结了先秦儒家道德修养理论，以及关于道德修养的基本原则和方法，对儒家政治哲学也有系统的论述，对做人、处世、治国等有深刻的启示。

## 选文

大学之道[1]，在明明德[2]，在亲民[3]，在止于至善[4]。知止而后有定[5]，定而后能静，静而后能安[6]，安而后能虑[7]，虑而后能得[8]。物有本末，事有终始。知所先后，则近道矣。

《大学》诵读

古之欲明明德于天下者，先治其国。欲治其国者，先齐其家[9]。欲齐其家者，先修其身[10]。欲修其身者，先正其心。欲正其心者，先诚其意。欲诚其意者，先致其知[11]。致知在格物[12]。物格而后知至，知至而后意诚，意诚而后心正，心正而后身修，身修而后家齐，家齐而后国治，国治而后天下平。

自天子以至于庶人[13]，壹是皆以修身为本[14]。其本乱而末治者否矣[15]。其所厚者薄[16]，而其所薄者厚[17]，未之有也[18]。此谓知本，此谓知之至也。

## 选文注释

[1] 大学之道：大学的宗旨，大学的最终目的。大学：在古代有两种含义：一是"博学"之意，二是与"小学"相对的"大人之学"。古代儿童八岁上小学，主要学习"洒扫、应对、进退、礼乐射御书数"之类的文化课和基本的礼节。十五岁后可进入大学，开始学习伦理、政治、哲学等"穷理正心，修己治人"的学问。两种含义虽有明显的区别之处，但都有"博学"之意。道：本指道路，在这里指的是在学习政治、哲学时所掌握的规律和原则。

[2] 明明德：第一个"明"是动词，彰显、发扬之意。第二个"明"是形容词，含有高尚、光辉的意思。"明德"也就是高尚的品德。

[3] 亲民：一说是"新民"，使人弃旧图新，弃恶扬善。引导、教化人民之意。

[4] 止于：处在。

[5] 知止：明确目标所在。

[6] 安：所处而安。

[7] 虑：处事精详。

[8] 得：得到成果。

[9] 齐其家：将自己家庭或家族的事务安排管理得井井有条，人与人之间的关系和谐，家业繁荣的意思。

[10] 修其身：锻造、修炼自己的品行和人格。

[11] 致其知：让自己得到知识和智慧。

[12] 格物：研究、认识世间万物。

[13] 庶人：普通百姓。

[14] 壹是皆以修身为本："壹是"是全部、都是之意；"本"是本源、根本之意。

[15] 末：与"本"相对，末节之意。

[16] 厚者薄：该厚待的却怠慢。

[17] 薄者厚：该怠慢的反倒厚待。

[18] 未之有也：宾语前置句，"未有之也"。是说还不曾有过这样的做法或是事情。

## 选文赏析

中国传统伦理道德文化根深蒂固、源远流长。传统伦理道德是中国传统文化的核心和灵魂，是中华民族精神家园的重要组成部分，而"四书五经"又是中国传统文化的重要组成部分。其中的"四书"指《大学》《论语》《孟子》《中庸》四部经典，涵盖了儒家学派的核心思想。可以说，"四书"代表着中国社会长久以来最主流的思想智慧。

《大学》作为"四书"之一，着重阐述了提高个人修养、培养良好的道德品质与治国平天下之间的重要关系，中心思想可以概括为"修己以安百姓"，并以三纲领"明明德、亲民、止于至善"和八条目"格物、致知、诚意、正心、修身、齐家、治国、平天下"为主题。《大学》的宗旨在于弘扬光明正大的品德，使人弃旧图新，达到最完善的境界。《大学》的文辞朴素简约，朗朗上口，每句话内涵深刻，从思想上给人们指引人生方向。

首句"大学之道"，这里说的"大学"，虽然和我们今天所说的高等学校不完全是一回事，但是与现在"大学"作为探寻真知、培养人才的地方有某些相似之处，在大学教育必须培养社会发展所需要的人这一点上是一样的。"明明德"之句，与孟子的"性本善"理念有关。孟子认为人的天性里以良善为主，后天的教育要依靠道德的引导把人性之善开发出来、彰显出来，让德善的力量在每一次观念抉择时都占上风。每个人在前进的道路上不断审视自我、正视自我，不断地修身锤炼，就是君子所为，就是大学之道。"亲民"即通过关爱他人，彰显德善而成为更好的自己、

全新的自己。"止于至善"就是让我们达到最好的境界。当然，任何完美的境界、极致的追求都很难实现，所以《大学》在强调了个人道德修养对"平天下"的重要性的同时，希望每一个积极上进有所追求的青年学子，把对人性至善至好的追求当作理想目标来看待，这对当代大学生的学习生活有很强的现实意义。

2018年"五四"前夕，习近平总书记在北京大学考察，再一次使用了"大学之道，在明明德，在亲民，在止于至善"这句典故，意在告知广大学子，大学是立德树人、培养人才的地方，是青年人学习知识、增长才干、放飞梦想的地方。作为当代大学生，应该有理想、有抱负，有服务社会的热情；要爱国，立鸿鹄志，做奋斗者，求真学问，练真本领，做实干家。这样的人，才是服务于国家发展的社会主义事业的建设者和接班人，才是真正的国之栋梁。

### 学必有问

（1）结合孟子"人性本善"理念，说说选文中"明明德""亲民""至善"是什么意思。作为新时代大学生，你打算如何做到"明明德""亲民""至善"？

（2）选文中所说的"本""末"分别是什么意思？在大学的学习生活中，我们应该怎样理清"本""末"之间的关系？

（3）结合《大学》成篇的时代背景，谈谈你对儒家"修身齐家治国平天下"思想的理解。这一儒家思想对我们大学生成长成才有什么启示？

# 2. 史记·孔子世家（节选）

## 选文背景

司马迁，西汉史学家、思想家、文学家，其创作的《史记》是中国第一部纪传体通史。《史记》记述了历史的演变过程，刻画了推动历史的各色人物，从历史的视角揭示了人生经验和处世之道。司马迁通过《孔子世家》为我们呈现了《论语》里看不到的圣人故事，选文"孔子学琴"故事出自于此。

## 选文

孔子学鼓琴师襄子，十日不进[1]。师襄子曰："可以益矣[2]。"孔子曰："丘已习其曲矣，未得其数也[3]。"有间[4]，曰："已习其数，可以益矣。"孔子曰："丘未得其志也[5]。"有间，曰："已习其志，可以益矣。"孔子曰："丘未得其为人也[6]。"有间，（曰）有所穆然深思焉[7]，有所怡然高望而远志焉[8]。曰："丘得其为人，黯然而黑，几然而长，眼如望羊[9]，如王四国，非文王其谁能为此也！"师襄子辟席再拜[10]，曰："师盖云《文王操》也[11]。"

## 选文注释

[1] 进：增加学习乐曲。

[2] 益：学习（新的乐曲）。

[3] 数：技术。未得其数：没有熟练地掌握弹奏的技巧。

[4] 有间：过了一段时间。

[5] 志：乐曲的情感、意境。

[6] 为人：作曲人的品格。

[7] 穆：通"默"。穆然：缄默深思的样子。

[8] 怡然：安适愉快的样子。

[9] 望羊：意为"望洋"，远视的样子。

[10] 辟：通"避"。辟席：古人席地而坐，离座而起，表示敬意。

[11] 《文王操》：相传为周文王作的曲。

《史记·孔子世家》参考译文

## 选文赏析

孔子所学之"琴"，现在称为"古琴"。古琴的长度约三尺六寸五，象征三百六十五天；外形面圆底方，象征天地；琴身的每一个部件，对应人体的头、颈、肩、腰、足等；琴弦的数量和演奏的方式方法等，均蕴含着古人"天人合一"的宇宙观。

在古人看来，学琴除了学宫商角徵羽五音之和，更重要的是学习天、地、人之礼乐之道。

孔子一生酷爱弹琴唱歌。他为学习韶乐"三月不知肉味"；周游列国受困之时，他仍"弦歌鼓舞，未尝绝音"；孔子整理"诗三百"，并且"弦歌之"，为的就是让弟子能感受诗"兴观群怨"的魅力。"琴"对于孔子不仅仅是乐器，更是自己畅游天地、感知人世、传播儒家思想最好的媒介。因此，选文中孔子向鲁国的乐曲家师襄子学习琴曲，为了参透琴谱之精髓，历经"习其曲""习其数""习其志""得其为人"方才满意也就情有可原了。

《荀子·劝学》曰："锲而舍之，朽木不折；锲而不舍，金石可镂。"如果雕刻一会儿就停下来不做了，那么腐烂的木头也刻不断；如果不停地雕刻下去，最终金石也能雕刻成功。孔子"习其曲""习其数""习其志""得其为人"的学琴过程告诉我们，真正掌握一项技艺，具备一种能力，达到一个境界，除了锲而不舍地在"术"上精益求精，还要透彻理解与感悟世间万物之"道"。这也体现了 2020 年 11 月 24 日，习近平总书记在全国劳动模范和先进工作者表彰大会上概括的"执着专注、精益求精、一丝不苟、追求卓越"十六个字工匠精神。

新时代新征程，在大学期间，我们就要自觉地将"工匠精神"融入学习和实践当中，坚定信念，锲而不舍，精益求精，勤于学习、实践、思考，深悟"大学之道"，从平凡走向卓越。

### 学必有问

（1）选文中哪些句子描写孔子精益求精的学习态度？他是如何锲而不舍不断追求，逐步达到学琴的理想境界的？

（2）俗话说："师傅领进门，修行在个人。"结合选文中孔子和师襄子的形象，你认为在大学的学习过程中，理想的师生关系是怎样的？

（3）"孔子学琴"从"习其曲""习其数""习其志"到"得其为人"的故事，对你有什么启发？

# 3. 为学与做人（节选）

## 选文背景

梁启超，字卓如，号任公，又号饮冰室主人、印冰子、自由斋主人，中国近代思想家、政治家、教育家、史学家、文学家以及著名的演说家。从发动戊戌变法到晚年执教清华、南开，做过无数次精彩的演讲。《为学与做人》出自梁启超1911年12月27日在苏州学生联合会的公开演讲。此演讲令听众深有感触，至今对青年人仍有极大的教育意义。

## 选文

诸君！我在南京讲学将近三个月了。这边苏州学界里头有好几回写信邀我，可惜我在南京是天天有功课的，不能分身前来。今天到这里，能够和全城各校诸君同聚一堂，令我感激得很。但有一件，还要请诸君原谅，因为我一个月以来，都带着些病，勉强支持，今天不能作很长的讲演，恐怕有负诸君的期望哩。

问诸君："为什么进学校？"我想人人都会众口一辞地答道："为的是求学问。"再问："你为什么要求学问？""你想学些什么？"恐怕各人的答案就很不相同，或者竟自答不出来了。诸君啊！我替你们回答一句罢："为的是学做人。"你在学校里头学的数学、几何、物理、化学、生理、心理、历史、地理、国文、英语，乃至什么哲学、文学、科学、政治、法律、经济、教育、农业、工业、商业等等，不过是做人所需要的一种手段，不能说专靠这些便达到做人的目的，任凭你把这些件件学得精通，你能够成个人不成个人还是个问题。

人类心理，有知、情、意三部分。这三部分圆满发达的状态，我们先哲名之为三达德——智、仁、勇。为什么叫作"达德"呢？因为这三件事是人类普通道德的标准，总要三个具备，才能成一个人。三件的完成状态怎么样呢？孔子说："知者不惑，仁者不忧，勇者不惧。"所以教育应分为知育、情育、意育三方面——现在讲的智育、德育、体育不对，德育范围太笼统，体育范围太狭隘——知育要教到人不惑，情育要教到人不忧，意育要教到人不惧。教育家教育学生，应该以这三件为究竟，我们自动地自己教育自己，也应该以这三件为究竟。

怎样才能不惑呢？最要紧的是养成我们的判断力。想要养成判断力，第一步，最少须有相当的常识，进一步，对于自己要做的事须有专门智识，再进一步，还须有遇事能断的智慧。假如一个人连常识都没有了，听见打雷，说是雷公发威，看见月食，说是蛤蟆贪嘴。那么，一定闹到什么事都没有主意，碰着一点疑难问题，就靠求神问卜看相算命去解决，真所谓"大惑不解"，成了最可怜的人了。学校里小学

中学所教，就是要人有了许多基本的常识，免得凡事都暗中摸索。但仅仅有点常识还不够，我们做人，总要各有一件专门职业。这门职业，也并不是我一人破天荒去做，从前已经许多人做过，他们积累了无数经验，发现出好些原理原则，这就是专门学识。我打算做这项职业，就应该有这项专门学识。例如我想做农吗？怎样地改良土壤，怎样地改良种子，怎样地防御水旱病虫，等等，都是前人经验有得成为学识的；我们有了这种学识，应用它来处置这些事，自然会不惑，反是则惑了。做工、做商等等都各有它的专门学识，也是如此。我想做财政家吗？何等租税可以生出何样结果，何种公债可以生出何样结果等等，都是前人经验有得成为学识的。我们有了这种学识，应用它来处置这些事，自然会不惑，反是则惑了。教育家、军事家等等，都各有他的专门学说，也是如此。我们在高等以上学校所求的知识，就是这一类。但专靠这种常识和学识就够吗？还不能。宇宙和人生是活的不是呆的，我们每日所碰见的事理是复杂的变化的，不是单纯的印板的。倘若我们只是学过这一件，才懂这一件，那么，碰着一件没有学过的事来到跟前，便手忙脚乱了。所以还要养成总体的智慧，才能得有根本的判断力。这种总的智慧如何才能养成呢？第一件，要把我们向来粗浮的脑筋着实磨炼它，叫它变成细密而且踏实。那么，无论遇着如何繁难的事，一定可以彻头彻尾想清楚它的条理，自然不至于惑了。第二件，要把我们向来浑浊的脑筋，着实将养它，叫它变成清明。那么，一件事理到跟前，我才能很从容很莹澈地去判断它，自然不至于惑了。以上所说常识学识和总体智慧，都是知育的要件，目的是教人做到"知者不惑"。

怎么样才能不忧呢？为什么仁者便会不忧呢？想明白这个道理，先要知道中国先哲的人生观是怎么样。"仁"之一字，儒家人生观的全体大致都包在里头。"仁"到底是什么，很难用言语来说明，勉强下个解释，可以说是："普遍人格之实现。"孔子说："仁者人也。"意思说是人格完成就叫作"仁"。但我们要知道，人格不是单独一个人可以表见的，要从人和人的关系上来看。所以仁字从二人，郑康成解它做"相人偶"。总而言之，要彼此交感互发，成为一体，然后我的人格才能实现。所以我们若不讲人格主义，那便无话可说；讲到这个主义，当然归宿到普遍人格。换句话说，宇宙即是人生，人生即是宇宙，我们的人格，和宇宙无二区别。体验得这个道理，就叫作"仁者"。

然则这种仁者为什么就会不忧呢？大凡忧之所从来，不外两端：一曰忧成败，二曰忧得失。我们得着"仁"的人生观，就不会忧成败。为什么呢？因为我们知道宇宙和人生是永远不会圆满的，所以《易经》六十四卦，始"乾"而终"未济"。正为在这永远不圆满的宇宙中，才永远容得我们创造进化。我们所做的事，不过在宇宙进化几万万里的长途中，往前挪一寸，两寸，哪里配说成功呢？然则不做怎么样？不做便连这一寸都不往前挪，那可真是失败了。"仁者"看透这种道理，信得过只有不做事才算失败，肯做事便不会失败。所以《易经》说："君子以自强不息。"换一方面来看，他们又信得过凡事不会成功的几万万里路挪了一两寸，算成功吗？所以《论语》说："知其不可而为之。"你想，有这种人生观的人，还有什么成败可忧呢？再者，我们得着"仁"的人生观，便不会忧得失。为什么呢？因为认定这件东西是我的，才有得失之可言。连人格都不是单独存在，不能明确地画出这一部分是我的，那一部分是人家的，然则哪里有东西可以为我所得？既已没有东西为我所得，当然也没有东西为我所失。我只是为学问而学问，为劳动而劳动，并不是拿学问劳动等做手段来达某种目的——可以为我们"所得"的。所以老子说："生而不有，为而不恃。""既以为人己愈有，既以与人己愈多。"你想，有这种人生观的人，还有什么得失可忧呢？总而言之，有了这种人生观，自然会觉得"天地与我并生，而万物与我为一"，自然会"无人而不自得"。他的生活，纯然是趣味化艺术化。这是最高的情感教育，目的教人做到"仁者不忧"。

怎么样才能不惧呢？有了不惑不忧功夫，惧当然会减少许多了。但这是属于意志方面的事。一个人若是意志力薄弱，便有很丰富的智识，临时也会用不着，便有优美的情操，临时也会变了卦。然则意志怎样才会坚强呢？头一件须要心地光明，孟子说："浩然之气，至大至刚。行有不慊之心，则馁矣。"又说："自反而不缩，虽褐宽博，吾不惴焉；自反而缩，虽千万人，吾往矣。"俗词说得好："生平不做亏心事，夜半敲门心不惊。"一个人要保持勇气，须要从一切行为可以公开做起，这是第一件。第二件要不为劣等欲望所牵制。《论语》记，子曰："吾未见刚者。"或对曰申枨。子曰："枨也欲，焉得刚。"一被物质上无聊的嗜欲东拉西扯，那么百炼成钢也会变为绕指柔了。总之，一个人的意志，由刚强变为薄弱极易，由薄弱返到刚强极难。一个人有了意志薄弱的毛病，这个人可就完了。自己做不起自己的主，还有什么事可做？受别人压制，做别人奴隶，自己只要肯奋斗，终能恢复自由。自己的意志做了自己情欲的奴隶，那么，真是万劫沉沦，永无恢复自由的余地，终身畏首畏尾，成了个可怜人了。孔子说："和而不流，强哉矫；中立而不倚，强哉矫。国有道，不变塞焉，强哉矫；国无道，至死不变，强哉矫。"我老实告诉诸君说吧，做人不做到如此，绝不会成一个人。但是做到如此真是不容易，非时时刻刻做磨炼意志的功夫不可。意志磨炼得到家，自然是看着自己应做得事，一点儿不迟疑，扛起来便做，"虽千万人吾往矣"。这样才算顶天立地做一世人，绝不会有藏头露尾、左支右绌的丑态。这便是意育的目的，要教人做到"勇者不惧"。

### 选文赏析

从小学到初中，再到大学，我们一直在读书，或者说在学习。读了这么久，学了这么多，我们究竟为什么要学习？这是一个值得我们每一个人思考的问题。

从小父母教育我们，要学习知识和技能，考上好大学，找个好工作，让生活过得好一点。这是我们学习的目的吗？梁启超先生认为这不是全部，他认为，读书或者说学习，最重要的目的是学会做人。

我们接受教育的目的是什么？梁启超先生认为，数理化、文史哲都不过是工具，哪怕把这些学得精通，能不能成个人还是个问题。

教育应该以不惑、不忧、不惧为方向，让人真正成为一个人。选文中梁启超先生对不惑、不忧、不惧进行了深入的剖析。首先，不惑。这要有智慧的养成和知识的积累，使思维变得缜密，这样人活在世才能明辨是非，有正确的判断力。其次，不忧。怎样才能不忧？梁启超先生提出了"仁"的观点。"仁"解释为我们的人格，树立了正确的人生观，正确看待成与败、得与失，不患得患失，才能不忧。最后，不惧。有了知识的积累，又具备了正确的人生观，意志力便不会脆弱，不被困难所吓倒，才能做到"勇者不惧"。

梁启超先生的演讲气势恢宏且富有激情，将为学与做人的观点传递得十分到位。开篇引出现实问题，引发听众的思考。接着直截了当，表明观点，使文章的论点更加突出。同时引用了《易经》《论语》等语录，文章节奏和谐、文辞有力。最后文末再次呼吁，发人深省。他鼓励青年，要不断地充实自己、磨炼自己，做到知者不惑、仁者不忧、勇者不惧，做一个顶天立地的人。

从古至今，学习与做人都很重要。学习是基础，只有学习我们才能源源不断地获得常识和专业知识专业技能；做人是关键，尤其是对于血气方刚、生命健旺的青年人，阅历尚浅，学会做人，善于处理各种错综问题，赢得他人的尊重和社会的认可，才能促进自己事业的发展。本文在揭示青年人现状的同时，对青年学生发出号召，希望新一代青年能树立正确的人生观、价值观和世界观，不断地磨炼意志，成为栋梁之材。

### 学必有问

（1）通读选文，按梁启超先生的观点，怎样才能"成一个人"？

（2）结合选文，谈一谈你对"知者不惑、仁者不忧、勇者不惧"的理解。你认为怎样才能做到"不惑""不忧""不惧"？

（3）以中国式现代化全面推进中华民族伟大复兴，当代大学生必须要有"虽千万人吾往矣"的勇气担当。结合国内外形势，谈谈当代青年应该怎样磨炼意志，担当起历史赋予我们的重任？

# 4. 怎样才配做一个现代学生（节选）

## 选文背景

蔡元培，中国近代教育家，1916年任北京大学校长，开创"思想自由、兼容并包"的学术风气，奠定北京大学一流名校的地位。他认为教育既是国家兴旺之根本，又是国富民强之根基，主张教育应注重学生个性化教育；另外，还提倡美育、健康教育、人格教育等当时比较先进的教育观念。

选文节选自蔡元培《中国人的修养》[1]其中一个篇目《怎样才配做一个现代学生》。意在告知现代学生，在物质生活日益丰富的今天，规范自身道德品质和人文素养、树立正确的道德观和价值观的重要意义。

## 选文

一般似乎很可爱的青年男女，住着男女同学的学校，就可以算作现代学生吗？或者能读点外国文的书，说几句外国语；或者能够"信口开河"地谈什么什么主义和什么什么文学，也配称作现代学生吗？我看，这些都是表面的或次要的问题。我以为至少要具备下列三个条件，才配称作现代学生。

### 一、狮子样的体力

我国自来把读书的人叫作文人，本是因为他们所习的为文事的缘故，不料积久这"文人"两个字和"文弱的人"四个字竟发生了连带的关系。古时文士于礼、乐、书、数之外，尚需学习射、御，未尝不寓武于文。不料到后来，被一帮野心帝王专以文字章句愚弄天下儒生，鄙弃武事，把知识阶级的体力继续不断地摧残下去；流毒至今，一般读书人所应有的健康，大都被毁剥了。羸弱父母，哪能生产康强的儿女！先天上既虞不足，而学校教育，又未能十分注意体格的训练，后天上也就大有缺陷。所以现时我国的男女青年的体格，虽略较二十年前的书生稍有进步，但比起东、西洋学生壮健活泼、生机勃茂的样子来，相差真不可以道里计。新近有一位留学西洋多年而回国不久的朋友对我说：他刚从外洋回到上海的时候，在马路上走，简直不敢抬头，因为看见一般孱弱已极、毫无生气的中国男女，不禁发生恐惧和惭愧的感觉。这位朋友的话，并不是随便邪说，任何人刚从外国返到中国国境，怕都不免有同样的印象。这虽是就普通的中国人观察，但是学校里的学生也好不了许多。先有健全的身体，然后有健全的思想和事业，这句话无论何人都是承认的，所以学生体力的增进，实在是今日办教育的生死关键。

现今欲求增进中国学生的体力，唯有提倡运动一法。中国废科举、办学校，虽已历时二十余年之久，对于体育一项的设备，太不注意。甚至一个学校连操场、球场都没有，至于健身房、游泳池等关于体育上的设备，更说不上了。运动机会既因无"用武地"而减少，所以往往有聪慧勤学的学生，只因体力衰弱的缘故，纵使不患肺病、神经衰弱病及其他痼症而青年夭折，也要受精力不强、活动力减少的影响，不能出其所学贡献于社会，前途希望和幸福就从此断送，这是何等可悲痛的事！

今日的学生，便是明日的社会中坚，国家柱石，这样病夫式或准病夫式的学生，焉能担得起异日社会国家的重责！又焉能与外国赳赳武夫的学生争长比短！就拿本年日本举行的第九届远东运动会而论，我国运动员的成绩比起日本来，几乎处处落人之后。较可取巧的足球，日本学生已成我劲敌。至于最费体力的田径赛，则完全没有我国学生的地位，这又是何等可羞耻的事！

体力的增进，并非一蹴而企。试观东、西洋学生，自小学以至大学，无一日不在锻炼陶冶之中。所以他们的青年，无不嗜好运动，兴趣盎然。一闻赛球，群起而趋。这种习惯的养成，良非易事。而健全国民的基础，乃以确立。这种情形，在初入其国的，尝误认为一种狂癖；观察稍久，方知其影响国本之大。这是我们所应憬然猛省的。

外人以我国度庞大而不自振作，特赠以"睡狮"的怪号。青年们！醒来吧！赶快回复你的"狮子样的体力"！好与世界健儿，一较好身手，并且以健全的体力，去运用思想，创造事业！

### 二、猴子样的敏捷

"敏捷"的意思，简单说起来就是"快"。在这二十世纪的时代做人，总得要做个"快人"才行。譬如赛跑或游泳一样，快的居前，不快的便要落后，这是无可避免的结果。我们中国的文化，在二千年前，便已发展到与现今的中国文化程度距离不远。那时欧洲大陆还是蛮人横行的时代。至美洲尚草莽未辟，更不用说。然而今日又怎样呢？欧洲文化的灿烂，吾人既已瞠乎其后，而美洲则更发展迅速。美利坚合众国立国至今不过一百五十四年，其政治、经济的一切发展，竟有"后来居上"之势。这又是什么缘故呢？这固然是美国的环境好，适于建设。而美国人的举动敏捷，也是他们成功迅速一个最大的原因。吾人试游于美国的都市，汽车、街车等的风驰电掣不算，就是在大街两旁道上走路的人，也都是迈往直前，绝少左顾右盼、姗姗行迟，像中国人所常有的样子。再到他们的工厂或办事房中去参观，他们也是快手快脚地各忙各的事体。至于学校里的学生，无论在讲堂上、操场上、图书馆里、实验室里，一切行动态度，总是敏捷异常，活泼得很。所以他们能够在一个短时期内，学得多，做得多，将来的成就也自然地多起来了。掉转头来看看我国的情形，一般人的行动颠颠迟缓，姑置勿论，就是学校里的学生，读书做事，也大半是一些不灵敏。所以在初中毕业的学生，国文不能畅所欲言；在大学里毕业的学生，未必能看外国文的书籍。这不是由于他们的脑筋迟钝，实在是由于习惯成自然。所以出了学校以后，做起事来，仍旧不能紧张，"从容不迫"地做下去。西洋人可以一天做完的事，中国人非两天或三天不能做完。在效率上相差得这样多，所成就的事体，自然也就不可同日而语了。

关于这种迟缓的不敏捷的行动，我说是一种习惯，而且这种习惯是由于青年时代养成的，并不是没有什么事实上的根据。我们可以用华侨子弟和留学生来做证明：在欧美生长的中国小孩，行动的敏捷，固足与外国小孩相颉颃；而一般留学生，初到外国的时候，总感觉得处处落人之后，走路没有人家快，做事没有人家快，读书没有人家快，在课堂上抄笔记也没有人家写得快、记得多，苦不堪言；但在这样环境中吃的苦头太多了以后，自然而然的一切行动也就渐渐地会变快了。所以留学生回国后一切行动，总比普通一般人要敏捷些。等待他们在百事迟钝的中国环境里住的时间稍为长久一点，他们的迟缓的老脾气，或者也会重新发作的。就拿与人约会或赴宴会做例子，在欧美住过几年的人，初回国的时候，大都是很肯遵守时间，按时而到；后来觉得自己到了，他人迟到，也是于事无益，呆坐着等人，还白白糟蹋了宝贵的时间，不如还是从俗罢。但是这种习惯的误事和不便，是人人所引为遗憾的。尤其是我们的青年人，应当积极纠正的。

青年们呀！现在已经是二十世纪的新时代了！这个时代的特征就是"快"。你看布满了各国大陆的铁道，浮遍了各国海洋的船舰，肉眼可看见的有线电的电线，不可见的无线电的电浪，可以横渡大西洋而远征南北极的飞机，城市地面上驰骋着的街车与汽车，地面下隧道中通行的火车与电车，以及工厂、农场、公事房，家庭中所有的一切机器，哪一件不是为要想达到"快"的目的而设的。况且凡百科学，无不日新月异地在那里增加发明。我们纵不能自己发明，也得要迎头赶上去、学上去，这都是非快不为功的。

据进化论的昭示，我们人类由猿猴进化而来。却是人类在这比较安舒的环境中，行动渐次变了迟钝，反较猴子略逊一筹，而中国人的颟顸程度更特别地高。以开化最早的资格，现反远居人后，这是多么惭愧的事！现在我们的青年，如要想对于求学、做事两方面，力振颓风，则非学"猴子样的敏捷"，急起直追不可！

### 三、骆驼样的精神

在中国四万万同胞中，各人所负责任的重大，恐怕要算青年学生首屈一指了！就中国现时所处的可怜地位和可悲的命运而论，我们几乎可以说：凡是可摆脱这种地位、挽回这种命运的事情和责任，直接或间接都是要落在学生们的双肩上。

第一是对于学术上的责任：做学生的第一件事就要读书。读书从浅近方面说，是要增加个人的知识和能力，预备在社会上做一个有用的人才；从远大的方面说，是要精研学理，对于社会国家和人类做最有价值的贡献。这种责任是何等的重大！读者要知道一个民族或国家要在世界上立得住脚——而且要光荣地立住——是要以学术为基础的。尤其是，在这竞争剧烈的二十世纪，更要倚靠学术。所以学术昌明的国家，没有不强盛的；反之，学术幼稚和知识蒙昧的民族，没有不贫弱的。德意志便是一个好例证：德人在欧战时力抗群强，能力固已可惊；大败以后，曾不十年而又重列于第一等国之林，这岂不是由于他们的科学程度特别优越而建设力强所致吗？我们中国人在世界上原来很有贡献的——如发明指南针、印刷术、火药之类——所以现时国力虽不充足，而仍为谈世界文化者所重视。不过经过两千年专制的锢蔽，学术遂致落伍。试问在现代的学术界，我们中国人对于人类幸福有贡献的究竟有几个人呢？无怪人家渐渐地看不起我们了。我们以后要想雪去被人轻视的耻辱，恢复我们固有的光荣，只有从学术方面努力，提高我们的科学知识（水平），更进一步对世界为一种新的贡献，这些都是不能不首先属望于一般青年学生的。

第二是对于国家的责任：中国今日，外则强邻四逼，已沦于次殖民地的地位；内则政治紊乱，民穷财匮，国家的前途实在太危险了。今后想摆脱列强的羁绊，则非急图取消不平等条约不可。想把国民经济现状改良，使一般国能享独立、自由、富厚的生活，则非使国内政治能上轨道不可。昔范仲淹为秀才时，便以天下为己任，果然有志竟成。现在的学生们，又安可不以国家为己任咧！

第三是对于社会的责任：先有好政治而后有好社会，抑先有好社会而后有好政治？这个问题用不着什么争论的，其实二者是相互影响的，所以学生对于社会也是负有对于政治同等的责任。我们中国的社会，是一个很老的社会，一切组织形式及风俗习惯，大都陈旧不堪，违反现代精神而应当改良。这也是要希望学生们努力实行的。因为一般年纪大一点的旧人物，有时纵然看得出，想得到，而以濡染太久的缘故，很少能彻底改革的。所以关于改良未来的社会一层，青年所负的责任也是很大的。

以上所说的各种责任都放在学生们的身上，未免太重一些。不过生在这时的中国学生，是无法避免这些责任的。若不学着"骆驼样的精神"来"任重道远"，又有什么办法呢？

除开上述三种基本条件而外，再加以"崇好美术的素养"，和"自爱""爱人"的美德，便配称作现代学生而无愧了。

### 选文注释

[1] 《中国人的修养》是蔡元培先生在道德方面的代表作，体现了蔡元培先生对现代中国人，乃至现代学生应具备的道德素养的期望。本书从修身、德育、智育三个角度出发，对当代青年如何处理个人与集体、个人与社会、个人与国家等多方面的关系、如何形成良好习惯、如何修德修学、如何从师交友等几方面进行阐述。

### 选文赏析

"如何才配做一名现代学生？""现代学生的标准是什么？"这是现代学生都应思考的问题。

蔡元培在这篇文章当中谈到了做一名现代学生的三个条件：狮子样的体力、猴子样的敏捷和骆驼样的精神。

"狮子样的体力"——需要我们有强健的体魄，只有强健的身体才能保证我们正常的学习和生活。现代学生是祖国的未来，民族的希望。提倡体育运动，因为它不仅能锻炼强健的体魄，还能锤炼意志，塑造现代学生的人格品行，使学生勇于自我挑战，更益于学生在未来的生活工作中发挥自身的才能。

"猴子样的敏捷"——体现一个"快"字。众所周知，猴子作为灵长类动物，反应敏捷、动作迅速。蔡元培先生希望现代学生既具有雷厉风行的作风，又有敏锐的洞察力及对待任何新鲜事物、新的知识、新的问题反应迅速的能力。

"骆驼样的精神"——体现一个"负重"的能力。作为一名现代学生，要有广阔、坚韧的品质，敢于挑战困难，勇于担起重任，因为青年人任重而道远。

正如《少年中国说》里提到的："故今日之责任，不在他人，而全在我少年。"在鼓励青少年肩负起建设祖国重任的同时，也要唤起青少年的爱国热情，激发起青少年的民族自信心和自豪感。以上提到的"狮子样的体力""猴子样的敏捷"和"骆驼样的精神"三个条件，再加上后面提到的"崇好美术的素养"和"自爱""爱人"的美德，也就是现在我们提到的"德、智、体、美、劳"，即是蔡元培先生眼中一名现代学生的标准。

### 学必有问

（1）通读选文，简述蔡元培笔下"现代学生"的标准。你对这一标准有什么看法？

（2）选文中说"先有健全的身体，然后有健全的思想和事业"，你是如何理解这句话的？

（3）为什么说现代学生要有"骆驼样的精神"？"骆驼样的精神"包括哪些内涵？

# 5. 文学与人生（节选）

### 选文背景

朱光潜，著名美学家、文艺理论家、教育家、翻译家，是我国现代美学的奠基人和开拓者之一。选文出自朱光潜《谈文学》中《文学与人生》。朱光潜在文中探讨了"文学是什么""文学于人生有什么功用"等问题。朱光潜认为，文学对于人生，以实用开始，却超越实用。他用深入浅出的话语让学生掌握了一些文学的基本知识，并从中得到了深刻启发。

### 选文

文学是以语言文字为媒介的艺术。就其为艺术而言，它与音乐、图画、雕刻及一切号称艺术的制作有共同性；作者对于人生世相都必有一种独到的新鲜的观感，而这种观感都必有一种独到的新鲜的表现；这观感与表现即内容与形式，必须打成一片，融合无间，成为一种有生命的和谐的整体，能使观者由玩索而生欣喜。达到这种境界，作品才算是"美"。美是文学与其他艺术所必具的特质。就其以语言文字为媒介而言，文学所用的工具就是我们日常运思说话所用的工具，无待外求，不像形色之于图画、雕刻，乐声之于音乐。每个人不都能运用形色或音调，可是每个人只要能说话就能运用语言，只要能识字就能运用文字。语言文字是每个人表现情感思想的一套随身法宝，它与情感思想有最直接的关系。因为这个缘故，文学是一般人接近艺术的一条最直截简便的路；也因为这个缘故，文学是一种与人生最密切相关的艺术。

我们把语言文字联在一起说，是就文化现阶段的实况而言，其实在演化程序上，先有口说的语言而后有手写的文字，写的文字与说的语言在时间上的距离可以有数千年乃至数万年之久，到现在世间还有许多民族只有语言而无文字。远在文字未产生以前，人类就有语言，有了语言就有文学。文学是最原始的也是最普遍的一种艺术。在原始民族中，人人都欢喜唱歌，都欢喜讲故事，都欢喜戏拟人物的动作和姿态。这就是诗歌、小说和戏剧的起源。于今仍在世间流传的许多古代名著，像中国的《诗经》，希腊的《荷马史诗》，欧洲中世纪的民歌和英雄传说，原先都由口头传诵，后来才被人用文字写下来。在口头传诵的时期，文学大半是全民众的集体创作。一首歌或是一篇故事先由一部分人倡始，一部分人随和，后来一传十，十传百，辗转相传，每个传播的人都贡献一点心裁把原文加以润色或增损。我们可以说，文学作品在原始社会中没有固定的著作权，它是流动的，生生不息的，集腋成裘的。它的传播期就是它的生长期，它的欣赏者也就是它的创作者。这种文学作品最能表现一个全社会的人生观感，所以从前关心政教的人要在民俗歌谣中窥探民风国运，采风观乐在春秋时还是一个重要的政典。我们还可以进一步说，原始社会的文学就几乎等于它的文化，它的历史、政治、宗教、哲学等等都反映在它的诗歌、神话和传说里面。希腊的神话史诗，中世纪的民歌传说以及近代中国边疆民族的歌谣、神话和民间故事都可以为证。

### 选文赏析

朱光潜先生的文章行文一如既往地流畅。本文一开篇就给文学下了一个定义，然后述说了文学的演变史，谈到自古以来，人类能记录各种民间活动或英雄传说、民歌的方式是口口相传，最开始的文学是人们口头互传、所有人都参与了其中创作，一直到文字的出现。它默默地记录着人们生活的点点滴滴和酸甜苦辣，记录着人们每个阶段的悲欢离合，这时文学作品才得以真正流传下来。如《诗经》《荷马史诗》及欧洲中世纪的民歌和英雄传说，如果没有文字的记载，它的影响力也是有限的。可以说，文学实际上代表一段精彩的人生。

在朱光潜先生的眼中，文学对于人们而言是必需的，也是有用的，相比于美术之类的艺术，文字传播更加广泛，文学也更能让人体会到美，先生主张文章的功用为怡养人们的性情，通过文学的怡养我们对于世界的看法会更加广阔，我们也能体会不同的人生。

通过选文，我们可以延伸出文学与人生有着天然的密不可分的血缘关系，文学折射出的正是社会人生百态，文学是作者用心灵在歌唱。人生有多丰富，文学就有多丰富。作者进行文学创作，反映了他的人生，而我们阅读作品，则是反思与领悟生活。我们阅读作品，就要走进作者的心灵世界，进入作者的内心深处去探索，由此丰富我们自己的人生内涵。

### 学必有问

（1）通读选文，简述朱光潜先生认为口口相传的口头文学有什么特点。

（2）为什么"从前关心政教的人要在民俗歌谣中窥探民风国运"？

（3）结合选文和自己阅读文学作品的感受，谈谈文学的"美"体现在哪里。

# 6. 如果

## 选文背景

约瑟夫·鲁德亚德·吉卜林（Joseph Rudyard Kipling），英国作家，诗人，1907年诺贝尔文学奖获得者。1926年，获得英国皇家文学会的金质奖章。选文选自《东西谣曲》其中一首诗，至今仍有不少青少年用《如果》里面的名句来勉励自己，他们从这首诗中获取了无限的精神动力。

## 选文

如果你能保持理性，当你身边所有人都已失去它，并为此指责你；
如果你能信任自我，当所有人都质疑你——
但还要给他人留有质疑你的余地；
如果你能等待，且不倦于等待，即使被谎言包围，也不亲口炮制谎言，
即使受人憎恨，也不让憎恨进入自己胸怀。
还有，切勿眼中尽善好，尤忌出口皆箴言。

如果你能做梦，且不受梦的支使，
如果你能思想，且不止步于思想，
如果你能在功名与不幸到来时，
将两者同样视为虚妄的幻象，
如果你能承受，你说出的真相被卑鄙地扭曲，借以诱使愚人中计，
或者目睹你置身于生命中心的事物，被粉碎，
只默然躬身，操着残破的工具重新建起。

如果你能留住每一次你赢得的，积少成多，
也能冒险孤注一掷，押上所有积蓄，
输了就重新开始，一次次反复来过，
呼吸之间，从未流露一个有关失败的词语；
如果你能驱策你的心，你的神经和体力，
坚守你的岗位，当人们早已离去，
一直守着，直到所有一切都将你遗弃，
除了你的意志，它一直告诉它们："坚持下去！"

如果你能与平民聊天，而不降低你的品格，
或者与君王同行，也不丢失你的本色，
如果无论敌人或是亲密的朋友，都不能伤你分毫，
如果对于你，所有人都有价值，但没有谁过于重要；
如果你奔跑着，以货真价实的六十秒累加，冲抵不留余地的一分钟面值，
世界是你的，其中的每事每物属于你，
而且——更重要的是——你将是个男子汉，我的儿子！

### 选文赏析

吉卜林的这首《如果》是他写给儿子的励志诗，告诫儿子人生路上可能会遇到种种困难，且如何调整心态成为一个真正的男子，表达了作者对儿子深切的关爱与期许。整首诗语言淳朴、平实，风格简约，在平淡之中蕴含深刻的哲理，令人回味无穷。

吉卜林把一生的喜怒哀乐倾洒在短短的诗中，他想让儿子明白：坚定的信心和持久的耐力才是做人最重要的品质。当人生的考验来临时，我们要努力拼搏，百折不挠；在人际关系中，要"海纳百川，有容乃大"，不卑不亢；获得成功时保持本色，不骄不躁；遇到失败时也绝不放弃，屡败屡战；要懂得珍惜时光，坚持最初的梦想，生命不息，奋斗不止。

作者在诗中用风趣的口吻，描写生活中经历的各种境遇和由此产生的各种心情，从多个方面去剖析人性。这首诗虽然带有说教味道，但是诗中的语气并不严肃古板，看似简短的语句揭示了生活的真理，让人们明白怎样才能成为一个真正的男子汉。

全诗使用反复的修辞手法，增强语势，通过十余个"如果"，用假设的语气把深刻的哲理蕴含在平凡的生活事例中，耐人寻味。如果说梦想是你前行的动力，那么坚定的信心和持久的耐力能够让你早日实现梦想。诗人在诗中展示成功背后，包含各种辛酸、磨难与痛楚。有道是"天将降大任于是人也，必先苦其心志，劳其筋骨"。机遇属于时刻准备着的人，如果我们能正视成功前的种种困难，勇于接受挑战，坚持梦想，我们一定能成为一个顶天立地之人。

### 学必有问

（1）诗中提到了冷静、坚定、思考、坚持等词语，读了这首诗你有什么收获？

（2）诗中用了13个"如果"，在表达上收到什么效果？

（3）结合诗歌表达的内容，说说怎样才能成为一个"男子汉"。

# 计划书写作

## 情景导入

小葵是一位大一新生。进入大学后,小葵觉得大学学习和生活非常自由,慢慢地产生了松一口气的想法。辅导员了解到小葵的状态后,与她进行了深入交流,希望她能尽快适应大学的学习和生活,做好自己的职业规划。为了让自己大学生活过得充实而有意义,小葵打算制订一份学期学习计划。

你知道计划书的写作要注意哪些事项吗?

## 知识链接

计划是我们为了实现某项目标和完成某项任务而事先做的安排和打算。相应地,计划书则是我们对未来一定时期内学习、工作需要达到的目标做出筹划和安排时使用的一种事务文书。制订计划、写作计划书,是为了对我们学习、工作预先设定目标、实施步骤、方法等做到心中有数,以便我们合理安排时间,减少工作的盲目性,高效地完成学习和工作目标任务。

俗话说,"凡事预则立,不预则废"。做任何事情预先有计划、有规划,才能稳扎稳打,把事情做好,最终取得成功。人生不打无准备之仗,我们应结合自身每一个成长阶段,明确目标,有计划有步骤地为达到目标做准备。这句话也说明了"规划"对于人的重要性。

### 一、计划的种类

按照不同的分类标准,计划可分为多种类型。

(1)按其所指向的工作、活动的领域不同,可分为工作计划、学习计划、生产计划、教学计划、销售计划、采购计划、分配计划、财务计划等。

(2)按适用范围的大小不同,可分为国家计划、地区计划、单位计划、班组计划等。

(3)按适用时间的长短不同,可分为长期计划、中期计划、短期计划三类,具体还可分为十年计划、五年计划、年度计划、季度计划、月份计划等。

(4)按指挥性的强弱不同,可分为指令性计划、指导性计划。

(5)按涉及面大小的不同,可分为综合性计划、专题性计划。

这里主要介绍学习计划和工作计划。

## 二、计划书的基本特点

（1）前瞻性。计划是在工作开展之前制订的，是对达到某项工作目标及可能发生的情况做出的预想。在制订计划的时候，要有长远的眼光，正确把握工作的具体情况，把能够想到还未发生的而又有可能发生的细节通盘考虑，才能做出周密的计划。

（2）可行性。制订计划一定不能脱离实际。计划中所提到的任务、目标、措施、方法等不是个人凭空想象的。目标不是越大越好，洛克定律说，当目标既是未来指向的，又富有挑战性的时候，它便是最有效的。也就是我们常说的"跳一跳"够得着的目标是比较切合实际的目标。目标制定得过高，措施落实不到位，任务便难以完成；目标制定得过低，执行过程中无法激起工作积极性，也失去了制订计划的意义。只有结合个人或单位的实际情况实事求是地进行充分的预判，才能制订出切实可行的有效的计划。

（3）约束性。计划一旦成文，它在我们工作生活中就存在有一定的约束性。制订计划后，与之相关的任何工作、活动都必须严格按照计划的内容执行，并且应该有相关的部门或人员进行检查，督促计划的执行和落实，最终实现目标。

## 三、计划书的结构

计划书通常由标题、正文和落款三部分构成。

### 1. 标题

计划书的标题通常由四要素组成，即制订计划的部门名称、计划适用时间、计划的内容和文种，如《××学生会2022年培训工作计划》《××学校2022年政治理论学习计划》。一般四个要素要齐全，如计划书的发文范围很明显，也可以省略单位名称或省略时间，如《2022年党支部学习计划》等。

### 2. 正文

计划书的正文包括导语、计划事项、实施步骤和结语四个部分，前三个部分可概括为"为什么""做什么""怎么做"。

（1）"为什么"。一般简明扼要地说明制订计划的背景、目的以及总目标等内容，指出完成该计划的必要性和意义。

（2）"做什么"。这一部分是我们对计划总目标的任务分解。为了达到我们的预期，完成总目标需要做哪些分任务，一级目标、二级目标是什么，对于每一项分任务的完成指标要清楚。

（3）"怎么做"。计划实施的步骤和措施都是围绕计划目标而进行设计的，要明确在实施过程中应该采取哪些措施、克服哪些困难、解决什么问题。

（4）结语。结语一般是强调注意事项，提出展望或要求，并做简短的号召。

### 3. 落款

计划书的落款一般是发文部门名称加日期，如标题中已注明发文单位，落款的

发文单位也可省略。

总之，计划书的写作要特别注意三点：

一是要有针对性。制订计划要结合实际情况，要有依据，明确"做什么""怎么做"。

二是计划措施、方法容要具体，要有可操作性。例如写个人计划，应将每个时间段应完成哪些内容、应怎样完成等具体写清楚。

三是要有突破和亮点。突破可以从原来存在的主要问题着手，集中精力抓一个问题，虽然问题可能有很多个，但是只要解决了主要问题，其他问题就会迎刃而解。然后可通过正确的方法、严密的思维、准确有效的措施，努力在突破中创造出新的亮点。

### 写作范例

1. 工作计划例文

文学院分团委2022年春季学期工作计划

本学期文学院分团委以突出一个重点，围绕一个中心，抓好五项任务，实现三个突破为工作思路指导，积极配合学院党委工作，全心全意为同学服务，为学院"创示范"做贡献。围绕这一工作思想，2022年春季学期文学院分团委主要围绕以下几个方面开展工作。

一、深入学习领会习近平新时代中国特色社会主义思想，以多种形式，加大力度做好学生思想政治工作

1. 组织学生深入学习领会习近平新时代中国特色社会主义思想。按照学习计划指导各团支部以宿舍为单位，采取有效的学习方式开展学习活动，使学生能深刻认识习近平新时代中国特色社会主义思想科学内涵，教育、引导、帮助学生做先进生产力的推动者，做先进文化的倡导者、传播者，树立"校兴我荣，校衰我耻"的责任意识。

2. 深入开展"告别陋习，做文明学子"文明行为教育活动，在学生中大力倡导公民基本道德规范。针对学生在消费、交往以及成长进步中遇到的问题，引导学生形成文明健康的生活方式、交往方式和审美情趣，弘扬艰苦奋斗的优良作风，积极营造助人为乐的良好风气和健康、进取的氛围。

3. 倡导主旋律文化，弘扬和培养爱国主义精神。针对团员学生关心的热点、焦点、难点问题，采用生动活泼的形式，通过研讨会、座谈会、报告会、知识竞赛、征文比赛等形式，进行爱国主义精神教育活动，增强我院广大团员学生的爱国情感、社会责任感和历史使命感。

二、持续加强分团委的自身建设，提高团组织凝聚力、战斗力

1. 根据学院对分团委、学生团干部的管理与考核办法，加强对我院团干部队伍的建设，通过参加学校、二级学院团校的逐级培训和加强思想作风建设，努力把

各级团学干部队伍培养成政治坚定、思想过硬、业务精通、作风严谨、工作能力强、有创造性、朝气蓬勃的学生骨干。

2．配合学校团委搞好年度团员登记、注册、评议、评优工作和主题团日活动，增强我院团员意识和团组织的吸引力、凝聚力和号召力。继续规范"推优育苗"工作程序和加大"推优"工作力度，为党组织输送更多的新鲜血液。

3．创新分团委学生会的宣传方法和载体，加大宣传力度，不断增强我院分团委学生会工作的影响力，突出学生干部的组织能力。

三、充分利用社会资源，发挥社会实践活动对我院团员学生实践育人作用

1．开展各项青年志愿者活动，提高服务的针对性和社会的影响力；对志愿者团体进行规范管理，使志愿者在服务中接受教育、锻炼成长。

2．创新方法，增强团员学生自觉参与社会实践的意识和责任感。

四、充分发挥校园文化建设在推进学生素质教育中的作用，培养学生创新精神及社会实践能力

1．结合各种重大纪念日，举办学生感兴趣的高品位的校园文化活动，陶冶学生的情操，锻炼学生的能力，完善学生的知识结构，增强学生的成才意识和创新意识。

2．密切联系学生，以培养学生创新精神和提高学生实践能力为目的，开展富有专业特色的学术讲座、技能比赛活动，促进学生知识能力进一步转化和增强。

3．完善对大学生艺术团的管理工作，加强对舞蹈队、歌手、模特队、学生主持人的训练指导，提高学生的表演水平。积极组织艺术团演员参加校内外各种文艺比赛、文艺活动，提高学生的表演能力和学院的社会知名度。

文学院分团委<br>2022 年 3 月 16 日

例文点评

这篇计划结构完整，明确提出了指导思想、工作目标、工作措施、落实步骤，可操作性强。

开头交代了制订计划的指导思想，明确了计划的目标和任务。

主体部分从做好学生思想政治工作、加强自身建设、发挥社会实践的育人作用、培养学生创新精神及社会实践能力等方面，列出工作措施和工作方法，计划内容翔实，与职业岗位结合得好。

2．学习计划例文

文学院党支部 2022 年度理论学习计划

为了进一步加强党员教育，推动党员教育工作经常化，使支部党员在思想、政治、作风上有明显改进，文学院党支部特制订年度理论学习计划。

一、指导思想

认真贯彻落实党的二十大精神，以习近平新时代中国特色社会主义思想为指导，进一步提高党员的政治理论水平，引导党员领导干部明确岗位职责，强化勤政廉政意识，促进作风转变和依法行政，为部门各项工作推进创造良好的条件。

二、学习内容

（一）深入学习领会习近平新时代中国特色社会主义思想的基本精神、基本内容、基本要求。用好《习近平新时代中国特色社会主义思想学习纲要》和《习近平新时代中国特色社会主义思想学习问答》辅助读本，自觉用习近平新时代中国特色社会主义思想武装头脑、指导实践、推动工作。

（二）深入学习《党章》，强化共产党员意识，坚定共产主义理想信念，发挥党员的先锋作用，以党员的先进性带动身边干部群众，形成推动支部科学发展的整体合力。

（三）认真学习《习近平总书记系列重要讲话读本》，全面理解和准确把握习近平总书记系列讲话的精神，以学习贯彻习近平总书记系列重要讲话精神为契机，牢固树立"忠诚、公正、清廉、文明"的职业道德。

（四）开展警示教育活动。挑选针对性强、教育性好、触动性大的廉政勤政专题教育影片，组织党员干部观看，以正面示范、反面警示教育党员干部讲党性、重品行、守制度，提高党员干部的风险防范意识。丰富教育形式，深化教育效果，组织全体党员到廉政教育基地开展预防职务犯罪现场教育活动，听取相关人员的现身说法，促进干部自觉遵守廉洁自律的各项规定。

三、方法途径

（一）创建学习型党组织。积极开展创建学习型党组织活动，营造良好的学习氛围，着力构建个人自学、集体学习等互相融合的全方位教育培训体系。

（二）做好日常教育培训。将"三会一课"作为党员教育主要阵地，通过形势政策报告会、外出参观等多种形式，扎实有效地开展党员日常教育培训工作。党支部结合每年一次的专题组织生活会，开展好民主评议党员工作，发扬党内民主，认真听取群众意见。

（三）抓好集中学习教育。举办专门讲座，开展党支部书记讲党课活动，有计划地组织党员开展集体学习活动。引导党员根据自身实际，制订学习计划。

（四）加强实践锻炼。深入开展创先争优活动。通过党员先锋岗、党员先锋工程、党员岗位承诺、党员业绩公示等多种形式，为党员加强党性锻炼搭建平台，组织党员在重点工作中当先锋、打头阵，充分发挥先锋模范作用。

（五）做好思想政治工作。坚持以人为本，从政治、思想、工作和生活上关心、爱护、帮助党员，组织党员开展经常性谈心活动，沟通思想，掌握情况，定期分析党员思想状况，及时解决思想问题，增强思想政治工作的预见性、针对性和实效性。

及时发现、培养和宣传党员先进典型，大力宣传优秀党员先进事迹，发挥先进典型的示范引导作用。

四、保障措施

（一）加强组织领导。党支部书记作为党建工作的第一责任人，要认真组织，严格要求。党员干部要带头学习，做到在理论上先行一步，起到学习表率作用。明确目标责任，强化齐抓共管，认真抓好活动组织、推进和落实，确保活动稳步扎实有效开展，做到目标明确、责任落实、机制健全、保障到位。

（二）大力协同配合。建立上下贯通、左右链接、统分结合的工作落实机制，确保各项工作有人抓、抓到底、见实效。各岗位积极配合，密切协作，党员干部思想上要高度重视，时间上全面落实，行动上积极配合。

（三）强化监督检查。党支部要对每一次学习做好考勤和学习记录。凡无故缺席者，取消评定年度先进的资格，确保教育活动效果。

附件：文学院党支部 2022 年度理论学习计划表（略）

文学院党支部<br>
2022 年 3 月 1 日

### 例文点评

这篇计划符合写作规范，开门见山地写出了制订此计划的宗旨、原则，体现出"为什么做"这一要素；中间的主体部分学习内容、方法途径、保障措施等方面详细地体现了"做什么""怎么做"。计划内容充实，每一方面的工作安排与要求清楚，有条不紊，重点突出，详略得当。语言简洁平实，符合应用文的用语规范。

### 实践训练

（1）查阅资料，以小组为单位，讨论与计划相关的规划、纲要、设想、打算、安排、要点、方案等概念有何不同。

（2）根据本模块写作指导所学知识，你认为制订计划应注意什么问题？

（3）根据本模块写作指导所学知识，结合本人实际情况，制订一份本学期学习计划，撰写一份不超过 600 字的计划书。

### 任务实操

见《阅读与写作》实操训练手册。

# 模块二 文化传承

## 模块导读

中国古代文学是中华文明的重要组成部分，是中华传统文化的重要载体。在中国文学发展史上，产生了一批又一批灿若繁星的杰出作家和众多优秀作品，出现了多姿多彩的风格、流派，形成了各种各样的文学现象、文学思潮，极大地丰富了我国文化和思想宝库。

本模块，我们把准文化传承的脉动，到《诗经》和乐府诗中溯源，到《论语》中寻找孔子"仁者爱人"的政治理念，到唐宋诗中眺望中国古代诗歌发展的高峰，在宋词里感受婉约与豪放，在元曲里体会清新与活泼，从"唐宋八大家"的文章中深悟文道合一。

随着移动互联网的快速发展，新媒体写作已经成为当代大学生必须具备的素质技能之一。在本模块还要掌握新媒体的写作技巧，为走入社会打下良好的基础。

## 学习目标

### 阅读目标

了解选文的背景与艺术特点，正确理解作品的思想内涵，掌握我国文学发展的历史流变，了解不同文学体裁的基本特征，提高中国古代文学作品的阅读和鉴赏能力，弘扬中华优秀传统文化。

### 写作目标

掌握新媒体文案写作的特点和要求、方法与技巧，运用所学知识创作出较高质量的新媒体文案。

### 思政目标

通过阅读选文，增强对中华民族优秀文化的认同感、自豪感，增强文化自信，厚植家国情怀，自觉传承中华优秀传统文化。

# 1. 《诗经》三首

## 选文背景

《诗经》是中国古代诗歌开端,是我国最早的一部诗歌总集,原称"诗"或"诗三百",收集了西周初年至春秋中叶(前11世纪至前6世纪)的诗歌,共305篇,反映了周初期至周晚期约五百年间的社会面貌。

《诗经》在内容上分为《风》《雅》《颂》,在表现手法上分为《赋》《比》《兴》。《风》是周代各地的歌谣;《雅》是周人的正声雅乐,又分《小雅》和《大雅》;《颂》是周王庭和贵族宗庙祭祀的乐歌,又分为《周颂》《鲁颂》和《商颂》。《诗经》内容丰富,反映了劳动与爱情、战争与徭役、压迫与反抗、风俗与婚姻、祭祖与宴会,甚至天象、地貌、动物、植物等方方面面,是周代社会生活的一面镜子,被誉为我国古代社会的人生百科全书。

## 选文

王风[1]·黍离[2]

彼黍离离[3],彼稷之苗[4]。行迈靡靡[5],中心摇摇[6]。知我者,谓我心忧,不知我者,谓我何求。悠悠苍天[7]!此何人哉?

彼黍离离,彼稷之穗。行迈靡靡,中心如醉。知我者,谓我心忧,不知我者,谓我何求。悠悠苍天!此何人哉?

彼黍离离,彼稷之实。行迈靡靡,中心如噎[8]。知我者,谓我心忧,不知我者,谓我何求。悠悠苍天!此何人哉?

## 选文注释

[1] 王风:王都之风,即东周王城洛邑一带的乐调。《诗经》"十五国风"之一,今存十篇。

[2] 黍(shǔ):黍子,农作物,形似小米,去皮后叫黄米,煮熟后有黏性。

[3] 离离:行列貌。一说低垂貌。

[4] 稷(jì):古代一种粮食作物,指粟或黍属。据程瑶田《九谷考》说,为高粱。一说为不黏的黍。

[5] 行迈:行进,前行,一说即行道。靡(mǐ)靡:行步迟缓貌。

[6] 中心:心中。摇摇:忧心无主貌,"愮愮"的假借。

[7] 悠悠：遥远的样子。

[8] 噎（yē）：堵塞，气逆不顺。此处以食物卡在食管比喻忧深气逆，难以呼吸。

### 选文赏析

《王风·黍离》是东周都城洛邑周边地区的民歌，是一首有感于家国兴亡的诗歌。此诗由物及情，寓情于景，情景相谐，在空灵抽象的情境中传递出悯意情怀，蕴含着主人公绵绵不尽的故国之思。此诗对后世影响很大，后来的很多咏史怀古诗，就是以此诗的音调为基准。"知我者，谓我心忧，不知我者，谓我何求"成为表达悲伤之情的名句。

### 选文

郑风[1]·子衿[2]

青青子衿[3]，悠悠我心[4]。纵我不往[5]，子宁不嗣音[6]？
青青子佩[7]，悠悠我思。纵我不往，子宁不来？
挑兮达兮[8]，在城阙兮[9]。一日不见，如三月兮！

《诗经》中的爱情诗

### 选文注释

[1] 郑风：《诗经》"十五国风"之一，今存二十一篇。

[2] 子衿：周代读书人的服装。子，男子的美称，这里即指"你"。衿，即襟，衣领。

[3] 青：黑色。古代青指黑色。

[4] 悠悠：忧思不断的样子。

[5] 纵：纵然，即使。

[6] 宁（nìng）：岂，难道。嗣（sì）音：寄传音讯。嗣，通"贻"，一作"诒"，寄的意思。

[7] 佩：这里指系佩玉的绶带。

[8] 挑兮达（tà）兮：独自走来走去的样子。挑，也作"佻"。

[9] 城阙（què）：城门两边的观楼。

### 选文赏析

《郑风·子衿》描写主人公思念其心上人，相约在城楼见面，但久等不至，望眼欲穿，埋怨心上人不来赴约，更怪他不捎信来，于是唱出"一日不见，如三月兮"的千古相思之情。全诗三章，每章四句，采用倒叙的手法，充分描写了抒情主人公相思的心理活动，惟妙惟肖，意境幽美，是一首难得的优美情歌，成为中国文学史上描写相思之情的经典作品。

## 选文

### 小雅[1]·鹤鸣

鹤鸣于九皋[2]，声闻于野。鱼潜在渊[3]，或在于渚[4]。乐彼之园[5]，爰有树檀[6]，其下维萚[7]。他山之石，可以为错[8]。

鹤鸣于九皋，声闻于天。鱼在于渚，或潜在渊。乐彼之园，爰有树檀，其下维榖[9]。他山之石，可以攻玉[10]。

## 选文注释

[1] 小雅：《诗经》中"雅"部分，分为大雅、小雅，合称"二雅"。雅，雅乐，即正调，指当时西周都城镐京地区的诗歌乐调。小雅部分今存七十四篇。

[2] 九皋：皋为沼泽中由高地围成的小沼泽，九表示虚数，言泽之深广。一说九折泽，泽中水溢出称一折，九折指极远处。一说九皋山，又名鸣皋山，位于洛阳伊川、嵩县、汝阳三县交界处，是伊川古迹名胜十六景之一。

[3] 潜：沉潜。渊：深水，潭。

[4] 渚：水中小洲，此处指浅滩。

[5] 乐：此处有可爱之意。

[6] 爰（yuán）：于是。檀（tán）：古书中称檀的木很多，时无定指，常指豆科的黄檀、紫檀，这里用来比喻贤人。

[7] 萚（tuò）：酸枣一类的灌木。一说低矮的树木，一说枯落的枝叶。这里用来比喻小人。

[8] 错：琢玉的石头，必取自他山，以其硬度不同。一说一种琢磨玉器的工具。

[9] 榖（gǔ）：树木名，即楮树，其树皮可作造纸原料。这里用来比喻小人。

[10] 攻玉：谓将玉石琢磨成器。攻，加工，雕刻。

## 选文赏析

《小雅·鹤鸣》是《小雅》中的名篇之一，现在常用的"他山之石，可以攻玉"即出于此。这首诗以诗代论，但它没有一句枯燥的议论，而用一连串鲜明的形象来借喻，把事理喻于其中，这是它在艺术上的最大特色。此诗共两章，每章九句。前后两章共用了四个比喻，语言也相似，只是押韵不同。诗中从听觉写到视觉，写到心中所感所思，一条意脉贯串全篇，结构十分完整，从而形成一幅远古诗人漫游荒野的图画。这幅图画中有声有色，有情有景，因而也充满了诗意，诱发读者产生思古之幽情。也有学者认为，这是一篇用借喻的手法，讽喻周王朝统治者应该招用隐居山野的贤才为国所用的"招隐诗"。

## 2. 长歌行

### 选文背景

乐府是古代音乐机关,秦代以来朝廷设立的管理音乐的官署。西汉设乐府令,公元前112年,正式成立于西汉汉武帝时期,收集编纂各地汉族民间音乐,整理改编与创作音乐,进行演唱及演奏等。它除了将文人歌功颂德的诗配乐演唱外,还担负采集民歌的任务。汉武帝时得到大规模扩建,从民间搜集了大量的诗歌作品,内容丰富,题材广泛。

### 选文

长歌行(其一)[1]

青青园中葵[2],朝露待日晞[3]。阳春布德泽[4],万物生光辉。
常恐秋节至[5],焜黄华叶衰[6]。百川东到海,何时复西归[7]?
少壮不努力[8],老大徒伤悲[9]。

### 选文注释

[1] 长歌行:汉乐府曲题,《相和歌·平调曲》,可以长声歌唱。

[2] 葵:蔬菜名。

[3] 朝露:清晨的露水。晞(xī):干燥,晒干。

[4] 布:布施,给予。德泽:恩惠。

[5] 秋节至:秋天到来。

[6] 焜(kūn)黄:形容草木凋落枯黄的样子。华(huā):同"花"。

[7] "百川"二句:以河中流水比喻光阴和人的年龄,都是一去不返。

[8] 少壮:年轻力壮,指青少年时代。

[9] 老大:指年老了,老年。徒:白白地。

### 选文赏析

《长歌行》是汉乐府中的一首诗,属《相和歌辞》,是劝诫世人惜时奋进的诗篇。此诗主要是说时节变换得很快,光阴一去不返,因而劝人要珍惜青年时代,发奋努力,使自己有所作为。

全诗以景寄情,由情入理,将"少壮不努力,老大徒伤悲"的人生哲理,寄寓于朝露易干、秋来叶落、百川东去等鲜明形象中,借助朝露易晞、花叶秋落、流水东去，发出了时光易逝、生命短暂的浩叹，激励人们趁少壮年华抓紧时间，奋发有为，其情感基调积极向上。

### 学必有问

（1）《王风·黍离》通过何种方式表达作者对故国的思念之情？

（2）查阅资料，谈谈《诗经》在我国文学发展史上的地位。

（3）乐府诗《长歌行》在语言和主题表达上有什么特点？

## 3. 季氏将伐颛臾

### 选文背景

《季氏将伐颛臾》是选自《论语》的一篇散文，文中记述了孔子和冉有的一场对话，集中讨论鲁国贵族季氏企图发动战争，攻打小国颛臾的问题，明确表达孔子反对武力征伐，主张"仁者爱人"的思想。全文虽由对话构成，但语言流畅，富于变化，有浓厚的论辩色彩。

### 选文

季氏将伐颛臾[1]。冉有、季路见于孔子曰[2]："季氏将有事于颛臾[3]。"

孔子曰："求！无乃尔是过与[4]？夫颛臾，昔者先王以为东蒙主[5]，且在邦域之中矣，是社稷之臣也[6]。何以伐为[7]？"

冉有曰："夫子欲之[8]，吾二臣者皆不欲也。"

孔子曰："求！周任有言曰[9]：'陈力就列，不能者止[10]。'危而不持[11]，颠而不扶[12]，则将焉用彼相矣[13]？且尔言过矣。虎兕出于柙[14]，龟玉毁于椟中[15]，是谁之过与？"

冉有曰："今夫颛臾，固而近于费[16]。今不取，后世必为子孙忧。"

孔子曰："求！君子疾夫舍曰欲之而必为之辞[17]。丘也闻有国有家者[18]，不患寡而患不均，不患贫而患不安[19]。盖均无贫[20]，和无寡[21]，安无倾[22]。夫如是[23]，故远人不服[24]，则修文德以来之[25]。既来之，则安之[26]。今由与求也，相夫子[27]，远人不服，而不能来也；邦分崩离析[28]，而不能守也；而谋动干戈于邦内[29]。吾恐季孙之忧，不在颛臾，而在萧墙之内也[30]。"

### 选文注释

[1] 季氏：又称季孙氏，鲁国贵族季友之后，这里指季康子，春秋鲁国大夫，名肥，把持朝政。颛臾（zhuān yú）：鲁国一个附属小国，其位置在今山东费县西北附近，传说颛臾的国君是伏羲的后代，姓风。季氏也称季孙氏，是春秋时期鲁国最有权势的贵族，这一族是鲁桓公的儿子季友的后裔。旧说季氏贪颛臾土地而攻之。依文意季氏与鲁君矛盾极深，历代鲁君欲除季氏，季氏恐颛臾再为患，故欲攻之。

[2] 冉有、季路：都是季康子的家臣。冉有，名求，字子有。季路，姓仲，名由，字子路。两人都为孔子弟子。见：谒见，拜见。于：引出对象，无意。

[3] 有事：这里指用兵。古代把祭祀和战争称为国家大事。当时季氏专制国政，

与鲁哀公的矛盾很大。他担忧颛臾会帮助鲁哀公削弱自己的实力，所以抢先攻打颛臾。

[4] 无乃尔是过与：恐怕该责备你们吧？"无乃……与"相当于现代汉语的"恐怕……吧"。尔是过：责备你，这里的意思是批评对方没尽到责任。是：结构助词，提宾标志。过：责备。

[5] 先王：指周之先王。东蒙主：指受封于东蒙。东蒙，指蒙山，在今山东临沂市西北。主：主管祭祀的人。

[6] 是社稷之臣也：是，代词，这，指颛臾。社稷：社，指土神，稷，指谷神。社稷是祭祀谷神和土神的祭坛。有国者必立社稷。国亡，社稷被覆盖起来废掉，故社稷为国家的象征，这里指鲁国。社稷之臣意译为附属于大国的小国。

[7] 何以伐为：为什么要攻打它呢？何以，以何，凭什么。为：表反问语气。

[8] 夫子：季康子。春秋时，对长者，老师以及贵族卿大夫等都可以尊称为夫子。

[9] 周任：上古时期的史官。

[10] 陈力就列，不能者止：能施展自己才能，就接受职位；如若不能，就应辞去职务。陈：陈列，这里是施展的意思。就：走向，这里是担任的意思。列：位，职位。止：辞职。

[11] 危：名词作动词，遇到危险（摇晃着要倒下）。持：护持。

[12] 颠：跌倒。扶：搀扶。

[13] 相（xiàng）：搀扶盲人走路的人（辅助者）。

[14] 兕（sì）：独角犀牛。柙（xiá）：关猛兽的笼子。

[15] 龟玉都是宝物。龟：龟板，用来占卜。玉，指玉瑞和玉器。玉瑞用来表示爵位，玉器用于祭祀。椟（dú）：匣子。

[16] 固：指城郭坚固。近：靠近。费（古读 bì）：季氏的私邑，即今山东费县。一说读 fèi，当地人称费（fèi）县。

[17] 君子疾夫舍曰欲之而必为之辞：君子厌恶那些不肯说（自己）想要的东西而偏要找借口的人。疾：痛恨。夫：代词，那种。舍：舍弃，撇开。辞：托辞，借口。

[18] 有国有家者：有国土的诸侯和有封地的大夫。国：诸侯统治的政治区域。家：卿大夫统治的政治区域。

[19] 不患寡而患不均，不患贫而患不安：不担心分得少而担心分配得不均匀，不担心贫穷而担心不安定。患，忧虑，担心。寡，少。

[20] 盖均无贫：财富分配公平合理，上下各得其分，就没有贫穷。

[21] 和无寡：和平了，人口就不会少了。

[22] 安无倾：国家安定，就没有倾覆的危险。

33

[23] 夫：句首语气词。如是：如此。

[24] 故：假如，如果

[25] 文：文教，指礼乐。来：使……来（归附）。

[26] 安：使……安定。

[27] 相（xiàng）：辅佐。

[28] 分崩离析：国家四分五裂，不能守全。守：守国，保全国家。

[29] 干：盾牌。戈：古代一种长柄兵器。干戈：指军事。

[30] 萧墙：国君宫门内迎门的小墙，又叫作屏。因古时臣子朝见国君，走到此必肃然起敬，故称"萧墙"。萧：古通"肃"。这里借指宫廷。

## 选文赏析

此文开篇直奔主题，季氏将要对颛臾发起进攻，冉有、季路来见孔子，说："季氏将要对颛臾展开军事行动。"孔子回答得很直接，很明显，孔子反对季氏侵略颛臾，理由充分，态度也很坚决。听到孔子的质问，冉有不得不为自己进行辩护，他说："是季康子想要发兵，作为家臣，我们也不希望他这样做。"

冉有急于为自己开脱，于是把一切责任都推到了季康子身上，但是孔子没有就此作罢，继续说："冉有啊，古时的史官周任有一句话：'根据自己的能力去任职，不能胜任的便不要担任。'站不稳却不扶着，要跌倒了却不搀着，那么扶着瞎子走路的人还有什么用处呢？况且，你的话不正确。老虎和独角犀从笼子里出来了，龟板和玉器在匣子里被毁坏了，这又是谁的责任呢？"孔子引经据典，以两个设问句的句式对弟子发问，以比拟的修辞方式责备弟子。在孔子眼中，他的两位弟子没有辅佐好季氏，就是严重的失职。

在孔子的责问之下，冉有开始为季康子侵略颛臾寻找合适的理由。这一次，孔子不再留情面，严厉斥责了冉有。孔子知道，季氏想要对颛臾动武，一定会为自己找一个借口，但他不被这样的借口蒙蔽。

揭穿了季氏讨伐颛臾的真相，孔子开始论述正确的治国之道，借此来反衬季氏的无道。一席话道尽了孔子的政治理念，彰显了他所主张的礼义制度。

## 学必有问

（1）孔子为什么说不能对颛臾发动战争？

（2）孔子论事说理的语言有什么特点？试举例说明。

（3）本文体现了孔子怎样的政治主张？

# 4. 唐宋诗四首

## 选文背景

唐诗是中华民族珍贵的文化遗产之一，是中华文化宝库中一颗璀璨明珠。唐诗不仅继承了汉魏民歌、乐府传统，并且大大发展了歌行体的样式；不仅继承了前代的五言和七言古诗，并且发展为叙事言情的鸿篇巨制；不仅扩展了五言和七言形式的运用，还创造了风格特别优美整齐的近体诗，把我国古代诗歌的音节和谐、文字精练的艺术特色推到前所未有的高度。

宋诗在唐代诗歌格律完备、意象纯熟、臻于顶峰的情况下另辟蹊径，成为我国古代诗歌发展的另一个高峰。大抵唐诗主情致，宋诗重理性。宋诗的一个特点是"以文为诗"，在强大的唐诗影响之下独树一帜，形成自己的风格特征；另一个特点是理趣，在诗歌形象中寄寓人生哲理。

## 选文

### 春江花月夜
〔唐〕张若虚

春江潮水连海平，海上明月共潮生[1]。滟滟随波千万里[2]，何处春江无月明！江流宛转绕芳甸[3]，月照花林皆似霰[4]。空里流霜不觉飞[5]，汀上白沙看不见[6]。江天一色无纤尘[7]，皎皎空中孤月轮[8]。江畔何人初见月？江月何年初照人？人生代代无穷已[9]，江月年年望相似[10]。不知江月待何人，但见长江送流水[11]。白云一片去悠悠[12]，青枫浦上不胜愁[13]。谁家今夜扁舟子[14]？何处相思明月楼[15]？可怜楼上月徘徊[16]，应照离人妆镜台[17]。玉户帘中卷不去[18]，捣衣砧上拂还来[19]。此时相望不相闻[20]，愿逐月华流照君[21]。鸿雁长飞光不度，鱼龙潜跃水成文[22]。昨夜闲潭梦落花[23]，可怜春半不还家。江水流春去欲尽，江潭落月复西斜。斜月沉沉藏海雾，碣石潇湘无限路[24]。不知乘月几人归[25]，落月摇情满江树[26]。

## 选文注释

[1] 海上明月共潮生：月亮从地平线升起，在水边望去，就好像从浪潮中涌出一样。

[2] 滟（yàn）滟：波光荡漾的样子。

[3] 芳甸（diàn）：开满花草的郊野。甸，郊外之地。

[4] 霰（xiàn）：天空中降落的白色不透明的小冰粒。此处形容月光下春花晶莹洁白。

[5] 流霜：飞霜。古人以为霜和雪一样，是从空中落下来的，所以叫流霜。此处形容月光皎洁，月色朦胧、流荡，所以不觉得有霜霰飞扬。

[6] 汀（tīng）：水边平地，小洲。

[7] 纤尘：微细的灰尘。

[8] 月轮：指月亮，因为月圆时像车轮，所以称为月轮。

[9] 穷已：穷尽。

[10] 望：一作"只"。

[11] 但见：只见、仅见。

[12] 悠悠：渺茫、深远。

[13] 青枫浦：地名，今湖南浏阳县境内有青枫浦。这里泛指游子所在的地方。

[14] 扁（piān）舟子：飘荡江湖的游子。扁舟，小舟。

[15] 明月楼：月夜下的闺楼。这里指闺中思妇。

[16] 月徘徊：指月光偏照闺楼，徘徊不去，令人不胜其相思之苦。

[17] 离人：此处指思妇。妆镜台：梳妆台。

[18] 玉户：形容楼阁华丽，以玉石镶嵌。

[19] 捣衣砧（zhēn）：捣衣石，捶布石。

[20] 相闻：互通音信。

[21] 逐：追随。月华：月光。

[22] 文：同"纹"。

[23] 闲潭：幽静的水潭。

[24] 碣（jié）石：山名，在渤海边上。潇湘：湘江与潇水，在今湖南。这里暗指路途遥远，相聚无望。无限路：离人相距之远。

[25] 乘月：趁着月光。

[26] 摇情：激荡情思，犹言牵情。

### 选文赏析

《春江花月夜》是唐代诗人张若虚创作的七言长篇歌行。此诗沿用陈隋乐府旧题，运用富有生活气息的清丽之笔，以江为场景，以月为主体，描绘了一幅幽美邈远、惝恍迷离的春江月夜图，抒写了游子思妇真挚动人的离情别绪以及富有哲理意味的人生感慨，突破了梁陈宫体诗的狭小天地，表现了一种迥绝的宇宙意识，创造了一个深沉、寥廓、宁静的艺术境界。

全诗共三十六句，每四句一换韵，通篇融诗情、画意、哲理于一体，意境空明，想象奇特，语言自然隽永，韵律婉转悠扬，为历代文人墨客吟咏唱颂，被闻一多誉为"诗中的诗，顶峰上的顶峰"。

## 选文

渡荆门送别[1]

〔唐〕李白

渡远荆门外[2]，来从楚国游[3]。山随平野尽[4]，江入大荒流[5]。月下飞天镜[6]，云生结海楼[7]。仍怜故乡水[8]，万里送行舟[9]。

## 选文注释

[1] 荆门：山名，位于今湖北省宜昌市宜都市西北长江南岸，与北岸虎牙山对峙，地势险要，自古即有楚蜀咽喉之称。

[2] 远：远自。

[3] 楚国：楚地，指湖北一带，春秋时期属楚国。

[4] 平野：平坦广阔的原野。

[5] 江：长江。大荒：广阔无际的田野。

[6] 月下飞天镜：明月映入江水，如同飞下的天镜。下，移下。

[7] 海楼：即海市蜃楼，这里形容江上云霞的美丽景象。

[8] 仍：依然。怜：怜爱，也作"连"。故乡水：指从四川流来的长江水。因诗人从小生活在四川，把四川称作故乡。

[9] 万里：喻行程之远。

## 选文赏析

《渡荆门送别》是李白出蜀时所作。李白这次出蜀，由水路乘船远行，经巴渝，出三峡，直向荆门山之外驶去，目的是到湖北、湖南一带楚国故地游览。"渡远荆门外，来从楚国游"指的就是这一壮游。这时候的青年诗人兴致勃勃，坐在船上沿途纵情观赏巫山两岸高耸云霄的峻岭，一路看来，眼前景色逐渐变化，船过荆门一带，已是平原旷野，视域顿然开阔，别是一番景色。全诗意境高远，风格雄健，形象奇伟，想象瑰丽，以其卓越的绘景取胜，景象雄浑壮阔，表现了作者年少远游、倜傥不群的个性及浓浓的思乡之情。

## 选文

赠花卿[1]

〔唐〕杜甫

锦城丝管日纷纷[2]，半入江风半入云。此曲只应天上有[3]，人间能得几回闻[4]？

## 选文注释

[1] 花卿：成都尹崔光远的部将花敬定，曾平定段子璋之乱。卿，当时对地位、年辈较低的人一种客气的称呼。

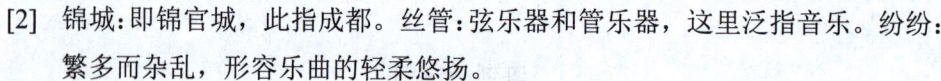

[2] 锦城：即锦官城，此指成都。丝管：弦乐器和管乐器，这里泛指音乐。纷纷：繁多而杂乱，形容乐曲的轻柔悠扬。

[3] 天上：双关语，虚指天宫，实指皇宫。

[4] 几回闻：本意是听到几回，文中的意思是说人间很少听到。

### 选文赏析

《赠花卿》是唐代伟大诗人杜甫的作品，约作于唐上元二年（公元761年）。全诗共四句，前两句对乐曲作具体形象的描绘，是实写；后两句以天上的仙乐相夸，是遐想。因实而虚，虚实相生，将乐曲的美妙赞誉到了极度。此诗有动有静，婉转含蓄，耐人寻味。

### 选文

#### 梅花
〔宋〕王安石

墙角数枝梅，凌寒独自开[1]。遥知不是雪[2]，为有暗香来[3]。

### 选文注释

[1] 凌寒：冒着严寒。

[2] 遥：远远地。知：知道。

[3] 为（wèi）：因为。暗香：指梅花的幽香。

### 选文赏析

《梅花》是北宋诗人王安石创作的一首五言绝句。此诗前两句写墙角梅花不惧严寒，傲然独放；后两句写梅花的幽香，以梅拟人，凌寒独开，喻典品格高贵，暗香沁人，象征其才华横溢。亦是以梅花的坚强和高洁品格喻示那些像诗人一样，处于艰难环境中依然能坚持操守、主张正义的人。

### 学必有问

（1）诗人闻一多为什么称赞张若虚的《春江花月夜》是"诗中的诗，顶峰上的顶峰"？谈谈你对这句话的理解。

（2）李白被誉为"诗仙"，杜甫被称为"诗圣"，你知道他们的诗歌在艺术风格上有何不同吗？

（3）查阅资料，简述从总体上看，唐诗和宋诗在语言风格和主题表达上有何不同。

# 5. 宋词三首

## 选文背景

宋词是宋代盛行的一种中国文学体裁,是一种相对于古体诗的新体诗歌之一,标志着宋代文学的最高成就。宋词分为婉约派与豪放派。婉约派的特点主要是内容侧重儿女风情,结构深细缜密,重视音律谐婉,语言圆润,清新绮丽,具有一种柔婉之美。豪放派的特点是词人创作视野较为广阔,内容气象恢宏。豪放派词人喜爱用诗文的手法、句法和字法写词,词语宏博,不拘守音律。

## 选文

满庭芳[1]

〔宋〕苏轼

蜗角虚名[2],蝇头微利[3],算来著甚干忙[4]。事皆前定,谁弱又谁强。且趁闲身未老,尽放我、些子疏狂[5]。百年里,浑教是醉,三万六千场[6]。

思量[7]。能几许,忧愁风雨,一半相妨[8],又何须,抵死[9]说短论长。幸对清风皓月,苔茵展[10]、云幕高张[11]。江南好,千钟美酒[12],一曲满庭芳。

## 选文注释

[1] 满庭芳:词牌名。
[2] 蜗角:蜗牛角,比喻极其微小。
[3] 蝇头:本指小字,此取微小之义。
[4] 著甚干忙:白忙什么。著,犹今言"着急""着慌"之"着"。甚,什么。干忙,白忙。
[5] 些子:一点儿。
[6] "百年"三句:语自李白《襄阳歌》中的"百年三万六千日,一日须倾三百杯"。浑:整个儿,全部。
[7] 思量:盘算。
[8] "忧愁"二句:意谓一生的日子中,心情和天气不好者分占一半。
[9] 抵死:拼命。
[10] 苔茵:如褥的草地。茵,垫褥。
[11] 云幕:如幕之云。
[12] 钟:即"盅",酒器。

## 选文赏析

《满庭芳·蜗角虚名》是宋代文学家苏轼的词作。此词上片由讽世到愤世,下片从自叹到自适,展示了作者人生道路上受到重大挫折之后既愤世嫉俗又飘逸旷达的内心世界,表现了作者宠辱皆忘、超然物外的人生态度。全词以议论为主,夹以抒情,情理交融,肆意不羁,用语率真自然,风格奔放舒卷。

## 选文

### 八声甘州[1]

〔宋〕柳永

对潇潇暮雨洒江天,一番洗清秋[2]。渐霜风凄紧[3],关河冷落,残照当楼[4]。是处红衰翠减[5],苒苒物华休[6]。惟有长江水,无语东流[7]。

不忍登高临远,望故乡渺邈[8],归思难收[9]。叹年来踪迹,何事苦淹留[10]。想佳人妆楼颙望[11],误几回[12]、天际识归舟[13]。争知我[14],倚栏杆处,正恁凝愁[15]!

## 选文注释

[1] 八声甘州:词牌名,原为唐边塞曲。

[2] "对潇潇"二句:写眼前的景象。潇潇暮雨在辽阔江天飘洒,经过一番雨洗的秋景分外清朗寒凉。潇潇,下雨声。一说雨势急骤的样子。一作"萧萧",义同。清秋,清冷的秋景。

[3] 霜风:指秋风。凄紧:一作"凄惨",凄凉紧迫。关河:关塞与河流,此指山河。

[4] 残照:落日余光。当:对。

[5] 是处:到处。红衰翠减:指花叶凋零。红,代指花。翠,代指绿叶。

[6] 苒(rǎn)苒:同"荏苒",形容时光消逝,渐渐(过去)的意思。物华:美好的景物。休:这里是衰残的意思。

[7] 惟:一作"唯"。

[8] 渺邈(miǎo):远貌,渺茫遥远。一作"渺渺",义同。

[9] 归思(sì):渴望回家团聚的心思。

[10] 淹留:长期停留。

[11] 佳人:美女。颙(yóng)望:抬头凝望。颙,一作"长"。

[12] 误几回:多少次错把远处驶来的船只当作心上人的归舟。

[13] 天际:指目力所能达到的极远之处。

[14] 争(zhēng):怎。处:这里表示时间。"倚栏杆处"即"倚栏杆时"。

[15] 恁(nèn):如此。凝愁:愁苦不已,愁恨深重。凝,表示一往情深,专注不已。

## 选文赏析

《八声甘州·对潇潇暮雨洒江天》抒写了作者柳永漂泊江湖的愁思和仕途失意的悲慨。上片描绘了雨后清秋的傍晚,关河冷落夕阳斜照的凄凉之景;下片抒写词人久客他乡急切思念归家之情。全词语浅而情深，融写景、抒情于一体，通过描写羁旅行役之苦，表达了强烈的思归情绪，从而成为传诵千古的名篇。

## 选文

鹧鸪天·桂花[1]
〔宋〕李清照

暗淡轻黄体性柔[2]，情疏迹远只香留[3]。何须浅碧轻红色[4]，自是花中第一流[5]。梅定妒，菊应羞，画阑开处冠中秋[6]。骚人可煞无情思[7]，何事当年不见收[8]。

## 选文注释

[1] 鹧鸪天：词牌名。

[2] 暗淡轻黄：形容桂花的颜色是暗黄、淡黄、轻黄。体性柔：体质柔弱，性格和顺。体性，本指人的体貌与性情，这里指桂花。

[3] 疏：疏放。迹远：桂树多生长于深山中，故云。

[4] 何须：犹何必，何用。

[5] 自是：自然是。

[6] 画阑开处冠中秋：化用唐李贺《金铜仙人辞汉歌》的"画栏桂树悬秋香"之句意，谓桂花为中秋时节首屈一指的花木。画阑，即画栏，指饰有彩绘的栏杆。冠，居于首位。

[7] 骚人：指屈原，因其作《离骚》，故称其为"骚人"。可煞：表示疑问，犹可是，是否。情思：情义。

[8] 何事：为何，何故。

## 选文赏析

《鹧鸪天·桂花》是宋代女词人李清照创作的一首咏物词。此词盛赞桂花，以群花作衬，以梅花作比，展开三层议论，形象地表达了词人对桂花的由衷赞美。全词自始至终都像是为桂花鸣不平，实际上是在抒发自己的幽怨之情，风格独特，笔法巧妙，以议论入词，托物抒怀，颇得宋诗之风。

## 学必有问

（1）《满庭芳·蜗角虚名》是一首以议论为主的词。试分析词中的议论是如何展开的。

（2）《八声甘州·对潇潇暮雨洒江天》通过何种意象表达柳永浓浓的思乡之情？

（3）在中国文学发展史上，有"唐诗宋词"的说法。宋词为什么与唐诗并称？你知道"唐诗宋词"的含义吗？

## 6. 元曲二首

### 选文背景

元曲是盛行于元代的一种文艺形式,包括剧曲和散曲。剧曲是戏曲,散曲是诗歌,属于不同的文学体裁。剧曲是用于表演的剧本,写各种角色的唱词、道白、动作等;散曲则只是用作清唱的歌词。散曲是元代文学主体。从形式上看,散曲和词很相近,在语言上词要典雅含蓄,而散曲则通俗活泼;在格律上,词要求得严格,而散曲就更自由些。散曲从体式分为"小令"和"散套"两类,以其揭露现实的深刻以及题材的广泛、语言的通俗、形式的活泼、风格的清新、描绘的生动、手法的多变,在中国古代文学中放射着夺目的异彩。

### 选文

#### 沉醉东风[1]

〔元〕关汉卿

咫尺的天南地北[2],霎时间月缺花飞[3]。手执着饯行杯[4],眼阁着别离泪[5]。刚道得声"保重将息[6]",痛煞煞教人舍不得[7]。"好去者望前程万里[8]!"

### 选文注释

[1] 沉醉东风:曲牌名,南北曲兼有。

[2] 咫(zhǐ)尺:不满一尺。犹言极近。咫,八寸。

[3] 霎时间:一会儿,刹那间。月缺花飞:月亮不圆,花儿残败。

[4] 饯(jiàn)行:置酒菜送别。

[5] 阁:同"搁",放置,这里指含着。

[6] 将息:养息、休息,调养身体。

[7] 痛煞煞:难过极了。

[8] 好去者:好好地走吧。

### 选文赏析

关汉卿的《沉醉东风·咫尺的天南地北》是写离情别绪的小令,楚楚动人。起句动魂惊魄,接着悲痛欲绝,一句"保重将息"发自肺腑,体贴入微,关怀备至,情切意浓;最后的一句祝愿辞,更道出了那依依不舍中又不得不舍情境中虔诚的祝福,极富生活情趣,唱出人间的蜜意浓情,表现出作者捕捉生活的非凡能力。在语言上,既有"月缺花飞"的象征性警语,又以白话入曲,甚至以对白入曲,表现了作者运用文学语言的深厚功力。

## 选文

卖花声·怀古 [1]

〔元〕张可久

阿房舞殿翻罗袖[2]，金谷名园起玉楼[3]，隋堤古柳缆龙舟[4]。不堪回首，东风还又[5]，野花开暮春时候。

美人自刎乌江岸[6]，战火曾烧赤壁山[7]，将军空老玉门关[8]。伤心秦汉[9]，生民涂炭[10]，读书人一声长叹。

## 选文注释

[1] 卖花声：曲牌名，入中吕宫，用于散曲小令。

[2] 阿房（ē páng）：公元前212年，秦始皇始修阿房宫及骊山陵。阿房宫仅前殿即"东西五百步，南北五十丈；上可以坐万人，下可以建五丈旗；周驰为阁道，自殿下直抵南山"（《史记·秦始皇本纪》）。但实际上没有全部完工。

[3] 金谷名园：金谷园遗址在今河南省洛阳市西，是晋代大官僚大富豪石崇的别墅，其中的建筑和陈设异常奢侈豪华。

[4] 隋堤古柳：隋炀帝开通济渠，沿河筑堤种柳，称为"隋堤"，即今江苏北部的运河堤。缆龙舟：指隋炀帝沿运河"南巡"江都（今江苏扬州）之事。

[5] 东风还又：现在又吹起了东风。这里的副词"又"起动词的作用，是由于押韵的需要。

[6] 美人自刎乌江岸：言楚汉相争时项羽战败自刎乌江。公元前202年，项羽在垓下（今安徽灵璧东南）被汉军围困。夜里，他在帐中悲歌痛饮，与美人虞姬诀别，然后乘夜突出重围。在乌江（今安徽和县东）边自刎而死。这里说美人自刎乌江，是这个典故的活用。

[7] 战火曾烧赤壁山：言三国时曹操惨败于赤壁。公元208年，周瑜指挥吴蜀联军在赤壁之战中击败曹操大军。

[8] 将军空老玉门关：言东汉班超垂老思归。班超因久在边塞镇守，年老思归，给皇帝写了一封奏章，上面有两句是"臣不敢望到酒泉郡（在今甘肃），但愿生入玉门关"（《后汉书·班超传》）。

[9] 秦汉：泛指历朝历代。

[10] 涂炭：比喻受灾受难。涂，泥涂。炭，炭火。

## 选文赏析

张可久《卖花声·怀古》是元代散曲家张可久创作的组曲，共两首。曲子咏史

用典，寄托历史兴衰之感叹，对劳苦大众的历史命运给予深切的同情。采用对比手法，以普通百姓和帝王将相对比。语言凝练含蓄，具有高度的概括性，发无限感慨于不发感慨中。曲子不避口语，畅达泼辣，几近俚语，脱口而出，妙语天成，体现了"曲野"的本色精神。

### 学必有问

（1）《沉醉东风·咫尺的天南地北》中送行女子是怎样一个形象？她的临别赠言体现了怎样的心理活动？

（2）《卖花声·怀古》是如何"怀古伤今，慨叹民苦"的？

（3）元曲在语言的运用和表达上有什么特点？

# 7. 墨池记

## 选文背景

《墨池记》是北宋文学家曾巩创作的一篇散文。曾巩（1019年9月30日—1083年4月30日），北宋政治家、文学家、散文家，与韩愈、柳宗元、欧阳修、苏洵、苏轼、苏辙、王安石合称"唐宋八大家"。曾巩是宋代新古文运动的重要骨干，在古文理论方面主张先道后文，文道结合。他的散文内容广泛，义理精深，节奏舒缓，平实质朴，温厚典雅，为时人及后辈所师范。

此文从传说中王羲之墨池遗迹入笔，巧妙机智地借题发挥，撇下"墨池"之真假不着一言，而是重点论及王羲之本人，说明王羲之的成功取决于其后天的不懈努力，顺理成章地强调了学习的重要性。全文通过记叙、议论的交替出现，显现出不断起伏的层层波澜，进一步突出主题，是一篇文情并茂而又议论风生、结构严谨而又笔法活脱的优秀作品。

## 选文

### 墨池记

〔宋〕曾巩

临川之城东[1]，有地隐然而高[2]，以临于溪[3]，曰新城。新城之上，有池洼然而方以长[4]，曰王羲之之墨池者[5]。荀伯子《临川记》云也[6]。羲之尝慕张芝[7]，临池学书，池水尽黑，此为其故迹，岂信然邪[8]？

方羲之之不可强以仕[9]，而尝极东方[10]，出沧海[11]，以娱其意于山水之间[12]。岂有徜徉肆恣[13]，而又尝自休于此邪[14]？羲之之书晚乃善[15]，则其所能，盖亦以精力自致者[16]，非天成也。然后世未有能及者[17]，岂其学不如彼邪[18]？则学固岂可以少哉[19]！况欲深造道德者邪[20]？

墨池之上，今为州学舍[21]。教授王君盛恐其不章也[22]，书"晋王右军墨池"之六字于楹间以揭之[23]，又告于巩曰："愿有记。"推王君之心[24]，岂爱人之善，虽一能不以废[25]，而因以及乎其迹邪[26]？其亦欲推其事[27]，以勉其学者邪[28]？夫人之有一能[29]，而使后人尚之如此[30]，况仁人庄士之遗风余思[31]，被于来世者何如哉[32]！

庆历八年九月十二日，曾巩记。

## 选文注释

[1] 临川：宋朝的抚州临川郡（今江西省临川市）。
[2] 隐然而高：微微地高起。隐然，不显露的样子。

[3] 临：从高处往低处看，这里有"靠近"的意思。

[4] 洼然：低深的样子。方以长：方而长，就是长方形。

[5] 王羲之（321—379）：字逸少，东晋人，官至右军将军，会稽内史，世称王右军。他是古代有名的大书法家，世称"书圣"。

[6] 荀伯子：南朝宋人，曾任临川内史。著有《临川记》六卷，其中提到："王羲之尝为临川内史，置宅于郡城东南高坡，名曰新城。旁临回溪，特据层阜，其地爽垲，山川如画。今旧井及墨池犹存。"

[7] 张芝：东汉末年书法家，善草书，世称"草圣"。王羲之"曾与人书云：'张芝临池学书，池水尽黑，使人耽之若是，未必后之也。'"（《晋书·王羲之传》）

[8] 信然：果真如此。邪：吗，同"耶"。

[9] 方：当……时。强以仕：勉强要（他）做官。王羲之原与王述齐名，但他轻视王述，两人感情不好。后羲之任会稽内史时，朝廷任王述为扬州刺史，管辖会稽郡。羲之深以为耻，称病去职，誓不再仕，从此"遍游东中诸郡，穷诸名山，泛沧海"。

[10] 极东方：游遍东方。极，穷尽。

[11] 出沧海：出游东海。沧海，指东海。

[12] 娱其意：使他的心情快乐。

[13] 岂有：莫非。徜徉肆恣：尽情游览。徜徉，徘徊，漫游。肆恣，任意，尽情。

[14] 休：停留。

[15] 书：书法。晚乃善：到晚年才特别好。《晋书·王羲之传》："羲之书初不胜庾翼、郗愔，及其暮年方妙。尝以章草答庾亮，而翼深叹伏。"

[16] 盖：大概，副词。以精力自致者：靠自己的精神和毅力取得的。致，取得。

[17] 及：赶上。

[18] 岂其学不如彼邪：是不是他们学习下的功夫不如王羲之呢？岂，是不是，表示揣测，副词。学，指勤学苦练。

[19] 则学固岂可以少哉：那么学习的功夫难道可以少下吗？则，那么，连词。固，原来，本。岂，难道，表示反问，副词。

[20] 深造道德：在道德修养上深造，指在道德修养上有很高的成就。

[21] 州学舍：指抚州州学的校舍。

[22] 教授：官名。宋朝在路学、府学、州学都置教授，主管学政和教育所属生员。其：指代墨池。章：通"彰"，显著。

[23] 楹间：指两柱子之间的上方一般挂匾额的地方。楹，房屋前面的柱子。揭：挂起，标出。

[24] 推：推测。

[25] 一能：一技之长，指王羲之的书法。不以废：不让它埋没。

[26] 因以及乎其迹：因此推广到王羲之的遗迹。

[27] 推：推广。

[28] 学者：求学的人。

[29] 夫：语气词，放在句首，表示将发议论。

[30] 尚之如此：像这样尊重他。尚，尊重，崇尚。

[31] 仁人庄士：指品德高尚、行为端庄的人。遗风余思：遗留下来令人思慕的美好风范。余思，指后人的怀念。余，也是"遗"的意思。

[32] 被于来世：对于后世的影响。被，影响。何如哉：会怎么样呢？

## 选文赏析

此篇名为《墨池记》，着眼点却不在"池"，而在于阐释成就并非天成，要靠刻苦学习的道理，勉励学者勤奋学习。以论为纲，以记为目，记议交错，纲目统一，写法新颖别致，见解精警，为难得的佳作。

开头，大处落笔，以省简的笔墨，根据荀伯子《临川记》概括了墨池的地理位置、环境和状貌："临川之城东，有地隐然而高，以临于溪，曰新城。新城之上，有池洼然而方以长。"此处叙述墨池的处所、形状和来历，可谓简而明。

然后，又根据王羲之仰慕张芝"临池学书，池水尽黑"的传说指出墨池得名由来。有关墨池传说，还有诸说法。据《晋书》记载，骠骑将军王述，少时与羲之齐名，而羲之甚轻之。羲之任会稽内史时，述为杨川刺史，羲之成了他的部属。后王述检察会稽郡刑改，羲之以之为耻，遂称病去职，并于父母墓前发誓不再出来做官。王羲之这段经历，以"方羲之之不可强以仕"一语带过，随之追述王羲之随意漫游，纵情山水的行踪："尝极东方，出沧海，以娱其意于山水之间。岂有徜徉恣肆，而又尝自休于此邪？"曾巩在此段中把笔锋转向探讨王羲之成功的原因，从"羲之之书晚乃善"的事实，说明一种技能的成功，是"以精力自致"的，并进而提出"深造道德"，更需努力。

接着发表议论，先用揣测语气含糊认可"故迹"，他略记墨池的处所、形状以后，最后说明写作缘由，并借"推王君之心"，提出"勉其学者"学习"仁人庄士"的写作目的。谈书法是"题中"之意，而谈"道德"，谈"仁人庄士之遗风"永垂后世，则属"题外"之意。

全篇因物引人，由人喻理，又据理诲人，逐层深入，说理透辟而态度温和，颇见长者开导后生的儒雅气度。文章一面叙事，一面议论。借事立论，以小见大，言近旨远，十分切题。文中用了不少设问句，而实际是在肯定，因此话说得委婉含蓄，能引人深思。

## 学必有问

（1）作者认为王羲之能在书法方面取得巨大成就的原因是什么？

（2）从选文看，散文的"形散神不散"的特点在文章中是怎么体现的？贯穿全篇的"神"是什么？

（3）结合《墨池记》，谈谈你对曾巩"先道后文，文道结合"古文理论主张的理解。

# 新媒体文案写作

## 情景导入

金葵同学是一名大学新生。进入大学后，她通过竞选当选了班长，在她和团支书的带领下，班级在学校军训中成绩突出，在全校新生军训会操中获得第一名的好成绩。辅导员找到金葵同学，让她组织班干部策划写作一篇宣传文章，计划在学校和学院微信公众号等新媒体平台上发布。

你知道新媒体与传统媒体相比，"新"在哪里吗？

## 知识链接

### 一、新媒体的特点

新媒体是随着数字技术和互联网技术、现代移动通信技术等发展而产生的，被称为除报纸、杂志、广播和电视等传统媒体之外的新形态媒体形式。新媒体广泛的分享性与互动性使新媒体传播拥有独特的优势。当前，新华通讯社、人民日报、中央广播电视总台等传统媒体单位纷纷开通、开设了微信、微博、抖音、今日头条等新媒体平台的官方账号，显示了新媒体蓬勃发展的现状和趋势。在新媒体平台上，人们可以通过文字、图片、语音、视频等形式，与广大读者实现全方位的沟通和互动。新媒体具有以下特点。

（1）内容多元化。在新媒体平台上进行写作和内容创作，可以充分利用信息化技术将文字、动图、超链接、视频等进行灵活组合，作品更容易被人们接受、理解、记住和传播。内容多元化是新媒体的一个显著特点。

（2）制作和推广成本低。相比于传统的媒体，新媒体平台的内容创作、发布、推广成本更加低廉，通过互联网和移动通信传播的路径更为广阔，只要作品内容和形式足够精彩，自然会有读者自发地将作品进行传播与分享，进而产生意想不到的宣传效果。

（3）交互性强。随着技术的发展进步，读者可通过手机随时随地浏览阅读新媒体内容，内容的传播由传统媒体单向的传播转变为多向的沟通与交流。如微博、微信公众号的文章，都设置了读者留言、评论、点赞、投票和转发等交互功能，实现了传播者与读者之间随时交流互动。

（4）时效性强。在移动互联网环境下，人们逐渐表现出碎片化阅读的行为特点，信息的传播与更新速度快，新媒体更适合信息的有效获取与及时传达。

## 二、新媒体写作创意策略

新媒体写作是人们基于新媒体平台开展交互式文案的创作过程。新媒体写作需要有创意地思考，掌握写作的创意策划策略可以更好地将自己所要表达的内容清晰鲜明地呈现出来，最终创作出一篇优秀的创意作品。新媒体写作的主要创意方法主要有以下几类。

### （一）头脑风暴法

在新媒体内容的创意策划中，最常用的头脑风暴法是现代创造学奠基人美国学者阿历克斯·奥斯提出的一种创造能力的集体训练法。他鼓励人们打破常规思维，无拘束地思考问题，从而在短时间内产生大量灵感，取得意想不到的收获。例如，根据写作的主题确认文案关键字，关键字必须限定在主题的范围以内，可根据内容描述主体的不同思考方向和相对应的不同特点，罗列出相应的关键字，这样可产生较多可供选择的点。见下表：

| 方向 | 宣传点 | | | |
| --- | --- | --- | --- | --- |
| | 宣传点1 | 宣传点2 | 宣传点3 | 宣传点4 |
| 方向1 | 1A | 1B | 1C | 1D |
| 方向2 | 2A | 2B | 2C | 2D |
| 方向3 | 3A | 3B | 3C | 3D |
| 方向4 | 4A | 4B | 4C | 4D |

例如：广西著名小吃螺蛳粉，从产品原料特征（方向1）来看，1A为"来自天然，营养健康"，1B为"非遗传承，匠心之作"，1C为"十余组合，尝尽人生"等；从口感口味特征（方向2）来看，2A为"酸爽宜人"，2B为"火辣滋味"，2C为"香飘万里"等。

关键词罗列出来后，作者可以对关键词进行随意搭配。对同一个特点不同方向的关键词进行搭配、不同方向同一特点的关键词进行搭配，以及不同特点、不同方向的关键词进行组合搭配等。再对搭配出来的关键词进行画面联想，甚至可以用笔在白纸上将它勾勒出来，表达对这些内容的想法。在这个过程中产生的关键词联想会为作者带来不同的灵感与想法。

### （二）"5W+H"的思考方法

"5W+H"即What、Who、Where、Why、When、How，分别表示该事物是什么、主体是谁、在哪里、为什么读者会关注它、什么时间发生的（或什么时候使用产品）、阅读后的感受如何（影响如何）等。当作者思考完这些问题并给出答案后，就代表对这篇新媒体文案已经有了比较明确的想法，至少抓住了文案的主题思想。

例如：《直播｜百色大暴雨引发山洪，公路塌方车辆被冲走！通讯员黄文秀发回现场视频后却不幸遇难》

6月17日1点40分，百色凌云县下甲镇各漏至伶站乡路段受持续暴雨影响，公路边坡多处塌方，导致交通中断，公路两端大量车辆滞留，过往车辆被冲走，多人失联，道路被毁。

6月17日凌晨，百色乐业县新化镇百坭村驻村第一书记黄文秀遭遇山洪被堵路上，用手机拍摄了一段现场视频，发给广西云客户端记者。

凌晨4点记者拨打电话给黄文秀，却一直无人接听。6月18日，噩耗传来，黄文秀确认遇难……

——摘自2019年6月18日广西云微信公众号

### （三）换位场景搭建

作者可以进行换位场景搭建，就是在策划一篇新媒体文案时，想想如果是自己，是否会理解、欣赏这样的文案，或是站在第三方立场去思考还有哪些可供改进的地方，把自己当成读者进行使用场景搭建。最好将其表述为生活中人们所了解的现象，以便于读者理解。例如大学新生入校报到前，学校官方公众号都会推出"迎新指南"类的文章，从新生的角度，重点介绍来校交通、报到流程、住宿环境、餐饮服务等内容，让新生可以快速、直观地了解进入大学需要知晓的事项。

### （四）多维度发散创意法

多维度发散创意法是对文案创作过程中三种思维模式的总结，运用这几种思维模式，作者可以多角度对文案的创意进行思考。

（1）横向思维：是一种不受任何范畴限制，以偶然性概念来逃离或打破逻辑思维，从而创造出新想法、新观点、新事物的创造性思维方式。其最大的特点是打乱原来明显的思维顺序，从另一个角度寻求新的解决办法。它是一种从终点出发的思考，例如介绍一款护肤产品，它并不是直接从产品详情和流程出发依次罗列信息，而是从买家想得到的使用效果、买家的需求、怎样才能得到买家的认同这样的终点出发，再回过头来确认产品信息的呈现方式，这样的思考角度更容易让文案受到买家的欢迎。

（2）逆向思维：又称求异思维，它是对人们已有定论的或已有某种思考习惯的事物或观点进行反向思考的一种思维方式。其特点是反其道而思之，即让思维向对立的方向发展，从问题的相反面进行延伸摸索，找出新创意与新想法。

（3）发散思维：又称扩散思维、辐射思维，是指在创造性解决问题的思考过程中，从已有的信息出发，不受已知的或现存的方法、规则和范畴的约束，尽可能向各个方向扩展，以求得多种不同的解决办法或衍生出各种不同的新设想、新答案的思维方式。

### （五）金字塔式结构法

金字塔式结构法可以说是论点与论据之间的关系，一个论点由几个论据支撑，论据下还可有支撑它的多个论点，就这样一步步形成一个金字塔结构，这样的结构有利于作者快速明白并找准文案的主题和中心论点。每一篇新媒体文案都有其独特的主题,且每篇文案都是围绕主题展开的,针对这一主题,确立论点,论点下又有论据,如此进行层层支持,使观点有理有据、牢不可破。

### 三、新媒体文案写作的技巧

在新媒体文案的创作中,着重需要考虑的是文案的读者及文案本身的质量,包括文案的标题、文案正文内容传达出的吸引力及信任度等。

#### (一)文案标题的写作技巧

新媒体文案的标题是展现给读者的第一印象,也是文案吸引读者的第一要素。标题的作用:一是容易被读者搜索,当读者迫切地需要知晓某种事物或产品时,就会自主进行搜索,然后根据需要选择阅读;二是激发读者的点击欲望,新媒体文案的标题如果足够吸引人,促成了读者的点击行为,而正文质量又有所保证的话,其文案的成为"爆款"的可能性就会非常高。

例如,新能源汽车代表——领跑汽车,在主推新车"领跑C11"时,新媒体文案标题:

充电一次 通勤两周!领跑C11 续航610km 首付低至2.7万速来试驾!

例如,南宁园博园公众号文章标题:

朋友圈刷爆的新晋网红打卡地,快来打卡这一片粉色"海洋"

标题是新媒体文案的最关键部分之一,提炼创作新媒体文案标题主要有以下几种方法。

(1)严肃叙述:此类标题与传统媒体文案的标题写作方法类似,主要陈述时间、地点、任务、事件等基本要素,通常用于官方媒体发布的文案。

例如:党的二十大在京开幕 习近平代表第十九届中央委员会向大会作报告
——新华社公众号

(2)提问入题:提问式标题是用提问的方式来引起读者的注意,使他们去思考问题,加深他们对文案的印象,让读者想要读完全文一探究竟。要注意的是,在考虑要提问的问题时,应从读者关心的利益点出发,这样才能引起他们的兴趣,不然就很可能让他们产生"与我无关"的想法。提问式标题可以是反问、设问,也可以是疑问,甚至有时可以用明知故问的方式来表达文案的主题。

例如:抗原自测怎么测?教程来了!
——人民日报公众号

(3)数据入题:新媒体文案常借助确切的数字来总结正文,用作标题。一方面,数字干净利落,给人一种理性思考的感觉,让人觉得文案十分有条理,可看度强;另一方面,与烦琐的文字相比,数字更有表现力,使用数字标题可以增加事情的可

信度，激起读者强烈的阅读欲望。

例如：全球人口达 80 亿，未来最大的挑战是什么？

——澎湃新闻公众号

（4）悬念入题：侧重于借助某个点去引起人们的好奇和思考，让读者带着思考去阅读，在其中探索答案。

例如：天价！男子乘坐网约车 18 分钟，费用 13993.23 元

——广西新闻频道公众号

（5）给出证明：以见证人的身份阐释事物的好坏，既可是自证，也可是他证。该类型常使用口述的形式传递信息，语言自然通俗。针对当前事物的某个特性，将其与之相反的或性质截然不同的事物进行对比，通过这种强烈的对比引起用户的注意。

例如：亲测，52 分钟！

——襄阳网公众号

（6）引入话题：话题是用户讨论得最多，也是最容易引起传播的方式。话题式标题需要紧跟时尚热点，且必须具备时效性。

例如：彩礼、嫁妆、钻戒……归个人还是夫妻共有？能否退还？

——广西普法公众号

（7）热点入题：热点是一个时期社会广泛关注的事物。在标题中以热点作为关键词，可以让文案与读者已有的认识形成连接，可以提升新媒体文案的受关注度。在新媒体文案标题写作的时候，如果能够合理使用热点入题，如阐述与热点相关的观点和看法，或者是通过对比、谐音等方式将热点引入标题，对提升文案的吸引力等有一定的帮助。

例如：社会 | 10 年还清 2077 万债务，浙江 92 岁奶奶有个心愿

——中国青年报公众号

### （二）文案正文的写作技巧

新媒体文案正文是作者结合之前收集的所有资料以及自身的认识，对文案进行总体创意、框架的整理和规划。新媒体文案正文的写作方法和技巧多样且丰富，只要围绕文案的主题和核心内容进行表述，呈现完整准确的信息，具有一定的创意成分，让读者看得懂、想得通、印象深刻，这样的新媒体文案就是成功的文案。要写好新媒体文案的正文，需要注意以下几个方面的问题。

1. **巧妙的开头设计**

新媒体文案的开头尤为重要，起到统领全篇的作用。如果开头与标题不搭或索然无趣，读者会直接退出，关闭页面，这将使前面精心设计的标题变得毫无意义。所以在写作时，作者要注意准备一个好的开头。新媒体文案开头的写法主要有以下几种。

（1）开门见山：直接了当地奔向主题，毫不拖泥带水，也就是直接揭示文案主题思想或点明要说明的对象，它要求快速切入文章中心，将文章需要表达的内容直接叙述出来。

（2）提问开头：疑问句总是能引起人们的好奇，以提问开头可以自然而然地导入文案的主题，不仅能引起读者的思考，还显得文案主旨鲜明、中心突出。

（3）名言开头：名言开头即在文章开头精心设计一则短小精悍、扣题又意蕴丰厚的句子，或使用名人名言、谚语、诗词等，以此引领文章的内容，凸显文章的主旨及情感。这是一种既能吸引读者，又能提高文案可读性的方法。

如要推荐有关职业规划的书，可在文案开头引入——"王小波说：人在年轻的时候，最头痛的一件事就是决定自己的一生要做什么？"然后顺理成章、自然而然地引出正文，导入职业规划。

（4）独白开头：这是一种在文案开头就把内心的真实想法表露出来的写作手法。移动互联网时代人与人之间的交流是隔着整个网络的有距离交流，有时候屏幕上那些独白的文字反而能拉近人与人之间的距离，打动人心。

例如：

"陆老师是我心中最好的老师

是我心中永远的陆妈妈"

近日

一封署名为"刘雅轩"的感谢信

牵出了一段长达10年的

师生助学故事

……

——选自人民日报公众号《隐身资助十年，神秘好心人原来是……》

（5）热点开头：人们总是对新发生的或受到广泛讨论的事情有较高的关注度，所以在文案开头借助热点也不失为一个吸引读者注意力的好办法。例如在推荐衣服时，从最近的红毯活动、电影节入手，分析明星穿搭，再引入自己的推荐单品；在推荐书本时，从最近的诺贝尔文学奖来引入推荐书籍等。一般来说，从微博热搜获取热点信息是比较快的渠道，也可从今日头条、360热榜、豆瓣、知乎等获取即时信息。

（6）修辞手法开头：修辞手法有很多，包括比喻、夸张、排比、比拟等，修辞手法的运用，可以让文案开头变得更加生动。

2. 合理的内容规划

（1）总分式：总分式结构是现在新媒体文案中比较常见的一种布局方式，其中，"总"是指文章的总起，点明主题；"分"是指分层叙述，即将中心论点分成几个基本上是横向展开的分论点，一一进行论证，逐层深入。因为有的文案太长，读者已经不需要总结了，只要看到了自己想要的信息即可。

(2)并列式：并列式一般是从推广对象的各方面特征入手，不分先后顺序和主次，各部分并列平行地叙述事件、说明事物，或采用几个并列层次的中心论点的结构来进行写作。它的各组成部分之间是相互独立的、完整的，能够从不同角度、不同侧面来阐述推广的对象，即材料与材料之间的关系是并行的，前一段材料与后一段材料位置互换，并不会影响文案主题的表现。各材料间联系紧密，可以共同为文案主旨服务，具有知识概括面广、条理性强的特点。

(3)递进式：递进式正文布局就是把读者的问题一层层地剥离开来，在论证的过程中做到层层深入、步步推进，一环扣一环，每部分都不能缺少。即正文中材料与材料之间的关系是逐层推进、纵深发展的，后面材料的表述只有建立在前面材料的基础上才显得有意义。

这类结构的文案具有逻辑严密的特点，其内容之间的前后逻辑关系、顺序不可随意颠倒。递进式结构的文案主要是针对一些比较复杂的事物或产品，表现为观点或事件的论证和讲述，常以议论体和故事体的形式进行写作，这种文案的重点内容都在文案的后半段。其论述时的层次表示方式有以下三种。

- 由现象递进到本质、由事实递进到规律。
- 直接讲道理，层层深入。
- 首先提出"是什么"，然后展开对"为什么"的分析，最后讲"怎么样"。

(4)三段式：三段式写法是从新闻学中的"倒三角"写法延伸而来的。

第一段：以简练的语言对事件的主体、客体、时间、地点等进行一个概述性的描述，再以一句话简单概括出这一事件的意义。

第二段：对第一段中的事件展开描述，交代事件发生的背景、过程和相关的细节，重点在于描述事件的"由头"。

第三段：主要是提出针对事件的观点，升华事件的意义。

3. 妥善的结尾方法

让读者读完一篇文案并不是新媒体文案的最终目标，真正的目标是读者在读完这篇文案后会产生作者所期待的行为。与文案的开头与标题相比，设计一个结尾显得较简单，毕竟核心的内容已经完成了，但作者依旧不可掉以轻心。因为一个精心设计的结尾总是能带来更高的转化率和宣传效果。所以在新媒体文案的写作过程中，作者也需掌握结尾的设计技巧，引导读者产生相应的行为。

(1)转折结尾：转折结尾就是用出其不意的逻辑思维，使展示的内容与结局形成较大的反差，从而获得出人意料的写作效果。这种写作方式常有奇效，氛围落差会在受众心里产生震撼的效果，让受众惊叹于作者的独特构思，引起受众的讨论，使其在心中留下深刻的印象。

(2)金句结尾：用名言警句或其他金句结尾的文案可以帮助读者深刻领悟文案的思想，引起共鸣，提升他们对文案的认同感。且名言警句一般都富含哲理，这些语言能起到警醒和启发的作用，还能提高该文案的转发率，一举多得。

金句结尾可分为名言类金句和原创金句等，在进行金句原创时要注意总结到位，道理深刻。但不管哪种金句，都要与文案主题相契合，不要随意选取、敷衍了事。

（3）话题讨论结尾：在文案末尾采用话题进行提问也是现在惯常使用的结尾方法。通过提问可以引导读者思考，激发读者的互动积极性，促进留言互动，从而增加文案的热度。讨论的话题一般可以根据文案内容进行设置，如下所示：

哪本书或哪场电影看过之后令你失眠？

说一说，当下你最渴望发生什么奇迹？

你有什么改善肤色的小技巧呢？

（4）制造场景结尾：场景的制造是通过环境影响受众，在一定的场景氛围内很容易带动受众的情绪，让他们感同身受。例如下面这段文案的结尾就是针对如今有些人睡不好、落枕，导致第二天心情不好、工作效率差的情况，给受众制造了因拥有一个好枕头而精神焕发、做事顺利的场景，给了受众消费的理由，从而促使其产生购买欲。

白天，我们给自己设置高目标，把议程排满，工作时争分夺秒，费心耗神；

夜晚，我们急需一款好枕头，躺下去几分钟就能睡着，帮我们舒缓颈椎压力，避免落枕，让我们一觉熟睡到天明。

你需要一款专业舒适的枕头，帮助你睡好、睡饱，每天起床精神焕发，能量满格地投入工作，高效率地完成工作任务，更快地达成自己的事业目标，不是吗？

### 实践训练

（1）为什么新媒体写作中标题与开头部分的设计特别重要？

（2）找一篇爆款新媒体文案，分析该文案使用了什么样的写作框架。

（3）如果你要为"曹操出行"平台写一篇推广文案，要求体现曹操出行方便、安全的特点，你会怎么设计文案的开头和结尾？

（提示：首先要明确文案的主题，构思文案的整体框架，再根据本章讲述的文案开头和结尾的设计方法来确定自己的写法。）

### 任务实操

见《阅读与写作》实操训练手册。

# 模块三 工匠精神

## 模块导读

"风云千机变,精英决雌雄"的高考落下帷幕,不少学子怀着"养千秋正气而立事,学一技之长以傍身"的憧憬踏进了大学校门。不论是学技傍身,还是立事建功,都要有"择一事终一生"的执着专注,"干一行专一行"的精益求精,"偏毫厘不敢安"的一丝不苟。这就是我们说的工匠精神。

本模块我们一起来阅读古代文献《考工记·总叙》,看春秋时期人们对"百工"的见解和对"匠人"的推崇;一起吟诵唐代诗人郭震的《古剑篇》,抒发龙泉宝剑"紫气冲天"的豪气;一起品鉴端州青花紫石砚制作的精美,赞叹石工高超的手艺;一起翻《匠人匠心》,探寻著名匠人齐白石的成功之路;一起看李铁的《手工》,思考现代AI技术对传统生产技术的冲击;一起阅路遥的《平凡的世界》,寻找平凡工作中的不平凡意义。

学技有路勤为径,艺海无涯苦作舟。同学们在磨炼技艺技能的道路上,还要善于总结才能取得更大的进步。让我们记录求学过程中的每一次收获,总结学习工作中的得失,书写属于我们的新时代。

## 学习目标

### 阅读目标

阅读选文,了解我国古代科学技术成就,学习匠人敬业、精益、专注、创新的精神品质,培养热爱劳动、一丝不苟、精益求精、勇于创新、道技合一、追求卓越的工匠精神。

### 写作目标

掌握总结这一实用文体的结构特点和写作要求;通过单元项目训练,学会撰写学习总结、思想总结和工作总结,为下一步学习工作打下基础。

### 思政目标

通过阅读选文树立民族自豪感和自信心;弘扬我国源远流长的工匠精神;培养热爱劳动、专心致志、精益求精、追求至臻的精神品质。

> 阅读·赏析

# 1. 考工记·总叙

## 选文背景

《考工记》是我国第一部手工艺技术汇编。科学史家钱宝琮先生曾经指出:"研究吾国技术史,应该上抓《考工记》,下抓《天工开物》。"英国科学史家李约瑟博士视《考工记》为"研究中国古代技术史的最重要的文献"。中国科学院院士、中国科学技术大学原副校长钱临照先生称"《考工记》乃我先秦之百科全书",代表了科技史界的主流看法。

《考工记》文字简古,并非一时一地一人所作,据考大部分内容写于战国初年,有些材料出自春秋末期或更早年代,在流传过程中有所增益或修订。总体上看,《考工记》是一部战国初期齐国的官书。

## 选文

【原文1】

国有六职,百工与居一焉[1]。或坐而论道;或作而行之;或审曲面埶[2],以饬五材[3],以辨民器[4];或通四方之珍异以资之;或饬力以长地财;或治丝麻[5]以成之。坐而论道,谓之王公[6]。作而行之,谓之士大夫。审曲面埶,以饬五材,以辨民器,谓之百工。通四方之珍异以资之,谓之商旅。饬力以长地财,谓之农夫。治丝麻以成之,谓之妇功[7]。粤无镈[8],燕无函[9],秦无庐[10],胡无弓车[11]。粤之无镈也,非无镈也,夫人而能为镈也;燕之无函也,非无函也,夫人而能为函也;秦之无庐也,非无庐也,夫人而能为庐也;胡之无弓车也,非无弓车也,夫人而能为弓车也。知者创物[12],巧者述之[13],守之世,谓之工。百工之事,皆圣人之作也。烁金以为刃[14],凝土以为器,作车以行陆,作舟以行水,此皆圣人之所作也。

## 选文注释

[1] 百工:周代主管营建制造的职官名,亦可指各种工匠。

[2] 审曲面埶:审,审视、考察、评估。埶,同"势"。面埶,"面势",指考察材料的内在特性。审曲面埶,后世引申为审方面势。

[3] 饬(chì):整治,整顿。五材:五种材料。郑玄根据《考工记》的分工原则,以为,此"五材"(为)金(铜)、木、皮、玉、土。

[4] 辨:"办"的本字,置备,制备。

[5] 丝:蚕丝,纺织原料,具有柔韧、弹性、纤细、滑泽、耐酸等特点。麻:

《考工记·总叙》
参考译文

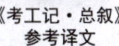

古代专指大麻，也泛指亚麻、苎麻、苘麻等麻纤维。

[6] 王公：天子与诸侯，泛指达官贵人。

[7] 妇功：女功，又称女红，指纺织、缝纫等事。

[8] 粤：同"越"，春秋战国时国名，亦称"於越"。镈（bó）：除草的青铜农具。

[9] 燕：战国时七雄之一。函：皮甲或铠甲。

[10] 秦：古国名。公元前221年，秦王嬴政统一中国，称始皇帝。庐：指戈、戟、矛等长兵器［包括无刃的殳（shū）］的竹、木柄。制庐器的低级工官或工匠称为庐人。

[11] 胡：戎狄。古代我国北方和西北方少数民族的通称。戎狄称胡始于战国。弓车：弓和车。

[12] 知者：知，通"智"，聪明、有创造才能的人。

[13] 巧者：工巧的人。

[14] 烁：通"铄"，熔化金属。

【原文2】

天有时，地有气，材有美，工有巧，合此四者，然后可以为良。材美工巧，然而不良，则不时，不得地气也[1]。橘逾淮而北为枳[2]，鹳鹆不逾济[3]，貉逾汶则死[4]，此地气然也。郑之刀[5]，宋之斤[6]，鲁之削[7]，吴粤之剑[8]，迁乎其地而弗能为良，地气然也。燕之角[9]，荆之干[10]，妢胡之笴[11]，吴粤之金锡[12]，此材之美者也。天有时以生，有时以杀；草木有时以生，有时以死；石有时以泐[13]；水有时以凝，有时以泽[14]；此天时也。

凡攻木之工七，攻金之工六，攻皮之工五，设色之工五，刮摩之工五，抟埴之工二[15]。攻木之工：轮、舆、弓、庐、匠、车、梓；攻金之工：筑、冶、凫、栗、段、桃；攻皮之工：函、鲍、韗[16]、韦、裘；设色之工：画、缋[17]、钟、筐、慌[18]；刮摩之工：玉、楖[19]、雕、矢、磬；抟埴之工：陶、瓬[20]。

有虞氏上陶[21]，夏后氏上匠[22]，殷人上梓[23]，周人上舆[24]。故一器而工聚焉者，车为多[25]。车有六等之数：车轸四尺[26]，谓之一等；戈秘六尺有六寸[27]，既建而迤[28]，崇于轸四尺[29]，谓之二等；人长八尺，崇于戈四尺，谓之三等；殳长寻有四尺[30]，崇于人四尺，谓之四等；车戟常[31]，崇于殳四尺，谓之五等；酋矛常有四尺[32]，崇于戟四尺，谓之六等。车谓之六等之数。

凡察车之道，必自载于地者始也，是故察车自轮始。凡察车之道，欲其朴属而微至[33]。不朴属，无以为完久也[34]。不微至，无以为戚速也[35]。轮已崇，则人不能登也；轮已庳[36]，则于马终古登阤[37]也。故兵车之轮六尺有六寸[38]，田车之轮六尺有三寸[39]，乘车之轮六尺有六寸[40]。六尺有六寸之轮，轵崇三尺有三寸也[41]，加轸与轐焉[42]，四尺也。人长八尺，登下以为节[43]。

## 选文注释

[1] 地气:"气"是中国古代的一种原始综合科学概念。"地气"包括地理、地质、生态环境等多种客观因素。

[2] 枳:亦称"枸橘""臭橘",果小味酸,不堪食用,可以入药。

[3] 鸜鹆(qú yù):鸟名,俗称八哥。济:济水,古四渎(dú)(长江、黄河、淮河、济水)之一,包括黄河南北两部分,河北部分源出河南省济源市西王屋山。

[4] 貉(hé):哺乳动物,似狸,锐头尖鼻,昼伏夜出,捕食鱼、虫、鸟类等,毛皮为珍贵裘料。

[5] 郑:郑国。刀:砍杀兵器,在先秦时期的兵器中作用还不显著。

[6] 斤:工匠所用的斧头。

[7] 削:书刀,古代书写在竹简、木机上,如有所修改,就用削刮除。

[8] 剑:刺杀用的短兵器,大约起源于商末周初。

[9] 角:牛角。

[10] 干:郑玄注:"干,柘也。"当时认为柘是上等干材,荆之干可能指柘。

[11] 妢(fén)胡:古国名。笴(gě):箭杆。

[12] 金锡:铜锡。

[13] 泐(lè):石依其纹理而裂开。

[14] 泽:消解、消融。

[15] 抟埴(zhí):即制陶。抟,把东西揉弄成球形。埴,黏土。

[16] 韗(yùn):古代制鼓的工匠。《释文》:"韗,况万反,刘音运,本或作韗。"《说文·革部》云:"韗,攻皮治鼓工也,从革军声,读若运。"

[17] 缋(huì):绘画,画工,色彩鲜明,布帛的头尾。

[18] 帆(máng):设色之工,治丝练者。

[19] 椒(jí):椒栗,是古书上说的一种树,可以做手杖,借指手杖的意思。

[20] 旊(fǎng):制瓦器的工匠。

[21] 上陶:提倡制陶业。上,通"尚",崇尚,提倡,劝勉。陶,陶器。

[22] 上匠:提倡水利和营造业。匠,水利和营造。

[23] 上梓:提倡木作手工业。梓,落叶乔木,材质轻软耐朽,古代木器多用梓。梓因此成为木材、木工的代称。

[24] 上舆:提倡制车业。舆,车厢,泛指车。"有虞氏上陶,夏后氏上匠,殷人上梓,周人上舆"高度概括了我国上古至先秦的手工艺发展史。

[25] 车:车是古代国家机械制造工艺水平的集中代表。传说我国夏代已有制车手工业。

[26] 轸(zhěn):车厢底部后面的横木。车厢底部四周的横木,即车厢底部的边

框，亦称轸。

[27] 柲（bì）：兵器之柄。

[28] 建：树立，竖立。迆（yǐ）：同"迤"，斜行，引申为斜倚。

[29] 崇：高。

[30] 殳（shū）：古代撞击、打击用的兵器，后世棍、棒的前身。以竹、木制成，一般头上无刃。寻：古代四进制长度单位，一寻等于八尺。

[31] 戟：是将戈、矛组合在一起，兼取两者之长的一种兵器。可以直刺、啄击、推击、钩斫，性能较优。车戟是战车车战用的戟。常：古代四进制长度单位，二寻为常，一常等于十六尺。

[32] 酋矛：矛是古代刺杀用的长兵器，后世枪的前身。酋，通"遒"，意为近。酋矛，较短之矛。

[33] 微至：车轮正圆，着地面积小，叫作微至，相当于现今几何学中的圆与直线相切。这样滚动摩阻较小。

[34] 完：坚固。

[35] 戚速：即疾速。

[36] 庳（bēi）：低矮。

[37] 终古：常常。登阤（zhì）：上坡。阤，山坡。

[38] 兵车：战车。

[39] 田车：古代田猎用的车。

[40] 乘车：乘用之车。

[41] 轵（zhǐ）：车毂通轴之孔在辐以外的部分称轵，也叫小穿，此处指车轮中心线高度。

[42] 鞣（bú）：因状如伏兔，也称伏兔，置于车轴上，垫在左、右车轸之下的枕木。

[43] 节：节度。

## 选文赏析

本节内容相当于《考工记》的总目、总论，主要述说"百工"的含义、"百工"在古代社会生活中的地位、获得优良产品的自然条件和技术条件。百工系六职之一，它又包括了攻木之工、攻金之工、攻皮之工、设色之工、刮摩之工、抟埴之工六类，共有 30 个工种。

"知者创物，巧者述之，守之世，谓之工。百工之事，皆圣人之作也。"从这里我们可以看出，在中国古代社会中，人们把创造器皿、器物的人尊称为圣人，制作古代器皿、器物的过程也是非常神圣的过程。中国古代手工业者在封建社会是享有一定地位的。

在全文第一段，"天有时，地有气，材有美，工有巧，合此四者，然后可以为良，然而不良，则不时，不得地气也"是全文的核心造物观。在制作器物的过程中有四个因素起到关键性的作用。一件制作精良的器物不仅需要人和自然的和谐统一，还需要材料的精美、制作者工艺的高超。人与自然因素，缺一不可。以和为美、天人合一的思想对后世影响深远。

总叙部分还谈到了职业化分工："凡攻木之工七，攻金之工六，攻皮之工五，设色之工五，刮摩之工五，抟埴之工二。"文章以集各种工艺之大成的车子制作为例，强调各工种互相协作的重要性，对制作车子的若干技术理论进行了科学的概括，力图阐明其内在的生物学、动力学原理，以及设计与制作的关系。《考工记》中对技艺的记载，不只是作一般性的经验叙述，而是从生产实践中提炼知识，不仅代表当时的设计和工艺技术水平，对以后两千多年的手工业生产也有指导意义。

### 学必有问

（1）试对选文进行分析总结，说说《考工记·总叙》主要阐述了什么观点。谈谈你对这些观点的看法。

（2）《考工记·总叙》中哪些叙述体现了工匠精神？

（3）阅读《庄子·达生》，结合《考工记·总叙》，说说木匠梓庆技巧高超的奥秘何在。你从中受到什么启发？

### 附文

梓庆削木为鐻，鐻成，见者惊犹鬼神。鲁侯见而问焉，曰："子何术以为焉？"对曰："臣工人，何术之有？虽然，有一焉。臣将为鐻，未尝敢以耗气也，必齐（zhāi通"斋"）以静心。齐三日，而不敢怀庆赏爵禄；齐五日，不敢怀非誉巧拙；齐七日，辄然忘吾有四枝形体也。当是时也，无公朝，其巧专而外滑消。然后入山林，观天性，形躯至矣，然后成见鐻，然后加手焉；不然则已，则以天合天，器之所以疑神者，其是与！"——摘自《庄子·达生》

《庄子·达生》参考译文

## 2. 古剑篇[1]

〔唐〕郭震

### 选文背景

此诗相传是郭震受武则天召见时所写。《唐诗纪事》记载："元振（即郭震）尉通泉，任侠使气，拨去小节。武后知所为，召欲诘。既与语，奇之。索所为文章，上《宝剑篇》。后览嘉叹，诏示学士李峤等。"

郭震即郭元振（656—713），名震，字元振，魏州贵乡（今河北省邯郸市大名县）人，唐朝名将、宰相。郭元振进士出身，授通泉县尉，后得到武则天的赞赏，被任命为右武卫铠曹参军，又进献离间计，使得吐蕃发生内乱。唐玄宗骊山讲武，郭元振因军容不整之罪，被流放新州，后在赴任饶州司马途中抑郁病逝。

### 选文

君不见昆吾铁冶飞炎烟[2]，红光紫气俱赫然[3]。

良工锻炼凡几年[4]，铸得宝剑名龙泉[5]。

龙泉颜色如霜雪，良工咨嗟叹奇绝[6]。

琉璃玉匣吐莲花，错镂金环映明月[7]。

正逢天下无风尘[8]，幸得周防君子身[9]。

精光黯黯青蛇色[10]，文章片片绿龟鳞[11]。

非直结交游侠子[12]，亦曾亲近英雄人[13]。

何言中路遭弃捐[14]，零落漂沦古狱边[15]。

虽复尘埋无所用[16]，犹能夜夜气冲天。

### 选文注释

[1] 古剑：指古代著名的龙泉宝剑。

[2] 昆吾：传说中的山名。相传山有积石，冶炼成铁，铸出宝剑光如水精，削玉如泥。石为昆吾，剑名昆吾，皆以山得名。铁冶：即冶铁的工场。炎：指火光上升。

[3] 红光：指火光。紫气：即剑气。赫然：光明闪耀的样子。

[4] 凡：即共，一作"经"。

[5] 龙泉：龙泉县有水，曾有人就此水淬剑，剑化龙飞去，因此此剑便名龙泉剑（《太平寰宇记》）。

[6] 咨嗟：即赞叹。

[7] 错镂：指错彩、镂金。金环：指刀剑上装饰的带金的环。映：一作"生"。

《古剑篇》
参考译文

62

[8] 风尘：指烽烟，借指战争。
[9] 幸：庆幸。周防：即周密防卫。周，一作"用"。
[10] 黯黯：通"暗暗"，指幽暗而不鲜明。
[11] 文章：指剑上的花纹。
[12] 直：通"只"。游侠子：指古代那些轻生重义、勇于救人急难的英雄侠士。
[13] 曾：一作"常"。
[14] 中路：即中途。弃捐：指抛弃。
[15] "零落"句：据《晋书·张华传》记载，晋张华见天上有紫气，使雷焕察释。雷焕曰："宝剑之精，上彻于天耳。"张华使雷焕寻剑，雷焕于丰城县狱屋基下掘得一石函，中有双剑，上刻文字，一名龙泉，一名太阿。漂，一作"飘"。
[16] 尘埋：为尘土埋没。

## 选文赏析

这是一首咏物言志诗。据传龙泉宝剑是吴国干将和越国欧冶子二人用昆吾所产精矿冶炼多年而铸成，备受时人赞赏。但后来沦落埋没在丰城的一个古牢狱的废墟下，直到晋朝宰相张华夜观天象，发现在斗宿、牛宿之间有紫气上冲于天，后经雷焕判断是"宝剑之精，上彻于天耳"，这才重新被挖掘出来。这首诗就是化用上述传说，借歌咏龙泉剑以寄托自己的理想和抱负，抒发怀才不遇的感慨。

诗中用宝剑比喻社会上被埋没的人才，通俗贴切而明白易晓。首先开头借铸剑故事比喻自己有大才干，能力强；其次用宝剑的精美外形和高品质，自喻一表人才，风华并茂；再次用宝剑在太平年代虽乏用武之地，也曾为君子佩用，助英雄行侠，以显示自己品行高尚端正，行侠仗义；最后用宝剑沦落，但终究不会埋没，表明自己的抱负。

诗歌主题思想明确：当朝者要珍惜人才，发现人才，重用人才。本诗寓意明确、思想尖锐，其耿直、豪气可贵可敬。对于被压抑的下层士子来说，激发了他们奋发有为的豪情壮志。这首诗在当时很轰动，是一首颇具盛唐气象的诗歌。

《古剑篇》借咏剑发议论、吐不平，感情奔放，气势充沛，风格豪放。诗中比喻贴切，化用传说，想象丰富，富于浪漫色彩；笔触所到形象鲜明，思想犀利，有剑中见人、见人而隐剑的艺术效果。这首诗艺术上的成就，不在形式技巧，而在丰满地表现出诗人的形象，因而能打动人。"文以气为主"，"风格即人"，此诗可作一例。

## 学必有问

（1）本诗借宝剑表达了怎样的思想感情？
（2）本诗豪放的艺术风格体现在哪些方面？
（3）全诗句句写剑，实则以剑喻人，你能根据诗歌为郭震画像吗（100字左右）？

# 3. 杨生青花紫石砚歌[1]

〔唐〕李贺

## 选文背景

端州（今广东肇庆）石砚，即端砚，石质坚实、细润，造型美，雕琢精，唐代已享盛名，大书法家柳公权论砚时曾推为第一。端砚以紫色尤为世所重，唐代李肇的《唐国史补》说："端州紫石砚，天下无贵贱通用之。"青花本是石上的一处青筋，可以说是石病，但偏偏为人珍视。当时杨生正有这么一块青花紫石砚，李贺便欣然命笔，一气写下了这首笔饱墨酣的赞美诗。

李贺，字长吉，唐代河南福昌（今河南洛阳宜阳县）人，家居福昌昌谷，祖籍陇西郡，后世称李昌谷，是唐宗室郑王李亮后裔。仕途不顺，热心于诗歌创作，长期抑郁感伤、焦思苦吟的生活方式，使他27岁英年早逝。其诗作想象奇崛，后人誉为"诗鬼"。李贺是中唐的浪漫主义诗人，有"太白仙才，长吉鬼才"之说。作为中唐到晚唐诗的代表人物，李贺与"诗仙"李白、"诗圣"杜甫、"诗佛"王维齐名，留下了"黑云压城城欲摧""雄鸡一声天下白""天若有情天亦老"等千古佳句，著有《昌谷集》。

## 选文

端州石工巧如神[2]，踏天磨刀割紫云[3]。
佣刓抱水含满唇[4]，暗洒苌弘冷血痕[5]。
纱帷昼暖墨花春[6]，轻沤漂沫松麝薰[7]。
干腻薄重立脚匀[8]，数寸光秋无日昏[9]。
圆毫促点声静新[10]，孔砚宽顽何足云[11]！

## 选文注释

[1] 杨生：砚台的主人。青花紫石砚：有青色纹理的紫石端砚，是唐代的一种名贵砚台。青花，即砚上的"鸲鹆眼"。

[2] 端州：今广东高要县一带，境内出石砚。

[3] "踏天"句：石工登上峰顶开采砚石，好像拿刀割取天上的紫云一样。

[4] 佣（yōng）刓（wán）：均匀地削磨。抱水：注满水。唇：指砚唇，盛水处。

[5] 苌（cháng）弘：周朝人，传说他死后三年，血化为碧玉。这里形容砚台里隐约出现的青花纹理，犹如苌弘的碧血。

[6] 纱帷（wéi）：纱帐。这里指书房。

[7] 沤（òu）：浸泡。沾水磨墨的意思。松麝（shè）：磨墨时候发出松麝的芳香。薰（xūn）：香气。

《杨生青花紫石砚歌》
参考译文

[8] 腻：润。薄：淡。重：浓。脚：墨脚，即墨锭下端接触砚石的部分。匀：均匀稳定。

[9] 数寸：指砚台上的墨。光秋：形容墨汁犹如光洁的秋空。

[10] 圆毫：指毛笔。促点：用笔蘸墨时的动作。

[11] 孔砚：孔子用过的砚台。宽顽：笨头笨脑，一作"宽硕"。何足云：不值得称道。

### 选文赏析

此诗为咏砚诗，诗人热情地称赞了端州砚石的精美，歌颂了端州石工高超的手艺和所制青花紫石砚的精妙；用浪漫的比喻、细腻的笔触，描述了采石、制砚的情景。全诗意境深邃开阔，形象奇崛生动，造句奇妙，用典自然贴切。

诗的开篇，称赞青花紫石砚的采制者端州石工"巧"技赛过"神"功。接着描绘采石工人的劳动，"踏天磨刀割紫云"一句中的"踏天"，不是登高山，而是下洞底，踏的是水中天。"佣刓抱水含满唇"中的"佣"是说把石块磨治整齐，"刓"是说在石面上雕刻成型。这一句写磨制雕刻石砚，极言工技的精巧。"暗洒苌弘冷血痕"写紫石砚上的青花，这里以"苌弘冷血痕"来形容砚上的青花。"纱帷昼暖墨花春，轻沤漂沫松麝薰"写把砚放置在书斋中，在天气暖和的时候试墨。试墨时用水不多，轻磨几下，墨香已经飘满了室内。表面上是写墨的好（是最好的"松烟"和"麝香"所制），实际上是写砚的好，容易"发墨"。"干腻薄重立脚匀"仍是写砚。砚要"扣之无声""磨墨无声"才是佳品。这块砚，石质干（不渗水）而腻（细润），砚体薄（平扁）而重（坚实稳重），品质极佳。所以在磨墨的时候，砚脚紧贴案上，不偏不倚，在那上面磨墨，平稳匀称。"数寸光秋无日昏"写墨的色泽很明净，没有丝毫的昏暗和朦胧。"数寸"是说砚体不大。李之彦在《砚谱》里说："惟斧柯山出者，大不过三四指。"正合"数寸"的说法。所以末句的"宽顽"，刚好与此相对。"圆毫促点声静新"，是说笔蘸了墨以后变得圆润饱满，砚不伤笔毫，拿起笔来点画，纸上有轻微的细静清新的声音，而不是说砚有声音。这一句由墨写到笔，但还是归结到写砚的美。一句"孔砚宽顽何足云"，诗人意犹未尽，拿尼山砚（孔砚）做了对比。孔子名丘，字仲尼，后人称他的出生地为尼山，好事的人取尼山石为砚，借以"尊圣"。李贺在诗的结尾处说"何足云"，与起句"端州石工巧如神"意思暗对。

这首诗通篇写砚：砚质，砚色，砚型，砚体，砚品，砚德。而砚的使用，又离不开墨、笔、纸，尤其是墨，所以写的时候也会涉及。它们虽然是作陪衬的，却衬托出了青花紫石砚的美。全诗络绎而下，如同缨络垂下，字句精练，语言跳跃，没有一处浪费笔墨，也没有一处用语晦涩的地方，切中肯綮、酣畅淋漓。

### 学必有问

（1）本诗前四句从哪几个方面描写青花紫石砚？

（2）诗中是怎样写砚石工人的劳动的？

（3）诗中后六句运用了哪些艺术手法来称赞端砚的精美？

# 4. 匠人匠心（节选）

## 选文背景

本书是齐白石老人的一部自传，由齐白石老人亲述，由门人张次溪记录而成，讲述了齐白石老人1863—1948年坎坷不平、砥砺奋进、自强不息的人生经历。

齐白石（1864年1月1日—1957年9月16日），原名纯芝，字渭清，祖父为其取号兰亭，老师为其取名齐璜，字濒生，别号寄萍老人、白石山人，后人常将"山人"二字略去，故后常号"白石"。齐白石是近代中国著名的国画画家，19—20世纪中国画艺术大师。早年曾为木工，后以卖画为生，擅长画花鸟、鱼虫、山水、人物，衰年变法，笔墨雄浑滋润，色彩浓艳明快，造型简练生动，所作鱼虾虫蟹天趣横生。其书工篆隶，取法秦汉碑版，行书饶古拙之趣，篆刻自成一家，能诗文，与张大千并称"南张北齐"。历任中央美术学院名誉教授、中国画院名誉院长、北京中国画研究会主席、中国美术家协会主席等；当选第一届全国人民代表大会代表；1953年被文化部授予"人民艺术家"称号。1957年9月16日病逝于北京，终年93岁。

## 选文

我在家里，耽搁了不到一个月，父亲托了人情，又找到了一位粗木作的木匠，名叫齐长龄，领我去拜师。这位齐师傅，也是我们远房的本家，倒能体恤我，看我力气差得很，就说："你好好地练罢！什么事都是练出来的，常练练，就能把力气练出来了。"记得那年秋天我跟着齐师傅做完工回来，在乡里的田塍上，远远地看见对面过来三个人，肩上有的背了木箱，有的背着很坚实的粗布大口袋，箱里袋里装的，也都是些斧锯钻凿这一类的家伙，一看就知道是木匠，当然是我们的同行了，我并不在意。想不到走到近身，我的齐师傅垂下了双手，侧着身体，站在旁边，满面堆着笑意，问他们好。他们三个人，却倨傲得很，略微地点了一点头，爱理不理地搭讪着："从哪里来？"齐师傅很恭敬地答道："刚给人家做了几件粗糙家具回来。"交谈了不多几句话，他们头也不回地走了。齐师傅等他们走远，才拉着我往前走。我觉得很诧异，问道："我们是木匠，他们也是木匠，师傅为什么要这样恭敬？"齐师傅拉长了脸说："小孩子不懂得规矩！我们是大器作，做的是粗活，他们是小器作，做的是细活。他们能做精致小巧的东西，还会雕花，这种手艺，不是聪明人，一辈子也学不成的，我们大器作的人，怎敢和他们并起并坐呢？"我听了，心里很不服气，我想："他们能学，难道我就学不成！"因此，我就决心要去学小器作了。

照我们小器作的行规，学徒期是三年零一节，我因为在学徒期中，生了一场大病，耽误了不少日子，所以到十九岁的下半年，才满期出师。

那时雕花匠所雕的花样,差不多都是千篇一律。祖师传下来的一种花篮形式,更是陈陈相因,人家看得很熟。雕的人物,也无非是些麒麟送子、状元及第等一类东西。我以为这些老一套的玩意儿,雕来雕去,雕个没完。终究人要看得腻烦的。我就想法换个样子,在花篮上面,加些葡萄石榴桃梅李杏等果子,或牡丹芍药梅兰竹菊等花木。人物从绣像小说的插图里,勾摹出来,都是些历史故事。还搬用平日常画的飞禽走兽、草木虫鱼,加些布景,构成图稿。我运用脑子里所想得到的,造出许多新的花样,雕成之后,果然人都夸奖说好。我高兴极了,益发地大胆创造起来。

　　光绪八年(壬午·一八八二),我二十岁。仍是肩上背了个木箱,箱里装着雕花匠应用的全套工具,跟着师傅,出去做活。在一个主顾家中,无意间见到一部乾隆年间翻刻的《芥子园画谱》[1],五彩套印,初二三集,可惜中间短了一本。虽是残缺不全,但从第一笔画起,直到画成全幅,逐步指说,非常切合实用。我仔细看了一遍,才觉着我以前画的东西,实在要不得,画人物,不是头大了,就是脚长了;画花草,不是花肥了,就是叶瘦了,较起真来,似乎都有点小毛病。有了这部画谱,好像是捡到了一件宝贝,就想从头学起,临它个几十遍。转念又想:书是别人的,不能久借不还,买新的,湘潭没处买,长沙也许有,价码可不知道,怕有也买不起。只有先借到手,用早年勾影雷公像的方法,先勾影下来,再仔细琢磨。想准了主意,就向主顾家借了来,跟母亲商量,在我挣来的工资里,匀出些钱,买了点薄竹纸和颜料毛笔,在晚上收工回家的时候,用松油柴火为灯,一幅一幅地勾影。足足画了半年,把一部《芥子园画谱》,除了残缺的一本以外,都勾影完了,钉成了十六本。从此,我做雕花木活,就用《芥子园画谱》作根据,花样既推陈出新,不是死板板的老一套,画也合乎规格,没有不相匀称的毛病了。

　　光绪十五年(己丑·一八八九),我二十七岁。过了年,我仍到赖家垄去做活。有一天,我正在雕花,赖家的人来叫我,说:"寿三爷来了,要见见你!"我想:"这有什么事呢?"但又不能不去。见了寿三爷,我照家乡规矩,叫了他一声"三相公"。寿三爷倒也挺客气,对我说:"我是常到你们杏子坞去的,你的邻居马家,是我的亲戚,常说起你:人很聪明,又能用功。只因你常在外边做活,从没有见到过,今天在这里遇上了,我也看到你的画了,很可以造就!"又问我:"家里有什么人?读过书没有?"还问我:"愿不愿再读读书,学学画?"我一一地回答,最后说:"读书学画,我是很愿意,只是家里穷,书也读不起,画也学不起。"寿三爷说:"那怕什么?你要有志气,可以一面读书学画,一面靠卖画养家,也能对付得过去。你如愿意的话,等这里的活做完了,就到我家来谈谈!"我看他对我很诚恳,也就答应了。

　　这位寿三爷,名叫胡自倬,号叫沁园,又号汉槎。性情很慷慨,喜欢交朋友,收藏了不少名人字画,他自己能写汉隶,会画工笔花鸟草虫,作诗也作得很清丽。他家附近,有个藕花池,他的书房就取名为"藕花吟馆",时常邀集朋友,在内举行诗会,人家把他比作孔北海,说是:"座上客常满,樽中酒不空。"他们韶塘胡姓,原是有名的财主，但是寿三爷这一房，因为他提倡风雅，素广交游，景况并不太富裕，可见他的人品，确是很高的。

我在赖家垅完工之后，回家说了情形，就到韶塘胡家。那天正是他们诗会的日子，到的人很多。寿三爷听说我到了，很高兴，当天就留我同诗会的朋友们一起吃午饭，并介绍我见了他家延聘的教读老夫子。这位老夫子，名叫陈作埙，号叫少蕃，是上田冲的人，学问很好，湘潭的名士。吃饭的时候，寿三爷又问我："你如愿意读书的话，就拜陈老夫子的门吧！不过你父母知道不知道？"我说："父母倒也愿意叫我听三相公的话，就是穷……"话还没说完，寿三爷拦住了我，说："我不是跟你说过，你就卖画养家！你的画，可以卖出钱来，别担忧！"我说："只怕我岁数大了，来不及。"寿三爷又说："你是读过《三字经》的！苏老泉，二十七，始发愤，读书籍。你今年二十七岁，何不学学苏老泉呢？"陈老夫子也接着说："你如果愿意读书，我不收你的学俸钱。"同席的人都说："读书拜陈老夫子，学画拜寿三爷，拜了这两位老师，还怕不能成名！"我说："三相公栽培我的厚意，我是感激不尽。"寿三爷说："别三相公了！以后就叫我老师吧！"当下，就决定了。吃过了午饭，按照老规矩，先拜了孔夫子，我就拜了胡陈二位，做我的老师。

少蕃师对我说："你来读书，不比小孩子上蒙馆了，也不是考秀才赶科举的，画画总要会题诗才好，你就去读《唐诗三百首》吧！这部书，雅俗共赏，从浅的说，入门很容易，从深的说，也可以钻研下去，俗话常说，熟读唐诗三百首，不会作诗也会吟，这话不是完全没有道理的。诗的一道，本是易学难工，你能专心用功，一定很有成就。常言道，有志者，事竟成。又道，天下无难事，只怕有心人，天下事的难不难，就看你有心没心了！"从那天起，我就读《唐诗三百首》了。我小时候读过《千家诗》，几乎全部都能背出来，读了《唐诗三百首》，上口就好像见到了老朋友，读得很有味。只是我识字不多，有很多生字，不容易记熟，我想起一个笨法子，用同音的字，注在书页下端的后面，温习时候，一看就认得了。这种法子，我们家乡叫作"白眼字"，初上学的人，常有这么用的。过了两个来月，少蕃师问我："读熟几首了？"我说："差不多都读熟了。"他有些不信，随意抽问了几首，我都一字不遗地背了出来。他说："你的天分，真了不起！"实在说来，是他的教法好，讲了读，读了背，背了写，循序而进，所以读熟一首，就明白一首的意思，这样既不会忘掉，又懂得好处在哪里。《唐诗三百首》读完之后，接着读了《孟子》。少蕃师又叫我在闲暇时，看看《聊斋志异》一类的小说，还时常给我讲讲唐宋八家的古文。我觉得这样的读书，真是人生最大的乐趣了。

我跟陈少蕃老师读书的同时，又跟胡沁园老师学画，学的是工笔花鸟草虫。沁园师常对我说："石要瘦，树要曲，鸟要活，手要熟。立意、布局、用笔、设色，式式要有法度，处处要合规矩，才能画成一幅好画。"他把珍藏的古今名人字画，叫我仔细观摩。又介绍了一位谭荔生，叫我跟他学画山水。这位谭先生，单名一个"溥"

字，别号瓮塘居士，是他的朋友。我常常画了画，拿给沁园师看，他都给我题上了诗。他还对我说："你学学作诗吧！光会画，不会作诗，总是美中不足。"那时正是三月天气，藕花吟馆前面，牡丹盛开。沁园师约集诗会同人，赏花赋诗，他也叫我加入。我放大了胆子，作了一首七绝，交了上去，恐怕作得太不像样，给人笑话，心里有些跳动。沁园师看了，却面带笑容，点着头说："作得还不错！有寄托。"说着，又念道："莫羡牡丹称富贵，却输梨橘有余甘。这两句不但意思好，十三谭的甘字韵，也押得很稳。"说得很多诗友都围拢上来，大家看了，都说："濒生是有聪明笔路的，别看他根基差，却有性灵。诗有别才，一点儿不错！"这一炮，居然放响，是我料想不到的。从此，我摸索得了作诗的诀窍，常常作了，向两位老师请教。当时常在一起的，除了姓胡的几个人，其余都是胡家的亲戚，一共有十几个人，只有我一人，不是胡家的亲故，他们倒都跟我处得很好。他们大部分是财主人家的子弟，至不济的也是小康之家，比我的家景，总要强上十倍，他们并不嫌我出身寒微，一点没有看不起我的意思，后来都成了我的好朋友。

干雕花手艺，本是很费事的，每一件总得雕上好多日子。把身子困住了，别的事就不能再做。画画却不一定有什么限制，可以自由自在地，有闲暇就画，没闲暇就罢，画起来，也比雕花省事得多。就觉得沁园师所说的"卖画养家"这句话，确实是既方便，又实惠。

那时照相还没盛行，画像这一行手艺，生意是很好的。画像，我们家乡叫作描容，是描画人的容貌的意思。有钱的人，在生前总要画几幅小照玩玩，死了也要画一幅遗容，留作纪念。我从萧芗陔[2]师傅和文少可那里，学会了这行手艺，还没有给人画过，听说画像的收入，比画别的来得多，就想开始干这一行了。沁园师知道我这个意思，到处给我吹嘘，韶塘附近一带的人，都来请我去画。一开始，生意就很不错。每画一个像，他们送我二两银子，价码不算太少，但是有些爱贪小便宜的人，往往在画像之外，叫我给他们女眷画些帐檐、袖套、鞋样之类，甚至叫我画幅中堂，画堂屏条，算是白饶。好在这些东西，我随便画上几笔，倒也并不十分费事。我们湘潭风俗，新丧之家，妇女们穿的孝衣，都把袖头翻起，画上些花样，算作装饰。这种零碎玩艺儿，更是画遗容时必须附带着画的，我也总是照办了。后来我又琢磨出一种精细画法，能够在画像的纱衣里面，透现出袍褂上的团龙花纹，人家都说，这是我的一项绝技。人家叫我画细的，送我四两银子，从此就作为定例。我觉得画像挣的钱，比雕花多，而且还省事，因此，我就扔掉了斧锯钻凿一类家伙，改了行，专做画匠了。

**选文注释**

[1]《芥子园画谱》，又称《画传》，清代沈心友、王概、王蓍、王臬著，巢勋增编，是一部中国传统绘画的经典课本。近代现代的一些画坛名家如黄宾虹、齐

白石、潘天寿、傅抱石等，都把《芥子园画谱》作为进修的范本。书中从用笔方法到具体景物的笔墨技法，从创作示范再到章法布局，为学习者提供了完整的学习解决方案。

[2] 萧芗陔：芗陔，读音 xiāng gāi。

### 选文赏析

选文出自齐白石的自传《匠人匠心》，讲述齐白石年轻时候学习手艺，从学粗木作到学细木作雕花，再到学习绘画，拜师学艺，以及自己刻苦钻研、大胆创新突破传统技艺，形成自己独特的艺术风格，获得乡民的认可，凭手艺获得报酬，立足于世，展现了旧时代手艺人生活的艰辛以及他们在困苦中坚韧不拔的毅力。

齐白石学艺、做雕花木匠的时候，就有求新求变的创新精神。他不甘于只画现有的花样，总要做些创新。对绘画的热爱，让他总能在别人看不到的地方有所发现，甚至他在画像中发明了一种特别的精细画法。

齐白石最初学画，是拜《芥子园画谱》为师，自学成材。他的几位师傅则都是民间艺人，后来他有缘拜胡沁园为师。齐白石主要的生活来源，是给人画像，恩师胡沁园积极寻找机会推荐这位刻苦的弟子。齐白石画像的技艺，经过萧芗陔、文少可的传授，已经入门。跟随胡沁园、陈少藩学习后，随着艺术素养的不断提高，逐步形成齐白石独有风格。

齐白石的一生，从木匠到画匠、画家、巨匠，从手艺人到人民艺术家，成为世界公认的绘画大师，这与他早年的勤学苦练、锐意进取紧密相关，他的身上体现了令人钦佩的工匠精神。齐白石的一生极具传奇色彩，他一生都在不断地学习，不断地进步。他是一个纯粹的"匠人"，他以自己是"匠人"为荣，他用一生诠释了中国匠人的风骨和精神。

### 学必有问

（1）阅读选文，简述齐白石学艺过程，谈谈你有什么收获。

（2）年轻的齐白石作为一个手工艺人，练好手工就非常不容易了，他为什么还要学文化知识？

（3）对比齐白石学作诗和《红楼梦》里香菱学作诗，谈谈你的感悟。

## 5. 手工（节选）

### 选文背景

工业现代化浪潮使传统手工制造面临巨大挑战，时代变迁带来了个人命运的起落。李铁的中篇小说《手工》用细腻的笔触，书写了新时代工厂技术工人的工匠精神。

李铁，男，出生于1962年，主要作品有《乔师傅的手艺》《杜一民的复辟阴谋》《冰雪荔枝》等中短篇小说，曾获《小说月报》百花奖、《北京文学·中篇小说月报》奖、中篇小说选刊奖、上海文学奖等多种奖项，现为锦州市作协主席。

### 选文

手工释义：1. 靠手的技能做出的工作；2. 用手操作的方式……

——摘自《现代汉语词典》

我随一个作家采风团去北方机械集团参观。我本不想去，二十年前我从这家企业调出，又回去参观，想必会见到一些熟人，多少有些尴尬。一个同行非拉着我去，说看看现在的工厂对你的创作有好处，再推托显得矫情，只好去了。我调出时企业叫红星机械厂，现在叫北方机械集团。大巴车从采风团下榻的酒店开到厂大门用了半个小时的时间，半个小时，让我一下子穿越了二十年的时光。

车子停在办公楼前，下车，领队的领导和来迎接的集团领导握手寒暄。我等普通团员不用寒暄，跟着队伍走便是，但我还是精神高度集中，在接待我们的那些人中极力分辨，并没找到一张熟悉的面孔。毕竟二十年了，不论哪里都是换了一茬又一茬的人，找不到熟悉的面孔并不奇怪。

接下来是进会议室参加一个简短的仪式，集团的张总致辞，采风团的领队致辞，无非是欢迎与叨扰之类的套话。接下来，有专人陪同我们下车间参观。陪同我们的这几个人都是陌生面孔，到了车间，看那些干活的工人，也都是陌生面孔。车间里各种机器也都是陌生的，我熟悉的二〇车床、三〇车床，铣床镗床等也都变了模样，一些新式的机床和机械比人的面孔更加陌生。我凑到一台车床前看一个小伙子干活，车床在工作，小伙子却只是瞪眼看着，并没有动手干什么活儿，这和我印象中的车工操作根本对不上号。我问小伙子，这是啥种类的车床？小伙子说，精密数控车床。我又问，不用你换刀和测量？小伙子说，换刀由电脑控制，测量用电子尺，也是电脑控制。我说，这就是所谓的自动化车床？小伙子说，什么所谓呀，就是自动化车床。我苦笑着摇摇头，觉得自己这个号称熟悉工厂的人，其实对现在的工厂已经"OUT"了。

在一个车间通向另一个车间的走廊里，我看见两边的墙壁悬挂了不少老照片。在这些照片里，我终于找到了熟悉的面孔。我在一张照片前停步，瞪大眼睛，心跳加速。照片上是一个五十岁左右的汉子，身穿劳动布工作装，双手握一把锉刀，前腿弓后腿蹬，正在锉卡在老虎钳子上的一个四方套，我认得出四方套是四十五号钢的，这种型号的钢硬度适中，或锉或锯都挺顺手，很适合钳工展示手艺。工作台在窗前，窗外射进来的一束阳光打在汉子脸上，刺得他不得不眯起眼睛，脸上的纹路和毛孔非常清晰。照片下边贴着一行小字：八级钳工巩凡人。八十年代初我在红星机械厂跟巩凡人学过徒，他有三个徒弟，我排行第三，我调出红星机械厂时他已退休，听说几年前他离世了。

有人拍我肩膀一下，把我从一种陷入的状态中拉出来。扭头看，是一张陌生中带着熟悉的面孔，我愣一下，很快熟悉占了上风，脱口道，郭拔。他身后的一个年轻人接茬儿道，这是我们郭总。他说，是副的。我说，副的也是总嘛！我俩都哈哈大笑。

郭拔当年和我一样，都是学徒工，我是钳工，他是车工。郭拔和锅巴谐音，我们明里暗里都叫他锅巴，我调出时他已是车间副主任，算得上是个积极要求进步的人。他拉我并肩走，边走边说，没想到你能来，你就是不来我还想找你呢。我说，找我有事？他说，这儿对你来说没啥好参观的，走，到我的办公室坐坐，我有事和你商量。

我只好跟着他离开队伍，返回办公楼，进他的办公室。落座，他给我沏茶。煮水、洗茶、温杯、闻香，不厌其烦……我说，别这么麻烦，喝杯开水就行。他说，咱们多年没见面了，见面不容易，这点耐性还是应该有的。我说，要说的事是？他边忙乎边说，现在提倡工匠精神，最能体现工匠精神的是啥？我说，工匠精神就是一种职业精神，就是敬业、专心、精益求精……他打断我的话说，咱别说这些教条的话，咱说点实在的，工匠工匠，指的就是工人，最能体现工匠精神的就是工人的手艺，我问你，最能体现手艺的是操作机器的还是做手工的？我说，当然是做手工的。他又问，工人中做手工的是啥工种？我说，钳工。他说，对了，是钳工。

郭拔给我倒茶，说，喝茶。我接过茶杯，抿了一口，说，这是单枞，上好的凤凰单枞。郭拔说，不错，是个识茶的人，品香识茶，我没找错人。我说，你还没讲你要讲的事。郭拔说，现在就跟你讲，我们集团准备和市总工会合作，搞一个钳工技能擂台赛，最后的获胜者将被授予"工匠大师"的称号。我说，这好像没我啥事呀？郭拔说，用你的笔写一篇纪实作品，写这次比赛的过程，写获胜的工匠大师，把事情搞大，还得靠你们这些笔杆子。我皱了眉，熟悉我的人都知道，我一直拒绝写小说以外的文字。我正要婉言谢绝，郭拔又说，我问你，要讲手工手艺，以前咱厂谁最厉害？我只好咽下要出口的不字，先回答他的问话。我说，论资历，最厉害的是我师父巩凡人，他可是钳工大把。"大把"[1]是当年工厂的流行称谓，指的是手艺最高的那个人。郭拔说，要是从实际上论呢？我说，要是从纯手艺上论，有两个人已经超过了巩师傅。郭拔说，你说的是荆吉和西门亮？我点点头。郭拔说，这次比赛的重点就是荆吉和西门亮，找到他俩，我的策划才有亮点。

我点点头，一时忘了拒绝，顺着郭拔的思路想下去。这两个人都离开红星厂多年，西门亮去了广东，荆吉不知去向，都是在外边谋生。我说，搞比赛，还得靠现在工厂里的年轻人。郭拔连连摇头，说，钳工早已在工厂里边缘化了，有几个年轻人还掌握那么复杂的手工技术呢？我说，在这个城市，应该还有一些老钳工吧？郭拔还是摇头，说，论钳工水平，有哪个厂赶得上红星机械厂？又有谁赶得上荆吉和西门亮？我一时无语，也觉得钳工手艺没有谁能赶得上荆吉和西门亮。

郭拔说，想把比赛搞起来，想把"工匠大师"的称号颁下去，就一定找到他俩，找他们是我们的事，写他们是你的事。我盯住郭拔，还是没有把拒绝说出口，一想起荆吉和西门亮，我就涌起了想写点什么的冲动，这对我来说很重要。

当年，钳工大把巩凡人收了三个徒弟，我排行第三，西门亮排行第二，荆吉排行第一。

先讲巩凡人，都知道他是钳工高手，官方给他的荣誉是八级工，是当时工人的技术职称到了顶的级别，民间给他的荣誉则是大把。大把可不是随便叫的，那是一种众口一词的认可，能被称为大把的，一个厂一个工种只能有一人，也不是哪个工种的高手都能被称为大把，机械行业主要工种是车、钳、铆、电、焊，在红星机械厂，也只有车工和钳工有公认的大把，钳工虽然在工种顺口溜中排第二，但手工技术含量却是公认的第一，也只有钳工大把才称得上真正的大把。当年钳工行当里的高手多了，能称大把者有几个？巩凡人能称大把，说明这人不简单。

巩凡人有过一段不光彩的经历，在旧社会做过几年旧监狱的狱卒，不是看守，是看大门的。他人高马大，大约有一米八几的个子，试想，他穿上警服挺胸抬头地往监狱大门口一站，该有多威风。他没啥罪恶，新中国成立后进厂当了工人，跟师父学手艺，学了几年手艺就鹤立鸡群了。有好几次有人要揪他的历史问题，都是手艺救了他。……他师父说话了，说他是个难得的学手艺的料，国家正在用人之际，留他有用。有人问，有啥用？他师父抬手指着屋里一个上了锁的工具箱，问那人，这是你的箱？那人说，是我的。师父说，把你的钥匙给我。那人掏了钥匙递给师父。师父说，没了钥匙你能打开箱子不？那人说，打不开。师父问巩凡人，没钥匙你打开了吗？巩凡人说，打得开。师父说，开一个让他们看看。巩凡人随便在地上捡了根铁丝，抓了锁头就把铁丝插进了锁眼儿，轻轻捅几下，锁头就打开了。周围人都说厉害，那人却说，这技能小偷用得上，国家咋能用得上？师父说，哪一天若是国家的哪个大门打不开了，就用得上他。众人附和道，对，国家用得上他。那人被这气势镇住，放过了巩凡人。

再讲荆吉，他比我早入厂两年，是那批入厂青工中的佼佼者，不是佼佼者当不了巩凡人的徒弟。也是受巩凡人影响，他一门心思也想当大把，从做了巩凡人徒弟那天起，他就开始为当大把做准备了。除了学手艺，其他方面的修炼也格外用心。我入厂后也做了巩凡人的徒弟，排行第二的西门亮早我一年入厂，我排第三。为欢迎我当了巩凡人的徒弟，荆吉张罗了一个酒局，参加的除了我们师徒四人，还有荆吉的好友，车工郭拔。一家小酒馆，一张圆桌面，五个人围起来开吃。说开喝更贴切，吃了些啥我没一丁点儿印象，喝了多少酒却刻在了脑子里。酒是六十度的"凌川"，本地产的名酒，五个人喝了五瓶。我没啥酒量，喝了大约半斤，从酒馆出来就开始翻肠倒胃，回家后几乎吐了一宿，黄色的胃液都吐出来了。那时个体经济刚刚冒头，这家率先开起来的个体酒馆生意十分火爆，顾客爆满，一屋子的目光都被我们这一桌牵了过来。五瓶酒，巩凡人喝了一瓶，西门亮喝了一瓶，郭拔酒量不行，也就喝了二两，剩下的二斤三两全让荆吉喝了。当时看着没事，能走能聊的，第二天却没上班，请了一天的病假。后来才知道，他回家后昏睡了一天一宿。我悄悄问他，干吗那么不要命地喝？他说，有人说酒量是天生的，是练不出来的，我偏不信邪，我的酒量就是练出来的，刚入厂时喝一口都晕头转向，现在喝二斤多，不也好端端地站在这儿吗？我无言以对，知道他这是在为当大把做准备。

八十年代文学热，那时我还没写小说，写诗。几年工夫，就成了厂内外小有名气的工厂诗人，写的诗除了"铁锤呀，你怎么这样硬／比你更硬的铁块子／生生被你打变了形"，还有"柳树般的睫毛／遮住秋水的涟漪／想遨游的我／缺乏勇气"，硬的软的都能写，生产爱情两不误。荆吉也爱好文学，喜欢读诗，还给自己起了个笔名叫荆棘，他买的书籍扉页上都有他龙飞凤舞的签名：荆棘。他只读不写，但诗人气质比我还浓。有一次巩凡人叫我们仨练锉活儿，三张工作台，三把老虎钳，卡着三块四十五号钢，三把锉刀，三个人，前腿弓后腿蹬，开锉。这锉活儿看似简单，实则高深，两只手把锉刀端平，冲着工件平行着推过去，初看没看出啥高深来。只有深谙其道，才能察觉其高深。一样的姿势，一样的动作，咋就锉出来的平面有差距呢？诀窍在手上，更在心里。一样的姿势，却有微小的几乎肉眼看不出来的区别，一样的动作，却有用力点的起伏和不同，一次锉下去，看不出差距，十次百次锉下去，差距就出来了，有的如静水，有的如石面，不用测量，高下肉眼可见。我和西门亮锉了好一阵了，荆吉还没有锉一下，他拎着锉刀站在老虎钳前，目光凝视那块钢铁。正是冬日的下午，接近四点钟，太阳快落下去了，该称夕阳了，这艳丽的夕阳透过窗户落到钢铁上，落到荆吉的身上，他的脸一半阴一半阳，一副思想者的样子。我问他，你咋不锉？他说，思考比动手重要。我说，一块破铁有啥好思考的？他说，阳光穿越了这块铁，让我看到了它的前世。西门亮撇嘴说，该干活儿干活儿，别装神弄鬼的。

还有一次，厂团委组织青工郊游，途中下雨，我们都躲进屋檐、门洞避雨，只有荆吉继续在雨中走。有人喊他避雨，他不理会，继续不紧不慢地走。我追上他说，你傻呀，在雨中走？他斜了我一眼，看着漫天雨线说，你不觉得人在雨中走，像是一只庞大的蜘蛛吗？我想了想，觉得人在雨中还真像只蜘蛛。他又说，在雨中走，像极了我们艰辛的生活，在雨中走，想想心事，愁事也会被稀释的。我愣愣地看他，顿觉惭愧，和他相比，我觉得是诗人的不是自己，而是不写诗的他。

再说西门亮，当时他是一个俊小伙，用现在的话说是帅哥。他和荆吉的个头差不多，都是中等身材，荆吉偏胖，西门亮偏瘦，看起来西门亮就比荆吉要高一些。西门亮留长发，长到披肩，很多人看不惯，就拿长发说事，说他不是好人。巩凡人也说他，说一个大小伙子留不男不女的头发，不像话！他说，这是个人偏好，没啥像话不像话的。巩凡人沉了脸说，不剪了长发就别做我徒弟。西门亮也沉了脸说，如果非要二选一，我还是不剪我的头发。西门亮说到做到，那些年始终保持着长发披肩。说到没做到的是巩凡人，西门亮还是他的徒弟。

西门亮悟性高，学手艺比别人进步都快，别人练了很久的功夫，他只需看一看，练那么几下子，就像模像样了。但他贪玩，用在学习、练功的时间就没别人多。这样一来，练功最刻苦的荆吉就会反超。用巩凡人的评价就是，他俩像极了龟兔赛跑，最终胜利的一定会是荆吉。

靓女爱帅哥，西门亮有女人缘，身边总有一些女人献殷勤。巩凡人有个闺女，叫巩兰，瞅西门亮的眼神儿就有些特别，我和荆吉都看出来了，私下议论，说巩兰是不是看上了西门亮？西门亮说，别瞎议论，我不打紧儿，别诬蔑了巩兰的名声。

有一次巩凡人把我们仨叫到他家，在他家的小院子里，他开始教我们一些看家本领。为啥不在厂里教，怕被别人的徒弟偷学。巩凡人坐在一个小板凳上，我们仨都撅着屁股蹲着。巩凡人先教的是画展开图，这项技术大多应用在薄铁活儿上，比如用薄铁做个水壶、水盆、烟筒之类的，就需要在铁皮上先画图，再按图裁剪。院子的地是土质的，没有铺砖，巩凡人手拿一根竹筷子在土上画来画去，我们仨的眼睛随竹筷子移来移去，都高度集中，生怕漏掉某一处细节。

轮到我们仨画展开图时，都是按图索骥，巩凡人咋画我们就咋画，可画出来的展开图总会有那么一点点的误差，如果真是在薄铁上画，好好一块薄铁皮就会被剪废。我们仨蒙神儿了，不知错在哪里。西门亮上厕所，旁观的巩兰跟出去，在厕所门口叫住他，低声道，还都夸你聪明呢，聪明到尿道儿去了？告诉你吧，我爸用的是筷子，你们仨用的是木棍，木棍比筷子粗了一圈。西门亮拍了一下脑门，说，没错，我是聪明到尿道儿去了。返回，再画，我和荆吉画的还有误差，西门亮却画得十分准确，我俩仍用木棍，西门亮却用了巩凡人用过的筷子。

八十年代后期，巩凡人退休，荆吉和西门亮成了红星机械厂手艺最好的人，大把之争也就落在他们身上。用巩凡人的话讲，龟兔赛跑开始了。

钳工有个最基本的技能，叫打手锤。手锤都知道，一尺来长的小锤子，打手锤就是用手锤打钢筋，把八号或十号的钢筋卡在老虎钳上，左手握住扁铲将其逼住，右手挥舞手锤，铆足了劲儿打。打断八号的钢筋，高手只需五六锤，一般的钳工要打到十锤左右才可能把它打断。打手锤有一定的观赏性，钳工比赛时它都会是必备项目。有一年，市里搞技术比武，钳工大赛是最受瞩目的，红星机械厂选派荆吉和西门亮参赛，两个人一路过关斩将，最后争夺冠亚军的果然就是他俩。我陪巩凡人到现场观看，我悄悄问他，师父，你说谁能胜出？巩凡人微微一笑道，没忘了我说过的龟兔赛跑吧？我说，没忘。巩凡人不说话了。

二人上场，最先比的就是打手锤。荆吉先打，手锤抡成一个漂亮的弧线，锤头打在扁铲上，又狠又准，只用了三锤，钢筋就断了。众人鼓掌。接着西门亮上场，荆吉给他的压力太大了，三锤几乎就是一个极限数字，还没听说哪个钳工能三锤打断八号的钢筋。西门亮面带笑容，看不出他有一丝的紧张，提了锤，站到工作台的老虎钳旁时还冲观众做了个鬼脸。众笑。

西门亮出锤了，他的右手臂抡起来，没有像荆吉那样直奔扁铲，而是锤头在头部绕了一圈后发力，弧线的轨迹就比荆吉的花哨了不少。啪啪啪，三锤下去，没断，第四锤钢筋才断，比荆吉多用了一锤，众人的掌声却更加热烈。巩凡人摇摇头说，花拳绣腿，不踏实。

第二项，比做四方套。这又是一个钳工的基本技艺，巴掌大的一个钢铁四方套，全由手工来完成，也就是锉功，比的是用锉刀的技巧，几个平面的平整度靠的全是手头功夫。做四方套是慢活儿，没有几天是做不出来的，用于比赛，大部分的活儿都是在场外完成的，不怕找高手代做吗？不怕，高手都来比赛了，没有哪个高手愿意当别人的枪手。我看过荆吉做四方套，那是一种熬，不是熬粥，是熬鹰，需要有足够的耐性。一块钢铁卡在老虎钳上，荆吉并不急于操作，而是先去洗手，擦干净了手，才会拿锉刀，摆出前腿弓后腿蹬的姿势，再目视前方做过足够长时间的冥想状，然后才会下刀，仪式感十足。我笑荆吉迂腐，说，至于这样吗？荆吉说，别人咋样我不管，我就是这样。

比四方套，是两个人同时上场，各自把自己的四方套卡在老虎钳上，同时干活儿。场下已经用了一周时间，此时锉一锉，也就是渲染一下比赛的氛围。也就用了十来分钟，评委上场开始检验，测量和肉眼相结合，很快给出答案，荆吉获胜。又是一阵的掌声。

好戏出在第三项上，比的是刮瓦。这是高级钳工的一项手工技能，就是用锋利的刮刀刮轴瓦的内面，轴瓦是滑动轴承和轴颈接触的部分，一般用青铜或减磨合金制成，轴和轴瓦配合得好，全靠它们之间的间隙，这间隙又靠什么，靠手工刮瓦。刮瓦一靠手法，二靠性子，也是熬时间熬出来的。与做四方套不同，刮瓦比赛完全是现场操作，两块轴瓦摆在那儿，两个人或蹲或坐，持刀开刮，二十分钟叫停，看谁刮得好。

所有的目光都锁定在荆吉和西门亮身上。外行看热闹，内行看门道，外行看的是两个人的气势和动作，内行人则看的是刀尖和瓦面。两个人都手法娴熟，刀尖在瓦面上轻轻一挑，一条小巧的铁屑就飞出去，轴瓦上则留下一只展翅飞翔的小燕子。二人手上节奏均匀，屑花翻飞，瓦面上一排排的燕子就站好了队。刀痕呈燕子形，刀痕与刀痕形成燕子阵，这是刮瓦高手的本领，大家都瞪大眼睛看，都啧啧称奇，一时难分高下。

我用胳膊肘轻轻碰一下巩凡人，又问，师父，你说他俩刮瓦谁能赢？巩凡人说，小燕子挑得都不错，难分高下，我看荆吉更稳一些，到最后赢的还应该是荆吉。我说，刮瓦最高境界就是燕子阵吗？巩凡人点点头又摇摇头说，现在常用的刮瓦手法就是燕子阵，不过还有一种手法是小鱼阵，一刀下去挑出一条小鱼来，小鱼要比燕子花型复杂一些，难度也大一些，实用价值又相当，所以后来就被弃用了，我也就没教你们小鱼阵的刀法，刮瓦最高境界应该是燕子阵与小鱼阵的结合，当年只有当大把[1]的才会这种手法。

十分钟过后，西门亮挺起腰杆，冲评委嚷，我内急，上趟厕所。紧张的比赛中居然还要上厕所，真够心大的，人群中响起哄笑声。西门亮不管不顾地挤出人群，一两分钟后返回，重操刮刀，刀下挑出的已不是燕子，而是一条接着一条的小鱼。二十分钟到，评委叫停，看瓦面，荆吉刮的是清一色小燕子阵，西门亮刮的是燕子和小鱼的组合阵，天上飞的水里游的有机结合，高下一目了然。众评委简单商议后，都把胜券给了西门亮。

荆吉吃惊，巩凡人也吃惊。事后，荆吉找巩凡人，说师父偏心，咋教了西门亮鱼阵没教我？巩凡人说，天地良心，我真没教他呀。荆吉说，那他咋会的？巩凡人也说，是呀，他咋会的？见一旁的巩兰憋着笑，我明白了个大概。私下问巩兰，西门亮会鱼阵是不是与你有关？她没隐瞒，说，是我让他看过我爸的笔记，刮瓦的一段里，就记载过鱼阵，本来比赛西门亮也没想起用鱼阵，是我故意咳嗽，用眼睛勾他出来，谁叫他太聪明呢，我一个眼神他就心领神会，就在厕所门口，我提醒他用了小鱼阵。我连连摇头，说这不公平。

接下来的比赛荆吉明显不在状态，又比画展开图和淬火，都是西门亮赢了，结果西门亮反超，龟兔赛跑的故事被改写。

……

## 选文注释

[1]"大把"即大把式，就是大师傅的意思，一种市井之中的称呼。一般指有一定手艺的人，比如天桥卖艺的，耍杂技的等。

## 选文赏析

小说的标题是"手工"，写工人手上的技术。小说的主要情节是写了两次技能技术竞赛。节选部分是当年国企正红火的时候的一场竞赛，写得详细、精彩，通过详细的描写，很好地诠释了什么是工匠精神。

小说中的红星机械厂曾是一家大型国有企业，工人的技术水平在全市是最高的。在各工种里，最能代表手艺水平的是钳工技术，机械厂的钳工"大把"巩凡人，带出了两位技术同样高超的徒弟荆吉和西门亮，巩凡人将要退休，两位徒弟为了"大把之争"举行了一场比赛。

小说对人物形象的刻画，主要是通过情节、人物对话、动作描写来体现的。手艺在工人心目中的地位如同武林秘籍、独门暗器，怀揣手艺绝招，便如同大侠一般可以笑傲江湖、独行天下了，技术比赛不仅比试手艺的高下，也是心性、修养、素质、人品的比拼。

小说把"技术"当成描写对象，描绘了别样美的景致，把技术的魅力和精妙刻画得出神入化。如："他拎着锉刀站在老虎钳前，目光凝视那块钢铁。正是冬日的下午，接近四点钟，太阳快落下去了，该称夕阳了，这艳丽的夕阳透过窗户落到钢铁上，落到荆吉的身上，他的脸一半阴一半阳，一副思想者的样子。我问他，你咋不锉？他说，思考比动手重要。我说，一块破铁有啥好思考的？他说，阳光穿越了这块铁，让我看到了它的前世。"文字极富有诗意之美，写技术仿佛在谈哲学、谈人生！

### 学必有问

（1）说说《手工》选文中技能比赛的情节描写好在哪里。

（2）选文的第三段提到了"精密数控车床"完全用电脑控制，那么传统工人的手工技艺还有用处吗？

（3）请分析选文中两位比赛选手的人物形象和性格特点。

# 6. 平凡的世界（节选）

## 选文背景

《平凡的世界》是路遥创作的一部百万字的长篇小说，全书共三部，全景式反映了中国当代城乡社会生活，于1986年12月首次出版。1991年3月，《平凡的世界》获中国第三届茅盾文学奖。

路遥（1949—1992）原名王卫国，1949年12月3日出生于陕西榆林市清涧县一个贫困的农民家庭。1973年进入延安大学中文系学习，其间开始文学创作。大学毕业后，任《陕西文艺》（今为《延河》）编辑。1980年发表《惊人动魄的一幕》，获得第一届全国优秀中篇小说奖。1982年发表中篇小说《人生》，后被改编成电影，轰动全国。1988年完成百万字的长篇巨著《平凡的世界》，小说还未全部完成就已在中央人民广播电台广播。1992年11月17日上午8时20分，路遥因病医治无效在西安逝世，年仅42岁。

## 选文

第三部　第四章

孙少平坐在低矮的长条铁凳上，和一群新老工人挤在一起。学习室烟雾大罩。新工人都瞪大眼睛惊恐地听雷区长讲话。老工人们谁也不听，正抓紧时间在下井前过烟瘾；他们一边抽烟，一边说笑，屋子里一片嗡嗡声。

雷区长从前面一个老工人手里要过一支带嘴纸烟，点着吸了几口，然后让区队办事员点新工人的名字。点到谁，谁就站起来答个到。

点完名，雷区长继续讲话。……

这就是煤矿生活最初的一课。

在以后紧接着的日子里，矿上先组织新工人集中学习，由矿上和区队的工程师、技术员，分别讲井下的生产和安全常识。另外，工会还来全面介绍了这个矿的情况。十天以后，他们第一次下井参观。

这一天，新工人们都有点莫名的激动。在此之前，他们的工作衣、作衣箱和矿灯都已经分好了。

在浴池换衣服的作衣柜前，大伙说笑着穿上了簇新的蓝色的工作服，脖项里围上了雪白的毛巾。每个人的屁股上都吊着电池盒子，矿灯明晃晃地别在钢盔似的矿帽上。就像新演员第一次出台，有的人甚至拿出小圆镜，端详着自己的英武风貌。一切看起来都像电影电视里的矿工一样整洁潇洒。

出现了第一件不妙的事——一律不准带烟火！尽管大家在学习时就知道了这一

点，但此刻仍然有点愕然。这些人穿戴完毕，就在区队领导和安全检查员的带领下，通过连接浴池的一条长长的暗道，蜂涌着来到井口。一个老头又分别在众人身上摸一遍，看是不是有人违章带了烟火。

少平是第三罐下井的。他走进那个黑色的钢铁罐笼，心中充满了无比的新奇感。他将要经历一个全新的世界。对他来说，这是一个历史性的时刻。

随着井口旁一声清脆的电铃声，铁罐笼滑下了井口。阳光消失了……

罐笼黑暗中坠向地层深处。所有的人都紧紧抓着铁栏杆。

谁都不再说话，听见的只是紧张的喘气声和凹凸不平的井壁上哗哗的淌水声。恐惧使得一颗颗年轻的心都提到了嗓门眼上。

一分多钟，罐笼才慢慢地落在了井底。

难以想象的景象立刻展现在他们眼前：灯火、铁轨、矿车、管道、线路、材料、房屋……各种声响和回音纷乱地混搅在一起……一个令人眼花缭乱不可思议的世界！

所有来到井下的新工人一个个都静无声息。每个人的心情都是复杂的。他们知道，这就是他们将要长年累月工作的地方。一旦身临其境，他们才知道，一切都不是幻想中的。真正严峻的还在后面。

他们即刻被带进大巷道，沿着铁轨向没有尽头的远处走去。地上尽是污水泥浆，不时有人马趴惯倒。什么地方传来一股屎尿的臭味。

走出长长的一段路后，巷道里已经没有了灯光。

安检员从岸壁上用肩膀接连扛开了两扇沉重的风门，把他们带进了一个拐巷。

一片寂静。一片黑暗。只有各自头上矿灯的一星豆光勉强照出脚下的路。这完全像远离人世间的另一个世界。当阿姆斯特朗第一脚踏上月球的时候，他的感受也许莫过于此。

接连跋涉一百米左右的四道很陡的绞车坡，然后再拐进一个更小的坑道。这时，人已经不能直立了。各种钢梁铁柱横七竖八支撑着煤壁顶棚。不时有沙沙岩土煤渣从头顶上漏下来。整个大地似乎都摇摇欲坠。

这时候，所有行进中的新工人都不由惊恐地互相拉起了手，或者一个牵着一个的衣角。严酷的环境一刹那间便粉碎了那些优越者的清高和孤傲。

他们明白，在这里，没有人和人之间的互相帮助，是无法生存的。而煤矿工人伟大的友爱精神也正是这样建立起来的。

现在，他们终于到了掌子面上。

这里刚放完头茬炮，硝烟还没有散尽。煤溜子隆隆地转动着。斧子工正在挂梁，攉煤工[1]紧张地抱着一百多斤钢梁铁柱，抱着荆笆和搪采棍，几乎挣命般地操作。顶梁上，破碎的矸石[2]哗哗往下掉。钢梁铁柱被大地压得吱吱嚓嚓的声响从四面八方传来……天啊！这是什么地方！这是什么工作！危险，紧张，让人连气也透不过来。光看一看这场面，就使人不寒而栗！

他们一个个狼狈不堪，四肢着地爬过柱林横立的掌子面。许多人丢盔撂甲，矿帽不时碰落在煤堆中，慌乱得半天摸不着……

熬到上井以后，大部分人都绷着脸，情绪颓败地通过暗道，在矿灯房交了灯具，去浴池洗澡、换衣服。那身刚才还干干净净的工作衣，现在却像从垃圾堆里捡出来似的。白净的脸庞都变成了古戏里的包公。

尽管这次参观弄得众人心绪纷乱，但这对他们是必要的。他们应该尽早知道，这就是煤矿。这里需要的是吃苦、耐劳、勇敢和无畏的牺牲精神。这不是弱者的职业，要的是吃钢咬铁的男子汉！

回到宿舍以后，少平看见，那些一直咋咋唬唬的干部子弟们，此刻都变得随和起来。有人开始给他递上了纸烟。两个钟头的井下生活，就击碎了横在贫富者之间的那堵大墙。大部分人直至现在还都脸色苍白。有个可怜的家伙已经趴在缎被子上哭开了。

少平的心情是平静的，因为他一开始就没把一切想的很好。说实话，在他看来井下的生活也是严酷的。

和别人不同的是，他已经有过一些吃苦受罪的经历，因此对这一点在精神上还是能够承受的。是啊，他脊背上被石块压烂的伤疤，现在还隐隐作疼！他更多的是看到这里好的一面：不愁吃，不愁穿，工资高，而且是正式工人！第二天，新工人都参加了考试。

## 第三部　第七章

不知不觉，孙少平在铜城大牙湾煤矿已经下了半年井。

半年来，他逐渐适应了这个新的生存环境。最初的那些兴奋、忧虑和新奇感，都转变为一种常规生活。

他几乎不误一天工，月月都上满班。这在老工人中间也是不多的。而和他一块来的新工人，没有偷跑回家，就算很出色了。我们知道。这批新工人都是一些有身份人家的子弟，他们很难在这样充满危险的苦地方长期待下去。

半年之中，新工人又逃跑了不少。跑了的人当然也被矿上除了名——这意味着他们再一次变为农民身份。有些没走的人，也不好好下井。他们磨蹭着，等待自己的父亲四处寻找关系，以便调出煤矿，另找好工作。不时有人放出声，说他们的某某亲戚在省上或中央当大官。的确，局里也接到省上某几个领导人写的"条子"，把十几个要求调动的工人放走了。同时，不断有某些县上和乡上的领导人，用汽车拉着各种土特产、到局里和矿上活动，企图把他们的子弟调回去。这类"礼物"一般只能让孩子换个好点的工种，而不可能彻底调出煤矿。煤矿的某些领导虽然不拒绝"好处"，但总不能把手下的矿工都放走吧？

少平当然没这种靠山。他也不企图再改变自己煤矿工人的身份。他越来越感到满意的是，这工作虽然危险和劳累，但只要下井劳动，不仅工资有保障，而且收入相当可观。

　　钱对他是极其重要的。他要给父亲寄钱，好让他买化肥和日常油盐酱醋。他还要给妹妹寄钱，供养她上大学。除过这些，他得为自己的家也搞点建设，买点他所喜爱的书报杂志。

　　另外，他还有个梦想，就是能为父亲箍两三孔新窑洞。他要把这窑洞箍成双水村最漂亮的！证明他孙少平绝不是一个没出息的人！他要独立完成这件事，而不准备让哥哥出钱——这将是他个人在双水村立的一块纪念碑！

　　正因为这样，他才舍不得误一天工；他才在沉重的牛马般的劳动中一直保持着巨大的热情。

　　瞧，又到发工资的日子了——这是煤矿工人的盛大节日。

　　孙少平上完八点班，从井下上到地面，洗了一个舒服的热水澡，就到区队办公室领了工资。

　　他揣着一撂硬铮铮的票子，穿过一楼掘进队办公室黑暗的楼道，出了大门。

　　五月灿烂的阳光晃得他闭了好一会眼睛。

　　从昨夜到现在，他已经十几个小时没见太阳了。阳光对煤矿工人来说，常有一种亲切的陌生感。

　　他睁开眼睛，深深地吸了一口气。他真想把那新鲜的空气连同金黄的阳光一起吸进他灌满煤尘的肺腑中！

　　他看见，远山已经是一片翠绿了。对面的崖畔上，开满了五彩斑斓的野花。这是一个美妙的季节——春天将尽，炎热的盛夏还没有到来。

　　少平把两根纸烟接在一起，贪婪地吸着，走回了他的宿舍。

　　宿舍里除过他，现在只留五个人。另外四个人，三个偷跑回家被矿上除了名，一个走后门调回了本县。这样，宿舍宽敞了许多，大家的箱子和杂物都放到了那四张空床上。

　　宿舍零乱不堪。没有人叠被子。窗台上乱扔着大伙的牙具、茶杯和没有洗刷的碗筷。窑中间拉一根铁丝，七零八乱搭着一些发出臭味的脏衣服。窗户上好几块玻璃打碎成放射形，肥皂盒里和盛着脏水的洗脸盆就搁在脚地上。床底下塞着鞋袜和一些空酒瓶子。唯一的光彩就是贴在各人床头的那些女电影明星的照片。

　　少平已经有一床全宿舍最漂亮的铺盖。他还买了一顶蚊帐，几个月前就撑起来——现在没有蚊子，他只是想给自己创一个独立的天地，以便躺进去不受干扰地看书。另外，他还买了一双新皮鞋。皮鞋是工作人的标志；再说，穿上也确实带劲！

……

　　在这样一个时刻，劳动给人带来的充实和不劳动给人带来的空虚，无情地在这孔窑洞里互为映照。

　　为不刺激同屋的人，少平尽量克制着自己的愉快心情，沉默地，甚至故作卑微地悄悄钻进了自己的蚊帐。蚊帐把他和另外的人隔成了两个世界。

他刚躺下不久,就听见前边一个说:"孙少平,你要不要我的那只箱子?"

少平马上意识到,这家伙已经没钱了,准备卖他的箱子。

他正需要一只箱子——这些人显然知道他缺什么。他撩开蚊帐,问:"多少钱?"

"当然,要是在黄原,最少你得出三十五块。这里不说这话,木料便宜,二十块就行。"

少平二话没说,跳下床来,从怀里掏出二十块钱一展手给了他,接着便把这只包铜角的漂亮的大木箱搬到了自己的床头。搬箱子时,这人索性又问他:"我那件蓝涤卡衫你要不要?这是我爸从上海出差买回来的,原来准备结婚时穿……"

少平知道,这小子只领了十一块工资,连本月的伙食都成了问题。这件涤卡衫是他最好的衣服,现在竟顾不了体面,要卖了。

"多少钱?"

"原价二十五块。我也没舍得穿几天,你给十八块吧!"

少平主动又加了两块,便把这件时髦衣服放进了那只刚买来的箱子里。

这时,另外一个同样吃不开的人,指了指他胳膊腕上的"蝴蝶"牌手表,问:"这块表你要不要?"

少平愣住了。

而同屋的另外几个人,也分别问他买不买他们的某件东西——几乎都是各自最值钱的家当。

所有这些东西,都是少平计划要买的。现在这些人用很便宜的价钱出售他需要的东西时,他却有点不忍心了。但他又看出,这些人又都是真心实意要卖他们的东西,以便解决起码的吃饭问题。从他们脸上的神色觉察,他如果买了他们的东西,反倒是帮助他们度难关哩!

少平只好怀着复杂的情绪,把这些人要出售的东西全买下了。一刹时,手表、箱子和各种时髦衣服他都应有尽有了;加上原有的皮鞋和蚊帐,立刻在这孔窑洞里造成了一种堂皇的气势。到此时,其他人也放下了父母的官职所赋于他们的优越架式,甚至带着一种牺惶的自卑,把他看成了本宿舍的"权威"。

只有劳动才可能使人在生活中强大。不论什么人,最终还是要崇尚那些能用双手创造生活的劳动者。对于这些人来说,孙少平给他们上了生平极为重要的一课——如何对待劳动,这是人生最基本的课题。

简直叫人难以相信!半年前初到煤矿,他和这些人的差别是多么大。如今,生活毫不客气地置换了他们的位置。

是的,孙少平用劳动"掠夺"了这些人的财富。他成了征服者。虽然这是和平而正当的征服,但这是一种比战争还要严酷的征服;被征服者丧失的不仅是财产,而且还有精神的被占领。要想求得解放,唯一的出路就在于舍身投入劳动。

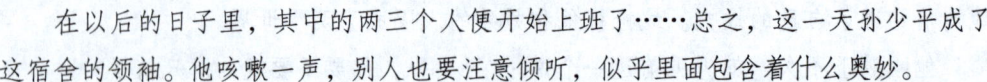

在以后的日子里，其中的两三个人便开始上班了……总之，这一天孙少平成了这宿舍的领袖。他咳嗽一声，别人也要注意倾听，似乎里面包含着什么奥妙。

### 选文注释

[1] 攉（huō）煤工：就是煤矿上的矿工，主要负责清理浮煤。

[2] 矸石（gān shí）：混含在煤层中的石块，含少量可燃物，不易燃烧。采矿过程中，从井下或露天矿采场采出的或混入矿石中的岩石（废石），俗称矸子。煤层中间的薄岩层叫夹石或夹心矸子。

### 选文赏析

本文节选自长篇小说《平凡的世界》第三部的第四章和第七章。选文第四章描写了孙少平第一次下矿井体验工作，克服种种困难，完成紧张、危险、高强度的工作任务，成为一个正式煤矿工人的过程；第七章写孙少平在大牙湾煤矿工作半年后，从一个穷小子变成一个收入高的矿工，在工友们的羡慕、尊敬中找回了作为一个劳动者的尊严，成为工友们心目中的领袖。选文在展示普通矿工艰难、危险、紧张、恶劣的工作环境的同时，极力书写了他们克服重重困难的美好心灵与坚韧不拔的奋斗精神。作品中的主人公孙少平是挣扎在贫困线上的青年人，但他自强不息，依靠自己的顽强毅力与命运抗争，面对矿井下高强度且极度危险的工作，孙少平能做的是接受现实、改变心态。他不抱怨、不放弃，默默忍受，靠自己超强的耐力、坚韧的毅力克服困难。他将平凡的生活付给了煤烟四起的煤矿坑道，靠自己勤劳的双手获得了应得的回报，通过劳动获得了人的尊严，这才是最为平凡、最为真实，也是最为幸福的感觉。这部小说是用现实主义的方式来讴歌普通劳动者，作者把苦难转化为一种前行的精神动力，使小说具有人文的暖度和人性的高度。

### 学必有问

（1）简述《平凡的世界》选文中让你感动的情节。

（2）孙少平第一次下矿井有什么样的心理感受？他是如何克服别人难以忍受的困难的？

（3）"总之，这一天孙少平成了这宿舍的领袖。他咳嗽一声，别人也要注意倾听，似乎里面包含着什么奥妙。"为什么孙少平会成为宿舍的领袖，他做了什么？这对你有什么启示？

 **写作指导**

# 总结写作

## 情景导入

苏锦葵同学临近大学毕业，正积极准备参加校园招聘，辅导员发给她一份毕业生推荐表，表内需要填写一份详细的个人总结。苏锦葵同学整理了获得的各种奖状、荣誉证书、职业资格证书，想了一个晚上还是无从下手，她觉得要写的东西太多了。

你知道怎样才能写好个人总结吗？

## 知识链接

"总结"古已有之，"温故而知新""吾日三省吾身"说的就是通过总结，不断获得新知识，提高自身的品德修养。

人生需要不断总结，才能更好地砥砺前行。我们居住的地方，每隔一段时间就需要做一次大扫除，做好归类收纳，以便生活得更舒适；一家商店，一个企业，年终总要有这么几天盘点，清理库存；一个人在一段紧张忙碌后，都要歇下来，和自己作灵魂的交流，卸下包袱，重整行装再出发。

小到个人，大到国家，都需要不断地进行总结。那么什么是总结呢？总结是集体、单位或者个人对某个阶段、某个方面的实践活动进行回顾、检查、分析研究，回顾实践过程的付出，检查问题与不足，从中提炼经验教训，获得某种规律性的认识，以便理清思路指导今后实践的一种有效工具和应用文体。

### 一、总结的类型

总结是一种用途广泛的应用文体，基本上可以与计划的种类相对应。按内容分，有思想总结、工作总结、学习总结等；按范围分，有部门总结、单位总结、个人总结等；按时间分，有年度总结、季度总结、月度总结等；按性质分，有综合性总结、专题性总结。有些"小结""体会"实际也是总结。

另外，领导代表组织或者机构、部门对全体成员（或者代表）所做的总结属于另外一种应用文体，叫报告。报告从实质内容上来讲也是总结。述职报告，也是总结性文体，但述职报告重在向上级汇报自身履行职务职责的情况。由于写作目的不同，内容和形式上还是有明显的差异，报告重在突出实践活动的做法、取得的成就和对规律的认识，述职报告重在显示自己的德能勤绩足以适合工作岗位。

先进事迹材料也属于总结的一种，是指评选各类优秀、先进的过程中提交的申报材料，或是在评选之后，为了宣传形成的书面材料。

鉴定材料是一个比较特殊的应用文体，是一种特殊的总结，是指个人或组织对

鉴定主体特定时期学习、工作情况所作出的具有结论性意见的评价材料。

## 二、总结的基本内容

总结的内容根据不同的实践活动而有所不同，规范的总结一般包括如下内容。

（1）开头部分。可以高度概括工作的基本情况，工作的指导思想、原则，取得的主要成绩，以便引起下文。也可以概括总结主体的基本情况，如个人简历中包括政治面貌、年龄、民族、性别、职务等。

（2）基本做法与主要成绩。这部分是总结的主体，是重点部分。可以集中突出地写取得的成绩，先写成果、业绩，再写具体做法。也可以两者结合，以过程为主，成绩穿插其中，这样行文比较紧凑。

（3）经验教训或者主要体会。经验教训要从取得的成绩、具体的工作中提炼出来，要上升到理论的高度。主要体会是指在思想认识方面的总结，体会要有思想的深度和广度。认识提升的一般规律是"计划—实践—总结—再计划—再实践—再总结"，吸取经验教训有助于下一步工作的顺利开展。

（4）存在的问题与不足。存在的问题是指实践中没有做好的地方，可以是有待解决的困难和矛盾以及不足之处，可以是未达到预期目标的分析研判，也可以是总结主体的弱点（非强项）的归纳分析。要分析主客观条件，由表及里，由浅入深，为写今后打算奠定坚实可靠的基础。

（5）今后打算或者做法。这部分不是总结的重点，但也不可或缺。可以概括地用框架式，写主要措施，提出解决办法与途径，如何发扬成绩和优点，克服弱点，改掉缺点，坚持有效的做法，改进无效的做法，甚至可以做出新的规划等。

上述五点是规范性总结的一般结构要素，可以根据总结的类型和写作重点、写作意图做取舍安排。简笔与繁笔，一切都从实际出发，按照实际需求写作。

## 三、总结的文体特点

### 1. 总结具有客观性

要正确地对实践活动再认识并总结出规律性的东西，写作总结必须立足于客观实际，实事求是地反映现实，材料必须真实，不添油加醋，不粉饰太平，不无中生有，保持原生材料的真实性和客观性，才能总结出真实有用的规律。

### 2. 总结具有概括性

总结是根据实践活动写成的，但不是流水账，也不是记日记，要把主要的、突出的、有别于他人的特色写出来，要把成功的经验和做法提炼出来，把问题和不足剖析出来，做出科学的评价和正确的结论，增强工作的主动性、自觉性、目的性，更好地归纳出规律性、本质性、有借鉴意义的理性认识。这样的总结才有价值。

### 3. 总结具有经验性

经验是总结的重要价值所在，其意义在于给后来者或者后续行动以指导和借鉴，以便继承发展和创新。我国古代的科技典籍，如《考工记》《梦溪笔谈》《天工开物》等，都对当时的科学技术做了全面细致的总结，给后来人们的研究、继承、发展与创新提供可参照的范本。

**4. 总结具有主体性**

总结的对象是单位集体或者个人，是实践工作的参与者，具有鲜明的主体性。一般采用第一人称写法，用一手材料来组织行文，具有很强的主体个人特色。可以说总结是作者的"自我画像"。根据本人或者本部门的实际情况来总结自己的做法、成绩、经验、思考、教训等。

### 四、总结的写作要点

#### （一）总结的主旨

总结的主旨也叫中心思想和写作意图，是对实践活动和人物、事件的评价和态度，也就是作者总结所要表达的主要观点和看法。

**1. 总结的主旨要正确、鲜明**

写总结要正确体现党的方针政策，体现国家的法律法规的要求，符合科学精神，符合上级要求。坚持实事求是的原则，坚持真实客观地反映规律。作为一种应用文体，主旨的表达必须直接明确，一目了然，不含糊其辞。

**2. 总结的主旨要新颖、独到**

主旨的"新颖、独到"是指求新、求变、求独特、求个性，不雷同，不千人一面。如果是一般的见解、大众化的观点，就没有借鉴参考的价值。写总结对作者的分析力、洞察力、语言文字的驾驭能力是个考验，要拿出新颖独到，让人耳目一新、印象深刻的见解，或者以新思维、新视角、新表达写出新意，给人新鲜感。

**3. 总结的主旨要集中、深刻**

总结的主旨要集中，聚焦中心点，即"立意要纯"，提炼多个中心主题，面面俱到，容易陷于杂乱，反而让人不得要领。深刻的主旨来自作者丰富的思想内涵和对时代精神、政策方向的正确把握。

#### （二）总结的材料

总结的材料一般分为事实材料和理论材料。

**1. 广泛搜集材料**

各种鲜活的第一手的资料，包括领导的讲话、谈话、调查走访、书籍报刊网络资料，古今中外、正反典型等，只要能强力支撑主旨的材料都网罗搜集，用于总结的写作。

**2. 选择真实的材料**

总结中的事实材料，包括具体事例、统计数据、现实情况、人物和事件等，必须真实、准确、可信，才能达到总结科学规律、提高认识水平的效果。理论材料包括党的政策方针、法律法规、科学理论以及上级机关的指示精神等，这些材料不能有表述上的偏差，否则会造成整个文章主旨的本质错误。

### 3. 选择典型的材料

所谓典型材料就是具有代表性的、具有说服力的材料，运用到总结中能起到以点带面、以一当十的效果。典型材料必须严格筛选、精心提炼，在寻常中发现闪光点，于平淡中见奇崛。比如《袁隆平事迹》中，作者精选袁隆平讲的"我不在家，就在试验田；我不在试验田，就在去试验田的路上"，生动概括了为了水稻育种辛勤耕耘、甘愿奉献的劳模的形象，可谓画龙点睛。

### 4. 选择有创意新鲜感强的材料

"年年岁岁花相似"，缺少新意、缺少个性、缺少典型，主要原因是没有寻找到新的理论、政策、事实、观点，总结苍白无力。要多写新发现、新感受、新认识、新角度，体现时代感和前瞻性，避免老生常谈、陈词滥调。

## （三）总结的结构

总结的结构安排就好比排兵布阵。好的结构应当是结构清晰，自然流畅，完整统一，主次分明。

总结一般由标题、正文、结尾三部分组成。

### 1. 总结的标题

标题大体上有两类构成形式：一类是公文式标题，另一类是非公文式标题。公文式标题由单位名称、时间、事由、文种组成，如《某某部门××××年度工作总结》《××××部门××××年党建工作总结》，有的只概括写《工作总结》等。非公文式标题则比较灵活，有的为双行标题，如《夯实基础　不断创新——××××年××××学院学生工作总结》；有的为单行标题，如《推动人才交流，培植人才资源》等。

### 2. 总结的正文

正文由前言、主体、结尾组成。

前言即正文的开头，一般简明扼要地概述基本情况、交代背景、点明主旨或说明成绩，为主体内容的展开做必要的铺垫。

例如：群众富不富，关键在支部；干部强不强，关键有特长。能否选配好一把手，是加强农村基层党组织建设的核心。在工作中，我们积极围绕支部班子建设这个重点，紧紧抓住配好支部书记这个关键，着力走好选人、育人、用人这三步棋，努力把工作引向深入。

主体是总结的核心部分，要求在全面回顾前一阶段情况的基础上，深刻、透彻地分析取得成绩的原因、条件、做法，指出存在问题的根源和从中获得的教训，表明今后的措施和努力方向，揭示带有规律性的东西。

总结的正文主要采用逻辑结构形式，一般有并列式、总分式、递进式结构。

3. 总结的结尾

结尾部分可以概述全文，突出主旨，照应全文；可以说明好经验带来的效果；可以提出今后努力方向或改进意见；可以寄语式结尾，书写今后的方向，描绘美好的愿景，展望未来，鼓舞士气。这部分要精练、简洁，充满激情。

例如，《中国体育代表团参加第28届奥运会的总结》一文的结尾："同志们，雅典奥运会已经结束，北京奥运会正向我们走来。中国体育界有一句名言，这就是'从冠军的领奖台下来，一切都从零开始'。让我们在党中央、国务院的正确领导下，团结起来，迎难而上，刻苦训练，努力工作，在2008年奥运会上，在首都北京举办的奥运赛场上，为祖国、为人民再立新功！向党中央、国务院和全国人民再交出一份优异的答卷！"

落款署名写在结尾的右下方，在署名下边写上工作总结的年/月/日，如为单位部门总结，把单位部门名称写在文章右下边，然后落上日期即可。

（四）总结的语言

1. 语言准确、简练，力求新颖动人

总结的借鉴性经验性功用要求用语精当无误，表达恰如其分，讲究分寸和语气，不要产生歧义。

有的总结味如嚼蜡，索然无味，没有可读性。要寻找新的角度，突破旧模式，多用群众性、社会化的语言。可以从词语表述上避免雷同，多用对偶、排比、歇后语、谚语，也可以借用古语、外来语、网络年度汉语词语等。

2. 语言平实、严谨，力求规范合体

总结是一种应用文体，本质就是实用性，语言应平实质朴、通俗易懂，宜朴实无华、言浅意深。综合运用叙事、说明、议论等表达方式，叙事部分应简洁精练，不啰嗦；心得体会部分用语宜深入浅出，要富有感悟、哲理、感染力；评价部分的议论要恰如其分、点到即止。不说"套话""老话"，不说"假话""空话"。

不同类型的总结，用语也有所不同。鉴定材料的语言宜规范、凝练、概括性强；用于交流的经验总结要轻松活泼，体现气质、修养等个性；工作汇报要平实流畅、准确、专业。

## 写作范例

### 袁隆平事迹

袁隆平，男，77岁，国家杂交水稻工程技术研究中心暨湖南杂交水稻研究中心主任，中国工程院院士。

袁隆平是一位视科学为生命的科学家。为了杂交水稻事业，他几十年如一日，矢志不移，默默奉献。刚开始研究时，许多人说他是自讨苦吃，他坦然回答："为了大家不再饿肚子，我心甘情愿吃这个苦。"研究条件的简陋艰苦、滇南育种遭遇大地震的威胁、上千次的实验失败，都动摇不了袁隆平研究杂交水稻的决心。几十年来，他像候鸟一样追赶着太阳南来北往育种，在攻关的前10年有7个春节是在海南岛度过的。

袁隆平注重实践。他说，书本上、电脑里种不出水稻，他始终坚信真正的权威来自实践。"我不在家，就在试验田；不在试验田，就在去试验田的路上。"在第一线的坚守，使他抓住了科学的灵感，锻造出了战略性眼光。

袁隆平甘为人梯。他注重培养杂交水稻科研人才，将团结协作看作打开成功之门的钥匙。他捐出奖金，设立了科研基金和农业科技奖励基金；他将实验材料"野败"毫无保留地分送给全国18个研究单位，加速了"三系"杂交稻研究的步伐。在他的培养和带领下，我国杂交水稻界精英辈出，研究成果层出不穷，30多年来一直处于世界领先地位。

袁隆平永不满足。从"三系法"到"两系法"，从一般杂交稻的成功到超级杂交稻一期、二期再到三期，他将水稻产量从平均亩产300公斤左右先后提高到500公斤、700公斤、800公斤。如今已经77岁的他还有两个愿望，一个是到2010年，第三期超级稻要实现试验田亩产900公斤；另一个是把杂交水稻推向全世界。

大德有大成。到2006年，我国累计推广种植杂交稻56亿多亩，每年增产的稻谷可以多养活7000多万人，相当于全世界每年新出生人口的总和。不仅如此，杂交水稻还被推广到全球30多个国家和地区，种植面积达3000多万亩。

袁隆平1987年获联合国教科文组织颁发的科学奖；2001年获国务院颁发的2000年度国家最高科学技术奖；2004年获世界粮食奖励基金会颁发的世界粮食奖；2007年4月就任美国科学院外籍院士，被誉为"杂交水稻之父"。

### 例文点评

袁隆平院士，是一位科学家，也是全国劳模，一生获得无数荣誉，例文"袁隆平事迹"是在官方媒体上发布的一份个人简历，这个总结陈述了其获奖的原因，不失为一份优秀的个人事迹范本。整个行文条理非常清晰，概括客观准确，文字精简。袁隆平事迹是他77岁时的总结，他一生所做甚多，有各种版本的简历、简介。例文"事迹"的行文比较简短，从5个方面来归纳事迹：视科学为生命的科学家、注重实践、甘为人梯、永不满足、大成就（重大贡献）。观点的提炼实事求是，表述客观简明，数据准确不造假，成就不拔高、不吹捧，对人的评价恰如其分。结尾部分罗列其获得的最高荣誉、最具分量的奖项。

**实践训练**

（1）试从以下几方面组织素材，撰写实习心得体会：①初入×××实习的感受；②适应岗位的经过，简述1～2件小事；③在实习期间值得反思和检讨的事情；④今后走上工作岗位可能遇到的问题、如何处理，总结出几点体会。

（2）有人说，总结只要套用模板就好了，随便上网抄一份就可以交差，不用那么费劲地写，你认为这种说法对吗？

（3）对比兰娟娟和苏丽飞同学的赴富士康工学交替实习心得体会，说说各自的优缺点。你能对这两篇实习心得做些修改吗？

学生工学交替
实习心得体会

**任务实操**

见《阅读与写作》实操训练手册。

# 模块四 职场引航

## 模块导读

"幸福都是奋斗出来的",从校园到职场,是青年人在人生历程中迈出的重要一步。如何实现从学生到职业人的角色转换,成就精彩人生?本模块让我们跨越时空,与古今中外的职场"高手"进行深入交流,品鉴有力度、有深度、有温度的职场故事,学习毛遂善于争取机会的自荐,感受杜拉拉在职场的千锤百炼,像洛克菲勒信中说的那样"从现在开始培养积极付诸行动的习惯",努力成为能"把信送给加西亚"的人,以积极的态度认真对待工作,从团队中获得信心和力量,告别青涩,走向成熟,在壮丽的新征程中书写事业华章。

"历史只会眷顾坚定者、奋进者、搏击者,而不会等待犹豫者、懈怠者、畏难者。"让我们以手中之笔,锻造打开职场大门的金钥匙,在求职面试中拿出靓丽的简历,绽放属于自己的青春光芒。

## 学习目标

**阅读目标**

阅读选文,了解文中主角的职场经历、职业理想、心得体会,汲取他们在职场中总结的成功经验和思想精华,为将来步入职场积累经验。

**写作目标**

掌握个人简历的写作技巧;通过模块项目训练,在求职简历的写作中学会围绕求职目标展示自身优势与特长,提高求职成功率。

**思政目标**

通过阅读选文,培养积极进取、奋发有为的精气神;养成"现在就做的习惯";弘扬热爱劳动、努力工作、全心全意完成任务的敬业精神;培养集体主义精神和团队合作精神。

## 阅读·赏析

# 1. 史记·平原君虞卿列传（节选）

### 选文背景

文章节选自《史记》卷七十六平原君虞卿列传第十六。

《史记》是西汉时期司马迁花了 14 年时间撰写的纪传体史书，是中国历史上第一部纪传体通史。作品中记载了上古传说中的黄帝时代至汉武帝时代共 3000 多年的历史。全书分本纪、表、书、世家、列传五部分，其中的列传记载的是王侯以外其他各方面代表人物的生平事迹和少数民族的传记。本文讲述的是战国四君子之一的平原君赵胜及其门客毛遂的故事，成语"毛遂自荐"即源于此。

### 选文

秦之围邯郸，赵使平原君求救，合从于楚[1]，约与食客门下有勇力文武备具者二十人偕[2]。平原君曰："使文能取胜[3]，则善矣。文不能取胜，则歃血于华屋之下[4]，必得定从而还[5]。士不外索[6]，取于食客门下足矣。"得十九人，余无可取者，无以满二十人。门下有毛遂者，前[7]，自赞于平原君曰[8]："遂闻君将合从于楚，约与食客门下二十人偕，不外索。今少一人，愿君即以遂备员而行矣[9]。"平原君曰："先生处胜之门下几年于此矣？"毛遂曰："三年于此矣。"平原君曰："夫贤士之处世也，譬若锥之处囊中[10]，其末立见[11]。今先生处胜之门下三年于此矣，左右未有所称诵[12]，胜未有所闻，是先生无所有也。先生不能，先生留。"毛遂曰："臣乃今日请处囊中耳。使遂蚤得处囊中[13]，乃颖脱而出[14]，非特其末见而已[15]。"平原君竟与毛遂偕。十九人相与目笑之而未废也[16]。

### 选文注释

[1] 合从于楚：指拟推楚为盟主，订合纵盟约以联兵抗秦。从，同"纵"。

《史记·平原君虞卿列传》参考译文

[2] 约：约定。食客：指投靠强宗贵族并为其服务以谋取食衣的人。偕：一起去。

[3] 使：假使。文：指客气地谈判。胜：成功。

[4] 歃血：古代举行盟会时，以口微吸盘中牲畜之血，以表示诚意。一说，以指蘸血，涂于口旁。华屋：豪华的厅堂，指盟会、议事的地方。

[5] 定从：确定合纵盟约。

[6] 士不外索：（这些）文武之士不必到外面去找。索，求取。

[7] 前：径自走到前面。

[8] 自赞：自我推荐。

[9] 备员：凑数，充数。

[10] 锥之处囊中：锥子放在口袋中。

[11] 其末立见：锥子的锋尖立即会露出来。末，锥尖。见，同"现"，显露。以上两句比喻有才能的人终会显露头角，不会长久被埋没。

[12] 称诵：称赞荐举。称，称赞。诵，述说、宣扬。

[13] 蚤：通"早"。

[14] 颖脱而出：指整个锥锋都脱露出来。颖，原指禾穗的芒，这里指锥锋。

[15] 非特其末见百已：不仅仅露出一点锥尖就罢了。

[16] 目笑之：用眼光示意，暗笑毛遂。废：当作"发"，发声。张衍田《史记正义佚文辑校》引《正义》："'发'字或作'废'者非也。毛遂不由十九人而得废弃也。"

毛遂比至楚[1]，与十九人论议，十九人皆服。平原君与楚合从，言其利害，日出而言之，日中不决。十九人谓毛遂曰："先生上[2]。"毛遂按剑历阶而上[3]，谓平原君曰："从之利害，两言而决耳。今日出而言从，日中不决，何也？"楚王谓平原君曰："客何为者也？"平原君曰："是胜之舍人也[4]。"楚王叱曰："胡不下！吾乃与而君言[5]，汝何为者也！"毛遂按剑而前曰："王之所以叱遂者，以楚国之众也。今十步之内，王不得恃楚国之众也[6]，王之命县于遂手[7]。吾君在前，叱者何也？且遂闻汤以七十里之地王天下[8]，文王以百里之壤而臣诸侯[9]，岂其士卒众多哉，诚能据其势而奋其威[10]。今楚地方五千里[11]，持戟百万[12]，此霸王之资也[13]。以楚之强，天下弗能当[14]。白起，小竖子耳，率数万之众，兴师以与楚战，一战而举鄢、郢[15]，再战而烧夷陵[16]，三战而辱王之先人[17]。此百世之怨而赵之所羞，而王弗知恶焉[18]。合从者为楚，非为赵也。吾君在前，叱者何也？"楚王曰："唯唯[19]，诚若先生之言，谨奉社稷而以从[20]。"毛遂曰："从定乎？"楚王曰："定矣。"毛遂谓楚王之左右曰："取鸡狗马之血来[21]。"毛遂奉铜槃而跪进之楚王曰[22]："王当歃血而定从[23]，次者吾君[24]，次者遂[25]。"遂定从于殿上。毛遂左手持槃血而右手招十九人曰："公相与歃此血于堂下。公等录录[26]，所谓因人成事者也[27]。"

平原君已定从而归，归至于赵，曰："胜不敢复相士[28]。胜相士多者千人，寡者百数，自以为不失天下之士，今乃于毛先生而失之也。毛先生一至楚，而使赵重于九鼎大吕[29]。毛先生以三寸之舌，强于百万之师。胜不敢复相士。"遂以为上客[30]。

### 选文注释

[1] 比：及，等到。

[2] 上：指登堂。

[3] 按剑：握紧剑柄，作刺杀之势。历阶：不停足地连续登阶，形容急速。

[4] 舍人：家臣。古时王公贵官的亲近侍从。

[5] 而：你的。

[6] 恃：依仗。

[7] 县：同"悬"，系缚，控制。

[8] 王天下：统治天下。

[9] 臣诸侯：使诸侯称臣而宾服。

[10] 据：依据。奋：振作，发扬。

[11] 方：指纵横长度相等的面积。

[12] 持戟：指武装的士兵。戟，古代的一种兵器。

[13] 霸王之资：争霸称王所凭借的资本。资，凭借。

[14] 当：挡住，抵挡。

[15] 一战而举鄢、郢：指前279年秦将白起攻下楚国鄢、邓五城及前278年攻取郢都。

[16] 夷陵：楚国先王的墓地。

[17] 辱王之先人：侮辱您的祖先。指楚屡为秦所败，祖先陵庙被毁，又被迫迁都等。

[18] 恶：羞愧。

[19] 唯唯：表示应答的声音。相当于"嗯嗯""是是"。

[20] 谨奉社稷而以从：一定尽全国之力来履行合纵盟约。谨，严。奉，献出，倾尽全力。

[21] 鸡狗马之血：古代举行盟会歃血所用的牲畜之血。《索隐》："盟之所用牲贵贱不同，天子用牛及马，诸侯用犬及豭，大夫以下用鸡。今此总言盟之用血，故云'取鸡狗马之血来'耳。"

[22] 奉：双手捧着。槃：通"盘"。

[23] 王当歃血而定从：楚王您应先歃血（用马血）以示合纵的诚意。

[24] 次者吾君：其次是我的主人平原君（用狗血）。

[25] 次者遂：再其次是我毛遂（用鸡血）。

[26] 录录：通"碌碌"，平庸，无特殊能力。

[27] 因人成事：依赖他人的力量来完成任务。

[28] 相士：观察、识别人才。

[29] 九鼎大吕：极贵重的宝物。九鼎，相传为禹所铸，象征九州，商、周把它作为传国之宝。大吕，《正义》谓："周庙大钟。"

[30] 上客：上等宾客。

95

阅读与写作

### 选文赏析

选文中毛遂自荐的故事，对走出校门初入职场的年轻人很有启发。

战国时期，七雄并立，其中以齐、秦两国最为强大，两国互相争取盟国，以图击败对方。其他五国也不甘示弱，与齐、秦两国时而对抗，时而联合。由此，出现了合纵和连横的外交、军事斗争。合纵就是南北纵列的国家联合起来，共同对付强国，阻止齐、秦两国兼并弱国；连横就是齐或秦拉拢一些国家，共同进攻另外一些国家。合纵的目的在于联合许多弱国抵抗一个强国，以防止强国的兼并。连横的目的在于侍奉一个强国以之为靠山从而进攻另外一些弱国，以兼并和扩展土地。

在这种形势下，每一个诸侯国的贵族子弟都有着大批的门客，用来出谋划策、解难纾困。当时楚国的春申君、赵国的平原君、魏国的信陵君、齐国的孟尝君并称为"战国四君子"，其中平原君赵胜门下养有食客数千人，其中毛遂便是数千食客中籍籍无名的一人，在他"请处囊中"之前根本没什么存在感，所以当毛遂站出来时，平原君说："先生处胜之门下三年于此矣，左右未有所称诵，胜未有所闻。"最后还是因为要凑够20人才允许他作为"备员"随行"合从于楚"。事实证明，正是因为这个"凑数"的人，凭借出色的表现促成楚国与赵国确定盟约，顺利完成合纵任务。

这个故事告诉我们，在职场中想要出人头地，除了自身有实力之外，还要学会争取机会，勇于担当，借助合适的平台展示才华。

### 学必有问

（1）文中通过哪些情节，体现出毛遂有勇有谋、能言善辩？

（2）从选文中的片言只语，你能推测出平原君的性格特点吗？

（3）机会总是留给有准备的人，作为一名大学生，你应该做好哪些准备？如何去努力？

# 2. 杜拉拉升职记（节选）

## 选文背景

本文节选自女作家李可所著的职场小说《杜拉拉升职记》。该书出版后成为职场争相传阅的畅销书，销量突破60万册。小说还被改编成电影和电视剧，票房和收视率都相当不错。作者李可有10余年的外企工作经历，当过职业经理人，从事过销售和人力资源工作。正因为有着多年的职场积淀，她的小说才能够真实、准确地呈现职场规则和行业要求，忠实还原职场生态，切实彰显职业内涵，全面展现职业的魅力与艰辛。小说中杜拉拉的生活经验明显体现出作家自传性写实特征。

## 选文

作为DB[1]的"小资"，也就是"穷人"，"自由"了的拉拉把自己积攒了五年的十二万元，用于支付了一套价值三十二万元、面积八十平米的小单元的首期，从此结束了租房而居的生活。

拉拉每天挤公共汽车上下班，精打细算，每年拿出收入的三分之二，用于偿还为期五年的房贷。

就是在这时候，DB广州办行政主管的职位空缺，需要找个人顶缺。HR的人找到拉拉，问她是否愿意考虑这个职位。

他们看中她，是因为她的能干和责任心已经是被证实了的；她在广州办工作了两年，对这个办事处的人和事也熟悉；另外，这个职位需要一个英语比较好的人，而拉拉的英文在DB广州办即便不数一也要数二了。

拉拉还不懂权衡在核心业务部门任职和在支持部门任职的区别，她还不知道要紧挨着核心业务这棵大树来发展，才不会被边缘化并能最快地发展。拉拉只想到一个主管的级别总是比一个助理的级别来得高的，而且，不是每一个区域销售助理都能有机会转行做另一个职能部门的主管的。

当时拉拉做了两年销售助理，经过两次百分之八的加薪，年薪达到七万（一年十二个月底薪，外加三个月年终奖金），要是做行政主管，马上就能达到年薪八万五，这笔账拉拉很容易就算出来。

于是，拉拉成了海伦的主管，她自己向DB中国总部的助理行政经理玫瑰报告。

玫瑰长得很娇嫩，声音嗲得要滴水。拉拉的声音也嗲，但是嗲不过玫瑰。拉拉本来有着中上姿色，怎奈上司、下属都姿色上乘，搞得她华光顿失。

拉拉一上任，广州办要做一个小装修，她便按照公司甄选供应商的标准操作流程，找了三家供应商来报价。经过两周的对比和谈判，她挑出其中最满意的方案报

97

给玫瑰。

谁知玫瑰不由分说地从上海指定了一个供应商来做，拉拉奉命和这家供应商接洽。

装修就是个考验细节的活，结果拉拉发现对方的方案总有这样那样的错误。比如，实地有一个大柱子，拉拉一看供应商在图上标的位置，就知道画图的人没有到实地认真丈量，真要按他的图纸去预订家具，到时候那个位置的家具根本就摆放不下，还得重买。又比如他们出的图纸上，电源点的位置是离地四十公分，但是配套家具的挡板却离地仅三十公分，要是按图施工，电源就会被家具挡板挡住，必定导致日后使用者要插电源的时候，还得把办公桌先挪开，真这样，以后使用部门还不得把行政部骂死呀。

诸如此类的错误不断发生，几个回合下来，拉拉觉得很不得力。

这天，拉拉又在机电图上发现，两个经理办公室共用的空调开关，是装在其中一个经理房间内部的。

拉拉质问供应商："为什么不把空调开关装到两个房间外面的走道上呢？这样两位经理都可以很方便地去控制开关。如果装在其中一个房间里，另外那位经理要调节开关的时候，岂不是还得跑到别人的办公室里去操作吗？这多不方便！"

供应商狡辩道："很多公司都是把这样的共用开关放在其中一个房间里算数了，你事先又没有说开关一定要放到房间外面的走道上呀。"

拉拉听了很生气，到底谁是装修方面的专家呢！拿了钱不就该把活干好吗？自己不尽本分，给他指出来，还屁话一堆！

海伦凑上去告诉拉拉，这家供应商之前在广州办做出的活计就很不好，各部门都不满意。她带拉拉去实地看了这家供应商以前的粗糙活计，鼓动拉拉把这家供应商赶走。

拉拉不知深浅，当真把自己的感受和从海伦那里听来的信息直不笼统地告诉了玫瑰。

玫瑰勃然大怒，一顿臭骂，杂七夹八，不带一个脏字（跨国公司文化强调尊重每一位员工，不兴用骂人话骂人，谁要是用骂人话骂人，就是不融入公司文化），直骂得拉拉摸门不着。

结果拉拉只有把头在电话这边点得鸡啄米般，结论是：玫瑰选的供应商才是正道，拉拉自己应和指定供应商更多地沟通，以确保工程质量。

拉拉一一答应下来后，玫瑰和气地说："拉拉，不好意思呀，你刚上任，就干涉你的工作了。"

拉拉赶紧说："哪儿呀，我刚到这个岗位上，很多东西还不熟悉，您多提醒指点我，我才不会犯错。"

海伦鬼灵精一样，见拉拉打完电话脸色不好，在一旁假借打抱不平火上浇油："拉拉，用这家供应商，到时候工程质量有问题，还不是你来背责任嘛！"

拉拉如此郁闷了几回，总是不得要领，甚为烦恼。弄得玫瑰的电话一到，她就神经紧张唯恐要挨骂，不知道哪里又做错了。

现在的问题是，她不能正确地做出判断，到底哪些问题该请示，哪些问题该自己做决定；在公司政策许可范围内，到底哪些事情的处理只要符合政策就行，哪些又该特别按照玫瑰前辈的专业经验来处理。

有时候她请示多了，玫瑰就不耐烦起来："拉拉，我很忙的，你是广州办的主管，你要有自己的决定嘛。"

拉拉于是自己去做决定，结果一报上去，玫瑰骂人的电话又到了。

拉拉能做的只有咬死一条：在没有搞清游戏规则之前，将温顺进行到底。

于是，每次吃了玫瑰的教训，拉拉都要当场及时做出类似"您老见教得是"的总结。

玫瑰反倒和气地说过几次："拉拉，我知道你以前在台资公司做过，对上级总是特别服从。我们是美国公司，DB的文化很开明的，提倡直接沟通，你要是有不同意见，尽管提出来大家讨论，不必太小心翼翼啦。"

拉拉心说，我哪敢跟您直接沟通呀，那不是找抽嘛。

可只是一味地"您老见教得是"不能根本地解决问题。拉拉想，不直接沟通就不直接沟通，可她总得搞明白和玫瑰沟通的游戏规则吧。

## 选文注释

[1] DB：小说虚构的一家外企，全球500强，福利优厚，讲求效率、监督，还有创新。

## 选文赏析

"职场故事"是现代都市兴起之后重要的创作题材，我国职场小说通常以都市白领为主体，围绕某种职业的内容、特点与发展态势，描写职业生活、职场关系，反映该职业领域人群的奋斗与成长轨迹。

《杜拉拉升职记》选择的重心是职场奋斗和专业精神，小说中的DB是一家IT企业，但杜拉拉最初任职的是华南大区的销售助理，这个岗位有点像管家婆，负责区域销售数据的管理，协助大区经理监控费用，协调销售团队日常行政事务，如会议安排等，之后虽然职位晋升了，但其工作内容仍未脱离"管家婆"的范围。所以小说中弱化了企业的行业特征和杜拉拉的专业背景，重点围绕其日常工作中接触到的人、事、物展开故事情节，描写了精明强干深谙职场规则的上司、争风吃醋不怀好意的同事、本事不大脾气不小的下属，还有工作敷衍蛮横难缠的客户等职场众生相。杜拉拉没有背景，受过较好的教育，凭着对工作的认真负责、不计得失的付出、扎实的专业能力，见识了各种职场变迁，也历经了各种职场磨炼，依靠个人奋斗终于获得成功，用八年的时间从一个朴实的销售助理，成长为一个专业干练的 HR 经理。而她所经历的职场故事，是每个职场人或多或少都会碰到的。小说的情节虽然是虚构的，但对于职场新人或准备就职的人来说，堪比一本职场实用手册。

  选文中讲述刚刚顶缺广州办行政主管职位的杜拉拉遭遇与上司玫瑰以及供应商之间存在的沟通困境。初入职场的她对于到底哪些问题该请示，哪些问题该自己做决定；哪些事情按政策办，哪些事情按上司交代的去办是感到非常困惑的。尽管她得出了"在没有搞清游戏规则之前，将温顺进行到底"的职场生存法则和"您老见教得是"的职场话术，尽量减少与上司之间的矛盾冲突，但仍然不能从根本上解决问题。实际上她的这种困惑在职场当中是普遍存在的，也很难有一个标准的解决方案。不同的上司对于给下属授权程度的理解是不一样的，下属需要长时间的磨合，摸清楚上司的性格特征、领导风格、决策习惯等，才能恰到好处地处理这些问题，获得上司的认可，建立良好的上下级关系。还有指定供应商这件事，发现问题了到底该不该较真？如何较真？这就涉及一些职场潜规则，不便拿到台面上讨论，但也是普遍存在的，如何把这些处理得恰到好处，也是非常考验职场人能力和水平的。

### 学必有问

（1）选文中拉拉是凭借什么顶缺 DB 广州办行政主管职位的？

（2）查一查关于领导风格的资料，分析选文中的玫瑰的表现符合哪种领导风格。你能就如何与玫瑰相处为杜拉拉提一些建议吗？

（3）根据选文中的相关信息，请你用简洁的笔墨描述杜拉拉是一个怎样的人。

# 3. 洛克菲勒留给儿子的 38 封信（节选）

## 选文背景

作者洛克菲勒全名为约翰·戴维森·洛克菲勒，是美国实业家、慈善家，也是世界石油大王和世界上第一位亿万富翁。在《福布斯》网站 2009 年 7 月公布的 "美国史上 15 大富豪" 排行榜中，洛克菲勒名列榜首。洛克菲勒最富有的时候，其财富总值达到当时美国 GDP 的 1.5%，按购买力来衡量，相当于比尔·盖茨财富的数倍。其撰写的《洛克菲勒写给儿子的 38 封信》是洛克菲勒家族最宝贵的财富，正是这本书使得家族的优良家风代代传承，后辈之中人才辈出，打破了 "富不过三代" 的魔咒。该书中涵盖了谋略、见识、成长、修身、处世、财富等内容，对子孙后代有很大的教育意义，被誉为 "影响世界的家书"。

## 选文

亲爱的约翰：

聪明人说的话总能让我记得很牢。有位聪明人说得好："教育涵盖了许多方面，但是它本身不教你任何一面。"这位聪明人向我们展示了一条真理：如果你不采取行动，世界上最实用、最美丽、最可行的哲学也无法行得通。

我一直相信，机会是靠争取得来的。再好的构想都存在缺陷，即使是再普通不过的计划，只要你确实执行并且继续发展，所取得的效果都会比半途而废的好计划要好得多，因为前者会贯彻始终，而后者却前功尽弃。所以我说，成功没有秘诀，要在人生中取得正面结果，有过人的聪明智慧和一技之长自然好，没有也无须沮丧，只要肯积极行动，你就会越来越接近成功。

遗憾的是，很多人并没有汲取这个最大的教训，结果让自己沦为了平庸之辈。看看那些庸庸碌碌的普通人，你就会发现，他们都在被动地活着，他们说的远比做的多，甚至只说不做。但他们几乎个个都是找借口的行家，他们会找各种借口来拖延，直到最后他们证明这件事不应该、没有能力去做或已经来不及了为止。

与这类人相比，我似乎聪明、狡猾了许多。盖茨先生吹捧我是个主动做事、自动自发的行动者。我很乐意听到这样的吹捧，因为我没有辜负它。积极行动是我身上的另一个标识，我从不喜欢纸上谈兵。因为我知道，没有行动就没有结果，世界上没有哪一件东西不是由一个个想法付诸实施所得来的。人只要活着，就必须考虑行动。

很多人都承认，没有智慧作为基础的知识是没用的，但更令人沮丧的是即使空有知识和智慧，如果没有行动，一切仍属空谈。行动与充分准备其实可视为物体的两面。人生必须适可而止。做太多的准备却迟迟不去行动，最后只会徒然浪费时间。换句话说，事事必须有节制，我们不能落入不断演练、计划的圈套，而必须承认现实：不论计划有多周详，我们仍然不可能准确预测最后的解决方案。

我当然不否认计划非常重要，计划是获得有利结果的第一步，但计划并非行动，也无法代替行动。就如同打高尔夫球一样，如果没有打过第一洞，便无法到达第二洞。行动解决一切。没有行动，什么都不会发生。我们无论如何也买不到万无一失的保险，但我们可以做到的是下定决心去实行我们的计划。

缺乏行动的人，都有一个坏习惯：喜欢维持现状，拒绝改变。我认为这是一种极具欺骗和自我毁灭效果的坏习惯，因为一切都在变化之中，正如人会生死一样，没有不变的事物。但因内心的恐惧——对未知的恐惧，很多人抗拒改变，哪怕现状多么不令他满意，他都不敢向前跨出一步。看看那些本该事业有成，却一事无成的人，你就知道不同情他们是件很难的事。

是的，每个人在决定一件大事时，心里都会或多或少有些担心、恐惧，都会面对到底要不要做的困扰。但"行动派"会用决心燃起心灵的火花，想出各种办法来完成他们的心愿，更有勇气克服种种困难。

很多缺乏行动的人大都很天真，喜欢坐等事情自然发生。他们天真地以为，别人会关心他们的事。事实上，除了自己以外，别人对他们不大感兴趣，人们只对自己的事情感兴趣。例如一桩生意，我们获利比重越高，就要越主动采取行动，因为成败与别人的关系不大，他们不会在乎的。这时候，我们最好把它推一把，如果我们怠惰、退缩，坐等别人采取主动来推动事情的话，结果必定会令人失望。

一个人只有自己依靠自己，才不会让自己失望，并能增加自己控制命运的机会。聪明人只会去促使事情发生。

人生中最令人感到挫折的，莫过于想做的事太多，结果不但没有足够的时间去做，反而想到每件事的步骤繁多，而被做不到的情绪所震慑，以致一事无成。我们必须承认，时间有限，任何人都无法做完所有的事情。聪明人知道，并非所有的行动都会产生好的结果，只有明智的行动才能带来有意义的结果，所以聪明人只会做以后能获得正面效果的工作，做与完成最大目标有关的工作，而且专心致志，所以聪明人总能做出最有价值的贡献，并捞到很多好处。

要吃掉大象需要一口一口地吃，做事也是一样，想完成所有的事情，只会让机会溜掉。我的座右铭是：洛克菲勒对紧急事件采取不公平的待遇。

很多人都是自己使自己变成一个被动者的，他们想等到所有的条件都十全十美，也就是时机对了以后才行动。人生随时都是机会，但是几乎没有十全十美的。

那些被动的人平庸一辈子，恰恰是因为他们一定要等到每一件事情都百分之百的有利、万无一失以后才去做。这是傻瓜的做法。我们必须向生命妥协，相信手上的正是目前需要的机会，才会将自己挡在陷入行动前永远痴痴等待的泥沼之外。

我们追求完美，但是人类的事情没有一件绝对完美，只有接近完美。等到所有条件都完美以后才去做，只能永远等下去，并将机会拱手让给他人。那些要等到所有事情都已经准备妥当才出发的人，将永远也离不开家。要想变成"我现在就去做"的那种人，就必须停止一切白日梦，时时想到现在，从现在就开始做。诸如"明天""下礼拜""将来"之类的句子，跟"永远不可能做到"意义相同。

每个人都有失去自信、怀疑自己能力的时候，尤其是在逆境中的时候。但真正懂得行动艺术的人，却可以用坚强的毅力克服它，会告诉自己每个人都有失败的时候，有失败得很惨的时候，会告诉自己不论事前做了多少准备、思考多久，真正着手做的时候，都难免会犯错误。然而，被动的人，并不把失败视为学习和成长的机会，却总在告诫自己：或许我真的不行了，以致失去了积极参与未来的行动。

很多人都相信心想事成，但我却将其视为谎言。好主意一毛钱能买一打，最初的想法只是一连串行动的起步，接下来需要第二阶段的准备、计划和第三阶段的行动。在我们这个世界上从来不缺少有想法有主意的人，但懂得成功地将一个好主意付诸实现比在家空想出一千个好主意要有价值得多的人却很少。

人们用来判断你的能力的真正基础，不是你脑子里装了多少东西，而是你的行动。人们都信任脚踏实地的人，他们都会想：这个人敢说敢做，一定知道怎么做最好。我还没听过有人因为没有打扰别人、没有采取行动或要等别人下令才做事而受到赞扬的。那些在工商界、政府、军队中的领袖，都是很能干又肯干的人、百分之百主动的人。那些站在场外袖手旁观的人永远当不成领导人物。

不论是自动自发者还是被动的人，都是习惯使然。习惯犹如绳索，我们每天纺织一根绳索，最后它粗大得无法折断。习惯的绳索不是带领我们到高峰就是引领我们到低谷，这得看好习惯或坏习惯了。坏习惯能摆布我们、左右成败，它很容易养成，但却很难伺候。好习惯很难养成，但很容易维持下去。

要有现在就做的习惯，最重要的是要有积极主动的精神，戒除精神散漫的习惯，要决心做个主动的人，要勇于做事，不要等到万事俱备以后才去做，永远没有绝对完美的事。培养行动的习惯，不需要特殊的聪明智慧或专门的技巧，只需要努力耕耘，让好习惯在生活中开花结果即可。

儿子，人生就是一场伟大的战役，为了胜利，你需要行动，再行动，永远行动！这样，你的安全就能得到保障。

祝圣诞节快乐！我想此时送给你的这封信，是再好不过的圣诞礼物了。

爱你的父亲

## 选文赏析

作者洛克菲勒 1839 年出生于美国纽约的一个小镇，从小家境贫寒，只有高中学历的他，经历了多次求职失败依然每周安排 6 天去面试，一连坚持了 6 周找到第

一份工作，那年他才 16 岁。3 年后洛克菲勒开始了艰苦创业的历程，经过了 4 年的摸索，终于找到了一条致富之路——炼油。几经周折后，创建的埃克森—美孚石油公司成为美国历史上的第一个托拉斯，直到现在仍然是世界第一大石油公司。

《洛克菲勒写给儿子的 38 封信》中前 5 封信均写于 1897 年，时年 58 岁的洛克菲勒已经在事业巅峰时选择急流勇退，将公司交给儿子打理。刚刚退休的这段时间，也正是回顾奋斗历程、总结经验教训，将个人成长经历、经营之道、人生感悟等整理形成书面材料，帮助儿子全面成长的大好时机。

选文为 38 封信中的第 4 封，原标题为《现在就去做》，其核心思想就是机会靠争取，成功靠行动。将近 3000 字的一封信，说不上字字珠玑、句句箴言、段段入心，但里面包含的许多人生哲理，通过自身作为一名石油大亨的成功经历加以验证，更具说服力。文章倡导的主动争取机会、积极付诸行动的习惯，无论对于出身豪门的洛克菲勒家族后辈来说，还是对于已经不愁温饱的当代大学生来说，都是具有实际指导意义的。当今社会，生活的富足，基础教育阶段的压抑，以及来自学习、就业、恋爱、人际交往、消费攀比等各方面的压力，使一部分年轻人容易被一些消遣娱乐和充满感官刺激的产品（如网游、电视、短视频等）所吸引，短期内达到释放压力和负面情绪的目的，久而久之便沉浸在"快乐"中，不知不觉地丧失对现实问题的思考能力，从而出现"躺平"甚至"摆烂"心理。这些问题归根结底还是对现实的逃避，他们缺失的正是敢于迎难而上、将计划付诸实施的勇气，所以作者写于 100 多年前的这封信至今读来仍然堪比一碗直达脏腑、可补精神之钙的心灵靓汤。尤其文末作者总结的一句话"要有现在就做的习惯，最重要的是要有积极主动的精神，戒除精神散漫的习惯，要决心做个主动的人，要勇于做事，不要等到万事俱备以后才去做，永远没有绝对完美的事。培养行动的习惯，不需要特殊的聪明智慧或专门的技巧，只需要努力耕耘，让好习惯在生活中开花结果即可"，更是宛如当头棒喝，唤醒了无数在浑浑噩噩、随波逐流中虚度光阴的年轻人。

### 学必有问

（1）选文中，洛克菲勒说"要有现在就做的习惯，最重要的是要有积极主动的精神"，你认同这种观点吗？请以你的亲身经历或其他人的案例进行说明。

（2）"先制订好计划再去做"和"我现在就去做"哪种更好？请谈谈你的看法。

（3）选文中对你触动比较大的是哪些话？为什么？

# 4. 致加西亚的信（节选）

## 选文背景

《致加西亚的信》是一部经典励志书籍。该书一经出版，立即引起了全世界的轰动，在世界各地广为流传，全球销量超过 8 亿册，成为有史以来世界上最畅销的读物之一。这本书是许多国家政府公务员、军队官兵、企业职员敬业守则的必读书。

## 选文

在所有与古巴有关的事情中，有一个人常常令我无法忘怀。

美西战争爆发以后，美国必须马上与西班牙反抗军首领加西亚将军取得联系。加西亚将军隐藏在古巴辽阔的崇山峻岭中——没有人知道确切的地点，因而无法送信给他。但是，美国总统必须尽快地与他建立合作关系。

怎么办呢？

有人对总统推荐说："有一个名叫罗文的人，如果有人能找到加西亚将军，那个人一定就是他。"

于是，他们将罗文找来，交给他一封信——写给加西亚的信。关于那个名叫罗文的人，如何拿了信，将它装进一个油纸袋里，打封，吊在胸口藏好，如何在 3 个星期之后，徒步穿越一个危机四伏的国家，将信交到加西亚手上——这些细节都不是我想说明的，我要强调的重点是：

美国总统将一封写给加西亚的信交给了罗文，罗文接过信后，并没有问："他在哪里？"

像罗文这样的人，我们应该为他塑造一座不朽的雕像，放在每一所大学里。年轻人所需要的不仅仅是学习书本上的知识，也不仅仅是聆听他人的种种教诲，而是更需要一种敬业精神，对上级的托付，立即采取行动，全心全意去完成任务——"把信送给加西亚"。

加西亚将军已不在人世，但现在还有其他的"加西亚"。没有人能经营好这样的企业——虽然需要众多人手，但是令人吃惊的是，其中大部分人碌碌无为，他们要么没有能力，要么根本不用心。

懒懒散散、漠不关心、马马虎虎的工作态度，对于许多人来说似乎已经变成常态。除非苦口婆心、威逼利诱地强迫他们做事，或者，请上帝创造奇迹，派一名天使相助，否则，这些人什么也做不了。

不信的话我们来做个试验：

此刻你正坐在办公室里，有 6 名职员在等待安排任务。你将其中一位叫过来，吩咐他说:"请帮我查一查百科全书,把克里吉奥的生平做成一篇摘要。"

他会静静地回答:"好的,先生。"然后立即去执行。

我敢说他绝对不会,他会用满脸狐疑的神色盯着你,提出一个或数个问题:

他是谁呀?

他去世了吗?

哪套百科全书?

百科全书放在哪儿?

这是我的工作吗?

为什么不叫乔治去做呢?

急不急?

你为什么要查他?

我敢以十比一的赌注跟你打赌,在你回答了他所提出的问题,解释了如何去查那些资料,以及为什么要查的理由之后,那个职员会走开,去吩咐另外一个职员帮助他查某某的资料,然后回来告诉你,根本就没有这个人。当然,我也许会输掉赌注,但是根据平均率法则,我相信自己不会输。

真的,如果你很聪明,就不应该对你的"助理"解释,克里吉奥编在什么类,而不是什么类,你会面带笑容地说:"算啦。"然后自己去查。

这种被动的行为,这种道德的愚行,这种意志的脆弱,这种姑息的作风,有可能将这个社会带到"三个和尚没水喝"的危险境地。

如果人们都不能为了自己而自动自发,你又怎么能期待他们为别人服务呢?

乍看起来,任何一家公司都有可以分担工作的人选,但事实真的如此吗?你登广告征求一名速记员,应征者中,十有八九不会拼也不会写,他们甚至认为这些都无所谓。

这种人能把信带给加西亚吗?

"你看那个职员。"一家大公司的总经理对我说。

"看到了,怎么样?"

"他是个不错的会计,但是,如果我派他到城里去办个小差事,他也许能够完成任务,但也可能中途走进一家酒吧。而到了闹市区,他甚至可能完全忘记自己来干什么的。"

这种人你能派他送信给加西亚吗?

最近,我们经常听到许多人对那些"收入微薄而毫无出头之日"以及"但求温饱却无家可归"的人表示同情,同时将那些雇主骂得体无完肤。

但是,从没有人提到,有些老板如何一直到白发苍苍,都无法使那些不求上进的懒虫勤奋起来;也没有人谈及,有些雇主如何持久而耐心地希望感动那些当他一转身就投机取巧、敷衍了事的员工,使他们能振作起来。

在每家商店和工厂,都有一些常规性的调整过程。公司负责人经常送走那些无法对公司有所贡献的员工，同时也吸纳新的成员。无论业务如何繁忙，这种整顿一直在进行着。只有当经济不景气、就业机会不多的时候，这种整顿才会有明显的效果——那些无法胜任工作，缺乏才干的人，都被摈弃在工厂的大门之外，只有那些最能干的人，才会被留下来。为了自己的利益，每个老板只会留住那些最优秀的职员——那些能"把信送给加西亚"的人。

我认识一个十分聪明的人，但是却缺乏自己独立创业的能力，对他人来说也没有丝毫价值，因为他总是偏执地怀疑自己的老板在压榨他，或者有压榨他的意图。他既没有能力指挥他人，也没有勇气接受他人的指挥。如果你让他"送封信给加西亚"，他的回答极有可能是："你自己去吧。"

我知道，与那些四肢残缺的人相比，这种思想不健全的人是不值得同情的。相反，我们应该对那些用毕生精力去经营一家大企业的人表示同情和敬意：他们不会因为下班的铃声而放下工作。他们因为努力去使那些漫不经心、拖拖拉拉、被动偷懒、不知感恩的员工有一份工作而日增白发。许多员工不愿意想一想，如果没有老板们付出的努力和心血，他们将挨饿和无家可归。

我是否说得太严重了？不过，即使整个世界变成一座贫民窟，我也要为成功者说几句公道话——他们承受了巨大的压力，导引众人的力量，终于取得了成功。

但是他们从成功中又得到了什么呢？一片空虚，除了食物和衣服以外，一无所有。

我曾为了一日三餐而为他人工作，也曾当过老板，我深知两方面的种种酸甜苦辣。贫穷是不好的，贫苦是不值得赞美的，衣衫褴褛更不值得骄傲；但并非所有的老板都是贪婪者、专横者，就像并非所有的人都是善良者一样。

我钦佩那些无论老板是否在办公室都努力工作的人，我敬佩那些能够把信交给加西亚的人。他们静静地把信拿去，不会提任何愚笨的问题，更不会随手把信丢进水沟里，而是全力以赴地将信送到。这种人永远不会被解雇，也永远不必为了要求加薪而罢工。

文明，就是孜孜不倦地寻找这种人才的一段长久过程。

这种人无论有什么样的愿望都能够实现。在每个城市、村庄、乡镇，以及每个办公室、商店、工厂，他们都会受到欢迎。世界上急需这种人才，这种能够把信送给加西亚的人。

谁将把信送给加西亚？！

## 选文赏析

《致加西亚的信》是美国著名出版家和作家阿尔伯特·哈伯德在与儿子的辩论过程中受到启发，花了一个小时创作的一篇文章。此文一经发表即受到热捧，第一版很快售罄，后续订单如雪片一般纷至沓来，各大报刊争相转载刊登，还被翻译成各种各样的文字在全世界广泛流传，政府、军队、学校和企业都在推荐和使用这本书。

到 1915 年作者逝世为止，《致加西亚的信》的印数高达 4000 万册。这篇文章被华为内部两次刊登宣传，任正非极力推荐说"《致加西亚的信》大家必学"。这篇文章为什么如此受欢迎？它成功的秘诀是什么？

  书中描述了一个送信的故事：美国和西班牙之间的战争发生后，一位年轻的美国陆军中尉罗文临危受命，要将一封承载着美国发展希望的重要信件安全送到古巴起义军首领加西亚手中。罗文孤身一人，在没有任何护卫的情况下，克服重重困难，圆满完成任务。人们认为，他取得成功的最重要因素不是他的能力，而是他优良的道德品质。这个送信的传奇故事之所以在全世界广为流传，主要在于它倡导了一种伟大的精神：忠诚、敬业、勤奋。这种精神，充满了正能量，散发着人性的光辉。"能将信送给加西亚的人"则成了具备忠于职守、敬业奉献、服从安排的优秀品质的员工象征。人才是企业的核心竞争力，无数管理者都在寻找"能将信送给加西亚的人"。

  作者认为：年轻人所需要的不仅仅是学习书本上的知识，也不仅仅是聆听他人的种种教诲，而是更需要一种敬业精神，对上级的托付，立即采取行动，全心全意去完成任务。然后通过一系列的反面案例进行论证，概括出"能将信送给加西亚的人"身上表现出来的一些特质，即：他们静静地把信拿去，不会提任何愚笨的问题，更不会随手把信丢进水沟里，而是全力以赴地将信送到。这种人永远不会被解雇，也永远不必为了要求加薪而罢工。

  书中提倡职场中要有自动自发的精神和独立做事的能力，"能够把信送给加西亚的人"，就是具有自动自发精神的人，他们能够在无人告知的情况下主动积极地完成任务，而这正是老板需要的人。书中同时指出，"只做被要求的工作""做不好被要求的工作""即使他们被反复地告知并敦促去做，他们仍然不能努力工作"，这样的人是永远落后于别人的。这对职场人士来说，既有正面的引导，也有反面的警醒。此书给人勇气，给人自信，给人指明方向，让读者奋发进取，它不仅适用于职场，同样适用于学习和生活，让职场失利，或者在学习和工作生活中迷失方向的人，明确努力方向，朝着目标奋勇前行。

### 学必有问

  （1）"能将信送给加西亚的人"具有什么样的特质？

  （2）希望上级布置任务时能告知完成任务的方法与途径，你认为这样做对吗？谈谈你的看法。

  （3）"能将信送给加西亚的人"是管理者们眼中的"香饽饽"，你打算如何锻炼自己，使自己成为"能将信送给加西亚的人"？

## 5. "极度"认真地工作能扭转人生

### 选文背景

《"极度"认真地工作能扭转人生》节选自日本著名实业家稻盛和夫所著的《干法》。作者稻盛和夫创建了京都陶瓷株式会社、第二电信（原名 DDI，现名 KDDI，目前是日本第二大通信公司），2010 年出任破产重建的日本航空公司（世界第三大航空公司）董事长，仅仅用了一年时间，让这家宣告破产的企业扭亏为盈，实现了利润世界第一、准点率世界第一、服务水平世界第一的成就。正是因为这一系列的传奇经历，让这名创造了 3 个世界 500 强的实业家拥有了"日本经营之圣""当代松下幸之助"的美誉。本书正是作者出任日本航空公司董事长之后推出的作品，作者以自身 70 多年的切身经历所获得的工作经验，与读者探讨工作真正的意义，讲述自己在工作当中的做法和心得，走出了一条与西方管理理念不同的道路，告诉读者在工作中找到成功与幸福的方法和路径，为陷于职场困境中的读者指明了方向。

### 选文

话虽这么说，但我原本也不是一个热爱劳动的人，而且我曾经认为，在劳动中要遭受苦难的考验简直是不能接受的事。

孩童时代，父母常用鹿儿岛方言教导我："年轻时的苦难，出钱也该买。"

我总是反驳说："苦难？能卖了最好。"那时的我还是一个出言不逊的孩子。

通过艰苦的劳动可以磨炼自己的人格，可以修身养性，这样的道德说教，同现在大多数年轻人一样，我也曾不屑一顾。

但是，大学毕业的我，在京都一家濒临破产的企业"松风工业"就职以后，年轻人的这种浅薄的想法就被现实彻底地粉碎了。

松风工业是一家制造绝缘瓷瓶的企业，原是在日本行业内颇具代表性的优秀企业之一。但在我入社时早已面目全非，迟发工资是家常便饭，公司已经走到了濒临倒闭的边缘。

业主家族内讧不断，劳资争议不绝。我去附近商店购物时，店主用同情的口吻对我说："你怎么到这儿来了，待在那样的破企业，老婆也找不上啊！"

因此，我们同期入社的人，一进公司就觉得"这样的公司令人生厌，我们应该有更好的去处"。大家聚到一块儿时就牢骚不断。

当时正处于经济萧条时期，我也是靠恩师介绍才好不容易进了这家公司，本应心怀感激，情理上就更不该说公司的坏话了。然而，当时的我年少气盛，早把介绍人的恩义抛在一边，尽管自己对公司还没做出任何贡献，但牢骚怪话却比别人还多。

入公司还不到一年，同期加入公司的大学生就相继辞职了，最后留在这家破公司的除了我之外，只剩一位九州天草出身的京都大学毕业的高才生。我们俩商量后，决定报考自卫队干部候补生学校。结果我们俩都考上了。

但入学需要户口簿的复印件，我写信给在鹿儿岛老家的哥哥，请他寄来，等了好久毫无音讯。结果是那位同事一个人进了干部候补生学校。

后来我才知道，老家不肯寄户口簿复印件给我，是因为我哥哥当时很恼火："家里节衣缩食把你送进大学，多亏老师介绍才进了京都的公司，结果你不到半年就忍不住要辞职？真是一个忘恩负义的家伙。"他气愤之余拒不寄送复印件。

最后，只剩我一个人留在了这个破败的公司。

只剩我一个人了，我非常苦恼。

我那时候想，辞职转行到新的岗位也未必一定成功。有的人辞职后或许人生变得更顺畅了，但也有的人人生却变得更加悲惨了。有的人留在公司，努力奋斗，取得了成功，人生很美好；也有的人虽然留任了，而且也努力工作，但人生还是很不如意。所以情况因人而异吧。

究竟离开公司正确，还是留在公司正确呢？烦恼过后我下了一个决断。

正是这个决断迎来了我"人生的转机"。

只剩我一个人孤零零留在这个衰败的企业了，被逼到这一步，我反而清醒了。"要辞职离开公司，总得有一个义正词严的理由吧，只是因为感觉不满就辞职，那么今后的人生也未必就会一帆风顺吧。"

当时，我还找不到一个必须辞职的充分理由，所以我决定：

先埋头工作。

不再发牢骚，不再说怪话，我把心思都集中到自己当前的本职工作中来，聚精会神，全力以赴。这时候我才开始发自内心并用格斗的气魄，以积极的态度认真面对自己的工作。

从此以后，我工作的认真程度，真的可以用"极度"二字来形容。

在这家公司里，我的任务是研究最尖端的新型陶瓷材料。我把锅碗瓢盆都搬进了实验室，睡在那里，昼夜不分，连一日三餐也顾不上吃，全身心地投入了研究工作。

这种"极度认真"的工作状态，从旁人看来真有一种悲壮的色彩。

当然，因为是最尖端的研究，像拉马车的马匹一样，光用死劲是不够的。我订购了刊载有关新型陶瓷最新论文的美国专业杂志，一边翻辞典一边阅读，还到图书馆借阅专业书籍。我往往都是在下班后的夜间或休息日抓紧时间，如饥似渴地学习、钻研。

在这样拼命努力的过程中，不可思议的事情发生了！

大学时我的专业是有机化学，我只在毕业前为了求职，突击学了一点无机化学。可是当时，在我还是一个不到25岁的毛头小伙子的时候，我居然一次又一次取得了出色的科研成果，成为无机化学领域崭露头角的新星。这全都得益于我专心投入工作这个重要的决定。

与此同时，进公司后要辞职的念头以及"自己的人生将会怎样"之类的迷惑和烦恼，都奇迹般地消失了。不仅如此，我甚至产生了"工作太有意思了，太有趣了，简直不知如何形容才好"这样的感觉。这时候，辛苦不再被当作辛苦，我更加努力地工作，周围人们对我的评价也越来越高。

在这之前，我的人生可以说是连续的苦难和挫折。而从此以后，不知不觉中，我的人生步入了良性循环。

不久，我人生的第一次"大成功"就降临了。

### 选文赏析

《干法》一书于2009年出版，创下日本一年内再版19次、狂卖20万册的纪录。《中国企业家》杂志社社长刘东华以"不合时宜的书""切中时弊的书""泄露天机的宝书"来评价这本书。说它"不合时宜"是因为时下日本经济快速增长，出现泡沫经济，部分年轻人以轻松挣钱、及时行乐、活在当下为追求，而它却在苦口婆心地劝导读者要热爱劳动、拼命工作。说它"切中时弊"是因为它直击当前部分年轻人讨厌劳动、憎恶工作的不良倾向。说它"泄露天机"则是书中为想努力而找不到方向或者尚未明白工作真谛的人开出了对症的"药方"，不仅给出了行之有效的"干法"，还给出了实践过程中发现的"天机"。季羡林先生也对其给予了高度评价："根据我七八十年来的观察，既是企业家又是哲学家，一身而二任的人，简直如凤毛麟角，有之自稻盛和夫先生始。"

从选文中可以看出作者从小所受的教育是"通过艰苦的劳动可以磨炼自己的人格，可以修身养性"，这与孟子"故天将降大任于是人也，必先苦其心志，劳其筋骨，饿其体肤，空乏其身，行拂乱其所为，所以动心忍性，曾益其所不能"的观点是一致的。正当他对这样的道德说教不屑一顾、"出言不逊"时，"松风工业"的工作经历给他上了生动的一课。当时这家企业家族内讧不断，劳资争议不绝，职员纷纷离职，作者面临去或留的两难选择。离职的话，难以保证能在这个经济萧条的时期找到更好的工作；留下的话，又不得不面对企业濒临倒闭的现实。最后基于三点考虑，作者做出了继续留下工作的决断：一是出于感恩，不忍辜负恩师的一片好意；二是家中哥哥不肯寄户口簿复印件给他，断了他去自卫队干部候补生学校读书的念想；三是找不到必须辞职的充分理由。因此作者当时的决断是形势逼迫下的无奈之举。正是这样的决断，让作者安下心来，以积极的态度认真对待工作，全身心地投入研究工作，体会到了努力工作所带来的幸福感和满足感，从此生活步入了越努力越优秀、越优秀越努力的良性循环，从而迎来了自己人生的第一次"大成功"。

作者抱着"对劳动，对工作，从根本上重新审视，将劳动、工作的目的和意义及其方法告诉年轻的一代"这样的使命感而写就此书,以自己的亲身经历告诉我们:要想度过一个充实的人生,只有两种选择,一种是"从事自己喜欢的工作",另一种是"让自己喜欢上工作"。能够碰上自己喜欢的工作这种概率,恐怕不足千分之一、万分之一。与其寻找自己喜欢的工作,不如先喜欢上自己已有的工作,从这里开始。正如习近平总书记说的那样,"幸福都是奋斗出来的",没有坐享其成的幸福,没有不劳而获的成功。这样的劳动观、工作观,对于面临"百年未有之大变局"的中国来说,对于新时代的青年人来说,同样具有极大的参考价值。

### 学必有问

(1)稻盛和夫为什么不辞职离开"松风工业"另谋出路?

(2)稻盛和夫如何从一个不热爱劳动、出言不逊的孩子转变成一个热爱工作、认真对待工作的优秀职员?

(3)稻盛和夫为什么能"迎来了自己人生的第一次'大成功'"?

## 6. 终结个人英雄主义

### 选文背景

《终结个人英雄主义》节选自《任正非：致新员工书》。《任正非：致新员工书》是一本华为新员工培训手册，书中涵盖了一个职场新人入职后实现从观念到行为，从态度到能力各方面成长需要学习和培训的内容。既有理论高度，又有视野宽度，更有实践深度，揭示了华为这个世界一流企业的用人法则、工作准则，凝聚了该企业管理成果与思想精华。此书既可作为企业员工培训教程，也可作为职场新人自我学习成长的读本。

### 选文

对于应届生，你们拥有的是一些没有商业化的技术知识和基础知识，这时你们还没有什么工作概念和职业概念，华为是你们的职业生涯的第一站。如何从学生型、技术型向社会型、营销型人才转换？这是你们进公司后面临的主要问题。

如果你是社招生，你们曾经拥有不同的行业背景和职业经历，来到华为后，面对新的技术环境、管理环境、文化环境、销售环境和客户群体，你们也许会感到迷茫困惑。如何尽快适应华为的运作，将自己好的经验嫁接过来，并克服一些不良的工作习惯，这可能是你们面临的主要问题。

积极主动思考、行动，这是新员工尽快完成角色转换的一条捷径。

在华为，首先需要转变的是，要终结个人英雄主义。

例如，产品开发是一项系统工程，每个人只能干其中的一小部分工作，因此，不要拒绝做小事情，要从小事情做起，并认真做好。大发明都是由小改进积累，进而完成从量变到质变的飞跃。有一个部门的新员工，他在回传网管单板硬件和单板软件开发中，通过不断测试，找出很多往往被人忽视的细小问题，还从中找出了一些缺陷，最终他找到了设备不稳定的根源，为产品在市场上的信誉、质量做出了贡献。

在军人出身的任正非的人生字典里，"英雄"无疑是意义非同一般的概念。华为能从无数的诱惑、坎坷、教训中走过来，能从漫长的"冬天"里挺过来，应该要归功于任正非及在他带领下的以"群狼"自诩的华为人，他们拥有一种英雄式的悲壮的牺牲精神。

任正非曾经这样说过：让有个人成就欲望者成为英雄，让有社会责任者（指员工对组织目标有强烈的责任心和使命感）成为领袖。基层不能没有英雄，没有英雄就没有动力。

1997年，任正非在市场前线汇报会上作了题为《什么是企业里的英雄》的讲话：

"什么是英雄,人们常常把文艺作品、影视作品中的人物作参照物。因此,在生活中没有找到英雄,自己也没有找到榜样。英雄很普通,'强渡大渡河'的英雄到达陕北后还在喂马,因此,曾有'团级马夫'的称谓。毛泽东在诗词中说过'遍地英雄下夕烟',他们是农民革命军,那些手上还有牛粪,风起云涌投入革命的农民。"

谁是华为的英雄,是谁推动了华为的前进?任正非表示,不是一两家企业家创造了历史,而是70%以上的优秀员工一起推动了华为的前进,他们就是华为真正的英雄。"如果我们用完美的观点去寻找英雄,是唯心主义。英雄就在我们的身边,天天和我们相处,他身上就有一点值得我们学习。我们每一个人的身上都有英雄的行为。当我们任劳任怨、尽心尽责地完成本职工作,我们就是英雄。当我们思想上艰苦奋斗,不断地否定过去;当我们不怕困难,愈挫愈勇,您就是您心中真正的英雄。我们要将这些良好的品德坚持下去,改正错误,摒弃旧习,做一个无名英雄。"

在多次的动员会上,在任正非讲话中,"英雄""豪杰"等词语频繁出现。这一个时期,华为各阶层员工团结成一支"虎狼之师",所到之处,所向披靡。如果说任正非把华为当成一支部队、一支英雄之师进行攻城略地,也不为过。

可以看出,任正非的"英雄主义"并不是个人的"英雄主义"。他强调的是集体英雄。

公司的总目标是由数千数万个分目标组成的,任何一个目标的实现都是英雄的英雄行为所为。我们不要把英雄神秘化、局限化、个体化。无数的英雄及英雄行为就组成了我们这个强大的群体。我们要搞活我们的内部动力机制,核动力、油动力、电动力、煤动力、沼气动力……它需要的英雄是广泛的。由这些英雄带动,使每个细胞直到整个机体产生强大的生命力,由这些英雄行为促进的新陈代谢,推动我们的事业向前进。

任正非希望华为内部要多出英雄,多出集体英雄。新老干部要团结合作,只有携手共进,才能优势互补。英雄是一种集体行为,是一种集体精神,要人人争做英雄。

任正非希望大家不要做昙花一现的英雄,虽然华为公司确实取得了一些成就,但是当大家想躲在这个成就上睡觉时,英雄之花就凋谢了。凋谢的花能否再开,那是很成问题的。在信息产业中,一旦落后,那就很难追上了。

然而,从1998年做了《昙花一现的英雄》和《狭路相逢勇者胜》讲话之后,任正非的文章和讲话很少出现"英雄"字样。

任正非希望华为的发展壮大不再依靠一两个"超人"式的英雄,而是要依靠一个职业化的团队。这个团队即便有一两个人离开,也不会妨碍它向前迈进的步伐。

少年天才李一男在华为的发展史上曾发挥过不可忽视的作用,他少年得志的传奇经历,至今仍令人艳羡不已。2000年,李一男在"内部创业"的运动中离开了华为,自立门户创立了北京港湾网络有限公司,与任正非的关系从师生转为对手。2003年港湾遭遇残酷竞争,业绩出现滑坡;2005年港湾上市融资之路受阻,与西门子的并购方案破裂；2006年，浪子回头，李一男带着他的港湾回归华为。一个人，十几年的人生起伏，在行业中引发无数的猜测、感慨，恐怕也是因为这个主角是李一男，是出自华为的李一男。

后来有媒体这样评价："任正非和李一男都是英雄，英雄应该是惜英雄的。港湾没有卖给别人，而是卖给了华为，我相信冥冥之中，任正非和李一男的心在靠近！"

应该说李一男和郑宝用这些华为早期的功臣，都是华为企业史上不可忽略的"英雄""开国元勋"。在2000年之前，任正非曾在多次讲话中，以郑、李为模范，号召销售战线、研发部门等向他们学习，希望公司能培养出更多的李一男和郑宝用。

在经历了李一男出走事件后，华为又经历了倚重为左右手的郑宝用卧病不起。虽然经过救治，郑宝用没有了生命危险，但他已经不能再像从前那样拼命地投入工作。这一事件进一步促使任正非深入思考建立起"不依赖于人的制度"的必要性。

此后，华为加大了对职业化进程的推进，全面引进国际管理体系，包括职位与薪酬体系，以及英国国家职业资格管理体系（NVQ）、IBM的集成产品开发（IPD）及集成供应链管理（ISC）等。2004年，华为成立了EMT（经营管理团队），由董事长、总裁及6位分管不同领域的副总裁组成。华为EMT构成群体决策的民主机构，推行轮值主席制，由不同的副总裁轮流执政，组成每月定期商讨公司战略决策的内部议会制，个人英雄的时代彻底宣布落幕。

任正非有一段话很好地总结了华为个人英雄时代的终结及新的职业化时代的开始："我们需要组织创新，组织创新的最大特点在于其不是一个个人英雄行为，而是要经过组织试验、评议、审查之后的规范化创新。任何一个希望自己在流程中贡献最大、青史留名的人，他一定就会形成黄河的壶口瀑布、长江的三峡，成为流程的阻力。"

华为主张集体主义和团队作战，"胜则举杯相庆，败则拼死相救"。在华为各级主管的述职报告中，主管不能大肆渲染自己的功劳，而必须强调团队的作用。

## 选文赏析

任正非是华为技术有限公司的主要创始人，现任董事、CEO，被誉为教父级企业家的他，重新定义了中国企业家精神。任正非年轻时自学了电子计算机、数字技术、自动控制等专业技术和三门外语，人到中年后，在面临失业、离婚、负债的困境时，于1987年集资21000元人民币创立了华为公司，凭着对市场敏锐的嗅觉和过人的经营管理能力，使华为成为世界500强之一、年营业额逾800亿美元的超级企业。在面对全世界最强大国家联盟的联合打压下，在被各种卡脖子、不择手段的围堵之下，华为坚持"没有伤痕累累，哪来皮糙肉厚，英雄自古多磨难"的信念，创造了一系列的奇迹，打造出了一条较为完善的自主可控的产业链，降低了对美企的依赖，以及被卡脖子的风险。

《任正非：致新员工书》无论是对于华为内部的员工还是对于其他从业者，都是一部可以了解世界一流企业选人、用人、经营、管理理念，获得职场间接经验，实现职场快速成长的宝典。任正非将数十年奋斗成长的经验，以平实自然的语言娓娓道来，没有盛气凌人，也没有刻板说教，就像一位长者在真诚地传授自己的人生经验。其中列举了新入职人员容易产生的各种问题，并指出了解决这些问题的方法和途径，强调了企业对"踏实""奋斗""贡献"这些品质重视，以及团队协作、善于总结、修身养性、文化传承的重要性，能够让新员工了解公司的价值观与企业文化，指导新员工调整好自己的心态和定位，摆脱稚嫩和浮躁，找到职业成长各个阶段中的成功路径。

选文以《终结个人英雄主义》为题，意味着华为个人英雄时代的终结和新的职业化时代的开始。对于军人出身的任正非来说，华为需要英雄，但他对"英雄"一词却有着自己独到的见解——"当我们任劳任怨、尽心尽责地完成本职工作，我们就是英雄。当我们思想上艰苦奋斗，不断地否定过去；当我们不怕困难，愈挫愈勇，您就是您心中真正的英雄"。文章倡导集体主义和团队作战，认为推动华为前进不是一两个企业家，而是70%以上的优秀员工。尤其在经历了左膀右臂一个出走，一个重病之后更加觉得要终结个人英雄主义，使企业不再依靠一两个"超人"式的英雄，而是要依靠一个职业化的团队，要建立一种"不依赖于人的制度"。这是华为管理理念的一个重大改革，值得其他企业借鉴参考。

### 学必有问

（1）文中说要终结个人英雄主义，是否意味着企业不再需要员工个人的突出表现？

（2）选文中让你感受较深的是哪些话语？请谈谈你的体会。

（3）作为职场新人，你觉得如何才能既让上司了解你的能力和贡献，又不让人觉得你是逞个人英雄？

 **写作指导**

# 简历写作

### 情景导入

陈强即将大学毕业，为参加校园招聘会，他特地制作了一份简历。为了全面展示个人才华，他在简历中详细介绍了自己各方面的能力和特长，在每项后面都附上具体事例。

你认为这样合适吗？如果是你，会怎样做？

### 知识链接

简历，是求职者的敲门砖，是求职应聘人员向用人单位介绍自己能够满足特定工作要求的技能、态度、资质等方面情况的书面材料。制作简历是为了更好地推介自己，从而获得用人单位的青睐。一般来说，简历中应包含个人基本信息、教育背景、工作经历、兴趣特长、自我评价等内容。

求职简历具有"首因效应"，是求职者给用人单位的第一印象，也是用人单位对求职应聘人员进行初步筛选的重要依据。要想写出让人"眼前一亮"的简历，先要弄清楚几个问题：

（1）这是一家什么样的单位？

（2）我要应聘什么岗位？

（3）我与岗位要求匹配的能力或潜力有哪些？

只有了解清楚用人单位情况，精准定位目标，才能"投其所好"，展示自身的优势与特长，为自己"加分"。

1. 了解用人单位

了解用人单位的性质（党政机关/事业单位/国企/私企）、业务范围、行业口碑、人员规模、发展趋势等信息。每个人心目中的"好工作"也不一样。有的人希望工作稳定、有规律而选择"考编"；有的人希望有规范、成熟的管理而选择大型企业；有的人期盼机遇、挑战而选择初创期企业。但无论如何选择，在寻找用人单位时一定要避开几个坑：一是灰色产业链行业，这种工作见不得光，游离于违法犯罪的边缘，从业风险较大；二是对薪资待遇避而不谈的单位，极有可能是抱着忽悠求职者、寻找廉价劳动力的目的而来；三是招聘工作马虎、草率的单位，由于选人用人环节把关不严，导致录用的人员参差不齐，极易形成不良的企业文化。

2. 做好自我评价

自我评价是简历中本人概况的重要内容之一。调查显示，用人单位的招聘人员在浏览简历时，首先看的就是你的自我评价。出色的自我评价能使你的简历在众多背景类似的简历中脱颖而出。自我评价要简明扼要地说明你最大的优势是什么，避免写一些空洞的套话。

在写自我评价之前，要仔细分析自己的学习工作经历，想一想自己在以前的学习工作中积累了什么样的优势，挑选出自己与其他人的不同之处，突出自己的优势。

自我评价要注意实事求是，不要夸大自己的能力、优点或工作经验，经验丰富的招聘人员很容易通过求职者的措辞判断求职者是否中肯踏实。一旦语句让人感觉浮夸，往往会给人造成不好的印象而被淘汰出局。

3. 呼应岗位要求

准备简历的时候，要看清楚用人单位所在的行业、岗位名称、岗位职责、岗位要求等，了解清楚每个岗位需要招聘的人员条件。

比如，岗位职责里面写着"用户增长""粉丝互动""运营策划"等关键词，求职者可根据自身工作经历进行匹配，适当展开描述，以突显自己相关的工作经验。

有的前台接待岗位要求里面提到"文秘专业优先""五官端正""有会务接待工作经验优先"，那么求职者就要把符合这些要求的信息在简历上体现出来，或者附上相关的工作照片。

4. 内容详略得当

简历应当尽量简明扼要，详略得当，该有的信息一定不能少，该重点体现的内容就要突出阐述，信息太多、太杂反而干扰用人单位的判断。

有的求职者恨不得在简历中展示出自己所有的优点，但对于用人单位的 HR 来说，需要在有限的时间内从众多简历中筛选出符合要求的人员，不可能花费太多时间去仔细推敲简历。一般来说，通过简历，可以初步判断求职者是否符合岗位要求、个人能力如何、参与过什么项目、发挥过什么作用、取得什么成效等，所以在写简历的时候，只需要把应聘岗位对应所需要的能力和经历展开描述即可。如突显新媒体运营能力时，不仅写自己曾在学校融媒体中心担任的职务，还要具体列举一下自己策划运营的项目点击量多少，粉丝数增加多少等。其余不相关的内容可以一笔带过，点到为止。

5. 排版干净清爽

排版设计简洁大方，色彩应用和谐自然，切忌五颜六色、花样百出。正文篇幅尽可能控制在两页以内，其他支撑材料可另附。具体可参考如下注意事项：

（1）纸张大小使用 A4 标准尺寸，字体用宋体、仿宋体或楷体，尽量不用艺术字体和彩色字体，排版要简洁清晰。

（2）配色不要超过三种。可以选择自己喜欢的颜色，但是千万不要太花哨。也可以根据岗位搭配颜色。比如行政岗、商务岗，可以选择沉稳一点的暗色；营销岗、新媒体岗，可以选择稍微活泼一点的亮色。切记简历要突出的是内容是文字，版式只是辅助。

（3）仔细检查校对，不能出现错别字、语法和标点符号方面的低级错误。一个小的低级错误，可能会导致用人单位认为你态度不够认真。写完后最好让文字功底扎实的朋友帮忙仔细检查一遍。

（4）将个人简历中提到的业绩和能力的证明资料复印件附在个人简历的后面。

（5）定稿后要转换为 PDF 格式。用 Word 等软件编辑的文档因软件版本不同、缺少字体、选项设置不同等原因，在不同电脑上打开时极易出现排版问题，而 PDF 格式能够较好地保持排版效果，不会因电脑不同而影响排版效果。

需要注意的是，简历的第一项内容，一般是向用人单位做自我介绍。这个自我介绍非常重要，200～300 字为宜，有时以"本人概况"的形式出现在简历中，给用人单位先入为主的第一印象。

那么，怎样才能写出让用人单位眼前一亮的自我介绍呢？

自我介绍主要包括四个方面的问题：

（1）我是谁。先介绍自己的姓名、专业、学历等情况。这是礼貌需要，还可以加深招聘人员对你的印象。

（2）我做过什么。主要介绍个人履历，担任过的职务、参加过的活动、实践经验等。重点介绍与拟应聘岗位相关的内容。

（3）我做成过什么。主要介绍个人取得的成果、获得的奖励、完成的作品、取得的成绩等。如果成果较多，要重点介绍能够突出岗位能力的内容；如果是团队获得的成绩，要突出个人在其中起到的重要作用。

（4）我想做什么。主要介绍个人对拟应聘职位、行业的看法和理想，表达你选择这个单位或岗位的强烈愿望。可以表明如果你被录取，你将如何尽职尽责地工作。

自我介绍不必面面俱到。不需要把全部优点、全部经历都说出来，说多了反而过于琐碎，让招聘人员不得要领。

作为应届毕业生，工作经验方面可写的内容不多，在自我介绍时可按照学习成绩、学校活动、社会实践、个人性格特点或特长进行整理归纳，把自己的亮点提炼出来，并且用一定的案例和数据来充实。

简历模板（通用型）

个人简历

个人概况（自我评价）：
求职意向：_____
姓名：_____     性别：_____
出生年月：____年__月__日     健康状况：_____
毕业院校：_____     专业：_____
电子邮箱：_____     手机：_____
联系电话：_____     通信地址：_____
邮编：_____

2寸证件照

教育背景：
____年____月—____年__月_____大学_____专业
主修课程：
_____（注：如需要详细成绩单，请联系我）
论文情况：
_____（注：请注明是否已发表，也可写毕业设计）
获奖情况：
英语水平：
* 基本技能：听、说、读、写能力
* 标准测试：国家B级、四级；TOEFL；GRE……
计算机水平：
编程、操作应用系统、网络、数据库……（请依个人情况酌情增减）
实践与实习：
____年__月—____年__月_____公司_____工作
____年__月—____年__月_____公司_____工作（请依个人情况酌情增减）
工作经历：
____年__月—____年__月_____公司_____工作（请依个人情况酌情增减）
个性特点：
_____（请描述出自己的个性、工作态度、自我评价等）
另：
（如果还有什么要补充的，可在此处填写。）
* 附言：（一句话总结简历或写出求职者的希望）
例如：相信您的信任与我的实力将为我们带来共同的成功！或希望贵公司能给我一个效力的机会。

简历模板

120

## 写作范例

个人简历

**本人概况（自我评价）**

本人性格开朗、大方，具有较丰富的礼仪知识，接受过系统的礼仪形体训练；能熟练运用Office办公软件及其他现代办公设备；具备较好的英语听说能力。多次参与各类大型会议、活动的接待工作。曾获中国—东盟礼仪大赛全国总决赛最佳形象奖。期待与公司同发展、共进步。

**求职意向**：前台接待人员

| | | |
|---|---|---|
| **姓名**：××× | **性别**：女 | |
| **民族**：汉 | **政治面貌**：群众 | 2寸证件照 |
| **学历（学位）**：大专 | **专业**：现代文秘 | |
| **联系电话**：0771-202×××× | **手机**：1390000×××× | |

**联系地址**：南宁市大学西路×××号

**邮编**：10××××

**Email**：1234××××@qq.com

**教育背景**

**毕业院校**：南宁职业技术学院，2022/9—2025/7，现代文秘专业。

**主修课程**：秘书实务、新媒体写作、新媒体运营与管理、公文写作、办公室工作与管理、信息档案管理、办公软件高级应用、市场调研、企业文化与企业宣传、秘书会务工作、人力资源管理、实用财会、摄影摄像等。

**另**：其他培训情况

\* 接受过金葵公司系统培训。

\* 熟练掌握Office办公软件及其他现代办公设备，打字熟练。

\* 能用英语进行日常交流，具备较好的听说能力。

**获奖情况**

曾获中国—东盟礼仪大赛全国总决赛最佳形象奖。

**工作经历**

\*2025年9月至今，在金葵公司担任前台接待兼文秘。

负责前台接待工作及办公室行政工作，工作期间认真负责，得到了领导和同事的一致好评。

**本人性格**

开朗、随和、自律、自信。

期盼与您的面谈！

### 例文点评

这篇个人简历言简意赅，详略得当，条理清晰，语气不卑不亢，求职意向明确，能够针对岗位特征，实事求是地突显自身专业基础扎实、实践经验丰富、形象气质好等优势，恰到好处地呼应前台接待人员的岗位需求，足以给招聘工作人员留下深刻的印象。

### 实践训练

（1）请参考例文，为自己设定目标，结合所学专业，就截至目前的情况为自己撰写一份简历，老师随机选择5位同学在班级模拟面试中展示。

（2）假设你是今年校园招聘会来选人的一家公司的HR，由你负责此次校园招聘工作，你打算如何设置面试问题？

（3）有人说，简历就是要全面展示自己的优点和特长，你同意这种观点吗？说说你的理由。

### 任务实操

见《阅读与写作》实操训练手册。

# 模块五 影视艺术

## 📝 模块导读

电影、电视是当今最有影响力的大众传播媒介，是人们生活中不可或缺的一部分。优秀的影视作品中蕴含着丰富的思想价值和艺术价值，让我们从中汲取前行的动力和滋润心田的养分，使生命更加丰富多彩。

影视欣赏的方法

本模块将通过优秀影视作品赏析，带领大家突破以往只注意故事情节和人物命运的传统大众欣赏习惯和审美模式，从影视的叙事方式、镜头、音乐、蒙太奇等艺术表现形式进行鉴赏，感受影视艺术，帮助我们加深对历史、社会、自然、人生的认识，消融我们对人生、理想、追求的迷茫，体验影视艺术带来的审美愉悦。在这一模块，我们会看到《流浪地球》对中国文化和人类命运共同体的全新表达，看到"肖申克"对希望和自由的救赎，看到《大山的女儿》谱写的新时代青春之歌，欣赏到《航拍中国》新时代十多年来我国发生的历史巨变，体悟《掬水月在手》叶嘉莹先生传承中国古典诗词的文化自信。

"请示"是我们在学习工作中经常用到的一种应用文体，凡涉及有关方针政策界限、工作中的重大问题、需要上级机关予以审批核准的事项，均应以"请示"行文。本模块我们要学会使用"请示"这一应用文体，为今后走进职场打下良好的基础。

## 🌱 学习目标

**鉴赏目标**

通过影视作品的欣赏，提升对影视艺术的鉴赏水平、审美水平和艺术素养，激发对人生意义和人生价值的思考，进而对自己的人生目标进行思考和规划。

**写作目标**

掌握"请示"这一应用文体的写作特点、写作格式和写作技巧。通过单元项目训练，学会撰写"请示"。

**思政目标**

通过影视作品的鉴赏，唤起责任感和使命感，树立正确的人生观和价值观，坚定中国特色社会主义道路自信和文化自信，成为兼具工匠精神和人文精神的高素质技能人才。

## 1. 流浪地球

### 影片检索

电影《流浪地球》是根据刘慈欣的同名小说改编的一部科幻电影，2019 年在中国上映。影片中的故事发生在 2075 年，太阳极速老化膨胀，导致地球面临毁灭的危机。为了生存，人类开启"流浪地球"计划，试图带着地球一起逃离太阳系，即倾全球之力在地球表面建造上万座推进式发动机和转向发动机，将地球推离太阳系并飞向新家园，整个计划将用约 2500 年的时间。

影片中，中国航天员刘培强离开儿子，和其他国家宇航员一起在国际空间站执行领航地球任务。儿子刘启带着妹妹韩朵朵偷跑到地表，遇到发动机停摆事件。为了重启发动机，阻止地球和木星相撞，全球开展饱和式救援，刘启也加入了救援队伍。在生死存亡的最后关头，刘培强、刘启和救援队员们一起，奋不顾身，拯救地球，延续人类生存的希望。

影片获得第 32 届中国电影金鸡奖最佳故事片、第 32 届中国电影金鸡奖最佳录音、第九届北京国际电影节天坛奖——最佳视觉效果、第二十六届北京大学生电影节大学生注目单元最佳影片、第 11 届澳门国际电影节最佳影片奖等奖项。

### 剧本选段

**选段 1**

从地表装载车到领航员空间站一镜到底的运动长镜头

刘启和韩朵朵坐在运输车内，刘启驾驶运输车行进中，韩朵朵好奇地向四周张望。

刘启：这是推进式发动机，全球一共有一万座，主要负责推动地球前进。这还不是最大的呢，赤道上的转向发动机那才是真正的巨无霸。

韩朵朵：赤道？转向发动机？

刘启指了指面前的方向球，用手指在球中间划了一下。

刘启：就是控制地球方向的发动机，相当于方向球。

视角上升

行星发动机气势磅礴，云层飘在行星发动机三分之二的位置，炙热的蓝白色火光冲天而起，将周边的天空映出一片湛蓝，巨大的噪声轰然响起。

视角继续上升

远处，若干发动机正在喷射出蓝白色火焰。

视角继续上升

地球天际线显现，数千座发动机的火焰随着视角的上升逐渐变细，处于赤道位置的转向发动机时不时地喷射，为地球微调方向。

视角继续上升

地球逐渐变小，成了一颗小冰球，带着点点火光飞行在太空之中。巨大的木星划过太空，紧随其后的是"领航员"空间站，空间站的后面是地球。视角移近，空间站主体中轴前端附着大型发动机，整个空间站都在微微抖动。

**选段2**

苏拉威西三号转向发动机控制中心上层

韩朵朵被一个金属反光晃了一下眼睛，那是刘培强的紧急通信铭牌。韩朵朵止住了哭泣，把周倩安顿在一个工作台下面，捡起紧急通信铭牌，拨通了空间站。

一片死寂的空间站，系统提示刘培强返回备用休眠仓，刘培强耳机里传来了韩朵朵的声音。

韩朵朵（通信器）：刘培强叔叔，我是韩朵朵，我们还有最后的希望。

刘培强听到通信器里传来了韩朵朵的声音，愣了：朵朵？刘启还在吗？

韩朵朵（通信器）：都在，我们都在苏拉威西三号转向发动机。我们要点燃木星，将地球推离，请求支援我们。

智能机器人MOSS无声地滑至刘培强身后（通信器）：很遗憾，该方案七小时前曾由以色列科学团队提出过，成功概率为零。

朵朵一脸愕然，刘培强安慰朵朵：多多，别着急，我想办法联系联合政府。

空间站系统提示：方案信息已上传。

空间站传来声音：这里是联合政府，请立刻表明你的身份，听到请回答。

刘培强拿起通信器：联合政府，我是中国航天员刘培强，请立刻下达全球指令，命令苏拉威西附近的救援队驰援。

通信器传来联合政府相关人员声音：刘培强中校，在地球坠入木星的最后时刻，让所有撤离的人为一个成功概率为零的计划，放弃跟自己亲人团聚的最后机会，这种命令我们无法下达。

刘培强拿起通信器欲言又止，终于再次拿起：今天是中国新年的第一天，这本该是一个团聚的日子。作为一名父亲，我不想这次团聚是最后一次。我不甘心。我们已经没有什么不能失去的，为了我们的孩子，请求你们。

通信器传来联合政府相关人员声音：作为联合政府我们无法接受你的请求，但是，作为个人，我会为这支救援队接通全球广播，剩下的就是每个人自己的选择了。

苏拉威西三号地下城，避难处，几个身穿装甲的印度尼西亚军人和新西兰军人围坐在一起，突然一个声音回荡在地下城：叔叔阿姨们，你们好。我叫韩朵朵，是一个初中学生，我们的救援队正在执行最后的救援任务。我现在很害怕，腿在止不住地发抖,我只能看着大家拼尽全力,我什么忙也帮不上。昨天老师还在问我们希望是什么?在这之前,我根本不相信希望这种东西,但现在我相信,我相信希望是我们这个年代像钻石一样珍贵的东西。希望,希望是我们唯一回家的方向,回来吧,加入我们,一起战斗,在王磊上尉的指挥下行动。中国 CN171-11 救援队韩朵朵,播报完毕。

  空间站传出声音:全球广播结束。
  镜头转向一辆正在行进中的救援车,韩国救援队员们抬头朝天空望去。
  韩国队员 A:我想回家,看看我妈妈。
  韩国队员 B:地球毁了,我们谁都见不到。
  突然,司机猛打方向盘,韩国救援队的车队掉头,往回驶去。
  镜头切到另一队军人:走!
  镜头切到另一辆救援车,军人 A:七天之内我们可能回不到家。
  军人 B:那我们为什么还要回去?
  镜头拉起,空阔黑暗的原野上,无数救援车掉头,返回支援。
  韩朵朵播报完广播后,返回跟王磊中尉一起试图推动机器。
  空间站里刘培强快速敲击键盘,王磊等人的信号被接入,在结构图上显示为一个个小红点。
  刘培强播报:坐标已定位,通信频段 0550311,准备连接苏拉威西三号二级通信,全频段覆盖,共享发动机破解方案,各救援队调整近木点十四座转向发动机转向方向。

**选段 3**

  地球和木星被一条脐带状气流相连。脐带中,一条细细的红线从几十束蓝线中脱颖而出,向木星表面逼近。红色的光柱末梢已经渐渐变透明,但是离可燃的气体团依然有一段距离。
  通信器中传来李一一沮丧的声音:高度到极限了,还差五千公里!
  刘启焦急地望着天空:什么?李一一,快想办法呀!
  系统播报声音:苏拉威西三号发动机、新加坡一号发动机、雅加达四号发动机三处火焰均未到达引爆点。
  通信器传来声音:大家顶住。
  队员:兄弟们快顶不住了。
  刘培强站在控制台前,舱内回荡着救援队绝望的吼叫。
  刘培强缓缓低下了头,眼神瞟到了空间站的燃料表。燃料表显示:空间站剩余燃料 300015.5 吨。
  刘培强思索片刻,缓缓抬起头,通过广播向刘启等人喊话:还有一种可能性,刘启,王磊,我们还有办法,坚持住。
  刘培强将通信画面转接联合政府:联合政府,领航员空间站还有三十万吨燃料,申请冲击发动机火焰进行连锁引爆，进而点燃木星。

联合政府：刘培强中校，"流浪地球"计划的核心是让更多的人活下来，"火种"计划存在的意义是让人类文明延续，我们需要一点时间。

刘培强：我们没时间了！没有人的文明毫无意义。

MOSS主机重启后界面进度达到100%。突然，与地面联合政府的通信界面全部关闭，联合政府通话被切断。

刘培强回头，MOSS滑至显示屏前，红灯混乱地闪烁着，紧紧盯住刘培强。

MOSS：作为"火种计划"执行程序，MOSS不允许牺牲领航员空间站的行为发生！

刘培强冷静地和MOSS闪烁的红眼对视，转身关掉空间站的消防系统，缓慢地退到宇航服处拾起地上的宇航服，拔掉连接软管，取出酒瓶，伏特加顺着断掉的软管滴落地面。

刘培强冷笑着对MOSS说：你知道加加林时代，为什么不允许带酒上太空吗？新年快乐。

说着，刘培强把酒瓶砸向MOSS，MOSS主机上冒着电火花，瞬间火光四溅，火焰迅速蹿开，整个空间站笼罩在火光之中。

MOSS四处转动并播报：数据错误，核心节点丢失。

刘培强不予理会，转身到操作台启动人工操控。

熊熊烈火中，MOSS：让人类保持理智，确实是一种奢求。

刘培强漂移着回到空间站驾驶舱，把全家福摆到操控台，说道：回家。

随即刘培强操作空间站准备撞击木星。

通信器传来声音：联合政府通信已恢复。

通信器传来声音：刘培强中校，这里是联合政府。我们决定，选择希望。无论结果如何、将人类历史导向何处，我们都尊重并接受，祝你好运，祝地球好运。

刘培强坚定地说：地球，一定可以活下来。

刘培强按下休眠舱脱离键：分离休眠舱，准备撞击。

系统声音：休眠仓逃生系统启动。

刘培强：联合政府通知全体地面工作人员，紧急避险。

刘培强紧盯着眼前的红色光柱，拉动加速器，系统声音：前进三。

通信器传来刘培强的声音：中国CN117-11救援队，这里是空间站。我是刘培强，空间站有三十万吨燃料，爆燃直径可达五千公里，点燃空间站，就能点燃木星。

刘启听闻后震惊大吼：刘培强，你要干什么？

刘培强愣了。

刘启（通信器）：王磊，你快松手。

刘培强（通信器）：王磊上尉，不许松手。这是命令！

刘启（通信器）：刘培强你闭嘴。

王磊：是！

刘启（通信器）：王磊，你他妈混蛋。李一一，关闭发动机。

刘培强（通信器）：刘启！刘启！

刘启（通信器）：闭嘴！闭嘴！闭嘴！

刘培强（通讯器）：儿子，对不起，爸爸又要去执行任务了，这是爸爸一生中最重要的任务。

刘培强的眼睛湿润了。

刘启四下无助地张望着，眼泪在眼眶中滚动，带着哭腔：你说过，我能看见木星的时候你就会回来，你骗人。

刘培强强忍眼泪：我离开的时候，你四岁，可是现在你已经长大成人了。

镜头再次出现刘培强操作台上的全家福。

刘培强眼角流下眼泪：爸爸跟你说过，爸爸在天上，你只要一抬头，就可以看到爸爸了。

空间站传来警报声，舱内剧烈地抖动，各种零碎的物品乱飞。空间站飞行器的外壳被风暴中裹杂的碎物击中，金属碎片横飞，飞船严重受损。

刘培强（通信器）：这一次，你一定可以看到我。

刘启听到父亲的话，泣不成声。

刘培强：来，儿子，三，二，一，抬头。

巨大的震动从前方传来，空间站驾驶舱内被红色的光芒照亮。刘培强望着眼前即将到达的光柱，笑了。随着空间站的爆炸，光柱直达火星，将其点燃。

刘启缓缓抬头，看向空间漫天火光，温柔地呼叫：爸！

## 影片赏析

### 一、影片的叙述特点

影片以人类带着地球"逃亡"的途中遇到地球和木星即将相撞的危机，全球人民联合起来应对危机，最后排除万难，地球转危为安为叙事框架。

故事主线包括地球上的救援和领航员空间站的救援，两者之间通过地空实时对话进行联结，推动电影情节的发展。在地面救援上，木星引力引起第一次强烈地震时，对刘启和爷爷韩子昂、妹妹韩朵朵、父亲刘培强等主要人物关系进行介绍。当高级智能机器人 MOSS 宣布大部分发动机停止工作时，"地木相撞"警报拉响，联合政府启动饱和式救援，派出数量远超救援目标所需的物资和人员，力求尽快重启关乎地球存亡的发动机。在叙事进一步推动下，引出影片中的其他主要人物：王磊、王刚、周倩、老何、李一一等。救援队员们分别在上海冰山峡谷、楼梯内、苏拉威西转向发动机等地方进行艰难的救援，其中伴随着亲人、战友们的陆续牺牲。

当终极任务"点燃木星"重启，地面上的救援人员试图点燃火焰引爆木星，但仍差5000公里时，太空中的刘培强引爆空间站，其冲击火焰间接引爆木星帮助地球脱险，把故事推向高潮。故事主线中地面救援和空间站救援相结合，增加了电影的叙事张力，为电影在拯救人类这一事件背景下描述地面和空间站两个不同空间发生的情节创造了条件，使得电影剧情在限制性的叙述下变得更加跌宕起伏、充满层次感，从而增强了观众的观影体验和感知力。

## 二、影片的视觉表达

《流浪地球》是中国科幻电影的里程碑之作，创造了中国科幻电影视觉呈现的新高度。作为一部科幻电影，视觉呈现主要依赖于电影特效以及镜头语言。《流浪地球》中采用的特效镜头有2000多个，电影用数量庞大的特效镜头和细致真实的特效构建了震撼的视觉效果：冰封的地表奇观、绚丽宏伟的太空景象、奇特壮观的地下城市场景、庞大的行星发动机，以及具有机械美感的科技景观等，弥补了许多想象和现实的空洞，勾勒出奇特而真实的空间形态，带给观众强烈的感官体验，引导观众通过特效镜头进入并沉浸在电影构建的未来世界，使电影更具有说服力。

镜头语言方面，《流浪地球》运用了大量全景镜头和仰拍镜头表现空间的广阔；运用全景、远景和长镜头与场景配合，推动电影叙事和情感发展。其中刘启和韩朵朵到达地面后，从运载车一直拉到宇宙领航员空间站的运动长镜头几乎涵盖了电影里所有的道具场景，构建出宏大的叙事景象，带来了强烈的视觉冲击。多角度镜头和不同景别的结合，交代了人类面临重大灾难时采取的应对措施，使观众看到了人类文明在面对灾难时团结一心、众志成城、共同拯救家园的坚毅与勇气，也通过星际中的奇观图像传递给观众人类在宇宙灾难面前的脆弱与渺小。

## 三、影片中蕴含的中国文化

《流浪地球》不仅是一部硬核科幻电影，在电影工业制作水平上有所突破，而且在如何用影像呈现中国文化、讲述中国故事、塑造中国形象上也进行了积极的探索。

电影通过影像诠释了中国人的故土情结、集体主义、奉献精神和国际合作理念。人民日报评论该影片："不再是超级英雄拯救世界，而是人类共同改变自己的命运。这样的理念，是对好莱坞科幻电影叙事套路的突破。将中国独特的思想和价值观念融入对人类未来的畅想与探讨，拓展了人类憧憬美好未来的视野。"

"家"文化是中国人的文化本源，影片中带着地球去逃亡传递了中国人独特的家园观念。在西方科幻电影中，在地球末日来临之际，人类的选择通常是放弃不再适宜生存的地球，坐飞船飞向新的星球。而《流浪地球》却给出了全新的中国式解决方案：带着地球去逃亡。这样的故事设计凸显了中国人的价值观：对故土的眷恋、对家的守护。影片中地球代表了"家"，只要家在，一切都值得期待；有家在，就有目标，就有方向，就有希望。正是这份"故土情结"的真实温暖，唤醒了观众或深或浅的家园意识，引发观影者对电影文化内核的共鸣。

《流浪地球》在故事情节和人物塑造等方面呈现出浓厚的集体主义价值观。在人类濒临绝境的时刻，崇尚个人英雄主义的好莱坞科幻电影往往会出现某个超级英雄，他身上集中了所有优势资源，甚至自带某种超能力，从而凭借一己之力力挽狂澜。但事实上，面对全人类的巨大灾难时，任何个体的力量都是渺小而不堪一击的，所以《流浪地球》中塑造了集体英雄群像。在这里没有"超级英雄"的存在，有的只是数量众多的参与到救援中的人们，他们每一个人都是地球和人类文明的守护者。在这场与时间赛跑的救援行动中，每一个参与救援的人员都是一枚小小的螺丝钉，看起来无关紧要，实则不可或缺，大家用自己微小却坚定的力量共同点燃了延续人类文明的火把。

《流浪地球》蕴含了中国倡导的"你中有我，我中有你""求同存异，合作共赢"等人类命运共同体价值理念。电影将中国与世界各国联合起来拯救地球的事迹搬上银幕，不仅展示了中国智慧和中国方案，也是对中国推动构建人类命运共同体理念的诠释。在影片中，当地球末日危机来临时，没有任何群体和个人可以置身事外，独善其身。如何拯救地球成为全人类不得不思考和解决的问题。在全人类危机关头，放下个体自我、成为命运共同体，这种包容的精神正符合我国一直倡导的构建人类命运共同体的主张。这是此前科幻电影不曾有过的叙事文本和故事情节，中国电影人为世界科幻电影注入了一种新的文化精神。

### 学必有问

（1）电影中韩朵朵为什么把哥哥刘启叫作"刘户口"？

（2）《流浪地球》在故事情节和人物塑造方面与常见的好莱坞科幻片有什么不同？

（3）习近平就任中共中央总书记后首次会见外国人士时表示，国际社会日益成为一个你中有我、我中有你的"命运共同体"，面对世界经济的复杂形势和全球性问题，任何国家都不可能独善其身。请结合电影谈谈你对"命运共同体"的理解。

## 2. 肖申克的救赎

### 影片检索

《肖申克的救赎》是根据斯蒂芬·埃德温·金同名小说改编的一部电影，1994年在美国上映，导演是弗兰克·德拉邦特。该片主要讲述了银行家安迪因被误判为枪杀妻子及其情人的凶手，含冤入狱并被判终身监禁。进入肖申克监狱服刑的安迪饱受凌辱和折磨，但并没有一蹶不振，而是一直坚信希望和追求自由，最终用一把小鹤嘴锄凿出逃离监狱的隧道，成功越狱，赢得新生。

《肖申克的救赎》被称为电影史上的无冕之王，获得1995年第67届奥斯卡金像奖中最佳电影、最佳男主角、最佳改编剧本、最佳摄影、最佳剪辑、最佳配乐、最佳混音七项提名，但最终未能获得任何奖项。即便如此。观众们依然对它钟爱有加，它在互联网电影数据库（Internet Movie Database，IMDb）《史上250部最佳影片》中名列前茅，常年高居豆瓣高分电影前三。

### 剧本选段

**选段1**

安迪帮狱警哈雷成功避税。按照约定，作为回报，哈雷给犯人们送来了啤酒。

外景——车牌厂——白天

犯人们正喝着啤酒，享受着久违的阳光。

瑞德（旁白）：后来的事情是这样的，工程结束的前一天，就在1949年春天一个早晨，十点，一帮给厂房房顶铺沥青的囚犯坐成一排，喝着肖申克州立监狱有史以来最凶狠的狱卒请客的冰凉的黑标啤酒。

哈雷：都喝了吧，趁着凉。

瑞德（旁白）：那混蛋还装着很大方的样子。

瑞德仰头又喝了一口，享受舌尖上啤酒的清凉，温暖的阳光照在脸上。

瑞德（旁白）：我们坐在那儿喝着啤酒，阳光洒在身上，我们感觉自己又恢复自由了，仿佛修理的是自家的房顶。我们像造物主一般自在。

瑞德（旁白）：至于安迪，他安静地蹲坐在荫影下，脸上挂着奇怪的笑容，看着我们喝他的啤酒。

狱警海沃德（拿着瓶啤酒走过来）：这儿有瓶凉的，安迪。

安迪：不，谢谢。我戒酒了。

海沃德走回去，向其他人做了个无奈的表情。

瑞德（旁白）：你可以认为他这样做是为了讨好守卫，或者想与我们这些人交朋友。我却认为，他之所以这样做是想重温自由，即使是一小会儿……

**选段2**

内景——图书——白天

弗洛伊德跑进来，安迪和瑞德紧跟着。他们看到齐格尔和斯诺正在劝说布鲁克斯，试图让他冷静。布鲁克斯一只手夹着海沃德的脖子，一只手拿着刀子对着海沃德的颈部。海沃德被吓坏了。

狱友齐格尔：别这样，布鲁克斯，你为什么不冷静些呢？

头发全白的布鲁克斯：混蛋，退后！混蛋，退后！

瑞德：老布，有话好说。

布鲁克斯：放屁，没什么可说的，我要割断他的喉咙。

瑞德：等一下，他哪里做得不对了？

布鲁克斯愤怒中带着哭腔：错在他们，我别无选择。

安迪：布鲁克斯，我们都知道你不会伤害他的。海沃德本人也是这样想的，对吗，海沃德？

海沃德吓坏了，忙点头：当然，我当然知道。可是你是怎么知道的呢？

安迪：因为布鲁克斯和大家是朋友，而且他是一个明智的人。

瑞德：有道理，对不对。

众人：对！

安迪：老布，看着我，放下刀。老布，你瞧瞧他的脖子，都流血了。

布鲁克斯哭泣着说：这是能让我继续留在监狱的唯一办法。

安迪：你疯了吗？别做傻事。把刀放下吧。

布鲁克斯放开海沃德，掩面痛哭。海沃德被放开，惊魂未定，快步离开老布。

安迪安慰布鲁克斯：没事了，放松，不会有事的。

海沃德：他没事了？那我呢！老疯子！差点割开我的喉咙！

瑞德：刮胡子弄破的都比你那儿伤得厉害。你怎么惹到他了？

海沃德：我没有！我只是来跟他告别。你们没听说吗？他的假释被批准了。

瑞德与安迪惊奇地相互看了一眼，安迪想知道为什么，瑞德示意别问。

他轻轻搂住痛哭中的布鲁克斯：事情没有你想象中的那么坏，老伙计。很快你就能搂着小妞，对着她们说甜言蜜语了。

外景——操场看台——傍晚

安迪：我实在搞不明白这是怎么回事。

海沃德：那老头疯得像屎罐子里的老鼠，就这么回事。

瑞德：海沃德，够了。老布没有疯，他只是被制度化了，仅此而已。

海沃德：制度化，去他的吧。

瑞德：他已经在监狱待了50年了，50年来他只知道监狱这个地方。在这里，他是一个重要的人，一个受过教育的人，是图书管理员。可出狱后他就成了废人，他只是个双手患着关节炎的老囚徒！甚至都申请不到一张借书证，你知道我的意思吗？

弗洛伊德：我才不懂你的满嘴屁话。

瑞德：随你怎么说。监狱的高墙很奇怪，一开始你恨它，然后你逐渐习惯它，再后来，你离不开它——这就是"制度化"。

齐格尔：妈的，我绝对不会那样的。

厄尼（轻轻地）：等你待到跟布鲁克斯那么长的时间再说这话吧。

瑞德：没错！他们把你判了无期徒刑，送到这儿，于是他们就拿走了你的一生，至少是一部分。

**选段3**

内景——食堂——白天

海沃德：你不能放点别的音乐吗？比如汉克·威廉姆斯（音乐家）的。

安迪：在我能够接受点播前，他们已经破门而入了。

弗洛伊德：关禁闭两个星期，值得吗？

安迪：这是我觉得最舒服的一段时间。

海沃德：狗屁！单独关禁闭最难熬了。在里面简直度日如年！

安迪：我有莫扎特先生陪着，不觉得难熬。

瑞德：哦？是因为他们让你带着留声机关禁闭吗？

安迪拍拍胸口和脑袋：音乐在这儿，在这儿。音乐之美，是夺不走的。你没有过这样的体会吗？

瑞德：我年轻时吹过口琴，后来没有了兴趣，再说在牢里也没什么意义。

安迪：就是在监狱里音乐才有意义。我们需要它，有音乐才不会忘记。

瑞德：忘记什么？

安迪：在这个世界上，有些地方是石墙关不住的，在人的心里有一处他们关不住的地方，是完全属于你的。

瑞德：你指什么？

安迪：希望。

瑞德：希望。朋友我告诉你，希望是可怕的东西，希望能把人弄疯。在这儿希望无用，你最好认命吧。

安迪：就像布鲁克斯？

**选段4**

内景——肖申克监狱听证室——白天

室内假释委员会的五名工作人员坐在长桌后面，他们面前是一把空椅子。

瑞德走进来，坐下。

假释委员会的一位工作人员：请坐。你被判处终身监禁，现已服刑40年。你觉得自己已经改过自新了吗？

瑞德：改过自新？要让我说，我根本不懂这是什么。

工作人员：就是重返社会。

瑞德：这我懂，年轻人，它对我只是个虚词，政客发明的词儿，让你们这些穿西装打领带的人有活儿干。你到底想了解什么？我后悔犯罪吗？

工作人员：你后悔吗？

瑞德：我没有一天不后悔。但并非受惩罚了才后悔的。回首往事，我想和当年那个犯下可怕罪行的无知少年聊聊。我多希望能和他讲道理，告诉他这里的一切，让他明白一些事情。但是我做不到，那个少年早已不在了，只剩下这个垂老之躯和他的遗憾。我得接受事实。改过自新——这简直是胡扯。你给我盖章吧，别再浪费我的时间了。告诉你实话，我他妈的不在乎。

假释委员会成员看着瑞德，他安静地坐在那儿。

特写镜头：假释委员会的工作人员在表格上盖了"通过"的章。

## 影片赏析

《肖申克的救赎》作为一部非同凡响、匠心独运的经典之作，除了有对人性、救赎、希望和自由的深刻阐述外，影片中蒙太奇（Montage）手法的出色运用功不可没。蒙太奇在法语是"剪接"的意思，后被发展成一种电影中镜头组合的理论。蒙太奇手法把若干的镜头通过剪辑和组合，表达一个完整的意思，从而产生了比单一镜头更丰富的意义。《肖申克的救赎》中运用了平行蒙太奇、重复蒙太奇、颠倒蒙太奇等不同的表现手法。

影片开头安迪一边接受审查一边回忆案发当晚发生的事情。导演运用平行蒙太奇的手法，不断切换案发现场和法庭上的镜头：首先呈现的是黑暗中安迪来到妻子情人家外，在车内无精打采地喝着闷酒，摆弄枪支；接着切换到庭审中控方律师的步步紧逼、咄咄逼人，安迪由沉着理性到渐渐没有招架之力，百口难辩，同时插入安迪妻子与情人激情火热的镜头，配合着粗大的喘气声；最后法官宣判，安迪被判终身监禁。导演通过交叉剪辑的手法把几组不同时空的平行镜头整合在一起，既表现出安迪面对妻子背叛的愤怒和含冤被判入狱的心灰意冷，揭示了安迪入狱的缘由，又从不同的角度分别交代故事背景和人物性格特征。同时也设置了悬念：含冤入狱的安迪在监狱中将会发生什么事情？

影片中瑞德三次假释听证会堪称重复蒙太奇的经典。重复蒙太奇是把代表一定寓意的镜头、场面或类似的内容在关键的时候反复出现，构成强调，使作品内涵由浅入深，艺术表现力由弱变强。这三次假释听证会第一次发生在安迪入狱前，第二次是在老布鲁克斯假释后无法融入社会自杀后，第三次是安迪逃出肖申克监狱后。服刑二十年后瑞德第一次面对假释委员会的时候，紧张得手都不知道往哪放。当工作人员问道："你改过自新了吗？"希望离开监狱的瑞德认真坚定而迫不及待地表态："是的，确实如此。我已经得到教训，我已洗心革面。我不会危害社会，上帝为证。"

但是这份真诚换来的是冷冰冰的"驳回"。服刑三十年后，第二次被问及同样的问题，瑞德犹豫了片刻，平静地回答："是的，毫无疑问。我已经变好，完全洗心革面了，我不会危害社会。上帝为证，我完全洗心革面了。"说完瑞德面无表情地低下头，似乎知道了结果。果然，他再次被"驳回"。服刑四十年后，镜头中出现了瑞德第三次假释听证会，同样的问题，瑞德说："我想想看。"瑞德对假释不再抱任何幻想，他痛斥了"改过自新"是一个狗屁不通的词语，揭露假释听证会如同形式主义，并没有带给犯人任何希望。戏剧性的是，这样一段讽刺性的话换来的却是同意假释。但此时像老布鲁克斯一样长期待在监狱中被"体制化"了的瑞德，并不具备在监狱外生存的能力，这个姗姗来迟的"同意"暗含了讽刺的意味。影片中通过瑞德的三次假释，让安迪和瑞德越来越深刻地理解希望和自由的意义，也一步步把观众引向支持安迪越狱的举动中。最后，如老布鲁克斯一样被体制化的瑞德，在安迪的指引下重新开始了新生活，也找回了真正的自由，实现了自我救赎。

　　安迪被发现越狱的早上，监典狱长发现了安迪挖的洞之后，由瑞德的旁白引出，导演运用了颠倒蒙太奇的表现手法。伴随着瑞德的旁白，镜头拉回到了二十多年前，刚入狱不久的安迪因为对地质学颇有研究，决定尝试用一只小锤子挖凿逃出监狱之路。自此镜头依次展示安迪挖洞、撒石头、藏锤子、换账本、爬下水道成功越狱后用新身份重获新生的情节。这些镜头组合起来形成电影的一个高潮，之前的谜团一一解开，安迪通过瑞德购买的美女海报是为了掩人耳目、遮挡洞口的，而用来挖洞的小锤子一直被藏在圣经中。安迪在监狱中蛰伏了二十多年，终于在一个大雨滂沱的夜晚逃离了肖申克监狱。在大雨中接受洗礼的安迪重获新生，电影通过俯拍的形式将安迪的面部表情展现出来——他内心深处的释放、他完成自我救赎后重生的喜悦，通过这个镜头一览无余。安迪在银行中取款的时候，面带微笑，观众们看到这也不由得会心一笑，对安迪出狱前后的情节设置赞叹不已。这就是颠倒蒙太奇达到的效果，讲述事件的前前后后，综合起来形成一个整体故事，精彩至极。

### 学必有问

（1）影片名为《肖申克的救赎》，在老师引导下讨论主人公安迪救赎的是什么？

（2）主人公安迪申请扩建监狱的图书馆并增加馆内藏书量遭到监狱长粗暴的拒绝。于是安迪开始每周给监狱所在地的州议院写一封信表达诉求。坚持了六年，终于等到了州议院的回复：一张两百美金的支票和一些包裹，包裹里是社会捐赠的旧书和杂物。安迪为什么要六年如一日，持之以恒要"把图书馆扩大""多弄些书来"？

（3）有人说电影《肖申克的救赎》把人面临的困难高度浓缩在一个监狱中，通过安迪的故事，激励人们挣脱人生的枷锁，获得希望和自由。结合电影谈谈当我们面临不如意的环境、面对焦虑，或面对暂时无法改变的现状时，应该怎么做。

# 3. 大山的女儿

## 电视剧检索

2021年2月25日，习近平在全国脱贫攻坚总结表彰大会庄严宣告，经过全党全国各族人民共同努力，我国脱贫攻坚战取得了全面胜利，创造了人类减贫史上的奇迹。

在脱贫攻坚工作中，数百万扶贫干部倾力奉献，将最美的年华献给了脱贫事业，黄文秀就是其中一位。电视剧《大山的女儿》根据黄文秀真实事迹改编，讲述了黄文秀从乡村走出来，从北京师范大学研究生毕业后，放弃了留在北京工作的机会，毅然回到家乡广西百色，到乐业县百坭村担任驻村第一书记，带领乡亲们脱贫攻坚的故事。黄文秀克服重重困难，仅用一年的时间，就将百坭村的贫困发生率从22.88%降至2.71%，带领88户贫困户顺利脱贫。不幸的是，黄文秀在返回工作岗位的途中不幸遭遇山洪遇难，年仅30岁。黄文秀逝世后，先后被追授"全国优秀共产党员""时代楷模""最美奋斗者"等称号，并获得"全国五一劳动奖章"和"七一勋章"。

电视剧《大山的女儿》一经播出便位列黄金时段电视剧单频道收视率首位，豆瓣评分超过9分，微博话题热议超两亿条。

## 剧本选段

### 选段1

即将毕业的黄文秀和老乡韦明杰在一家饮品店。

韦明杰：这个就是国家电网的招聘要求跟考试范围，你准备一下。

服务员：请慢用。

黄文秀：谢谢啊。

服务员：不客气。

韦明杰：你怎么了？

黄文秀摇摇头：我也不知道。

韦明杰：你哪里不舒服？我陪你去医院检查一下。

黄文秀摇摇头：韦明杰，我们家的情况你也晓得，我爸爸为了让我、我姐还有我哥接受好的教育，把我们从大石山里带出来。我从小的目标就是要好好学习，能考多远考多远，能走多高走多高。我现在北京研究生毕业了，可以讲算是超前完成了目标，但是马上要毕业，我突然不晓得自己该往哪里走。

韦明杰：嗨，我还以为你说什么呢，用脚想都是留在北京啊，这还用讲吗？

黄文秀：我真的不晓得，我人生第一次不晓得，自己该往哪里走了。

韦明杰：留在北京，是实现所有梦想的第一步。这些资料呢，你收好。留校、国家电网两手抓，双保险。

**选段2**

黄文秀宿舍门口，广西选调生宣讲团的成员刘嘉来找她。

刘嘉：你是黄文秀吗？

黄文秀：是。

刘嘉：我叫刘嘉，是我们广西选调生宣讲团的，你能跟我到科研室去一趟吗？

黄文秀：现在吗？

刘嘉：是的。

黄文秀：可以。

刘嘉：太好了，这边请。

黄文秀宿舍

黄文秀翻阅家乡的资料和照片，耳边响起了刘嘉的话：听学校介绍说，你一直很关心家乡的发展变化，积极参加学校假期组织的广西调研活动，我们真的怕你错过这次报考选调生的机会啊。

歌声中家乡的一幕幕画面袭来，画面中大山里的孩子们生长在艰苦的环境当中仍努力学习。

**选段3**

韦明杰和黄文秀同坐在车里。

韦明杰：高二，老师让我们每个人背两句自己最喜欢的古诗，你背的是杜甫的《茅屋为秋风所破歌》中的两句"安得广厦千万间，大庇天下寒士俱欢颜"。我背的是哪两句，你还记得吗？

黄文秀点了点头：仰天大笑出门去，我辈岂是蓬蒿人。

韦明杰：文秀，我跟你从小一起长大，不能说是形影不离、相濡以沫，至少也可以说是两小无猜吧。我真的不能理解，你为什么一定要回广西，你自己家现在都是贫困户，你住的顶多算是一个茅屋，你又如何大庇天下寒士，你担得起吗？现实一点吧。

黄文秀：我看了那些资料，看了那些照片，我怎么可能安心留在北京啊，我怎么可能笑得出来，更不要讲仰天大笑。很多人从农村走出去，就不想再回去了，但总有人是要回去的，我就是那个要回去的人。

韦明杰停下车。

黄文秀：怎么了？

韦明杰：文秀，如果我现在向你表白，你会为我留在北京吗？

黄文秀：韦明杰，如果我现在向你表白，你愿意跟我回广西吗？

韦明杰：绝对不。
黄文秀：你看，所以喽。
黄文秀下车离去。

**选段 4**

黄文秀父亲到北京后，韦明杰设宴接待黄父。

韦明杰：我叫韦明杰，从小学到高中都是文秀的同学。我能有今天，在很大程度上都是文秀的功劳。我了解文秀，如果她能留在北京一定会有很好的发展。

黄文秀：韦明杰，你不要乱讲话。

韦明杰端起酒杯一饮而尽。

黄父：慢点喝，慢点喝。

韦明杰：我要讲，我不能看着你的人生就这样一步步被毁掉，一步错，步步错。

韦明杰说完，放下酒杯，走到黄父面前并跪了下来。

黄父：使不得，使不得。

韦明杰：您一定要劝劝文秀，不能让她回广西啊。

黄父扶起韦明杰：来，站起来，站起来。快，坐回去，坐回去，坐回去啊。

韦明杰回到座位。

黄文秀朋友：伯父，你再劝劝文秀嘛，人往高处走，水往低处流呀。

黄父点点头，拿起一瓶酒，往杯里倒酒，黄文秀起身帮忙。

黄父：我来我来，坐下，坐下。我看得出来，你们是真心对文秀好，我呢，谢谢你们，谢谢。

黄父说着向大家举杯：好，都坐都坐，坐。每一个父亲都希望自己的孩子飞得更高，走得更远。当年啊，文秀奶奶抱着她，我们离开大山，就没有准备再回去。现在她长大了，有了自己的想法，她愿意去哪里就去哪里，她想走北京的柏油马路，得！走我们广西崎岖的山路，也得！只要她愿意，只要走的是正路，我们做父母的，在旁边看着，给她加油，不碍事、不挡路。

### 电视剧赏析

《大山的女儿》以黄文秀遭遇山洪因公殉职的情节开场，一开始即以强大的视觉冲击将观众的情绪带入高潮。镜头中一边是狂风暴雨中因担心村民安危连夜赶回百坭村的黄文秀，一边是担心黄文秀的安危劝阻她不要回来的百坭村的干部和村民。那一声声"文秀，你不要回来，雨太大了""文秀，你快回去，快掉头"的呼唤和留言，没有等来任何回应。山洪袭来，黄文秀陷于汹涌的泥水之中，对着镜头平静地说道："认识一下吧，我叫黄文秀。"由此拉开了她 30 岁的无悔青春。从强烈的戏剧高潮切入，这种叙事方式铺排了悬念，引人入戏——观众在已知人物结局的情况下，对其为何在首都北京名校毕业后却回到家乡农村工作感到好奇。镜头带着观众转向黄文秀毕业前的人生抉择。

　　黄文秀从北京师范大学研究生毕业之初通过考试被国家电网录取后，了解到家乡的扶贫事业需要更多年轻人加入。是留在繁华的大都市还是回到贫困的家乡？面临现实和理想的选择，黄文秀和同乡好友韦明杰展开了争论。自己家还是贫困户的黄文秀写下杜甫的诗句"安得广厦千万间，大庇天下寒士俱欢颜"，毅然决定回广西为家乡建设出力；而同样从乡村走出来的韦明杰吟诵着"仰天大笑出门去，我辈岂是蓬蒿人"，坚决留在北京为自己的优渥生活奋斗。两人的个人选择、人生道路形成了互文。

　　"有些人从山里走了，就不再回来，你从城里回来，却再没有离开。来的时候惴惴，怕自己不够勇敢；走的时候匆匆，留下最美的韶华。百色的大山，你是最美的朝霞；脱贫的战场，你是醒目的黄花。"这是感动中国2019年度人物给黄文秀的颁奖词。正如黄文秀在入党申请书里写的那样："一个人要活得有意义，生存得有价值，就不能光为自己而活，要用自己的力量为国家、为民族、为社会做出贡献。"黄文秀用实际行动告诉新时代青年人，工作的意义和生命的价值在于把个人的"小我"融入祖国的"大我"中，奋进新时代，体验精彩人生，实现人生价值。

### 学必有问

　　（1）黄文秀最喜欢杜甫《茅屋为秋风所破歌》中的诗句："安得广厦千万间，大庇天下寒士俱欢颜。"这与她放弃留京就业的机会选择回百坭村担任第一书记有什么联系？

　　（2）《大山的女儿》作为一部农村题材的电视剧，没有大明星和大导演的加盟，没有帅哥美女的加持，开播前也没有花大力气做宣传，但播出后却成为收视黑马，试分析其中的原因。

　　（3）在脱贫攻坚取得胜利，全面推进乡村振兴的新时代背景下，乡村振兴战略为大学生提供了施展才华和服务贡献的实践舞台。作为新时代青年学子，该如何为振兴乡村贡献自己的一份力量？

# 4. 航拍中国

## 影片检索

《航拍中国》是中央广播电视总台推出的大型系列人文地理纪录片。该片计划拍摄五季，横跨中国34个省级行政区。该片是国内首部大型纯航拍纪录片，突破了传统平视、俯视、仰视等常见拍摄手法，全部使用高空视角俯拍。纪录片每集50分钟，节目开始先对航拍路线进行总体介绍，之后是介绍各省市区最具代表性和观赏性的地理风貌、气候环境、风俗人情、人文历史和当代建设。通过俯瞰的视角既呈现了中国壮美多样的自然景观和悠长深厚的文化底蕴，又展现了中国人的生存智慧和新中国的建设成果。影片将地缘情感和家园情感有机融合，加深了观众对中华民族的归属感与认同感。

该片自2017年第一季播出便好评如潮，先后荣获第15届中国（广州）国际纪录片节"金红棉"国际纪录片评优单元评审团特别推荐纪录片和组委会特别推优纪录片、第16届中国（广州）国际纪录片节"金红棉"国际纪录片评优单元最受观众喜爱纪录片、第二十五届电视文艺星光奖"电视纪录片奖"、二〇一九中国最具影响力十大纪录片等奖项。《航拍中国》带着观众"像鸟儿一样离开地面，冲上云霄"，"前往平时无法到达的地方，看见专属于高空的奇观"，从一个全新的角度看到熟悉又充满新鲜感的家园。

## 解说词节选

### 选段1

四川，位于中国内陆的西南部，它的西边是雄伟的山脉与高原，中部和东部则是深陷在群山中的盆地，其中的成都平原沃野千里，被誉为"天府之国"。我们的旅程从西北端的高原开始，然后深入高山峡谷，发现举世无双的人间仙境，翻越雪山，随滔滔江水，去见识一座奇迹般的古代工程。

松潘高原，位于四川西北部，又被称为若尔盖大草原。清晨，当它发源于巴颜喀拉山的黄河，来到这里与寒冷的地表空气遭遇时，相对温暖的河面上就会升腾起大量白雾。它们依着河道，紧贴在地面上，形成难得一见的云水奇观。若尔盖西部的唐克镇，是藏族牧民的聚居地，在藏语中，"若尔盖"的意思就是"牦牛喜欢的地方"，一路向东的黄河，就在这里，掉头向北，造就出曲折柔美的九曲黄河第一湾。

### 选段2

横断山近乎于南北的走向，不仅是印度洋暖湿气流北上的通道，还把东边的太平洋水汽截留于此，为山谷中100多个高山湖泊提供了丰沛的水源。在岷山西侧，一条条溪流，汇集成了长江上游水量最大的支流岷江。只要跟随岷江，一路南下，冲出龙门山就是成都平原。2200多年前，由太守李冰领衔建造的水利工程都江堰，就坐落于岷江的出山口处。在都江堰建成之前，冲出山口的江水，被玉垒山阻挡在了成都平原的西侧，导致平原东西两侧旱涝两重天。工程的第一个难关，就是如何凿穿玉垒山。他们用火烧水泼的方法，让岩石一点点爆裂，最终挖开玉垒山，把岷江引入平原东侧，去灌溉那片干涸的土地。矗立江心的人造堤坝，分水鱼嘴是他们另一项巧妙设计。由人工反复疏浚变深的内江，穿过宝瓶口，成为灌溉的主力，原来的河道则承担起汛期排洪的功能。今天，我们还在纪念建造都江堰的李冰父子，向他们因势利导、因地制宜的功绩致敬。正是有了这座年代最久，并一直在使用，以无坝引水为特征的水利工程，成都平原才被开发成了"水旱从人，不知饥馑"的天府之国。

**选段3**

四川盆地的北部边沿，横亘着一片险峻的山地。在古代，穿越这片山地的通道，就是"难于上青天"的蜀道。剑门关是蜀道上最重要的一道关卡，一夫当关，万夫莫开。关卡的后面，就是三条蜀道中最重要的金牛道。蜀道从战国时就已开始修建，当年，入川的秦军以及诸葛亮六出祁山的千军万马，走的都是蜀道。2017年12月，西成高速铁路建成通车，其中的桥隧比例高达80%以上。从成都到西安，800多公里行程，古人至少要走一个月，乘坐高铁只需3小时。从剑门关向南飞行，我们来到嘉陵江畔的古城。

阆中，嘉陵江在此，拐出一道完美的U形大湾，把阆中轻轻地抱在怀中，这是已有2300多年历史的古城。三国时，蜀汉大将张飞就曾在此驻守。如今，在阆中古城，除了著名的汉桓侯祠张飞庙，还保留着数以千计的古院落和众多唐宋格局、明清风貌的古街巷。位于川东的渠县是古代宗人的聚居地之一。据说，商周时期，他们曾在战场上，用一边冲锋一边歌舞的奇特战术帮助周武王打败了商纣王。到了汉清时期，有钱人盛行厚葬，用石块雕砌而成的汉阙，就是当时留下的遗物。汉阙是我国现存最早最完整的古代地表建筑，而渠县汉阙的数量占到了我国现存汉阙的1/4。在成都与重庆之间的古道上，散落着300多处石刻造像，数量超过10万尊。安岳石刻始于东汉，盛于隋唐，延续至明清，直到民国。一尊宋代观音像，为安岳石刻的形象代言，她凤眼下垂，朱唇微闭，左脚悬于莲台，右腿弯曲上翘，人们亲切地称她为"跷脚观音"。

### 影片赏析

纪录片《航拍中国》以"宏观俯瞰＋人文解读"的方式实现了形式与内容的有机统一。在形式上，通过新的技术手段、宏观俯瞰的独特视角展现自然风光和中国建设成果；在内容上，通过平实、温情而富含哲理的解说词进行人文解读，将人文情怀寓于自然风光之中，情景交融，引起观众共鸣。

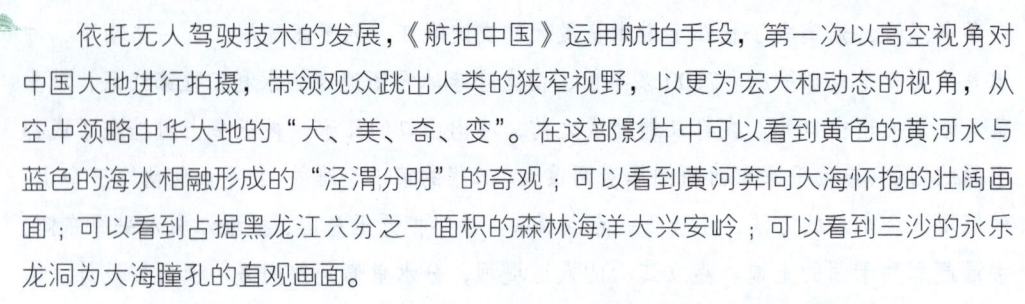

依托无人驾驶技术的发展，《航拍中国》运用航拍手段，第一次以高空视角对中国大地进行拍摄，带领观众跳出人类的狭窄视野，以更为宏大和动态的视角，从空中领略中华大地的"大、美、奇、变"。在这部影片中可以看到黄色的黄河水与蓝色的海水相融形成的"泾渭分明"的奇观；可以看到黄河奔向大海怀抱的壮阔画面；可以看到占据黑龙江六分之一面积的森林海洋大兴安岭；可以看到三沙的永乐龙洞为大海瞳孔的直观画面。

在《四川篇》中，导演通过直升机的高空拍摄直观地展示了都江堰的水鱼嘴、飞沙堰、宝瓶口等关键部分及这一宏大水利工程的完整画面，以影像的方式呈现了都江堰的因势利导和与自然河流的完美融合，让观众从更为宏观的角度感知都江堰如何发挥防洪灌溉的重要作用，使成都平原成为水旱从人、沃野千里的"天府之国"，让观众从另外一个角度了解古人如何尊重自然、利用自然，使人、地、水三者高度和谐统一，造福人类。影片通过航拍画面，让观众真正感受到"寄蜉蝣于天地，渺沧海之一粟"，感慨自然的伟大和人之渺茫，对自然油然而生敬畏之心。

《航拍中国》以俯拍画面带给观者以视觉震撼，但作为以自然和人文景观为主体影像的纪录片，很容易陷入空洞、简单的景观呈现中。该片通过解说词对镜头进行丰富的人文解读，再现那些被呈现的视觉景观背后所蕴藏的人与自然的故事、人类的精神与信仰、家国情怀等纵深化意义，使得该纪录片超越地理景观的呈现，成为立体化的文化集合体。

在《四川篇》中，随着镜头转向"难于上青天"的蜀道，解说词提示到"剑门关是蜀道上最重要的一道关卡，一夫当关，万夫莫开，关卡的后面，就是三条蜀道中最重要的金牛道"，现在"从成都到西安，800多公里行程，古人至少要走一个月，乘坐高铁只需3小时"。这一段解说词通过古今对比，给俯拍高速行驶的动车的空镜头赋予力量——中国人民勇于探索和拼搏，战胜了恶劣的自然环境，创造了奇迹，引起观众的民族自豪感。解说词使壮阔的航拍被赋予了人文内涵，影像之中饱含文化自信的表达，吸引观众潜入其中细心品味。从这个意义上说，《航拍中国》既是奇妙的自然之旅、视觉之旅，亦是深沉的文化之旅、心灵之旅。

### 学必有问

（1）影片说到"俯瞰这片朝夕相处的大地，再熟悉的景象，也变了一副模样"。通过《航拍中国》，你看到了哪些不一样的景象？

（2）2017年10月18日，习近平在中国共产党第十九次全国代表大会上的报告提出"讲好中国故事，展现真实、立体、全面的中国，提高国家文化软实力"。结合纪录片，说说如何用镜头讲好中国故事。

（3）《航拍中国》是一部自然风光、人文景观和风土人情的纪录片，它的解说词有什么风格特点？

## 5. 掬水月在手

### 影片检索

《掬水月在手》是由陈传兴执导的一部文学纪录片，讲述了叶嘉莹先生在时代的洪流中辗转离散、动荡颠簸却坚持传承和弘扬中国古诗词的故事。叶嘉莹1924年出生在北京的一个四合院，生逢战乱，幼承庭训，17岁考入辅仁大学，受业于诗词大师顾随先生，学成后从事中国古典诗词的研究、创作和教学工作。叶先生精通中国古诗词格律，还引入西方文论对中国古典诗词进行全新的诠释。在中国古典诗词的传承中，叶先生扮演着承前启后和沟通中西的重要角色。

影片上映半个月票房突破550万，成为全国艺术电影放映联盟发行的纪录片票房最高电影。影片先后入围第23届上海国际电影节纪录片金爵奖，获第33届中国电影金鸡奖最佳纪录、科教片，第十二届中国影协杯年度十佳电影剧作。

### 剧本选段

**选段1**

叶嘉莹家中

叶嘉莹：我也是很记得，我父亲回来的那一天，我已经大学毕业了，在外面教书。我正把我的自行车抬出去的时候，就看到门前停了一辆人力车。我一看，我当然认识，是我的父亲。我父亲走的时候，我还在小学，我现在已经大学毕业了。我父亲也认识我。我们就把我父亲迎回来。可是我母亲就已经不在了，所以我父亲当时很伤心也很难过。

镜头播放当时社会黑白影片和相片

叶嘉莹先生讲述：我的母亲去世的时候我只有18岁。我的母亲从北京到天津去动手术，是我舅父陪我母亲去的。本来以为能够顺利地等着我母亲回家，可是没想到，我母亲在天津手术感染了。结果我母亲一定要回北京来。我母亲是在火车上去世的。"噩耗传来心乍惊，泪枯无语暗吞声。早知一别成千古，悔不当初伴母行。"所以我很后悔，当初没有陪我母亲去天津。

镜头转向一年轻女子在巷子慢慢走过的背影

女声吟诵：我生之后，逢此百忧，尚寐无觉，有兔爰爰，雉离于罿。我生之初，尚无庸，我生之后，逢此百凶，尚寐无聪。

**选段2**

坐在沙发上

陶永强（译者 律师）：Falcon's Flight. The Falcon's flight is a lonely flight, and when it's wings are clipped .It hope in the dust . Now the great journey is a dream from the distant part, and it must consider the next meal. From its perch.（翻译：《鹏飞》鹏飞谁与话云程，失所今悲匍地行。北海南溟俱往事，一枝托此托余生。）我特别觉得有感受的那几首里边《鹏飞》是其中一首。其实也就是表现了一个移民，不同的移民都有同样的经历。看叶老师的诗词，就好像看她写的日记一样，她遇到困难的时候，写了诗她就能度过这个困难，所以我特别喜欢翻译她的诗，就好像跟她学习了怎么度过这些困难。

**选段3**

镜头播放当时社会的视频和照片，叶嘉莹先生讲述

叶嘉莹：我后来不又写了《祖国行》吗？在香港被他们登出来了。我这《祖国行》其实很多人很喜欢，然后就有人把它登出来，台湾报纸就骂我，在联合报上，登了半版面的一篇文章，说"叶嘉莹你在哪里？"

柯庆明教授坐着讲述，穿插当时的书信照片

台湾大学中文系教授柯庆明：理由是她写了《祖国行》，从此禁止任何叶嘉莹先生的文章在台湾发表。在当时还有很多人觉得你只要继续跟他们通信，你都有危险。我是反正傻傻的，我就不管。我曾经问过齐邦媛先生说，这个情形怎么样？她说没有关系，一定要有人继续跟叶先生有联系。

叶嘉莹先生在录音棚吟诵：读书曾值乱离年，学写新词比兴先。历尽艰辛愁句在，老来思咏中兴篇。

叶嘉莹讲座回放：我们今天简单地念一首，在32页《画堂春》。我们念一遍，他说"落红铺径水平池，弄晴小雨霏霏"。他的词都特别轻柔，"杏园憔悴杜鹃啼，无奈春归"。他没有像李后主说是"林花谢了春红太匆匆"，就是那种无可奈何的一种，说得非常轻柔，说得非常婉转："园憔悴杜鹃啼，无奈春归。"

播放当时的报纸图片和叶嘉莹第一次回国探亲的照片

叶嘉莹：第一次回来探亲是1974年，那个时候我的大女儿跟女婿都还在，因为我的女儿是76年去世的。77年我就听说我们国家恢复了高考，我说现在是我在另外一方面去努力尽我的责任的一个机会。那个时候，当我要申请回国教书的时候，我说那时候我一个人都不认识，我直接写给国家教委。我把信写好了，我就从我们家穿过这一大片树林去寄信。当时我所想的就是我后半生我要申请回国教书了，所以我就写了几首诗："向晚幽林独自寻，枝头落日隐余金。渐看飞鸟归巢尽，谁与安排去住心。"我第二次回去探亲，那么这次因为是我跟教育部申请的，教育部已经安排好了我到北大去教书。可是我也马上就给李霁野先生写了一封信。李霁野先生马上就来一封信，说我们更需要你，你到南开来吧。他们就亲自从天津坐火车，到北大来接我。

叶嘉莹坐在荷花池旁：所以我就在天津的南开大学，那个时候是主楼有个阶梯

教室，他们里面那是很大的教室，然后我就去教书，教书没有两天，大概大家就闻风而来，不但座位上、阶梯上都坐满了人，而且窗台上，甚至窗外边都是人。

陈洪（南开大学原常务副校长）：那个时候在主楼上课，门口要组织纠察队的，学生往里涌，所有的窗台上、台阶上全都坐满了人。

徐晓莉（天津广播电视大学教授）：他们就开始做听课证，做听课证那我们就进不去了，我们就都霸在外边，我们说买的是挂票，挂在那儿，就挂在那儿去听。我们班有一个书法特别好，他那个灰蓝色纸片很好找，他说不就扣着一个中文系的章，就写个听课证写个日子，他说咱们照着做一张，结果我们就弄了很多山寨版的这种听课证。

**选段4**

叶嘉莹家中

叶嘉莹：要眇宜修是王国维所说的一般性的写美女、写爱情，而里面可以让你想到一些深微的托意，他都是直接说出来的，可是朱彝尊这个词是不能说出来的，所以不能够用王国维的要眇宜修都把它一棒子打进去，说那就是要眇宜修，不是，所以我才说它是"弱德之美"。我是实在没有办法了，我没有办法描写形容，朱彝尊的《静志居琴趣》的这个美是什么美？所以我才自己独创，创造了弱德之美。

徐晓莉：我理解弱德之美应该是一种困难之中、压抑之中的坚持，一种坚守、一种坚忍，是一种无望之中的一种希望。

叶嘉莹："思往事，渡江干，青蛾低映越山看，共眠一舸听秋雨，小簟轻衾各自寒。"可是这一首词《桂殿秋》，没有收在《静志居琴趣》里面，是收在《江湖载酒集》里面。你《静志居琴趣》抓得太紧了，每首词都有本事，你是真是曲折深微，写得有弱德之美，可是你就被限制了，你就限制在你的本事之中了。现在不是，现在是说偶然坐船，偶然想起，偶然记起我和我的姨妹也曾经同坐在一只船上。这就很妙了，他这种非伦理的爱情之间，可以说有这种隔绝，有这种痛苦，每个人事实上在世界上都是孤独和寒冷的。所以这一首词它超出了《静志居琴趣》的那种实在的指实生活上的事情，而说出来一个人类共同有的，人类，所有的人类，共同有的一种孤独、悲哀和寂寞。

**选段5**

刘秉松坐在院子里

刘秉松（加拿大大不列颠哥伦比亚大学亚洲学系中文部教师）：我觉得古诗词救了她，因为她在古诗词里边，寻找那种精华，而她讲的并不是只是那几个文字，而是那种背景、作者、他的人生。她并没有说，好像那些人很悲哀什么，她没有，很平淡的，好像把那么负面的东西，她也讲得很美，所以我就觉得叶嘉莹是一个非常精彩的人。因为她活得很美，她对苦难或者快乐和苦难都拉得很平，而她没有说哪

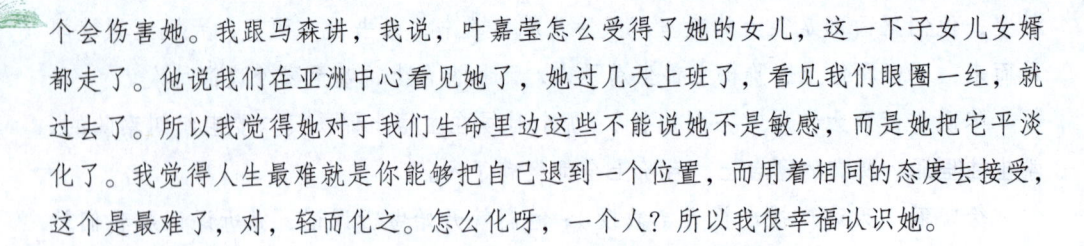

个会伤害她。我跟马森讲，我说，叶嘉莹怎么受得了她的女儿，这一下子女儿女婿都走了。他说我们在亚洲中心看见她了，她过几天上班了，看见我们眼圈一红，就过去了。所以我觉得她对于我们生命里边这些不能说她不是敏感，而是她把它平淡化了。我觉得人生最难就是你能够把自己退到一个位置，而用着相同的态度去接受，这个是最难了，对，轻而化之。怎么化呀，一个人？所以我很幸福认识她。

### 影片赏析

《掬水月在手》作为一部诗人纪录电影是成功的。导演运用独特的叙事结构和唯美富有诗性的视听语言，将叶嘉莹先生的个人生命和中国古典诗词交织辉映展现在镜头前，给观众呈现了诗的心魂与影的景象相结合的美好意境。

纪录片采用时间顺序和四合院的空间结构相结合的双线叙事线索。时间顺序上，通过叶先生的自述和朋友、同事、学生们的他叙，辅以珍贵的相片和文字资料等，向我们徐徐展开叶先生从幼年到96岁高龄的人生画卷。空间线索用叶先生幼时居住过的北京四合院结构建构其一生，用大门、脉房、内院、庭院、西厢房和最后的空无对应叶先生的不同人生阶段：大门部分讲述叶先生小时候的成长环境和受教经历；脉门部分讲述叶先生所受到的诗歌熏陶；内院部分主要讲述叶先生师从诗词大家顾随先生系统学习中国古典诗词；庭院和西厢房主要讲叶嘉莹先生对于中国优秀古典文化的传播。观众跟随着镜头一步步深入这个古老的北京四合院，也一步步走进叶先生的内心。

然而，旧院已然不存。最后一章即第六章没有名字，传统的四合院被拆除了，空间回到了空无的状态。但有形的四合院拆解并不等于文化的消亡。叶先生以诗为魂，唤起不同民族不同年龄的人齐声吟诵，重铸那看不见却在每个人心中的文化家园，守护着整个中华民族共同的精神家园。影片第六章如同中国传统文化中的留白，这空无是叶先生经历幼年战乱、家道变迁、十八岁痛失爱母、无爱婚姻、青年入台遭受政治迫害、中年丧女、半生飘零却依然平静坚毅的内心；这空无是叶先生命运多舛的生命经历后超凡脱俗的精神境界；这空无是叶先生度过了近百年的时间回到一种更为纯粹的状态。至此，观众的情感和情绪到达顶点。时间和空间双线叙事结构摆脱了传统人物传记按时间顺序谋篇布局的单一叙事结构，构建起了全片立体的叙事框架，也刻画了更为立体饱满的人物形象。

为了达到一种诗意表达，影片不仅仅在叙述结构上有所创新，在视听语言上也下足了功夫。视觉上影片使用大量的空镜头营造诗的意境。青石上的雕花、石狮的头像、雪中的神像、池塘里的残荷、冷清的渡口、雪地上的鸿爪、冷色调的旗袍，隐喻了叶先生的人生漂浮、命运多舛以及历经百难后淡然豁达的心境，向观众们诉说着中国古诗词、中国文化和中国人千年来于时代变迁中的那份坚持。听觉上制作团队也努力寻求突破，专门邀请音乐家佐藤聪明用雅乐的形式以杜甫的《秋兴八首》

为文本创作电影音乐。音乐中既有中国的古乐器笙、筚篥、古琴和西方乐器的交融，又有西式女高音、男中音和中式古语吟诵。伴着音乐的低吟沉重苍凉、百转千回，突显生命的厚重。影片通过这独特的表现形式，让叶先生与杜甫完成了一次"超越时空的对话"，暗喻叶先生与杜甫经历离乱之苦后依然心怀家国之忧的共通之处。叶先生的讲述、诗的念诵、音乐、器物的空镜交织，既能为影片增添艺术氛围和诗性，又能观照叶先生的精神世界和她深厚的文化沉淀，从而使影片达到了人格魅力、生活真实与艺术真实的高度同构，成为中国式电影叙述美学的一次成功探索。

在空灵的镜头和悠远的音乐中，我们走近了经历种种痛苦和磨砺后依然平静、淡定与从容地吟诗、讲诗、传诗的叶先生。在研究朱彝尊的词时，叶先生提出用"弱德之美"来形容被压抑却不断持守的道德，而"弱德"也成为贯穿叶先生一生的价值观。"弱德"并不是软弱、弱小、逃避，而是在面对苦难和悲痛的时候，以平静迎接巨浪，是苦难中的坚忍，是失望中的希望，是一个弱小的文人如何在大时代中坚持信仰。

叶先生常说，古典诗词带给她生命的兴发感动，帮助她度过人生最艰难的苦厄，带给她对世界、对人生最博大的感怀，所以先生更希望在自己亲身体会到了古典诗词美好、高洁的世界后，指引更多的人走入古典诗词的世界。

### 学必有问

（1）观看纪录片，你认为《掬水月在手》在内容的表达和艺术的呈现上有什么特点？

（2）结合纪录片，你从叶嘉莹先生的修为和经历中感受到哪些人文之美？

（3）中国古典诗词有什么现实意义？新时代青年人从中国古典诗词之美中应该体悟到怎样的文化自信？

# 请示写作

### 情景导入

墨香缘书画协会是学校成立最早的社团之一。今年是墨香缘书画协会成立三十周年的重要日子。为了弘扬我国历史悠久的书法及国画文化，丰富校园文化生活，打造墨香校园，展示墨香缘书画协会的成果，拟在学校文化长廊举办墨香缘书画展。赵琳是协会秘书处工作人员，需要拟写一份举办本次书画展的请示。

你知道请示这一文体有什么特点吗？

### 知识链接

请示是 1993 年国务院办公厅发布的《国家行政机关公文办理办法》中被正式列可单独使用的法定文种之一，在公务活动中适用于下级机关就无法解决的问题而向上级机关请求指示和批准。它承担着请办事项、沟通上下的重要职能，是党政机关、企事业单位日常工作中一种使用频率很高的文体。

**一、请示的类型**

根据内容和性质的不同，请示可以分为请求支持和帮助、请求批准和指导、请求转批三种类型。

（一）请求支持和帮助的请示

这类请示通常是下级机关遇到在其职能范围内，仅依靠自己无法解决的事情而向上级发起请求支持和帮助，通常是请求上级给予人事、财务、物资等具体的帮助。如《××单位关于增拨××经费的请示》。

（二）请求批准和指导的请示

这类请示多为下级机关在工作中遇到超出本职级职权范围的事项，需要上级机关批准才能实行；或在某些政策法规执行中存疑、难以解决，需要上级做出进一步解释和说明时使用的公文。如《关于成立×××旅游局团委的请示》《关于增设×××自然保护区的请示》。

（三）请求转批的请示

这类请示主要有两种情况：一是下级机关根据相关规定和本部门职责权限，制定某些规划、方案、细则、条例、计划等，需经过上级机关批准方能公布实行；二是下级机关在自己的权责范围内制定了相关法律和措施，需要平级机关和不相隶属机关遵照执行，但不能直接要求其实施，而应当用请示的方式要求上级机关批转给相关部门执行。如××省民政厅向××省政府呈送的《关于进一步规范使用汉语拼音拼写地名问题的请示》。

## 二、请示的文体特点

### （一）针对性

请示主要针对本机关单位权限范围内无法决定的重大事项，如机构设置、人事安排、重要决定、重大决策、项目安排等问题，以及在工作中遇到新问题、新情况或克服不了的困难时请示上级机关给予指示、决断或答复、批准。所以请示的行文具有很强的针对性。

### （二）时效性

请示是针对本单位当前工作中出现的情况和问题，求得上级机关指示、批准的公文。请示涉及的事项、问题等都是亟待办理、急需解决的，但又需要通过请示寻求上级支持或指示，上级机关批复后才能办理、实施。所以请示具有很强的时效性，应及时行文，以免贻误工作。

### （三）单一性

请示的单一性包括应一文一事和只能有一个主送机关。一份请示只能请求指示、批准一件事或解决一个问题，不得在一份请示中就两件或两件以上事项请求指示和批准。同时，一个请示只能主送一个上级机关，不可主送若干个上级机关，否则"多头"请示就会造成责任不清，谁也不答复，或者同时答复，内容不一致，从而影响工作。如需要同时送其他机关，也只能用抄送形式。

### （四）对应性

请示和批复是双向对应的，请示是下级机关请求指示、批准的上行文，批复是上级用于答复下级机关的请示事项的下行文。上级机关对下级机关呈报的请示事项，批复的态度和观点要明确。无论同意与否，都必须回以明确的"批复"：同意／批准，或不同意／不批准。对于请示事项比较复杂的，可原则上同意，但对某些个别环节提出不同的意见和要求。

需要注意的是，请示和报告是两种不同的公文种类，不要混同。

第一，两者的行文的目的、作用不同。请示是请求性公文，一般就某一问题而请求上级指示和批准，要求上级必须答复，即批复；而报告是陈述性公文，主要是向上级汇报工作，反映情况，或答复上级的询问，起备案作用，不需上级答复，且报告中不得夹带请示事项。

第二，两者的行文时间不同。请示必须在事前行文，绝不允许先斩后奏；而报告行文不受时间限制，可在事前、事后及事情进行过程中行文。

第三，行文的内容不同。请示主要写迫切需要上级指示、批准、解决的事项，内容着眼于请求答复；报告则是向上级机关汇报工作、反映情况、陈述问题，提出意见和建议、报送表册资料或物品以及回答上级的询问时使用的文种,其内容比较广泛。

### 三、请示的结构

请示的结构一般由标题、主送机关、正文等结构要素组成。

#### (一)标题

请示的标题一般有两种形式:一种由发文机关名称、事由和文种构成,如《佛山市人民政府关于审批佛山市城市轨道交通三号线工程(南海段)项目用地的请示》(佛府报〔2022〕19号);另一种由事由和文种构成,如《关于审定〈广东省高标准农田建设规划(2021—2030年)〉的请示》(粤农农〔2022〕100号)。

#### (二)主送机关

主送机关即请示的主要受理机关。请示不得越级行文,也不能"多头"行文。请示的主送机关一般为上级直属机关或者主管业务机关。受双重或多重领导的,要根据不同上级机关的职权范围和所请示事项与上级机关的匹配程度确定主送机关。如需同时报给另一个上级机关,可用抄送的形式送达。此外,请示作为一种公文,不可主送领导个人。

#### (三)正文

请示的正文由缘由、事项、结语和附注构成。

(1)请示的缘由,即请示事项的起因和依据。请示的缘由要有理有据,抓住实质,切中要害,论述充分。缘由关系到事项是否成立、是否可行,还关系到上级机关审批的态度,因此缘由十分重要,通常包括请示事项的背景、现状、相关政策依据、请示事项现亟待解决的问题、现阶段的不良影响和问题解决后带来的积极影响和意义。如果在缘由部分将前因后果、利弊得失论述清楚,则引出请示事项是水到渠成的事情。

(2)请示的事项,即请求上级机关批准或解决的具体事项,具体包括办法、措施、主张、看法等。请示的事项必须符合法律法规和政策要求,具有可行性和可操作性。如果请示的事项比较复杂,要分条立项写,条理要清楚,重点要突出,语气要得体。

(3)请示的结语,即请示的结尾部分。要明确提出要求,常用的惯用语有"妥否,请指示""特此批准,请予批准""是否可行,请审批""以上意见如无不妥,请批转有关单位执行"等。

(4)附注。为了便于及时沟通、解决问题,在请示的附注处应注明联系人和联系电话。

**例文1  关于追加养老机构核酸检测项目预算经费的请示**[1]

| | | |
|---|---|---|
| 发文机关：区民政局 | 索引号：KA90000002022430 | 发布日期：2022-03-18 |
| 成文日期：2022-03-18 | 发文字号：虹民发〔2022〕39号 | 主题分类：其他 |
| 体裁分类：其他 | 公开类型：主动公开 | 公开属性：全部公开 |
| 公开期限：长期公开 | 公开载体：在线浏览 | |

## 虹口区民政局

虹民发〔2022〕39号

关于追加养老机构核酸检测项目预算经费的请示

虹口区人民政府：

　　按照本市、区新冠疫情防控要求，全区养老机构已实行阶段性封闭管控。在3月20日前，区民政局需组织对养老机构工作人员及住养老人开展2次核酸检测。根据35元/人/次的市场价格测算，3月20日前核酸检测涉及养老机构8500人次，预算资金约为30万元。

　　3月20日至3月27日期间核酸检测将涉及养老机构7600人次（员工2次，老人1次），预算资金约为27万元。

　　现申请增加虹口区民政局2022年核酸检测项目预算资金57万元，用于3月27日之前的养老机构核酸检测。

　　妥否，请批复。

虹口区民政局<br>2022年3月18日

 例文点评

　　这是一份请求支持和帮助的请示，内容为请求上级机关予以资金支持。标题由事由和文种构成。正文首先说明请示事项的背景是疫情防控要求下，全区养老机构进行封闭管理。接着请示事项缘由是要给被封闭管理的人员做核酸检测，需要资金支持。背景和缘由用事实说话，客观、具体、合理、充分，在背景和缘由基础上，提出请示事项，写明核酸检测的单价、数量和所需资金总额。结尾部分另起一行，用"妥否，请批复"的固定搭配作为结语，结构完整。

**例文2  关于正式成立湾镇街道虹馥居民委员会的请示**[2]

---

[1] 上海市虹口区人民政府网站. https://www.shhk.gov.cn/hkxxgk/showinfo.html?infoGuid=018a33e9-47ba-4d51-8a15-9579255f896d.

[2] 上海市虹口区人民政府网站. https://www.shhk.gov.cn/hkxxgk/showinfo.html?infoGuid=7c8b9f09-7f35-4666-aa9a-706118eb90b3.

# 上海市虹口区人民政府江湾镇街道办事处文件

虹江字〔2022〕3号　　　　　　　　签发人：杨韬

## 关于正式成立江湾镇街道虹馥居民委员会的请示

虹口区人民政府：

　　为进一步加强彩虹湾三期居民区的管理和服务，根据《关于同意调整江湾镇街道场中居委会管辖范围筹建虹馥居委会、虹彩居委会的批复》（虹民发〔2019〕7号）和《关于进一步加强本市居委会建设的意见》（沪委办发〔2007〕14号）精神，江湾镇街道于2019年在彩虹湾三期虹馥里小区等筹建虹馥居民委员会。现由于彩虹湾三期虹馥里小区的不断形成，入住率为76%以上，其中业主约占44%，租客约占32%，根据《关于进一步加强本市居委会建设的意见》（沪委办发〔2007〕14号）规定，居民入住30%后，应根据有关规定成立居委会。经江湾镇街道党工委、办事处研究，现申请正式成立虹馥居民委员会。具体方案如下：

　　正式成立的虹馥居民委员会管辖虹馥里小区（虹湾路313弄）1个自然小区，居民户数预计近2740户，目前已入户2100多户。居委会管辖范围东至凉城路，西至江杨南路，南至三门路，北至虹湾路。居委会办公地点安排在虹湾路249号13幢，所在建筑总面积为619.42平方米，其中划分为居委会办公室的面积为230平方米左右（见附件1）。居委会活动室安排在虹湾路225号13幢，所在建筑总面积为657.77平方米，其中划分为居委会活动室的面积为300平方米左右（见附件2）。

　　妥否，请批示。

　　附件：1.虹馥居委会办公室用房协议
　　　　　2.虹馥居委会活动室用房协议
　　　　　3.虹馥居民委员会的规模示意图

　　　　　　　　　　　　　　　虹口区人民政府江湾镇街道办事处
　　　　　　　　　　　　　　　　　　　2022年2月11日

💡 **例文点评**

这是一份请求批准和指导的请示。因为街道办没有权限成立居委会，所以由街道办向区政府提交请示，需要区政府批准后才能实行。该请示的标题由事由和文种构成。正文首先提出请示事项相关的法规政策和指导意见，作为请示事项的依据、缘由。接着说明实际情况，提出申请事项成立湾镇街道虹馥居民委员会。最后用固定搭配作为结语。当发文机关在工作中遇到超出本级职权范围的重大问题时，多采用该类请示。

**例文 3** 虹口区教育局关于《2022年度虹口区教育系统统筹优化事业编制资源配置方案》的请示❶

| 发文机关：区教育局 | 索引号：KA43000002022320 | 发布日期：2022-01-18 |
|---|---|---|
| 成文日期：2022-01-18 | 发文字号：虹教〔2022〕2号 | 主题分类：教育 |
| 体裁分类：请示 | 公开类型：主动公开 | 公开属性：全部公开 |
| 公开期限：长期公开 | 公开载体：在线浏览 | |

## 上海市虹口区教育局文件

虹教〔2022〕2号

虹口区教育局关于《2022年度虹口区教育系统统筹优化事业编制资源配置方案》的请示

中共上海市虹口区委机构编制委员会：

根据《中共上海市委机构编制委员会印发<关于统筹使用我市事业编制资源的若干意见>的通知》（沪委编委〔2020〕54号，以下简称《若干意见》）、市委编委《关于同意虹口区统筹优化事业编制资源配置工作方案的批复》（沪委编委〔2021〕76号）以及《虹口区统筹优化事业编制资源配置的实施方案》（虹委编〔2021〕9号，以下简称《实施方案》），经虹口区教育局办公会议审议，拟定《2022年度虹口区教育系统统筹优化事业编制资源配置方案》，现报区委编委。

妥否，请示。

附件：2022年度虹口区教育系统统筹优化事业编制资源配置方案

虹口区教育局
2022年1月18日

💡 **例文点评**

这是一份请求转批的请示，下级机关虹口教育局根据相关规定和本部门权责制定《2022年度虹口区教育系统统筹优化事业编制资源配置方案》，需经过上级机关批准方能实行。该请示的正文比较简短，真正需要上级机关审批的内容是附件中的方案。请示正文先列出方案制定的相关政策和文件，表明请示事项的根据和缘由。接着一句话带出真正需要请示的事项为方案。上级机关能否给予批准通过，着重看方案是否合理合规、科学可行。

---

❶ 上海市虹口区人民政府网站. https://www.shhk.gov.cn/hkxxgk/showinfo.html?infoGuid=bd4a5d0f-b507-460e-83c3-570f090a4ef5.

### 实践训练

（1）请结合请示文体特点，说说为什不能一文数事和多头请示。

（2）"情景导入"中的赵琳需要拟写一份举办墨香缘书画协会成立三十周年书画展的请示。赵琳准备从以下方面进行写作，你觉得是否合适？请说说理由。

1）协会的简介、发展历史。

2）协会历任会长简介。

3）协会会员作品简介。

4）协会书画展展出的时间、地点。

5）协会书画展所需资金。

（3）阅读以下请示，指出存在的问题并修改。

关于××区××单位固定资产报废的请示报告

区财政局、区政府：

根据事业单位改革相关要求，××会计师事务所对××区××单位国有资产情况进行了专项审计。《国有资产情况专项审计报告》（××报字〔2022〕ZS0123号）审定：××单位账面固定资产300件，其中待报废89件，原值80.7万元，净值6.5万元。

为加强固定资产管理，规范资产处置，拟结合实际，对89件固定资产（上述固定资产均已超过使用年限且无实际使用价值）全部进行报废处理。另，报废后购买部分新的设备。固定资产报废清单和所需购买设备清单附后。

妥否，请速批示。

×××区建设和管理委员会

2022年9月20日

### 任务实操

见《阅读与写作》实操训练手册。

# 模块六 文苑撷英

## 模块导读

我们正值青春年少，意气风发；我们追求成功，渴望成功。我们每一个人心中都有自己的"成功梦"，但是，成功之路在何方？怎样才能"不忘初心"，在快速发展的现代社会中，演绎出属于我们自己的"成功宝典"？

本模块让我们来到文苑百花园，一起含英咀华，学习"择一事，终一生，不为繁华易匠心"的坚持，敢于问大问题，励志勤学，加强磨炼，"不畏浮云遮望眼"，将自己的青春和中华民族伟大复兴的中国梦结合在一起。

让我们拿起笔，把自己的人生理想和职业规划写出来，并在班级演讲会上分享自己的看法吧。

## 学习目标

**阅读目标**

阅读选文，了解作者的生活经历、职业理想、人生思考等，对自己的人生理想和职业规划进行思考。

**写作目标**

掌握演讲稿写作思路和语言技巧。通过单元项目训练，在演讲稿的写作中学会围绕演讲目的选题、选材，能够使用符合演讲要求的表达方式。

**思政目标**

通过阅读选文，明白青年人既要仰望星空，也要脚踏实地，以职业精神铸就自己的人生理想，为实现中华民族伟大复兴的中国梦贡献自己的力量。

## 1. 孔子的人格

### 选文背景

张荫麟是我国著名学者、历史学家，与钱钟书、吴晗、夏鼐并称"清华文学院四才子"，曾在西南联合大学讲授先秦两汉史。本文节选自其代表作《中国史纲》。

### 选文

教育是孔子心爱的职业，政治是他的抱负，淑世是他的理想。

孔子在少年时便没了父母，家境很寒苦。他为贫而仕，先后替贵族管过会计和牧畜的事，都很称职。他从小就是一个好学不倦而且多才多艺的人。他自己曾谦虚地说道："我少时微贱，故学会了许多鄙事。"像射、御、诗、礼等，一般士人的技能他自然是具备的了。又自述道："我十五岁便立志向学，三十岁便能坚定自立。"此后不久，他便成了一位名动公卿的礼学权威。他更主张"有教无类"，这就是说，不分贵贱贫富，一律施教，所以贵族和平民的子弟都纷纷来到他的门下，向他问学。

他们所遇到的是怎样一位先生呢？这位先生衣冠总是整齐而合宜的；他的视盼和蔼中带有严肃；他的举止恭敬却很自然。他平常对人朴拙得像不会说话，但遇着该发言的时候却又辩才无碍，间或点缀以轻微的诙谐。他所喜欢的性格是"刚毅木讷"，他所痛恶的是"巧言令色"。他永远是宁静舒适的，他一点也不骄矜，凡有所长的，他都请教。他和别人一起唱歌，别人若唱得好，他必请再唱一遍，然后自己和着。他的广博而深厚的同情到处流露。无论待怎样不称意的人，他总要"亲者不失其为亲，故者不失其为故"。他的朋友"生，于我乎馆；死，于我乎殡"。他遇见穿丧服的人，虽是常会面的，必定变容。他在有丧事的人旁边吃饭，从未曾饱过。

他和弟子间相处的气象，从弟子的两段记录可以窥见。

有一天几位弟子陪着孔子闲坐，孔子道："你们觉得我是长辈，不免有点拘束，不要这样。平常你们总说：'没人知道我。'假如有人知道你们，能用你们，又可以有什么表现呢？"子路爽快地答道："千乘之国，夹在两大国中间，受着兵祸，又闹饥荒，让我来主持，才到三年，便使得人民有勇，并且循规蹈矩。"孔子向他微笑了一下。又问另一弟子道："求，你怎样？"他答道："五六十里或六七十里见方的国家，让我来主持，才到三年，便使得人民富足。至于礼乐，另待高明。"孔子又问："赤，你怎样？"答道："并不是说能够，但想学学：像宗庙的大事和诸侯的聚会，我愿意穿戴着玄端和章甫，在旁边做一个小相。"孔子又问另一弟子："点，你怎样？"

这时他弹瑟渐缓,微音铿然;他把瑟放下,起身答道:"我和他们三位不同。"孔子道:"有什么关系呢?不过各说自己的志向罢了。"他道:"暮春的时候,春衣既已做好,和青年五六人,童子六七人,到沂水里洗浴;洗完了再到舞雩那儿当着轻风歌凉;然后大家歌咏而归。"孔子听了喟然叹道:"我和点有同感。"

又一次,颜渊、子路和孔子在一起。孔子道:"你们何不各把自己的志向说说!"子路道:"愿把自己的车马轻裘和朋友共用,用坏了也没有怨憾。"颜渊道:"愿不夸自己的长处,不表自己的功劳。"子路请问老师的志向。孔子道:"愿给老年的以安乐,对朋友以信实,给幼少的以爱抚。"

### 选文赏析

公元前800年到公元前200年间,东西方文明几乎同时迎来开天辟地的文化巨人,老子、孔子、释迦牟尼、苏格拉底、亚里士多德、孟子、庄子、墨子……这些伟大的思想家或联袂登场,或接踵而出。这个时代,世界上很多历史学家都称之为"轴心时代"。在东方,它就是我们熟悉的"百家争鸣"。一批伟大的人类精神导师,在不同的地域,对天地人生做终极的思考,并把思考的结果付诸实践,化为自己的人格。

"教育是孔子心爱的职业,政治是他的抱负,淑世是他的理想。"张荫麟从纷繁复杂的史料中,抓住万世师表的圣人孔子生平事迹和学术主张中最有意味的环节,通过独有的哲学和社会学眼光,只言片语之间就为孔子画好了像。

历史人物的性格必然是在历史事件中形成的。张荫麟撷取孔子少年家境、为贫而仕、立志向学、"有教无类"等几个最为典型的片段之后,将笔墨集中到描绘贵族和平民的子弟"所遇到的是怎样一位先生呢?"

张荫麟如手握画笔一般,顺着他的笔墨,孔子的衣冠、视盼、举止、说话的模样,徐徐展示在我们眼前。通过这幅画像,我们了解到孔子喜欢"刚毅木讷"的性格,痛恶"巧言令色",喜欢宁静舒适,愿意"凡有所长的,他都请教",以及"广博而深厚的同情到处流露"。

孔子追求个体、家国、天下的和谐,这是他的抱负,也是他的理想。孔子在世时,他的主张因为"不合时宜",始终不能为各诸侯国的君主所用,辗转颠沛,"如丧家之犬"。所幸的是他的身边始终有弟子跟随,这些弟子们用自己的思想和行动,延续了孔子的儒学思想,并使之影响中华文明几千年。

孔子一生最惬意的,也许就是"和弟子间相处的气象"。他常常在闲谈之间,举重若轻地将自己对于社会、人生的思考传递给弟子。跟随张荫麟,我们和孔子的弟子一样听到孔子提问:"平常你们总说:'没人知道我。'假如有人知道你们,能用你们,又可以有什么表现呢?""你们何不各把自己的志向说说!"弟子们的回答,有循规蹈矩的,也有谦逊内敛的。面对弟子们的回答,孔子或是循循善诱,或是"喟然叹道",或是说出自己毕生追求的"愿给老年的以安乐,对朋友以信实,给幼少的以爱抚"。

张荫麟凭借深邃敏锐的历史视角,加上清丽飘逸的文笔,不着痕迹地将孔子的人格展示出来,让我们感受历史之美的同时,领略到了文学之妙。

### 学必有问

(1)选文中,孔子对弟子们提出两个问题"平常你们总说:'没人知道我。'假如有人知道你们,能用你们,又可以有什么表现呢?""你们何不各把自己的志向说说!"如果孔子问的是你,你会如何回答呢?

(2)孔子"十五岁便立志向学,三十岁便能坚定自立。"请结合自己学习和生活的经历,说一说从现在到而立之年自己的人生规划。

大学生职业规划书

(3)根据选文中的相关信息,请你用简洁的笔墨描述孔子是一个怎样的人。

# 2. 列子·天瑞篇（节选）

## 选文背景

《列子》一书相传由战国时期的列御寇所著。《汉书·艺文志》将《列子》八篇收录于道家类录。《列子》最大的特点就是借助寓言故事阐明道理。寓言故事"杞人忧天"出自《天瑞篇》，选文是一个比较完整的故事。

## 选文

杞国有人忧天地崩坠，身亡[1]所寄，废寝食者。又有忧彼之所忧者，因往晓之，曰："天，积气耳，亡处亡气。若屈伸呼吸，终日在天中行止，奈何忧崩坠乎？"

其人曰："天果积气，日月星宿，不当坠耶？"

晓之者曰："日月星宿，亦积气中之有光耀者，只使坠，亦不能有所中伤。"

其人曰："奈地坏何？"

晓者曰："地积块耳，充塞四虚，亡处亡块。若躇步跐蹈，终日在地上行止[2]，奈何忧其坏？"

其人舍然大喜，晓之者亦舍然大喜。

长庐子闻而笑之曰："虹蜺[3]也，云雾也，风雨也，四时也，此积气之成乎天者也。山岳也，河海也，金石也，火木也，此积形之成乎地者也。知积气也，知积块也，奚谓不坏？夫天地，空中之一细物，有中之最巨者[4]。难终难穷[5]，此固然矣；难测难识，此固然矣。忧其坏者，诚为大远；言其不坏者，亦为未是[6]。天地不得不坏，则会归于坏。遇其坏时，奚为不忧哉？"

子列子闻而笑曰："言天地坏者亦谬[7]，言天地不坏者亦谬。坏与不坏，吾所不能知也。虽然，彼一也，此一也。故生不知死，死不知生；来不知去，去不知来。坏与不坏，吾何容心哉？"

## 选文注释

[1] 亡（wú）：无。

[2] 只要站在地上，我们的身体随时随地都在天里，我们是与天地相互融合的。躇（chú）步跐（cǐ）蹈：散步行走，踩踏蹦跳。

[3] 虹蜺（ní）：也作"虹霓"，多指雨后或日出、日落时天空中的彩虹。

[4] 天地是"空"的概念之中，一个非常渺小的事物，同时是"有"的概念中非常巨大的物体。

[5] 穷：穷尽。

[6] 如果担心天地毁灭，实在是担心得太远了。但是如果说天地不会毁灭，也是不对的。

[7] 谬（miù）：谬误，差错。

阅读与写作

## 选文赏析

天地会毁灭吗？天地要是毁灭了，我们怎么办？

我们会像"杞人"一样吗？每天殚精竭虑，忧心忡忡，吃不下饭、睡不着觉。我们会像"晓者"一样，每天都在为"杞人"担心，不遗余力地用自己通晓的道理开导"杞人"，看到"杞人"如释重负，自己也"大喜"吗？

"杞人"代表的是我们对于世界认知的最低层次，因为不知道天地的构成，或者说是一知半解，而焦虑忧愁，典型的"世上本无事，庸人自扰之"。

"晓者"看起来好像境界很高，我们仔细想一想就会发现，"晓者"跟"杞人"其实没有什么不同。"杞人"为天崩地裂而忧，"晓者"为"杞人"的"忧"而忧。他们同样是迷惑的，都是将自己的喜怒哀乐寄托于外在的人、事、物。只不过他们忧虑的对象、忧虑的可控性有所不同罢了。

长庐子的认知境界当然高于"杞人"和"晓者"。长庐子认为天地的特点是难穷尽、难终结、难测量、难识别，但是天地并非不能穷尽，不能终结。只不过天地存续的时间，会比我们看到的一般的物质更长。如果我们现在就因天地会毁灭而终日担忧，未免操心得太早了，是在浪费精力。但是，真的到了天地将要毁灭的时刻，长庐子认为还是需要对天地万物有所思虑的。长庐子处世的方法，类似于"兵来将挡，水来土掩"。过早的惶恐不可取，毫无思考也不可取。

第四位出现的列子持什么样的观点呢？列子认为，关于天地会不会毁灭，这根本不是我们能够知道的事情。因此，我们不需要为之困惑、焦虑、纠结。就像我们无法预知生或死什么时候到来，我们生的时候，不会知道死是怎样的状态；我们死的时候，当然也不会知道生的状态。所以，与其为没有办法把握的结果忧虑，还不如放下心来，顺其自然，保持正道，做好当下我们该做的、能做的事情就可以了。

面对"天地是不是会毁灭"这个问题，四个人给出了四种不同的答案。四个人没有对错，只是看问题的角度不同，反映了不同的处世态度。

"天地是不是会毁灭？""天地要是毁灭了，我们怎么办？"我们的答案是怎样的呢？

## 学必有问

（1）天地会毁灭吗？天地要是毁灭了，我们怎么办？请结合选文和刘慈欣的《流浪地球》，说说自己的观点。

（2）有时候我们认为绝对成功的事情，在临门一脚的时候，会突然失败。有时候我们认定做不成的事情，眼看要失败的时候，却又成功了。我们该如何看待这种现象呢？请结合选文，谈谈自己的看法。

《列子·天瑞篇》（节选）参考译文

（3）选文先后出现了杞人、晓者、长庐子、列子四个人，请你逐一评述他们的看法观点。

# 3. 我们为什么必须问大问题（节选）

## 选文背景

斯蒂芬·威廉·霍金，英国剑桥大学著名物理学家，为人类探索外太空做出了巨大贡献。选文选自《十问：霍金沉思录》，书中霍金对与宇宙、时空和人类等有关的十个"大问题"进行了深入思考。

## 选文

1

人们一直想要得到大问题的答案。我们来自哪里？宇宙如何开始？它背后一切的意义和设计是什么？外太空有人吗？现在看起来，过去对创生的记叙不太相关且不太可信。它们已经被各种只能被称为迷信的东西所取代，诸如从"新纪元运动"到《星际迷航》。但真正的科学可能比科幻小说更奇特，也更令人满意。

我是一名科学家，还是一名对物理学、宇宙学、宇宙和人类未来极为着迷的科学家。父母培养我坚定的好奇心，和我父亲一样，我研究并试图回答科学向我们提出的许多问题。在我的脑海里，我一生都在宇宙中旅行。通过理论物理，我试图回答一些大问题。我曾经一度以为，自己会看到我们所知的物理学的终结，不过现在我认为，在我离开很久很久后，奇妙的发现还会持续产生。我们接近其中一些问题的答案，但我们还没有到达那里。

问题是，大多数人都认为真正的科学对他们而言太复杂、太难理解，但我认为并非如此。研究制约宇宙的基本定律需要大量的时间，而大多数人承担不起；如果所有的人都从事理论物理，世界很快就会停滞不前。但如果将其基本思想以清晰的方式，并且不用方程来呈现，大多数人是可以理解并欣赏的。我相信这是可能的，这也是我喜欢并毕生努力去做的事。

这是一个进行理论物理研究的黄金时代，生逢其时，何其有幸。在过去的50年里，我们的宇宙图景发生了很大的变化。如果我对此做出了贡献，我会很高兴。太空时代的伟大启示之一是它赋予人类有关我们自身的视野。当我们从太空回望地球，我们将人类自身视为一个整体。我们看到了统一，而不是分裂。就是这样的简单图景，它传递着撼人的信息：一个星球，一个人类。

对我们全球社会面临的主要挑战，一些人要求即刻采取行动，我想发声附和他们。我希望这个事业继续前进，即使我不再在世上，有权力的人能表现出创造力、勇气和领导能力，让他们迎接可持续发展目标的挑战，并采取行动，不是出于自身利益，而是出于共同利益。我深知时间之珍贵。抓住时机，现在就采取行动。

## 2

《时间简史》于1988年愚人节首次发表，真是恰逢其时。的确，这本书最初打算取名《从大爆炸到黑洞：时间短史》。书名被缩短并改为"简史"，其余的都已成为历史。

我从未想过《时间简史》能够如此成功。毫无疑问，尽管我有残疾，但我如何成为理论物理学家和畅销书作家，人们对这故事的好奇也对本书有助益。不是每个人都能读完它或理解他们阅读的所有内容，但他们至少努力思考过关于我们存在的一个大问题，并认为我们生活在一个由理性定律制约的宇宙中，通过科学，我们可以发现和理解这些定律。

对我的同事们来说，我只是一位物理学家，但对于公众，我可能是世界上最著名的科学家。一部分原因是科学家除了爱因斯坦外，并不是广为人知的摇滚明星，另一部分原因是我符合残疾天才的刻板印象。我不能用假发和墨镜伪装自己——轮椅使我暴露无遗。众所周知且容易识别有其优点，也有其缺点，但优点远远超过缺点。人们似乎真的很高兴见到我。2012年，我在伦敦参加残奥会开幕式时，我甚至拥有了我有史以来最多的观众。

我在这个星球上过着一种非凡的生活，我利用奇思异想和物理定律穿越宇宙。我到过银河系最远处，旅行进入过黑洞，还返回过时间的起点。在这个地球上，我经历了高潮和低谷、动荡与安宁、成功和痛苦。我遭遇贫穷，享用富裕，曾经矫健，又身患残疾。我既受到赞扬，也受到批评，但从未被忽视过。通过我的研究，我非常荣幸能够为人类对宇宙的理解做出贡献。但如果宇宙中不存在我所爱且爱我的人，那的确会是一个空虚的宇宙。没有他们，它的一切奇迹都对我毫无意义。

在所有这一切结束时，我们人类自身作为自然界的基本粒子的集合，已经能够理解制约我们和我们宇宙的规律，这是一个伟大的胜利。我想分享我对这些重大问题的激动以及我对此探索的热情。

有朝一日，我希望我们能够知道所有这些问题的答案。但还有其他挑战，必须回答地球上的其他重大问题，这些也需要新一代感兴趣和参与，而且他们还得对科学有所了解，我们将如何养活不断增长的人口？如何提供干净的水、产生可再生能源、防止并治愈疾病、减缓全球气候变化？我希望科学技术能够回答这些问题，但需要人，有知识和理解力的人，去实施这些解决方案。让我们为每个女人和男人奋斗，为了让他们都能过上健康、安全，并充满了机会和爱的生活。我们都是时间旅行者，让我们一起踏入未来。让我们共同努力，使这个未来成为我们想去访问的地方。

勇敢、好奇、坚定、战胜困难。我们一定能够做到。

### 选文赏析

"我们都是时间旅行者，让我们一起踏入未来。"这是斯蒂芬·威廉·霍金，"一名科学家，还是一名对物理学、宇宙学、宇宙和人类未来极为着迷的科学家"对我们提出的召唤。有朝一日"人类自身作为自然界的基本粒子的集合，已经能够理解制约我们和我们宇宙的规律，这是一个伟大的胜利"。

霍金希望我们能够"勇敢、好奇、坚定、战胜困难"，"共同努力，使这个未来成为我们想去访问的地方"。达到这个目标的前提条件是"必须问大问题"。

在父亲的引领下，霍金从小就喜欢"研究并试图回答科学向我们提出的许多问题"。他一直"试图回答一些大问题"，因为"真正的科学可能比科幻小说更奇特，也更令人满意"。他认为自己能够在"进行理论物理研究的黄金时代，生逢其时，何其有幸"。

霍金也看到"大多数人都认为真正的科学对他们而言太复杂、太难理解"，可是要解决"大问题""需要新一代感兴趣和参与，而且他们还得对科学有所了解"。

撰写《时间简史》等著作，就是霍金希望帮助更多的人"至少努力思考过关于我们存在的一个大问题，并认为我们生活在一个由理性定律制约的宇宙中，通过科学，我们可以发现和理解这些定律"。

霍金的一生非同一般，获得的荣耀、经受的痛苦，都因为有他"所爱且爱他的人"。如果"没有他们"他通过自己的热爱的科学看到的可能"会是一个空虚的宇宙"。

面对浩瀚天空，你是否也思考过"我是谁？""我从哪里来？""我将去向何处？"这三个"大问题"其实是哲学的终极三问，从一千多年前一直到现在，还没有人能给出一个让大家都信服的答案。它们就如一个时间轴，贯穿我们的人生，虽然没有定论，但对"大问题"的思考，可以让你成长、成熟。

我们也许不能成为伟大的人物，一生平凡，但是，我们仍然"必须问大问题"。

### 学必有问

（1）观看纪录片《走进霍金的宇宙世界》，结合选文，说说自己的观后感。

（2）请以"我的人生之问"为主题，以小组为单位，开展演讲交流活动，分享自己的思考结果。

大学生的人生之问

（3）请结合选文，说说我们为什么必须问"大问题"。

## 4. 学做一个人

### 选文背景

陶行知是中国人民教育家、思想家。他提出的"生活即教育""学校即社会""教学做合一"等许多教育思想和观点，在当代仍然有非常重要的意义。选文是陶行知1925年底在南开学校的演讲词。

### 选文

我要讲的题目是："学做一个人"。要做一个整个的人，别做一个不完全、命分式的人。中国虽然有四万万人，试问有几个是整个的人？诸君试想一想："我自己是不是一个整个的人？"

《抱朴子》[1]上有几句话："全生为上；亏生次之；死又次之；不生为下。"

但是何种人算不是整个的人呢？依我看来，约有五种：

（一）残废的——他的身体有了缺欠，他当然不能算是整个的人。

（二）依靠他人的——他的生活不是独立的；他的生活只能算是他人生活的一部分。

（三）为他人当作工具用的——这种人的性命，为人所支配，没有自己独立的人格。

（四）被他人买卖的——被贩卖人口者所贩卖的人，就是猪仔；或是受金钱的贿赂，卖身的议员就是代表者。

（五）一身兼管数事的——人的一分精神只能专做一件事业，一个人兼了十几个差使，精神难以兼顾，他的事业即难以成功，结果是只拿钱不做事。

我希望诸君至少要做一个人；至多也只做一个人，一个整个的人。做一个整个的人，有三种要素：

要有健康的身体——身体好，我们可以在物质的环境里站个稳固。诸君，要做一个八十岁的青年，可以担负很重的责任，别做一个十八岁的老翁。

要有独立的思想——要能虚心，要思想透彻，有判断是非的能力。

要有独立的职业——要有独立的职业，为的是要生利。生利的人，自然可以得到社会的报酬。

我觉得中学生有一个大问题，即是"择业问题"。我以为择业时要根据个人的才干和兴趣。做事要有快乐，所以我们要根据个人的兴趣来择业。但是我们若要做事成功，我们必要有那样的才干。

我曾做了一首白话诗，说人要有独立的职业：

滴自己的汗；吃自己的饭。

自己的事，自己干。

靠人，靠天，靠祖先，都不算好汉。

现在我们专讲"学"和"做"两个字,要一面学,一面做。"学"和"做"要连起来。英语 Learn by doing 也就是这个意思。我们要应用学理来指导生活,同时再以生活来印证学理。

将来诸君有的升学,有的就职业,但是为学的方法全要研究。学农的人要有科学的脑筋和农夫的手;学工的人,也要有科学的脑筋和工人的手。这样他才可以学得好。

我希望到会的个人,是四万万人中的一个人。诸君还要时常想:

中国有几个整个的人?

我是不是一个整个的人?

## 选文注释

[1] 《抱朴子》:晋代葛洪编著的一部道教典籍。

## 选文赏析

"我是不是一个整个的人?"这是一个值得思考的大问题。

陶行知先生希望我们"至少要做一个人;至多也只做一个人,一个整个的人"。标准有三个:"要有健康的身体""要有独立的思想""要有独立的职业"。先生特别提醒我们要注意"择业问题",并提示我们"择业时要根据个人的才干和兴趣",因为"做事要有快乐,所以我们要根据个人的兴趣来择业。但是我们若要做事成功,我们必要有那样的才干"。也就是"要应用学理来指导生活,同时再以生活来印证学理"。真正将"学"和"做"连起来。

陶行知先生的演讲观点明确,逻辑清晰,语言精准,以提问开篇,又以提问结尾,前后呼应,引起听众的思考。在演讲最后,他希望"到会的个人,是四万万人中的一个人"。

2021 年 3 月 6 日,习近平总书记看望参加全国政协会议的医药卫生界教育界委员时说:"中国已经可以平视这个世界了。""平视",不是"仰视",也不是"俯视",不偏不倚,秉持中道。"平视世界",这是国家的发展赋予我们的民族底气和文化自信。

每一个生命个体都是和时代紧密联系的,我们每一个个人,都是 14 亿中国人中的一个。作为青年一代,我们面对时代新的机遇与挑战,要能够脚踏实地,努力"学"和"做",必定能成为一个"整个的人",承担起国家与民族的重托。

## 学必有问

(1)请结合自己的专业,说一说对"择业时要根据个人的才干和兴趣"这句话的理解。

(2)请结合自己身边的事例或社会现象,说说对"滴自己的汗;吃自己的饭。自己的事,自己干。靠人,靠天,靠祖先,都不算好汉。"这首白话诗的理解。

(3)请谈谈你对"做一个整个的人"的理解。说说这句话有几层含义。

# 5. 重回莫高窟（节选）

## 选文背景

选文节选自《我心归处是敦煌》第三章《敦煌是我的宿命》。

《我心归处是敦煌》是敦煌研究院名誉院长樊锦诗的口述自传，由北京大学艺术学院顾春芳教授历时四年撰写完成。全书立体而生动地呈现了几代敦煌莫高窟考古人的精神操守和世相生活，翔实而多样地呈现了莫高窟千年文化和时代新生。

## 选文

第一次去敦煌是 1962 年 8 月，我跟着宿白先生和几个同学一起去做毕业实习。第二次去敦煌，就只有我和马世长两个人。我心里知道，这一次去敦煌就不是在那里待几个月了，而是要长时间在那里生活。

火车行驶在河西走廊，经过武威、张掖、酒泉，在茫茫的戈壁中偶尔可以看到远处的绿洲，越接近敦煌就越感到荒凉寂寥。

我记得经过三天三夜的长途跋涉，火车抵达了柳园这个地方。当时敦煌没有火车站，离敦煌最近的就是柳园火车站。从柳园到敦煌还有一百三十多公里的路程。这段路没有火车，只能坐汽车，路途颠簸。记得第一次去敦煌的时候，也途经柳园。这一次到了柳园后，我们坐上敦煌文物研究所拉煤的卡车沿着公路继续往南，一路上只能看见一望无际的沙丘和戈壁。

卡车开进一个南北长两千多米、东西宽三百米左右的山谷时，就接近了莫高窟。等到了敦煌文物研究所的时候，我已经是两腿发麻，两眼发晕，几乎是摇摇晃晃地下了车。这两次去敦煌，是截然不同的心情。唯一相同的是再次来到莫高窟时，我还是急切地想进洞看看洞窟里的壁画。

那时我刚步出校门，学的又是考古专业，对佛教艺术还是知之甚少。史苇湘先生第一次给我们介绍洞窟的印象还留在我的记忆里，那些早期壁画狂放热烈的土红色调，唐代金碧辉煌的经变画和青绿山水，那各种各样的极富想象力的构图造型，斑斓瑰丽的色彩光影，这都是在北大上考古课时，从来没有见到过的。只要我一想到，迄今为止只有少数人才能够看到这么多不同朝代的壁画和塑像，我就感到一种莫名的兴奋和喜悦。

第 45 窟的塑像精美绝伦，那是整个莫高窟最精美的菩萨造像。站在这些塑像前，你会感到菩萨和普通人面前的那道屏障消失了。菩萨像的表情温柔而亲切，就像是一位美好而又纯真的少女，梳着双髻，秀眉连鬓，微微颔首，姿态妩媚，面颊丰腴，双目似看非看，嘴角似笑非笑。菩萨像袒露上身，圆领无袖的纱衣，在肩部自然回绕下垂，纱衣上的彩绘花朵，色彩依旧鲜亮如新，一朵朵点缀在具有丝绸般质感的衣裙上。菩萨赤足站于圆形莲台，和那些天龙八部、金刚罗汉不同，他们仿佛就是有血有肉、有世俗感情的人。

第112窟的《反弹琵琶》，这是大家都知道的敦煌的标志性壁画，是最能代表敦煌艺术的图像。以前在画册上看到过，现在近在咫尺，感觉完全不同。画面表现的是伎乐天神态悠闲雍容、落落大方，一举足一顿地，一个出胯旋身凌空跃起，使出了"反弹琵琶"的绝技，仿佛能听到项饰臂钏在飞动中叮当作响的声音……这一刻被天才的画工永远定格在墙壁上，整个大唐盛世也好像被定格在这一刻，时间和空间也仿佛被色彩和线条凝固起来，成为永恒的瞬间。

我第一次看到《反弹琵琶》时非常惊讶。这幅壁画远比我想象的要小，但是也远比从前在图片上看到的要更加生动。这是中唐时期的壁画，是世界上绝无仅有的瑰宝。一千多年来，它就一直在那里，虽然窟外是自然条件恶劣的戈壁沙漠，但正是因为壁画的存在，让这个仅容得下两三人的小小洞窟显得富丽堂皇。这就是我当时的感觉。我从一开始就觉得整个莫高窟好像是一个人类幸存的博物馆，而命运的安排，让我置身于这些伟大的艺术面前，这里的一切完全向我敞开。

这个反弹琵琶的舞女表演的是唐代的乐舞，这是最生动的一个瞬间，一个高潮的段落，少女的体态丰腴、自在优美、肌肤似雪、神情专注，轻柔的腰肢和胳膊体现了那种西亚地区女性特有的含蓄和奔放。画工的技艺高超，站在壁画前，仿佛感觉有音乐从墙体里流出来。再凑近一点看，好像能够触摸到她浑身肌肉的弹性，感受到她细微的呼吸。我们很难知道，当初是否真的有个能歌善舞、风姿绰约的胡姬作为模特，或是全凭画工离奇的想象和天才的创造。"反弹琵琶"成为大唐文化一个永恒的符号。历经几个世纪，唐代宫廷的伎乐和舞蹈凝固在了这一瞬间。还有一个个散花的天女，婀娜多姿的飞天，让我忘记了自己正身处距离北京千里之遥的大西北。

有一段时间，我特别喜欢在黄昏时分去爬三危山。三危山正好面对鸣沙山崖体上的石窟，在那里可以望见整个莫高窟。我第一次看到崖体上的莫高窟的时候，那些密集的洞窟像蜂房一样错落地分布在崖面上，就好像成百上千双眼睛，每一双眼睛里都充满了沧桑和神秘。敦煌的天格外蓝，这种蓝和北京的不同，它更纯粹，更辽阔，更浓烈，不到大漠是不会知道世上有这样幽蓝幽蓝的天空的。我有时候一坐就是半天，太阳还没有落下，月亮就不知不觉升起来了，就能看到日月同辉的景象。

在莫高窟这样的自然环境里，我常常会想到李商隐的一句诗："天意怜幽草，人间重晚晴。"[1] 夕阳还是那样的夕阳，只是人已不再是昨日之人，有多少人早已消失在历史的苍茫之中。人其实是很渺小的，人一生中能做的事情非常少，我们都只是过客。

初到莫高窟的时候，我常常想，为什么在被世人遗忘的沙漠里会产生如此辉煌的石窟艺术？为什么敦煌仿佛被遗弃在此长达几个世纪？这些由壁画和彩塑营造而成的佛国世界曾经是什么面目？在这里曾经发生过什么事情？在这个丝绸之路曾经的重镇，莫高窟担负着什么使命？那些金碧辉煌的壁画和彩塑，究竟是如何被创作出来的？那些精美绝伦的壁画是什么人画的？这些洞窟最初是谁建立的？以后又是怎样发展起来的？她又是怎样湮没在了历史的记忆中？一千多年前的画工究竟是怎样一笔一笔创造出这样一片绚烂的佛国世界的？第275窟的那尊坐于双狮座上的交脚弥勒菩萨，半裸上身、三珠宝冠、三角靠背的形制分明是犍陀罗艺术的风格；第272窟赤足踩莲的胁侍菩萨面相丰圆，胸部夸张，这俨然是印度的造像艺术风格；第407窟的藻井图案是八瓣重层的大莲花，圆形莲花中心有三只旋转飞奔的兔子，这究竟来自何方？……这些问题每天都萦绕在我的心头。

所有种种，都在向我传递着一种强烈的信息，那就是敦煌的空间意义非同凡响，这里封存的是丝绸之路上东西方文化交流的奥秘，这里是一个独一无二的人类艺术和文化的宝库。也许，我倾注一生的时间，也未必能穷尽它的谜底。

### 选文注释

[1] 天意怜幽草，人间重晚晴：出自李商隐《晚晴》（"深居俯夹城，春去夏犹清。天意怜幽草，人间重晚晴。并添高阁迥，微注小窗明。越鸟巢乾后，归飞体更轻。"）

### 选文赏析

敦煌莫高窟会触动我们怎样的感受？

近五千年的历史沧桑，精美的石窟艺术、浩繁的典籍文献、神秘的奇山异水……抑或是"越接近敦煌就越感到荒凉寂寥"，我们每个人的感受可能截然不同。

第二次奔赴敦煌，对于刚走出北大校园的樊锦诗而言，是路途的艰辛，但更多的是"一种莫名的兴奋和喜悦"。在樊锦诗眼中莫高窟这座"人类幸存的博物馆"是完全敞开的。第45窟"整个莫高窟最精美的菩萨造像""就像是一位美好而又纯真的少女"；第112窟的《反弹琵琶》中的"伎乐天神态悠闲雍容、落落大方"……而这一切，都是千年之前"被天才的画工永远定格在墙壁上"成为永恒的瞬间。

被定格的不只是线条与色彩，更是绵延千年的文化，正是这文化之光的吸引，让樊锦诗"舍半生，给茫茫大漠"，与敦煌莫高窟相守。

以樊锦诗为代表的莫高窟人来自五湖四海，他们热爱莫高窟的历史文明、壁画艺术，为了探究和保护"独一无二的人类艺术和文化的宝库"，为了追寻"丝绸之路上东西方文化交流的奥秘"，他们"倾注一生的时间"，把敦煌作为心归之所，魂归之舍，只求"我为敦煌尽力了"。

当我们走近敦煌莫高窟，不仅仅看那里的一寸寸土地、一个个洞窟、一方方壁画，还要用心感受那里特有的"莫高精神"。

### 学必有问

（1）文中通过哪些叙述描写，体现了樊锦诗对事业、理想的执着和不懈追求？

（2）结合文中对第45窟的塑像和第112窟壁画描写，你认为敦煌壁画美在哪里？有什么历史文化价值？

（3）2019年8月19日，习近平总书记在敦煌研究院座谈时提到："一代一代敦煌人秉承'坚守大漠、甘于奉献、勇于担当、开拓进取'的莫高精神，在极其艰苦的物质生活条件下，做了大量工作，取得了不少重要研究成果。"请谈谈你对"莫高精神"的理解。

# 演讲稿写作

## 情景导入

金葵公司为了进一步弘扬公司文化，传播"金葵好声音"，在公司成立五周年庆祝活动中决定举办"我的金葵故事"演讲大赛。邓琳作为入职一年的金葵人，将代表部门参加此次演讲大赛，她准备在演讲中分享自己在工作中的成长经历，表达自己与公司一同成长进步的自豪。为保证演讲效果，邓琳马上着手撰写演讲稿。

你知道演讲稿撰写要注意什么问题吗？

## 知识链接

演讲，是演讲者在公共场合为了激发听众共鸣，获得听众认同，最终达到沟通目的而进行的口语交际活动。演讲力是个人口语表达能力的集中体现，是人们工作生活中不可或缺的能力之一。

"凡事预则立，不预则废"，一个成功的演讲，写好演讲稿是关键。演讲稿的写作首先要回答好以下几个问题：

我在本次演讲中要达到什么目标？

我要以什么方式来组织演讲的素材，以便达到演讲预定目标？

我的演讲在遣词造句上怎样更适合我的听众？

"台上十分钟，台下十年功"，在每一次演讲前都要进行认真的准备，明确演讲目的，广泛收集材料，深入了解听众，写好演讲稿并反复演练。

### 一、根据演讲目的选好题

演讲首先要解决的问题是"讲什么"。演讲稿是为演讲目的服务的。演讲目的不同，演讲稿的内容和体态语言就有所不同。

竞职演讲稿的目的是"竞"，必须向听众说明自己与竞聘岗位是匹配的，突出"人无我有，人有我强，人强我新"，核心内容是从自己的实际能力出发，说明竞聘成功后的工作设想、措施、目标等，争取得到听众的认可和支持。

就职演讲稿的目的是"就"，必须向听众展示自己胜任岗位的才干和决心，表达对听众的谢意，核心内容是明确任职期间的工作规划、目标、重点工作和保证措施，展望前景，发出号召，激励和鼓舞听众团结一致为共同的目标奋斗。

主题演讲稿的目的是围绕演讲主题，清楚明白地表达观点，引发听众的共鸣。生活虽然丰富多彩，但这并不意味着主题演讲选题的随意性，主题演讲稿选题有两个要领。

一是选题要适合自己。选题切合自己的年龄、身份、气质，适合自己的知识水平和兴趣。虽然生活中的问题数不胜数，但我们能比一般听众知道的多，认识得深，有东西可讲，又能讲清楚的并不多。可以从以下几方面深入想一想：自己的成长经历；曾让自己深深感动的事情；自己的专业……这样演讲者便能自然地融入自己的思想感情。"得心"则"应口"，措辞、语调、口气也就自然、生动、有声有色，给人以新鲜感和亲切感。否则，去讲那些不切身份、气质、年龄和知识水平的议题，就会力不从心。即使勉强讲了，也是生吞活剥、生硬呆板，无法感人。因此，演讲者要选择自己比较熟悉、比较了解、比较感兴趣、体会比较深的题目，选择与自己的专业、知识面比较接近的议题，这样容易讲深讲透，讲出水平，讲出风格。

二是选题要适合听众。演讲是讲给人听的，听众听得懂、喜欢听才能达到演讲的目的。因此，演讲必须考虑自己的听众，想一想听众希望听到什么信息，他们想了解什么知识。因此，演讲者的选题应从听众的需求出发，考虑听众对所讲的话题是否感兴趣，考虑听众对演讲内容的理解能力及态度等。这就要求事先收集关于听众的信息，包括听众的性别、身份阶层、文化、平均年龄、职业等，这些因素会影响听众的理解能力、语言感知能力。演讲者可以根据这些信息判断哪些材料会吸引听众的注意力。

孙中山先生在岭南大学黄花岗纪念会做演讲，面对有志青年们，他说："由于这个纪念会，便知道诸君的前程是很远大。"这说到了在现场的青年人的心坎上。在此基础上，孙中山先生解读了"七十二烈士"之"志"，勉励青年学生们立志救国，要研究学问，为社会服务，提升道德。演讲循循善诱，以理服人。

如何选择出一个适合的话题呢？可以运用"头脑风暴去想话题"：把一张纸分为三栏，第一栏写上你的专业或职业兴趣，比如经济；第二栏写上你的爱好或活动，比如象棋；第三栏写上你所关注的问题，比如水污染。见下表：

| 专业或职业兴趣 | 爱好或活动 | 所关注的问题 |
| --- | --- | --- |
| 信息技术 | 游泳 | 环保 |
| 新闻报道 | 打球 | 媒体的影响 |
| 法律 | 广告 | 街舞 |
| 经济 | 摄影 | 全球变暖 |
| …… | …… | …… |

每次研究一栏，要努力地在每一栏至少罗列出 20 个相关话题。当每一栏的项目都写完以后，读这些栏目并从中挑出三个特别有意义的话题，或看起来特别适合你的听众的话题，然后从这三个话题中选出一个作为你演讲的题目。

"头脑风暴"对演讲者来说很有好处，因为从多个选题中选一个正确答案比在没有选项的情况下想出同样问题的答案更容易。所以从现在开始不要问："我应该谈什么？"要问自己："所有话题中哪个最能吸引我？"

如果选定了适合自己的话题，讲的又是生活中自己坚信的事情，对所选择的话题充满激情，演讲就会吸引听众、感染听众。

**二、根据演讲目的选好材料**

演讲材料的收集可以从以下几方面进行。

**（一）用自己亲身经历或亲眼所见的事实作材料，使演讲更富于真情实感**

人们不喜欢听抽象的议论，也不愿意听别人训诫。演讲要引起听众的兴趣，一定要有个性化的素材。从心理学的角度看，人都有窥视他人内心的欲望。因此，听众一般都有兴趣听演讲者讲述自己的故事。与自己有关的事情比较容易生动具体地表述出来，而且现身说法富有人情味，更具有吸引力。演讲中投入地谈论自己的经历，听众一般不会产生反感，但是也不能过分地以自我为中心，要恰到好处，才能引起听众的兴趣。

全国青联副主席、中国航天员王亚平在庆祝香港回归25周年"我和我的祖国"青春汇报会《我们的征途是星辰大海》演讲中，就是以自己的亲身经历打动听众的：

有人曾问过这样一个问题。要怎样才能够成为一名优秀的航天员？不瞒你们说，其实以前的我也同样想过这个问题。但终于在我29岁的时候，我找到了答案。2009年，那时候我们国家正在进行载人航天工程实施以来首次女航天员选拔。看到这个消息后，我毫不犹豫地就报了名，带着我对星空和宇宙最原始的向往与渴望。但在报名之后，我又非常紧张，因为我并不十分了解航天员该做什么，要懂得哪些知识。我也不知道成为一名优秀的航天员需要哪些必备技能。

带着这份迷茫与疑虑，我在选拔期间问了杨利伟主任一个问题：作为航天员来说，最难的是什么？他就说了两个字"学习"，之后我深深地意识到这两个字的分量。

或许你们也会好奇能够参与航天员选拔已经很优秀了，还要学习些什么呢？或许你们也会以为拥有强健的体能，能够遨游太空，再安全返回就好了。但事实远不止于此。入队后，我被三十多门学科填满了课表，我的生活几乎只剩下了学习。高等数学、天文学、物理学、解剖学，等等。那时候的我每天都要学习，一天要学习十多个小时。我也是那个时候才知道，我还是太年轻了，要想成为一名航天员要学习的东西比我想象中的还要多。但我从来没有因为面临的巨大困难而放弃。带着成为一名优秀航天员的信念，在那三年选拔训练的时间里，我基本上是课堂、宿舍两点一线，台灯基本没在12点之前熄灭过。

最终，功夫不负有心人，我如愿地通过了层层选拔考核，作为一名中国航天员飞上太空，圆梦九天。

王亚平在演讲中，对自己执着追梦的亲身经历进行了细致真切的刻画，从而让听众们感受到"学习"二字的分量，树立从现在开始努力学习和装备自己，就有可能实现自己的梦想，有梦想就会有了不起成就的信念。

### （二）用新鲜的新闻消息作材料，使演讲更具有时效性

新闻的特点是真实，时效性强，有很强的说服力，能迅速吸引听众。下面这篇《看了金牌之后》的演讲，从当时中国健儿在奥运会上一举夺得 15 枚金牌的热门新闻入手，以"相声"开场，用最新的新闻事例来引发，使听众感到新鲜：

有一段相声说，在李莲英大总管红紫当朝的年月，中国曾派过体育代表团参加奥运会。这位只会喊"喳"的"小李子"不懂什么是国歌，于是以《贵妃醉酒》代替。而且选了飞檐走壁的大侠去跳高，选了皇宫里传旨的小太监参加短跑，找了几个北京天桥变戏法的，每人怀里揣一个篮球去和洋人比赛，结果把篮球变来变去，不见传球，只见入网。从那以后打篮球都穿背心、裤衩，就是吃了李莲英的亏才做出的国际性规定。这段相声使人捧腹不已。然而也让人觉得有些解嘲的味儿。跟阿Q说的"先前阔"有点相近。实际上，中国人首次参加奥运会是 52 年前，运动员仅仅 1 人，"硕果"是一个"鸡蛋"。然而 52 年后，还是在天使之城洛杉矶，我国运动健儿夺得了 15 枚金牌、8 枚银牌、9 枚铜牌，名列金牌总数第四位。这可不是相声，是事实。

倘要论起走向世界，大胆革故鼎新，则当首推体育界……

演讲者以谈奥运会切入，逐渐过渡到谈改革开放，谈人事制度改革，谈用人观念的更新，使演讲亲切自然，风趣、幽默，引人入胜。

### （三）用人物对话作材料，有助于加强与听众的交流，使演讲更富有现场感

在演讲中插入对话，能收到意想不到的效果。在某些重要情节中直接引用对话，可使演讲更加生动。如果演讲者有模仿的能力，改变一下腔调，会使听众兴趣大增。运用对话会使演讲增添一种平时交谈的那种真实的色彩。它会使演讲仿佛是与听众在一起聊天，像一个在餐桌对面谈话的普通人，而不是在台上卖弄学问、大喊大叫的雄辩家。

如北京邮电大学前任校长林金桐在毕业典礼演讲中说：

我们每个人都有三个母亲：一个是生育你的妈妈，另一个是教育你的学校，再一个是培育你的祖国。昨天，当你告别家乡，母亲说过："常回家看看。"今天，当你走出校门，母亲要说："常回校看看。"明天，当你飞往海外，母亲会说："常回国看看。"

在这里，对话化抽象为具象，学子的眼前仿佛出现了这三个话语情境，令人有身临其境之感，极具感染力。

又如 2013 年 9 月国家主席习近平在哈萨克斯坦纳扎尔巴耶夫大学的演讲中讲的一个故事：

RH 阴性血型这个在中国属于十分稀有的血型，被称为"熊猫血"，这种血型的

病人很难找到血源，哈萨克斯坦留学生鲁斯兰正是这种血型，在中国海南大学读书期间，鲁斯兰自2009年起参加无偿献血，每年两次，为一些中国病人解除病痛做出了贡献。当中国朋友称赞鲁斯兰时，鲁斯兰说："我觉得应该帮助别人，献血是我完全应该做的事情。"

习近平主席直接引用故事人物的话，使得演讲生动形象，给听众留下鲜明的印象和独特的感受，从而增强演讲的现场效应。

**（四）用感人肺腑的事例作材料，容易引发演讲者的激情，能够深深打动听众**

发生在身边的让人感到亲切可信的事例，它们具体、生动、感人、说服力强。演讲中在讲述自己观点的同时，用充满人情味的具体事例去说明它们，演讲就有可能保持住听众的注意力获得成功。

有一次余秋雨先生在四川大学做演讲，述及他的一位上海音乐学院的朋友之死的情景，他深情地讲道："他的两个学生正在国外，听说老师病危，中止合同，飞回上海，为老师临终演出。那一天，有着许多毛病的上海人，正如我曾多次写过的一样，都激动起来、崇高起来，好多不懂音乐的人也买票去听。小学生们的家长对记者说：'带他们来，是为了让他们明白什么叫音乐，什么叫老师……'几天后，这位教授死了，龙华附近花店的花一售而空。病房里堆满了鲜花，楼梯上一层一层地叠满了鲜花……"

这是发生在现实生活中感人的一幕，听众的灵魂在演讲者动情的讲述中得到了净化和升华，产生了强烈的心理共鸣。

需要注意的是，演讲中涉及的即使是普通人的故事，也应该使用他们的姓名。想想看，读一本没有任何主角名字的小说，会有怎样的感觉。使用真实姓名，可以将故事个性化。如果需要为他们的身份保密，可以使用虚构的名字。这样也比用"某个人""那个人"要真实生动得多。

### 三、根据演讲目的选好表达方式

为了实现演讲目的，引发听众共鸣，得到听众的认可，演讲稿的表达方式要深思熟虑，应该注意以下几点：

一是观点鲜明，通俗易懂，精确简练，避免用过长的句子。

二是符合逻辑，层次明晰，选用的素材要围绕演讲目的进行梳理，找到素材之间的结构与脉络。

三是适当引经据典，生动形象地表达观点。

四是注意推敲词语的感情色彩，恰当地表达。

五是表达要符合自己的个性特点，避免照搬照抄。

**写作范例**

告 别

华中科技大学校长 李培根

亲爱的2013届毕业生同学们：

你们好！首先，向你们完成学业表示最热烈的祝贺！

过几天，你们中间的大多数就要告别大学生活，告别你们的同学、老师，告别华中科技大学。

也许近一段时间以来，你们早就开始了告别活动。听说紫菘13栋的同学们用感恩心语向周凤琴阿姨告别："走得了的是人，散不去的是情。"我还知道，为了告别，你们很多人一定哭过、笑过、喊过；为了告别，你们拥抱过、沉默过、醉过。酸甜苦辣，个中滋味，只有你们最清楚。

你们即将告别抢座位的日子，告别没有空调的宿舍，告别你怎么都不相信没赚你们一分钱的食堂；告别教室里的乏味，告别图书馆中的寻觅，告别社团中的忘我；告别留下你浪漫、青涩的林间小道和石凳，告别你至今还未看懂、读懂的华中科技大学，告别你们背后的靠山——瑜珈山。

的确，人生其实是在不断地告别。初中后我才告别了饥饿，文革中我告别了雄心壮志；长大了告别了一些豪言壮语，不再去想解放"世界上还没解放的三分之二的人民"；及至而立、不惑之年，我又告别了"凡是"……那都是一些酣畅淋漓的告别。此外，还有很多不舍的告别，即告别那些我人生的征途中扶过我一把、陪伴过我一会儿的人。同学们，不知道你们是否真正懂得，为什么而告别？还应当告别什么？

你们应当为了"成人"而告别。

你的大学生活也许一帆风顺。成绩优异，运动场上吸引过不少异性的目光，社团中也不时留下你的身影。你觉得自己"成人"了，其实未必。也许，不久的将来你恰恰就会告别"一帆风顺"。你可能已有鸿鹄之志，志向满满没什么不好，但谨防志向成为你人生的束缚和负担。不妨让自己早一点有告别"一帆风顺"的思想准备，让志向成为你人生的一种欣赏、一种尝试。

要离开学校了，也有少数同学突然发现要"成人"的恐惧。想着终将逝去的青春，自己似乎还未准备好，懵懵懂懂怎么能一下子走向社会？睡懒觉的时候很香甜，玩游戏（打DOTA）的时候很刺激，翘课的时候很自在，挂科的时候很无奈，拿不到毕业证时两眼发呆……可生活还得继续，只是要永远告别游戏人生的态度。

为了"成人"，你们需要自由发展，这是华中大教育的真谛。在日后寻求自我的过程中，你们要告别浑浑噩噩，告别人云亦云，告别忽悠与被忽悠。保持一份独立精神，那才不枉在华中大学习过几年。

为了"成人"，你们又得告别过分自我，别太把自己当回事。在华中大几年，

你可能不觉得受到过学校的呵护，甚至宠爱，你可能就像天之骄子。可是，真正到社会上，没有人再把你视为天之骄子，社会甚至会让你面目全非！为了"成人"，你们需要告别过分的功利、过分的精明。过分的功利会腐蚀你的心灵，过分的精明会扭曲你的人格。不要把与别人的交往看成实现你自己的预期和目的的工具。你自己太精明，别人可不是傻瓜；不如"傻"一点，糊涂一点，别人不至于对你使"精明"。让心灵对社会开放，对他人开放！

我相信，你们的告别更多的是为了相约和再见。很多同学踌躇满志、跃跃欲试。你们相约，十年、二十年再相见。那时候，你们可以交流服务国家社会的心得，可以交流奋斗的体会，可以分享成功的喜悦；那时候，你们再来瑜园，让母校以你们为荣。告别了，有一天，与老师相约，与母校相约，与同学相约，与初恋相约！

有些告别特别艰难。

比如，你成绩优异，深具研究潜质，你将来有条件成为一个科学家；同时，你综合素养很好，今天已经是学生领袖，将来也有条件成为一个好的政治家。现在，无论你选择其中哪一个，意味着你可能告别另一个你将来并不难得到的东西。你或许彷徨、犹豫、纠结了吧？亲爱的同学，只要懂得舍弃，就很容易告别选择的艰难。

告别某些风气或习俗也很艰难。尽管如今有拼爹的现象，但毕竟不是成功之道。有一个"好爸爸"，不妨告别对你爸的依赖；没一个"好爸爸"，那就告别羡慕嫉妒恨。过几年你们可能面临谈婚论嫁。要结婚，是否一定要有自己产权的房子？有些年轻人为此而不惜"啃老"。华中大的小伙子们、姑娘们，千万告别"啃老"，告别"俗气"。

在物欲横流的世风下，很容易忘记人的意义与生存价值，忘记信仰和独立精神等。中华民族的复兴可不能仅仅是经济的跃进，还需要精神的崛起。同学们，希望你们要有告别麻木、告别粗鄙、告别精神苍白的自觉，为国家，为你们自己！

如果使你自己置身于更大的天地，就会懂得有些告别特别伟大，如三十多年前党中央对文革的否定。否定文革，使国家告别了封闭，告别了破坏，告别了对人的蔑视；使人民告别了斗争，告别了恐惧，告别了贫穷。那是多么伟大的一场告别！最近习近平总书记强调"党自身必须在宪法和法律范围内活动""依法治国首先是依宪治国，依法执政关键是依宪执政""把权力关进制度的笼子里"等等。告别权力崇拜同样是一场伟大的告别。希望你们今后在党的领导下，投身于其中，告别对法律的任何藐视！

虽然人生在不断地告别，但有些东西是不能告别的。

亲情是不能告别的。曾经我告别乡村，告别与我相依为命的奶奶。但直到今天，我内心从来没有告别奶奶的亲情，尽管她已经去世四十多年。我的一个已经去世的工人朋友，有一个儿子，上了大学，出国了，多年不与母亲联系。他可是告别了亲情啊！我就不明白亲情是在什么情况下能告别的呢？

学习是不能告别的，你们可以告别学过的知识，但不能告别学习的习惯；努力奋斗是不能告别的，不然，你一生大概都会不断地告别机会。

改革开放是不能告别的，如果你们尚有家国天下之情怀，一定铭记于心。

同学们，关于告别，很难说尽，关键还得靠你们自己体悟。

不多说了，我也要向你们告别啦！让我们告别，其实也将是各自新的抵达！

### 例文点评

这篇演讲稿凝聚了李校长对学子们的殷殷期望与谆谆教诲，言简意赅又深入人心。

演讲开宗明义，表达对学子"完成学业表示最热烈的祝贺"，借"告别"引领大家回顾了多彩的大学生涯。接着论述了"人生其实是在不断地告别"，为了"成人"而告别，为了相约和再见的"告别"……并且说明了有些"告别"特别艰难，而亲情、学习、改革开放、家国天下之情怀等是不能告别的。最终，让学子们意识到"关于告别，很难说尽，关键还得靠你们自己体悟"。

### 实践训练

（1）研读华中科技大学校长李培根在2013届毕业典礼上的演讲稿《告别》，以小组为单位，讨论演讲稿的选材特点和语言特色。

（2）"情景导入"中的邓琳为了撰写"我的金葵故事"演讲稿，准备从下面的内容挑选素材。如果是你，会怎样选择呢？请说说理由。

"我的大学生活"演讲稿

1）加入金葵公司的经历。

2）得到客户赞赏的经历。

3）与团队共同攻克难题、获得成功的经历。

4）畅想自己在金葵的未来。

（3）有人说，有主题的演讲才要做准备，即兴演讲不用做准备。请说说你对这个观点的看法。

### 任务实操

见《阅读与写作》实操训练手册。

## 模块七 大美生活

### 模块导读

每一个生命的到来，都是一场汇聚了太多幸运的际遇；每一个生命、每一段人生，都不该被辜负。在我们并不漫长的人生旅途中，我们不可避免地品尝到种种酸甜苦辣，顺境也好，逆境也罢，本质上都是以不同的表现形态丰盈我们的生命，让我们的人生缤纷多彩。

本模块，在"大美生活"的主题下，我们且看李白《春夜宴从弟桃花园序》的优雅浪漫，细品苏东坡"一蓑烟雨任平生"的潇洒，与钱钟书一起探究快乐的本质，像汪国真一样拥有一颗热爱生命热爱生活的心，与作家达雷尔一起参加《萤火虫的盛会》。

在新媒体时代，大众传播让短视频获得更多的关注和更强盛的生命力，短视频制作是我们必备的素养。身在中国最美好的新时代，你一定有很多对自然美的感知、对生活美的感悟、对心灵美的感怀，那就请你用或秀气、或灵动、或细腻、或洒脱的文字设计视频脚本，制作一个个精彩的短视频，与大家一起分享吧。

### 学习目标

**阅读目标**

了解作者的人生经历和写作背景，感知作者对生命的感悟、对生活的态度、对人生的追求；结合实际，思考我们应该如何感受生活美和自然美，书写我们更加精彩的人生。

**写作目标**

掌握设计和编写短视频脚本的基本技能。通过本模块写作指导，在基本理解视听语言知识和声画表达技巧的基础上，学会在短视频脚本创作中优化选题、恰当策划、出色表达。

**思政目标**

通过阅读经典选文，在感受生活美和大自然美的同时，树立正确、积极的世界观和人生观，以乐观的精神、健康的体魄、进取的心态，担负起中华民族伟大复兴的重任，创造出无愧于新时代的伟大业绩。

## 阅读·赏析

# 1. 春夜宴从弟桃花园序[1]

### 选文背景

李白（701—762），号青莲居士，浪漫主义诗人，有"诗仙"之称。少时即豪放不羁，习剑学道，喜游名山大川。天宝初年，任翰林学士，不久被谗去职。安史之乱时，为永王李璘幕僚，乱平后因此获罪，放逐夜郎（今贵州桐梓一带），途中赦回，晚年流寓东南。李白诗才横溢，感情强烈，挥洒自如，形成飘逸、奔放、雄奇的风格。

本文为李白于唐玄宗开元十五年（727年）所作。叙述了二十六岁的李白失意云游到安陆（今天的湖北省辖县级市安陆市，由孝感市代管），与堂弟们春夜欢叙的情景，文辞之间交织着"人生得意须尽欢"的感喟，散发着热爱生活的豪情逸兴。

### 选文

夫天地者，万物之逆旅也[2]；光阴者，百代之过客也[3]。而浮生若梦[4]，为欢几何？古人秉烛夜游[5]，良有以也[6]。

况阳春召我以烟景[7]，大块假我以文章[8]。会桃花之芳园，序天伦之乐事[9]。群季俊秀[10]，皆为惠连[11]；吾人咏歌[12]，独惭康乐[13]。幽赏未已，高谈转清[14]。开琼筵以坐花，飞羽觞而醉月[15]。不有佳咏，何伸雅怀[16]？如诗不成，罚依金谷酒数[17]。

### 选文注释

[1] 序：一种文体，分为书序、赠序、宴集序等，本文属于宴集序，即作者与堂弟们在春夜宴饮赋诗，并为之作此序文。标题中的"从弟"，即堂弟。

[2] 逆旅：客舍。

[3] ……者，……也：古文中的判断句式。

[4] 浮生若梦：意指"世事无常，人生如一场梦"。引典自《庄子·刻意》中的"其生若浮，其死若休"及《庄子·齐物论》中庄周梦蝶的故事。

[5] 秉烛夜游：意为"及时行乐"。引典自《古诗十九首》其十五："生年不满百，常怀千岁忧。昼短苦夜长，何不秉烛游？"秉：执。

[6] 良有以也：确实是有原因的。良：确实。以：原因。

[7] 阳春：春季。召：召唤、吸引。以：凭借。烟景：雾气中的春光美景。

[8] 大块：大自然。假：借、提供、赐予。文章：绚丽的文采、诗词佳作。

[9] 序：通假字，取"叙述"之意。天伦：指父子、兄弟等亲属关系。

[10] 季：弟弟。故代以伯（孟）、仲、叔、季作为辈分排行，季指同辈排行中最小的。

[11] 惠连：指谢惠连（397—433），南朝宋文学家，著名诗人谢灵运的堂弟。他才思敏捷，十岁便能作文，工诗赋。李白在此借用谢惠连之名，褒扬诸位堂弟富有才华。

[12] 咏歌：吟诗作赋。

[13] 康乐：即康乐公谢灵运（385—433），东晋名将谢玄之孙，世称谢康乐，是南朝山水诗派的创始者。李白在夸奖堂弟们才华横溢的同时，自谦"独惭康乐"（自己作诗却赶不上谢灵运）。

[14] 幽赏未已，高谈转清：一边欣赏着幽静的美景，一边谈论着清雅的话题。

[15] 开琼筵以坐花，飞羽觞而醉月：在花丛中摆开豪华的宴席，沉醉于美丽的月光下觥筹交错。以：就着。飞：形容觥筹交错的形态，生动展现了痛饮狂欢的场景。羽觞：古代一种用于饮酒的器具。

[16] 伸：抒发。

[17] 金谷酒数：意指罚酒三杯。引典自，西晋时期的富豪，生活极端奢侈。曾在洛阳金谷宴客赋诗，他在《金谷诗序》中写道："遂各赋诗，以叙中怀。或不能乾，罚酒三斗。"

### 选文赏析

李白所作的这篇文章是一篇叙事、抒情序文，全文仅一百十九字，从首段感喟人生之短促，转入次段描述盛会之良辰美景，以丰富的典故、琅琅上口的句式、简洁而飘逸的华美言辞，抒发作者潇洒看待生命苦短与世事无常的浪漫主义人生态度。

李白的浪漫主义诗风

文章词句富有韵律，意涵洒脱飘逸，豪情四溢。

文章第一段以高谈阔论的方式带出观点，从空间（天地者）、时间（光阴者）两个维度感慨广阔天地之间人类的渺小、亘古时光中个体生命的短暂，在"为欢几何"的设问句中，引用古人"秉烛夜游"的典故，间接表明作者热爱生活、不负生命的人生态度。

在表明人生态度之后，第二段进入具体的叙事，记述作者与堂弟们于春夜设宴吟诗作赋、笑谈古今的欢快场面，表达了对浩渺的宇宙、易逝的光阴的感喟，对慷慨的大自然和高雅生活情趣的赞美。

结构上，文章从宏观到微观，从议论到叙事，从定调转入铺叙，夹叙夹议中多用典故，文辞优美，节奏起伏交替，显示出作者与堂弟们才气超人、志气超脱的精神面貌。

文章中妙句频现。如"况阳春召我以烟景，大块假我以文章"，"况"字既起到了承接上下段的作用，又含有递进的意味；该句将阳春美景与大自然拟人化，赞其慷慨之姿，表达热爱之情。又如"幽赏未已，高谈转清"对应前文的"烟景"（赏烟景）与"文章"（谈文章），展现出文人雅士潇洒出尘、超凡脱俗的生命状态。再如"开琼筵以坐花，飞羽觞而醉月"，可谓是当晚聚会的高潮，诸位堂弟皆为俊秀，于满园花丛之间，酒杯相碰的频率如"飞"，在皎白的月光下，沉浸于美酒与妙诗中。

总之，该文字字珠玑，句句溢彩。不到两百字的短文中尽显跌宕有致，清俊潇洒。文中不管是记人、议事、论思，都充满着进取精神和生活激情，诗人把这种精神和激情，融入手足亲情中，抒情真挚而亲切，充实而欢畅，神采飞扬而又充满生活气息，表达了李白热爱生活热爱自然的豁达情怀。

### 学必有问

（1）经典选文在思想感情表达上有什么特点？

（2）文章中哪一句最能体现李白豁达的生活态度？请分享你的理由。

（3）"况阳春召我以烟景，大块假我以文章。"这句在文章结构中起到什么作用？运用了什么修辞手法？体现了作者什么样的人生态度？让你联想到李白的哪些名句？

## 2. 定风波·莫听穿林打叶声 [1]

### 选文背景

本文是宋代文学家苏轼创作的一首词，描写作者与友人在一次外出途中偶遇风雨的小事，以小见大，抒发自己不畏人生风雨、旷达超脱的胸怀。

创作这首记事抒怀词时，苏轼正因"乌台诗案"被贬为黄州（今湖北黄冈）团练副使，处在人生失意阶段。在这种人生逆境中，通过途中偶遇风雨，对照了人生也会偶有挫折的洞见，作者以"余独不觉"来对比众人在风雨中深感狼狈，而自己笑对风雨"也无风雨也无晴"的超然态度，为我们展示了荣辱不惊、豁达自如的人生态度和处世哲学。苏轼的代表作还有《水调歌头·明月几时有》《赤壁赋》《念奴娇·赤壁怀古》等。

### 选文

三月七日，沙湖道中遇雨[2]。雨具先去，同行皆狼狈[3]，余独不觉[4]。已而遂晴[5]，故作此词。

莫听穿林打叶声[6]，何妨吟啸且徐行[7]。竹杖芒鞋轻胜马[8]，谁怕？一蓑烟雨任平生[9]。

料峭春风吹酒醒[10]，微冷，山头斜照却相迎[11]。回首向来萧瑟处[12]，归去，也无风雨也无晴。

### 选文注释

[1] 定风波，词牌名，又名"卷春空""定风波令"等。在这一词牌名下，篇章形式为双调六十二字，前段五句三平韵两仄韵，后段六句四仄韵两平韵。

[2] 沙湖：地名，今湖北黄冈东南三十里，又名螺丝店。

[3] 狼狈：进退两难的窘迫状态。

[4] 余：古文中的自称，"我"。

[5] 已而：过了一会儿。

[6] 穿林打叶声：雨水穿过树林、落到树叶上的声音。

[7] 吟啸：放声歌吟。徐：缓慢地、悠闲地。

[8] 芒鞋：草编的鞋子。

[9] 蓑：蓑衣，用棕制成的雨披，在此作为量词使用。

[10] 料峭：微寒的。

[11] 斜照：傍晚的夕阳。

[12] 向来：刚才。萧瑟：风吹、雨滴落在树叶上的声音，现代汉语引申为失意凄凉的景状。

## 选文赏析

这首宋词分为三段，第一段交代写作缘由，起到"序言"的功能；第二、三段在宋词中分别称为上阕、下阕，在篇章结构、字数、格式（平仄音节）等方面按照"定风波"这一词牌行文，在内容上则从偏重叙事转向偏重抒情，递进展现了作者虽身处人生逆境但不畏惧、不颓丧的精神风貌。

苏轼的豁达人生

第一段交代了作者与友人在外出返回途中遭遇风雨这件事情的时间、地点等要素，言语极为简洁。该段亮点在于"余独不觉"与"已而遂晴"，前者体现作者区别于大多数人的人生信念，是全文的基调；后者在写实的同时，也体现了作者乐观的人生态度——雨天（人生逆境）只是暂时，不久总会天晴（人生顺境）。

上阕中，"莫听"二字充满洒脱韵味，"何妨"是"莫听"的延伸，更进一步体现了作者面对风雨时的泰然自若。"谁怕"以反问的句式，展现了面对风雨、面对人事沉浮不屑一顾的潇洒态度；"一蓑烟雨任平生"更是体现了作者以简对繁、以静制动的处世态度——披上一身蓑衣，以平常心看待人生气象变化，面对生活中的风风雨雨、政治生活中的起起落落，作者泰然视之。

下阕的"料峭""微冷"与"斜照"形成冷暖对照，语义重心在"却相迎"的"斜照"，与前文的"已而遂晴"流露出作者积极乐观的人生态度，在寒意中突出温暖，在逆境中看到希望，在失意中彰显喜悦；"回首"与"归去"，不管是回望过往还是目视前路，作者都视风、雨、阴、晴为无物，淡然、豁达、洒脱地面对人生中的各种际遇。

结合苏轼本人的生活经历以及该词的创作背景，有助于我们深入了解和感受作者寄寓在词中的心境。通读此文，在悦耳的韵律中，我们应该读出一种人生的大境界，正如结尾句所言，"回首向来萧瑟处，归去，也无风雨也无晴"。不管是走过的来时路还是踏上的新征程，所谓风雨，所谓阴晴，我们都要执着于内心，而不要被外物所系缚。没有谁的人生是永远一帆风顺的，起起伏伏才是常态，在得意时不忘记初心，在失意时不丧失信念，成功也好，失败也罢，都要以超然的态度面对，真正做到不以物喜、不以己悲。

## 学必有问

（1）这首词中多处出现一语双关的写作手法，请选择两处展开分析。

（2）这首词好在哪里？你从这首词中得到什么启示？

（3）这首词塑造了一个什么样的人物形象？请结合文中句子展开分析。

# 3. 论快乐

## 选文背景

本文选自钱钟书1941年出版的散文集《写在人生边上》。

钱钟书（1910—1998）的作品以渊博的学识、智慧的思辨、生动的语言著称，《写在人生边上》与《围城》分别是他的散文和小说代表作。《论快乐》一文旁征博引、深入浅出、幽默风趣，对我们最常见但却甚少深思的"快乐"提出了自己的灼见：快乐是一种心境，精神的快乐是一切快乐的源泉，拥有快乐的心境，就拥有快乐的人生，即便偶尔不快乐，但仍能乐观面对人生。

## 选文

在旧书铺里买回来维尼（Vigny）的《诗人日记》（Journal d'unpoete），信手翻开，就看见有趣的一条。他说，在法语里，喜乐（bonheur）一个名词是"好"和"钟点"两字拼成，可见好事多磨，只是个把钟头的玩意儿（Silebon heurn'taitqu'unebonnedenie!）。我们联想到我们本国话的说法，也同样的意味深永，譬如快活或快乐的快字，就把人生一切乐事的飘瞥难留，极清楚地指示出来。所以我们又慨叹说："欢娱嫌夜短！"因为人在高兴的时候，活得太快，一到困苦无聊，愈觉得日脚像跛了似的，走得特别慢。德语的沉闷（langweile）一词，据字面上直译，就是"长时间"的意思。《西游记》里小猴子对孙行者说："天上一日，下界一年。"这种神话，确反映着人类的心理。天上比人间舒服欢乐，所以神仙活得快，人间一年在天上只当一日过。从此类推，地狱里比人间更痛苦，日子一定愈加难度。段成式《酉阳杂俎》就说："鬼言三年，人间三日。"嫌人生短促的人，真是最快活的人，反过来说，真快活的人，不管活到多少岁死，只能算是短命夭折。所以，做神仙也并不值得，在凡间已经三十年做了一世的人，在天上还是个初满月的小孩。但是这种"天算"，也有占便宜的地方。譬如戴君孚《广异记》载崔参军捉狐妖，"以桃枝决五下"，长孙无忌说罚讨得太轻，崔答："五下是人间五百下，殊非小刑。"可见卖老祝寿等等，在地上最为相宜，而刑罚呢，应该到天上去受。

"永远快乐"这句话，不但渺茫得不能实现，并且荒谬得不能成立。快过的决不会永久；我们说永远快乐，正好像说四方的圆形，静止的动作同样地自相矛盾。在高兴的时候，我们的生命加添了迅速，增进了油滑。像浮士德那样，我们空对瞬息即逝的时间喊着说："逗留一会儿罢！你太美了！"那有什么用？你要永久，你该向痛苦里去找。不讲别的，只要一个失眠的晚上，或者有约不来的下午，或者一课沉闷的听讲——这许多，比一切宗教信仰更有效力，能使你尝到什么叫作"永生"的滋味。人生的刺，就在这里，留恋着不肯快走的，偏是你所不留恋的东西。

快乐在人生里，好比引诱小孩子吃药的方糖，更像跑狗场里引诱狗赛跑的电兔子。几分钟或者几天的快乐赚我们活了一世，忍受着许多痛苦。我们希望它来，希望它留，希望它再来——这三句话概括了整个人类努力的历史。在我们追求和等候的时候，生命又不知不觉地偷度过去。也许我们只是时间消费的筹码，活了一世不过是为那一世的岁月充当殉葬品，根本不会想到快乐。但是我们到死也不明白是上了当，我们还理想死后有个天堂，在那里——谢上帝，也有这一天！我们终于享受到永远的快乐。你看，快乐的引诱，不仅像电兔子和方糖，使我们忍受了人生，而且仿佛钓钩上的鱼饵，竟使我们甘心去死。这样说来，人生虽痛苦，却不悲观，因为它终抱着快乐的希望；现在的账，我们预支了将来去付。为了快活，我们甚至于愿意慢死。

穆勒曾把"痛苦的苏格拉底"和"快乐的猪"比较。假使猪真知道快活，那么猪和苏格拉底[1]也相去无几了。猪是否能快乐得像人，我们不知道；但是人会容易满足得像猪，我们是常看见的。把快乐分肉体的和精神的两种，这是最糊涂的分析。一切快乐的享受都属于精神的，尽管快乐的原因是肉体上的物质刺激。小孩子初生下来，吃饱了奶就乖乖地睡，并不知道什么是快活，虽然它身体感觉舒服。缘故是小孩子的精神和肉体还没有分化，只是混沌的星云状态。洗一个澡，看一朵花，吃一顿饭，假使你觉得快活，并非全因为澡洗得干净，花开得好，或者菜合你口味，主要因为你心上没有挂碍，轻松的灵魂可以专注肉体的感觉，来欣赏，来审定。要是你精神不痛快，像将离别时的宴席，随它怎样烹调得好，吃来只是土气息、泥滋味。那时刻的灵魂，仿佛害病的眼怕见阳光，撕去皮的伤口怕接触空气，虽然空气和阳光都是好东西。快乐时的你，一定心无愧怍。假如你犯罪而真觉快乐，你那时候一定和有道德、有修养的人同样心安理得。有最洁白的良心，跟全没有良心或有最漆黑的良心，效果是相等的。

发现了快乐由精神来决定，人类文化又进一步。发现这个道理，和发现是非善恶取决于公理而不取决于暴力，一样重要。公理发现以后，从此世界上没有可被武力完全屈服的人。发现了精神是一切快乐的根据，从此痛苦失掉它们的可怕，肉体减少了专制。精神的炼金术能使肉体痛苦都变成快乐的资料。于是，烧了房子，有庆贺的人；一箪食，一瓢饮，有不改其乐的人；千灾百毒，有谈笑自若的人。所以我们前面说，人生虽不快乐，而仍能乐观。譬如从写《先知书》的所罗门直到做《海风》诗的马拉梅（Mallarmé），都觉得文明人的痛苦，是身体困倦。但是偏有人能苦中作乐，从病痛里滤出快活来，使健康的消失有种赔偿。苏东坡诗就说："因病得闲殊不恶，安心是药更无方。"王丹麓《今世说》也记毛稚黄善病，人以为忧，毛曰："病味亦佳，第不堪为燥热人道耳！"在着重体育的西洋，我们也可以找着同样达观的人。工愁善病的诺瓦利斯（Novalis）在《碎金集》里建立一种病的哲学，说病是"教人学会休息的女教师"。罗登巴煦（Rodenbach）的诗集《禁锢的生活》（*Les Vies Encloses*）里有专咏病味的一卷，说病是"灵魂的洗涤（puration）"。身体结实、喜欢活动的人采用了这个观点，就对病痛也感到另有风味。顽健粗壮的十八世纪德国诗人白洛柯斯（B.H.Brockes）第一次害病，觉得是一个"可惊异的大发现（Einebewunderung swrdige Erfindung)"。对于这种人,人生还有什么威胁?这种快乐把忍受变为享受,是精神对于物质的大胜利。灵魂可以自主——同时也许是自欺。能一贯抱这种态度的人,当然是大哲学家,但是谁知道他不也是个大傻子?

是的,这有点矛盾。矛盾是智慧的代价。这是人生对于人生观开的玩笑。

### 选文注释

[1] 猪代表头脑简单的人。苏格拉底:代表有知识、爱思索的人。两者本质的区别并不在于智商高低,而是体现在"思想层次"不同。

### 选文赏析

《论快乐》一文延续钱钟书先生博学、睿智的情趣,在大量生动而贴切的比喻句中,通俗易懂地传达出作者极具哲学思辨力的核心观点:快乐是一种心境,拥有了快乐的心境,就拥有了永久的快乐。

本文在写作风格上展现出几大特点:联想丰富、例证丰繁;思维跳跃、逻辑明晰;语言精练、妙趣横生。作者在例证观点的过程中,展示出丰富的想象力,对古今中外文史资料的旁征博引,避免"天马行空",强化了论点的说服力。洋洋洒洒的行文中,作者的思维跳跃于字里行间,但从全文的段落结构中,又显现出清晰的逻辑、明确的观点。全文更以大量令人忍俊不禁的绝妙比喻,增强了文本阅读的愉悦感,在拍案叫绝的类比中,文章深邃的思辨智慧令人折服。

文章从不同角度、不同层面,论述了作者的三个观点:首先,快乐是人生中永恒存在的一种诱惑,牵引着我们克服生命中遇到的痛苦,乐观奔赴对快乐的追求。其次,快乐的原动力来自精神层面的快乐。作者在文中举例:"洗一个澡,看一朵花,吃一顿饭,假使你觉得快活,并非全因为澡洗得干净,花开得好,或者菜合你的口味,主要因为你心上没有挂碍,轻松的灵魂可以专注肉体的感觉,来欣赏,来审定。要是你精神不痛快,像将离别的筵席,随它怎样烹调得好,吃来只是土气息、泥滋味。"最后,快乐的心态,可以让我们生命中经历的历练、隐忍乃至痛苦,都成为一种享受,正如"病了,可以从紧张忙碌的生活中停下来休息一下"。

在愉快地完成全文阅读之后,我们不禁回味,"永远快乐"是人们的一种理想、一种希望,正是基于这种理想和希望,人们得以形成积极向上的人生观,即便在人生的路途中不可避免地遭遇困苦与挫折,但内心始终怀着这样的信念:在现实面前保持快乐的心境,远离悲观,就可以始终抱着快乐的希望。

### 学必有问

(1)经典选文中有哪些既形象生动又富于哲理的比喻句?从《论快乐》一文看,钱钟书散文有什么风格特点?

(2)读了钱钟书《论快乐》一文后,你对快乐的认识与原来有什么变化吗?

(3)作者为什么认为"发现了快乐由精神来决定,人类文化又进一步"?

## 4. 热爱生命

### 选文背景

本文作者汪国真（1956—2015），诗人，祖籍厦门市，先后出版《年轻的潮》《年轻的风》《年轻的思绪》等诗集，其诗作常以意象类比抒发个人志向追求，给人以感染力和正能量。代表作之一《热爱生命》是汪国真写于而立之年的低迷时期，这首诗从成功、爱情、奋斗和未来四个角度表达了作者积极向上的人生态度，以简洁而坚定的语言，阐释了热爱生命的乐观人生哲学。全诗节奏工整、言语真切、态度明亮、琅琅上口。这首诗自公开发表以来，为广大读者带来了无穷的勇气与力量。

### 选文

我不去想是否能够成功
既然选择了远方[1]
便只顾风雨兼程

我不去想能否赢得爱情
既然钟情于玫瑰
就勇敢地吐露真诚

《热爱生命》朗诵

我不去想身后会不会袭来寒风冷雨
既然目标是地平线
留给世界的只能是背影

我不去想未来是平坦还是泥泞
只要热爱生命
一切，都在意料中

### 选文注释

[1] 远方：既可以理解为长远的目标规划、理想，也可以理解为短期内的具体目标等。

### 选文赏析

《热爱生命》以极为平实的语言风格，深受读者喜爱，被广泛传播。更为重要的是，全诗在排比叠加的情感节奏中，处处彰显洒脱看待人生的处世哲学。

全诗层次分明，在四个段落中，依次以"成功""爱情""志向"和"未来"为意象，表达了作者"不以物喜、不以己悲"的处世心态，流露出对生活万千形态的接纳与热爱。

被许多读者视为座右铭的"既然选择了远方，便只顾风雨兼程"，激发读者思考人生的意义：奋斗是只追求结果，还是好好体会过程？远方固然令人期待，但亦充满未知，在树立了远大的目标之后，能否实现目标已经变为次要，更重要的是，别忘记了自己坚持奋斗的样子才是最美丽的。在这样的心境下，"勇敢地吐露真诚""留给世界的只能是背影"，进一步强化了诗人"但行好事，不问前程"的洒脱与自信。

这种洒脱与自信的人生观，在四个段落的结尾化为宣言式的诗句："只要热爱生命，一切，都在意料之中。"我们对未来、对人生，既有美好的期待，也会有彷徨与忧虑，这些心绪都是生命的常态，未知未必不是一种幸福，没有悬念、没有起伏的人生，又有什么乐趣可言呢？生命中的每一天，不论是喜悦还是失落，都是无比珍贵的时光，这些时光散落在人生道路的两旁，是我们朝着目标努力过程中丰富多样的精彩。

只要拥有一颗热爱生命热爱生活的心，拥有用心感受人生酸甜苦辣的勇气和能力，这样的人生都是有价值的。

### 学必有问

（1）朗读诗歌，谈谈诗人通过《热爱生命》表达了什么思想。

（2）为什么说"只要热爱生命／一切／都在意料中"？结合诗歌，谈谈你对此的理解。

（3）为实现自己的梦想，我们会努力拼搏，你认为是结果重要还是奋斗的过程重要？为什么？

# 5. 萤火虫的盛会（节选）

## 选文背景

本文节选自杰拉尔德·达雷尔的《希腊三部曲1：追逐阳光之岛》，作者基于童年在希腊科孚岛度过的快乐时光，以惊人的观察力和丰富的想象力，以纯真的心、童稚的眼观看科孚岛上优美的自然风景、各式各样的动物植物，描写全家人在这座小岛上生活的点点滴滴，让读者共同感知自然的丰盛、童年的烂漫、人间的温情、生活的美好。

## 选文

夏天里，每逢满月时分，我们全家习惯游夜泳，因为白天的太阳太烈，海水热得令人难受。当月亮一升起，我们便步下山坡，穿越树林，走过吱吱嘎嘎响的码头，爬上"海牛号"。拉里与彼得划一支桨，玛戈与莱斯利划另外一支，罗杰和我坐在船首负责守望。我们沿着海岸漂流约莫半里，停在有一抹白沙滩的海湾里，岸上有几颗排列得恰到好处的平滑圆石，还留有阳光的余温，正是最理想的座椅。我们把"海牛号"停泊在深水处，在船侧潜水嬉闹，将整个海湾里的水上月光全部震碎。累了，我们便懒懒游上岸，躺在微温的石头上仰望星光斑斓的夜空。通常经过半小时，我便会觉得他们的谈话内容很无聊，独自溜回海里，慢慢游向海湾深处，然后仰躺在温软的海上，凝望月亮。有一天晚上，我发现还有别的动物与我们共享这个海湾。

那晚我凝望天空，四仰八叉地躺在丝缎般的水上，只轻轻移动手脚，保持漂浮状态。银河仿佛一条雪纺围巾，横过夜空，我想象着那里面到底有多少颗星星。我可以听见其他人在岸上的笑语回荡这水面，只要我抬起头，也可以看见他们香烟头的火光，判知他们在岸上的位置。我全身放松，恍恍惚惚地漂浮着，突然听见近处有水喷出和流动的声响，紧跟着是一声既深且长的叹息，还有一连串轻轻摇我上下晃的波浪。我赶紧打直身体踩水，看看自己离岸多远。结果紧张地发现自己不仅离岸有一段距离，甚至和"海牛号"也隔得很远，而且我根本不知道在我周围黝黑的水里游的是什么东西。我听见其他人发出一阵笑声，看见某人将烟屁股弹入空中，像一颗红星在空中划了一道弧线，然后寂寞地在海水边缘熄灭。我越来越不自在，正打算呼救。

这时，离我约七米处的海水突然轻轻分开，露出一道闪亮的背脊，它发出一声低沉、满足的叹息，又沉回水底。我还没有意识到那是一只海豚，就已经发现自己被包围了。它们在我四周升起，极端享受地叹气，黑色的圆背脊在月下发光，总共大概有八只，其中一只离我如此之近，我只要再划三下，便可以碰到它那黑檀木似

的头。它们沉重地喘气、叹息，嬉闹着游过海湾，我也跟着它们游，目眩神迷地看它们自水面升起，弄皱水纹，深吸一口气，再潜下水去，只留下一圈不断扩大的白色泡沫。后来，它们像突然接到一个信号似的，一齐调头往海湾外的阿尔巴尼亚海岸方向游去。我踩水目送它们离开，看它们游向月光白练的彼端，一起一伏的脊背闪闪发光，对我陈述它们在温润如鲜奶的海水中的狂喜，身后留下的一大条泡沫，在短暂地摇晃闪烁之后，才隐入波浪之下。

之后我们在月光下游泳时，经常遇见海豚。有一天晚上，它们在岛上最迷人的昆虫陪衬之下，为我们上演了一场绚丽耀眼的表演。我们早已发现，在每年最热的几个月里，海上满是磷光。磷光出现最频繁的时候，是完全没有月光的晚上。另一种在夏天出没、会发亮的东西是萤火虫。这种细瘦的甲虫，天一黑就会飞出来，成群飘过橄榄树林，尾巴一闪一闪地，发出青白色的光，与海水发出的金绿色光不一样。同样的，萤火虫最美的时候，也是在没有月光使它们逊色的夜晚。巧的是，若不是为了母亲的新泳装，我们绝对无缘观赏到海豚、萤火虫与磷光的大会合。

母亲艳羡地看着我们游泳好长一段时间，无论白天、夜晚，每当我们怂恿她下水，她总是说，做那种事她太老了。不过在我们不断施压的情况下，有一天她终于从城里羞怯地带回一包神秘的包裹。包裹打开之后，我们全都大吃一惊，她拿出一件完全没有形状，用黑布做成的奇怪衣服，从上到下缝满花边皱褶。

"你们觉得怎么样？"母亲问。

我们瞪着那件衣服，不知它是做什么的。"这是什么？"拉里终于问。

"这是泳衣啊！"母亲说，"你以为是什么？"

"看起来像只皮被剥烂的鲸鱼。"拉里凑近一点儿端详。"你绝对不会穿它，妈，"玛戈惊恐地说，"它看起来像1920年做的东西。"

"这些花边是干嘛的？"拉里极感兴趣地问。

"当然是装饰嘛！"母亲愤愤地回答。"好聪明！上岸时别忘了把鱼抖出来。"

"反正我喜欢就好，"母亲坚决地把那件怪东西再包起来，"我要穿它。"

"你要小心，身上包这么多布，会吸太多水。"莱斯利认真地说。

"妈，那太可怕了，你不可以穿它，"玛戈说，"你为什么不选时髦一点儿的款式？"

"等你到我这把年纪，亲爱的，你也不会穿两件式到处招摇。身材走样了！"

"我倒想知道那样的款式是设计给什么样的身材穿的。"拉里说。

"你真是无药可救了，妈。"玛戈绝望地说。

"可是我喜欢啊……而且我又没要你穿。"母亲开始有火药味了。

"对，要随自己的意思过日子，"拉里同意，"别受别人影响。如果你能再多长三四只脚出来，穿上它大概就天衣无缝了。"

母亲愤愤地喷着鼻子，一阵风似地冲上楼去试穿她的新衣。不多时，她传唤我们去看效果如何。我们鱼贯走进卧室，罗杰第一个进房间，它一看见这个奇异的幻影穿着体积庞大、挂满花边的黑衣服，立刻往后退，夺门而出，凶猛地乱吠一阵。我们花了好久时间才说服它那真的是母亲，即使如此，它仍然疑神疑鬼地不断用眼角偷瞄她。虽然反对意见成篓成筐，母亲还是死守她的帐篷泳衣，我们最后只好随她去了。

　　为了庆祝母亲的下水典礼，我们决定在海湾上举行一场月光野餐，并且邀请西奥多赴会。他是这种特别场合里母亲唯一能忍受的外人。伟大的日子来临，食物与酒备办齐全，小船经过大扫除，铺满软垫。西奥多出现，一切就绪。西奥多听说我们打算要来个月光泳与月光野餐之后，提醒我们那天晚上没有月亮，每个人都开始怪其他人没有核对月历，争争吵吵到了傍晚，最后决定既然准备这么久，还是照计划进行。

　　于是我们踉跄走下码头，将食物、酒、毛巾与香烟搬上船，沿海岸启航。西奥多与我坐在船头守望，其他人轮流划桨，母亲掌舵。一开始，眼睛不习惯黑暗的她，很有技巧地引导我们绕了一大圈，大家努力划了十分钟之后，却看见我们的小码头出现眼前，小船轰隆一声撞上去。勇气尽失的母亲这回物极必反地把我们导入大海，若不是莱斯利及时发现，我们当晚可能会在阿尔巴尼亚海岸线上的某处登陆。至此，玛戈接手掌舵，她表现良好，只是常会在危急状况下慌了手脚，忘记往右转时，必须先将舵柄拉到左边。结果，我们拼命划了十分钟，想避开一块岩礁，玛戈却激动地驾着船直往岩礁撞去。这么多前奏加起来，母亲的下水礼果然不同凡响。

　　最后我们终于抵达海湾，把毯子铺在沙滩上，摆好食物，将浩荡的葡萄酒冰镇在浅水处。伟大的时刻来临，母亲在一阵欢呼声中褪去居家外衣，光鲜地站在我们眼前。诚如拉里所说，那身泳衣的确让她看起来像一头博物馆里陈列的海洋哺乳动物。罗杰一直表现良好，直到母亲极有威仪地踱进浅滩之中，才突然变得十分兴奋。它认定泳衣是某种海怪，卷住母亲，而且即将把她拖入海中，于是狂野地吠叫，扑身上前搭救，咬住挂在泳衣边缘叮叮当当的花边，使尽吃奶的力气，要把母亲拖回安全的岸上。刚刚才说完她觉得海水有点儿冷的母亲，感觉自己猛然被往后扯，尖叫一声，失去平衡，一屁股坐在半米深的水里。罗杰继续死命扯，扯下一大片花边。眼见敌人开始分尸，得意洋洋的罗杰对母亲咆哮，以示鼓励，并继续努力要将她身上的怪物清除干净。我们在沙滩上笑得打滚，母亲坐在浅水里张口喘气，拼命试着再站起来，一边猛打罗杰，想把它赶开，保住身上仅剩的衣服。

　　很不幸，由于那件泳衣的布料极厚，包了很多空气在里面，下水之后便像一个吹了气的气球。母亲套上这艘黏满花边给褶的汽船，想恢复平衡是难上加难。最后还是西奥多上前将罗杰赶开，扶起母亲。后来大家随拉里举杯庆贺珀耳修斯拯救安德洛米达成功[1]，才纷纷下海游泳，母亲则谨慎地坐在浅滩里，一旁蹲伏着罗杰，不怀好意地对母亲身上鼓胀得啪哒啪哒响的泳衣不停咆哮。

　　那晚磷光特别美，当你把手探进水里，再提出水面时，就仿佛在海上拉起一条宽边的金绿色缎带，燃烧一道冷冽的火。跳水的时候，在撞击水面的刹那，你会感觉自己仿佛投身水气迷蒙的熔炉，一时火星四溅。累了，我们步出水面，海水从我们身上往下滴，我们像全身着火似地躺在沙滩上吃东西。就像经过精心的安排似的，当我们在餐后打开葡萄酒时，一群萤火虫从我们身后的橄榄树林中出现——仿佛拉开一场戏的序曲。

刚开始，只两三点绿斑滑过树林，像在规律地眨着眼睛。慢慢地，越来越多的虫儿出现，橄榄树林里像笼罩着一圈圈诡秘的绿色光晕。我们从来没见过这么多萤火虫聚集一处，它们成群结队地闪过树林，飞越我们的上空，降落在毯子上，仿佛一颗颗绿色的琥珀。它们像一道道晶莹的涓流，漂向海湾，群集在水面上。这时，衔接得恰恰好的海豚出场，鱼贯游入海湾，充满韵律地在水里摇摆，像是用磷火勾勒过的脊背起起伏伏，在海湾中央绕着圈圈，时而潜水，时而翻滚，偶尔跃入空中，再翻身跌入熊熊的火光之中。萤火虫在上，发光的海豚在下，那景象美极了。我们甚至可以看见海豚游过水底沙床，留下火舌般的轨迹。当它们高高跃入空中，洒下万千颗剔透如翡翠的水珠时，你再也分不出哪一颗是磷火，哪一颗是萤火虫。

我们欣赏这场盛会将近一小时之后，萤火虫才慢慢往内陆消失，接着海豚也整好队伍，游向外海，在身后留下一道燃烧的路径，闪闪烁烁，逐渐隐没，仿佛一段柴薪，横越海湾，还泛着余烬的光辉。

### 选文注释

[1] 珀耳修斯是希腊神话英雄，安德洛米达是埃塞俄比亚的公主，她母亲自称比女神长得更美，于是国家惨遭洪水之灾和海怪的蹂躏。安德洛米达的父亲把她送给海怪消灾，珀耳修斯与公主一见钟情，用计将海怪变成石头，两人结成夫妇。

### 选文赏析

本文像是童话，但它是作者对童年生活的真实描绘。在充满感染力的文字中，我们仿佛身临其境共同享有那份溢出纸面的欢乐，这就是这篇文字带给读者的切身感受。

弥漫于这篇文章中的欢乐生活气息，来源于作者的言辞幽默、灵动、充满童真，更来源于文字中所叙述的生活本身充裕着融洽的家庭氛围、奇特的自然现象、自由自在的生命过程。此外，文章也善用比喻、拟人等手法，将上述生命过程如画面般呈现给读者。例如，描写母亲与孩子们评价新买泳衣的对话，令人忍俊不禁；将小狗罗杰视为家庭中的一员时，大量的拟人写作手法："我们鱼贯走进卧室，罗杰第一个进房间，它一看见这个奇异的幻影穿着体积庞大、挂满花边的黑衣服，立刻往后退，夺门而出，凶猛地乱吠一阵。我们花了好久时间才说服它那真的是母亲，即使如此，它仍然疑神疑鬼地不断用眼角偷瞄她。"文章中"疑神疑鬼""偷瞄"等细节和心理描写，让画面栩栩如生，充满临场趣味。

除了和睦的家庭生活，文章中人与大自然的互动也充满了和谐与友爱，星星、月光、海豚、萤火虫、清澈的海水，都是作者亲密的伙伴，共同造就了无忧无虑、放眼皆为美好的幸福生活。

只要静心阅读并用心想象文字描绘的生活画面，一定会轻易地感受得到文章通篇洋溢着的家庭幸福、人与自然和谐相处的美好生活气息。这也是包含《萤火虫的盛会》在内的"希腊三部曲"广受世界读者欢迎的重要原因，毕竟，我们每个人都向往美好，一直都在追求美好的人生。

正如本文作者达雷尔写给未来人类一封信中所言：

我们希望未来会有萤火虫在夜晚指引你，

会有蝴蝶在灌木丛及森林里迎接你。

我们希望你的黎明会有鸟类歌唱的交响乐，

它们拍击翅膀的声音会让你感到振奋。

……

我们希望你会感恩于出生在这个神奇的世界。

### 学必有问

（1）请说说经典选文中描写的月光下的游泳美在哪里？

（2）从"母亲"买回新泳衣到下水典礼的细致描写，你对作者的童年生活有什么感受？

（3）《萤火虫的盛会》一文给我们什么生活启示？

阅读与写作

写作指导

# 短视频脚本设计与写作

## 情景导入

为参加首届全区"大美校园"短视频大赛,指导老师组建了包括文琬在内的5位同学组队参赛。指导老师给出了三个视角供参赛队伍打开思路、集思广益:一是展示校园风光美,二是讲述校园生活的情趣,三是拍摄校园短剧弘扬正能量,选择其中一个视角来描绘同学们所处的大美校园。同学们根据自身特长合理做了分工,文琬同学主要负责参赛短视频的脚本设计与写作。

你知道拍摄短视频之前为什么要做好短视频脚本的设计与写作吗?

## 知识链接

文章是用词语和句子来讲述内容或表达观点,短视频则是用镜头和声音来讲述内容或表达观点。前者可理解为文字语言,后者可理解为视听语言。

在文字语言中,词语和句子的先后顺序有约定俗成的规则,也就是语法(包括词法和句法),同时也体现了创作者的构思和风格;在视听语言中,镜头和声音的先后顺序、相互搭配也遵循基本规则,我们称之为视听语言的语法,包括景别、构图、声画关系、剪辑原则等。在基本规则基础上的灵活应用,则体现创作者的构思和风格。

在文字创作中,作者往往先确定好主题,然后列出写作提纲和写作基本框架,以便于整体把握篇章结构并提高创作效率。在短视频创作中同理,短视频脚本的设计,就是视频拍摄和剪辑的基本框架和"写作提纲",是短视频创作中提升作品质量、提高拍摄效率的重要一环。

| 对比语言 | 文字语言 | 视听语言 |
| --- | --- | --- |
| 结果呈现 | 一篇文章 | 一段视频 |
| 构成要素 | 词语+句子 | 镜头+声音 |
| 表达规则 | 词法、句法 | 景别、构图、剪辑等 |
| 创作步骤 | 拟提纲—写作—成文 | 拟脚本—拍剪—成片 |

学习短视频脚本设计和写作,一方面可以让我们通过掌握一门全新的语言去解读、记录、表达大美生活,另一方面则让我们在未来的生活和职场中多掌握一项表达技能,让未来之路更加宽敞。

那么,做好短视频脚本设计与写作,要求我们掌握哪些基本知识呢?

## 一、短视频脚本的特点与作用

短视频脚本可以视为短视频创作的策划书、执行指南，是视频创作团队各司其职、高效完成视频创作的基本依据和"任务清单"。它没有固定的格式，但是常见的格式包含镜号、景别、运镜、时长等关键信息，如下所示：

| 镜号 | 景别 | 运镜 | 时长 | 内容 | 台词 | 配乐 | 备注 |
|---|---|---|---|---|---|---|---|
| 1 | | | | | | | |
| 2 | | | | | | | |
| 3 | | | | | | | |
| … | | | | | | | |

短视频脚本的特点和作用主要体现为：一是全局性，帮助把握一段视频的完整性、逻辑性、可行性等，让视频创作过程合理、高效、流畅；二是条理性，帮助参与创作的摄影师、道具师、化妆师、剪辑师、演员等人员明晰自己的任务，提前做好工作准备，明确工作要求，提高工作效率；三是明确性，在脚本中基本确定拍摄的任务（镜头数量、镜头要求等）、拍摄顺序、剪辑顺序等；四是形象性，方便创作团队合理想象视频成片效果，并指导具体的创作过程。

## 二、短视频脚本的选题

短视频脚本创作的第一步，就是要明确一个选题。而明确选题的关键点在于创作这一短视频的目的是什么。目的不同，选题就不同，所设计出的脚本也会有很大差别。比如，一则短视频的创作目的是宣传家乡的自然风光美，那么其主题就可能是热爱家乡、关注环境、宣传家乡等，在脚本创作中就会偏向于选用大景别镜头展现家乡的标志性风光。

在选题过程中，主要考虑以下几个方面的问题：

一是选择自己擅长的选题。擅长或熟悉，更容易用心做出精品，至少不会在创作中出现低级的常识错误。比如一位旅行达人，就很适合做旅行主题的短视频脚本；一位还没有步入职场的大学生，在做关于职场文化的选题时，就需要付出大量的精力去做研究，并且难以确保不会在创作中出现常识错误。

二是选择受众感兴趣的选题。创作出来的短视频最终是要呈现给受众的，尤其在当今新媒体时代，大众传播让短视频获得更多的关注和更强盛的生命力。因此，就像文学创作中会有一个假定读者群坐在桌案对面一样，视频创作也需要考虑受众的喜好与品位，在脚本选题时就开始考虑受众的需求和感受。比如，在弘扬社会主义核心价值观的社会氛围中，以"爱国""诚信""友善"等选题进行视频脚本创作，更容易让受众接受和欢迎；如果视频主要面向大学生传播，则可以从大学生关注的话题或校园生活、职业规划等领域选题。

三是选择符合既定要求的选题。既定要求，指的是甲方项目、主题大赛、命题作品等对创作者的选题做出明确限定的情况，"情景导入"提到的"大美校园"短视频大赛即属这类。这种情况下，重点要仔细研究、分析既定选题的范围、要求等，只要"不离题"即可。在选题既定的情况下，创作者需要更多考虑的是选题的切入：通过什么角度来表达选题的主旨。

### 三、短视频脚本的要素

短视频脚本的要素，类似于文学创作中的词汇和语法，是"构建"视频成片的基本单位，了解这些要素的意义、规则和组接规律，是我们进行短视频脚本创作的基础，也是后续视频拍摄和剪辑的基础。

1. 短视频脚本格式

如上文所述，短视频脚本的格式并不是固定不变的，而是可以根据创作的需要、创作者个人习惯灵活调整。

2. 镜头

镜头指的是摄像机从开机到关机所拍摄下来的一段连续的画面，或视频中两个剪接点之间的片段。镜头是短视频创作中最小的、最常用的单位，在短视频脚本创作中，基本上是以一个镜头为单位进行脚本写作。

3. 镜号

镜号指的是视频脚本中镜头的序号。脚本创作中，基本上是按照从小数字镜号到大数字镜号来依次完成设计和写作。镜号数量的多少，基本上对应一段短视频时间的长短。需要注意的是，镜号的顺序，基本上就是该段视频故事线的讲述顺序，也等于视频后期剪辑顺序，但是不等于视频拍摄顺序——为了提高拍摄效率，视频拍摄往往不是按照镜号顺序来拍摄，而是按照取景地点集中统一拍摄。

4. 景别

景别指的是在一个固定画面中，主体（一般是人物）与环境的大小比例关系。一般分为远景、全景、中景、近景和特写五个最常用的景别，比较少用到的景别还有大远景、大特写等，如图7-1所示。

（1）远景：远景是摄像机从远距离拍摄画面，主要用于表现人物或事件所处的环境氛围、地理背景等。这种景别常见的画面内容有山川河流、树林草原、俯瞰城市等，一般看不清楚画面中的主体。这种景别一般用于脚本的开场镜头或离场镜头，或是脚本中某一单元事件的开端或结尾镜头，重在交代背景、营造氛围等。比如在一个以乡村振兴为主题的脚本中，远景镜头中的画面内容为广袤的田野，田埂上微小的几个人影在缓慢挪动，这个镜头设计为镜号1，可以第一时间交代事件的背景在乡村、营造一种田园氛围，而画面中的人物长相、穿着、表情等细节则不是这一景别需要关注的。

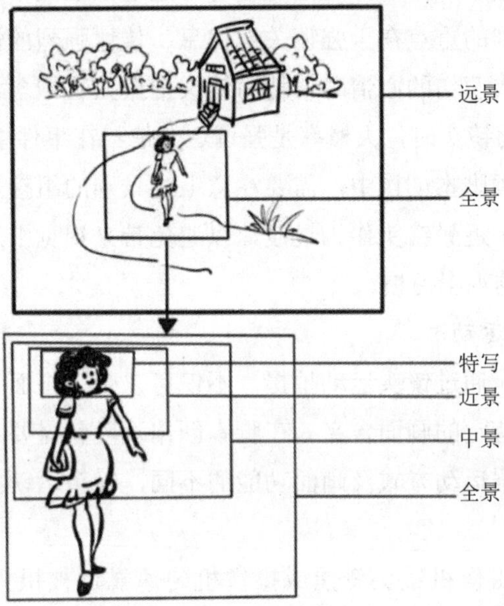

图 7-1　景别

（2）全景：全景镜头一般包含被摄主体的全貌，同时也纳入一部分环境画面，其重点是展示被摄主体的全貌（如果主体是人物，人物的全身都出现在画面中），同时通过纳入镜头的环境信息帮助叙事。比如电影《霸王别姬》中葛优和张国荣饰演的角色站在法庭中受审的画面，摄影师用全景镜头完整展示了两位主体人物，同时纳入法庭的环境画面，在最大程度兼顾了被摄主体和环境的镜头中，让观众一眼就看明白这是两个人站在法庭中接受审判。

（3）中景：中景镜头一般只包含被摄主体的上半部分（人物的大腿往上部分），其重点关注的是被摄主体之间的交流、事件的发展冲突等，弱化环境的作用，主要用于展示人物关系、人物对话、兼顾人物表情和动作等，被称为最重要的叙事镜头，也是最常用的景别镜头。但中景镜头在最具实用性的同时，也最缺少感情色彩。如表现一位老师和一位学生正在讨论学业问题时，通过中景镜头去平实地交代这一事件的过程，而不会过多渲染两人的关系或交谈时的情绪态度等。

（4）近景：近景是中景的"升级版"，镜头中关注主体大致三分之一的主要画面（如果主体是人物的话，一般指的是人物胸部以上部分），主要用来表现主体的重点部分，如人物胸部以上的部分、一束花的花朵部分等，这一景别中一般不出现环境信息，专注于突出人物对话或沉思时的神态、物件的核心部位等。在实际应用中，近景与中景常常不做严格区分，统称为中近景，是脚本写作和实际拍摄过程中最常用的景别。如表现对话两人的情绪时，近景镜头可以在兼顾画面内容的同时帮助观众通过近景中人物的表情来感知其内心的情绪。

（5）特写：特写镜头是要突出、强调被摄主体的细节，如人物的面庞、嘴唇、眼睛，书面封面上的书名，一朵花的花蕊等，通过凸显细节，去传达明显或强烈的感情色彩。这一景别的重点在于强调关键信息、传达强烈的情绪，而不是推动具体叙事。如表现一个人悲伤的心情时，特写镜头拍摄人物饱含泪水的双眼；视频中多次给予一个信封特写镜头时，大概率是强调这个信封在事件中有很关键的作用。

在实际的短视频脚本创作中，需要注意上述景别的组接规律，比如全景与特写之间一般需要插入中近景镜头作为过渡，以避免带来视觉上过度的跳跃感，相邻景别相接更符合观众的观影习惯。

5. 运镜（镜头运动）

短视频拍摄中，通过镜头运动拍摄，不仅可以带来画面视觉上的丰富变化，还可以引导观众感知特定的画面含义。在脚本创作阶段就需要考虑镜头运动的基本功能并恰当运用。根据运动方式及画面功能的不同，镜头运动主要分为八大基本运镜方式。

（1）推：通过摄像机镜头变焦或摄像机匀速靠近被摄主体的方式得到一个推镜头，镜头中的取景范围由大变小，以引导观众逐渐忽视环境信息而更加关注被摄主体。例如，在一个推镜头拍摄得到的画面中，观众先是看到一个教室中坐满学生和一位站在讲台上的教师，推镜头匀速去除教室和学生画面并渐近凸显教师的形态和相貌，引导观众在大致感知环境信息后重点关注"在这个教室中上课的是什么样的一位老师"。

（2）拉：拉镜头在运动方式和画面功能上恰恰与上述的推镜头相反，即通过摄像机镜头变焦或摄像机匀速远离被摄主体的方式得到一个拉镜头，镜头中的取景范围由小变大，以引导观众逐渐忽视被摄主体而更加关注环境信息。在上述"推"案例中改用"拉"，即镜头从一开始的教师中景画面匀速加入教室和学生画面，引导观众在对讲台上的教师有基本印象后重点关注"这位教师是在什么样的环境中上课"。

（3）摇：摄像机位置不变的情况下，通过改变摄像机镜头方向获得一个摇镜头（左右方向/上下方向/弧线方向），模仿人物站在固定的位置打量眼前的事物。短视频脚本中的摇镜头多用于展示被摄主体的全貌。例如，摄像机位于一个房间的门口固定不动，从左至右摇动摄像机镜头的方向，得到的镜头画面展示出房间的布局和摆设，如同人物站在门口打量着这个房间。

（4）移：移镜头指的是摄像机在规则的直线或曲线上移动所拍摄得到的镜头画面，一般用于展示不断变化的环境信息。例如，被摄对象步行在校园里，移镜头在被摄对象的左侧沿着直线移动，在获得的镜头画面中，被摄对象几乎没有距离和大小上的变化，但是环境中的前景和背景不断在改变，重点在于展示"被摄主体走在什么样的环境中"。

（5）跟：跟镜头指的是摄像机在跟着被摄主体拍摄，摄像机的运动轨迹不需要像移镜头那样按照有规则的直线或曲线运动,但是在轨迹灵活的跟镜头拍摄过程中,被摄主体与摄像机之间的相对距离和相对方位几乎不产生变化。根据摄像机与被摄主体相对位置的不同,跟镜头分为前跟、后跟、侧跟等。跟镜头一般用于展示具有纪实风格的画面信息,模仿观众在某一个方位一直跟随着并注视着被摄主体,有身临其境感。例如影片《大佛普拉斯》中,被摄主体是运载着佛像的皮卡车行驶在公路上,摄像机从后面跟拍(摄像机与载着佛像的皮卡车之间的相对位置和距离基本不变),仿佛观众身临其境跟在皮卡车的后面,始终注视着这辆皮卡车。

(6)甩:疾速版的摇镜头,多用于表达突然、惊讶、震惊、狂欢等感情色彩。例如影片《爱乐之城》中,镜头在弹钢琴的男主与跳舞的女主之间反复用了甩镜头,配合欢快的背景音乐,表达人物欢快的心情。

(7)升:摄像机向上升起所拍摄得到的镜头,一般用于展示一个高大物体的各部细节,也用于把被摄主体从一个具体事物转换为大环境。例如电影《澳大利亚》中镜头升起的过程中,画面从一块冒着烟的木牌过渡到环境大景,观众发现这是一个刚刚经历了战火的破败环境。

(8)降:与升镜头相反,降镜头是摄像机向下降低所拍摄得到的镜头,一般用于把被摄主体从大环境转换为一个具体事物。例如影片《西西里的美丽传说》中镜头下降的过程中,画面从遭遇战机轰炸的破败大楼过渡到推着自行车走进画面的男主角,把观众注意力从环境转移到人物身上。

在运动镜头之外,还有固定镜头,指的是摄像机位置及摄像机镜头的角度和方向都固定不变、画面中的环境也固定不变的镜头,给人一种安定感、聚精会神感,也可用于调整镜头设计中的节奏变化(连续的运动镜头之后用一个固定镜头调节画面节奏)。

在短视频脚本创作中的镜头设计,除了要考虑画面视觉效果和画面意义之外,一般还追求在连续的几个镜头之间适度变换镜头运动方式,以及合理交替运动镜头与固定镜头,以避免让观众感到呆板。

6. 时长

时长,顾名思义就是一个镜头的时间长短。需要注意的是,在脚本写作中,一个镜头的时长,要结合画面内容、镜头运动、台词多少综合考虑后确定一个合理的镜头时长,如果在一个镜头里画面内容很多、镜头运动过程较久、台词较多,就相应赋予镜头更多时长。

7. 内容

内容指的是在一个镜头中,摄影师要展示的画面内容,或者也可以理解为观众将会在这个镜头中看到什么内容,一般包括人物、环境、事件。需要注意的是,对镜头内容进行描述时,要用具有画面感的具体行为词汇,避免使用抽象的心理描写词汇。比如可以写"女主的泪水夺眶而出",一般不写"女主很伤心"这种抽象表达。

8. 台词

台词即一个镜头里人物说话的内容。一个镜头中是否出现台词是根据视频表达内容的需要而定的,并不是每一个镜头都需要设计台词。

9. 配乐

配乐指一个镜头中为了辅助剧情发展或情感表达的需要而添加的背景音乐。是否需要配乐,也是根据视频表达内容的需要而定的,并不是每一个镜头都需要配乐。

### 四、需要考虑的其他问题

短视频脚本设计与写作中,还需要考虑以下几个问题:

(1)以一个镜头为单位去构思,一般按照镜号先后顺序来完成脚本。

(2)在纵向上,从全局的角度去考虑段落结构和镜头之间的前后联系、镜头之间的节奏变化、镜头内容连贯性、剪辑衔接等具体问题。

(3)从横向上考虑同一个镜头在镜头运动、景别设计、镜头时长、画面内容等要素之间不出现逻辑矛盾。比如,在一个推镜头中,景别的变化只可能是从大景别过渡到小景别,不可能反过来设计。

(4)根据短视频整体风格把握运动镜头、固定镜头、台词风格、配乐风格等要素的设计。如果一则短视频的风格是轻松活泼的,就不宜使用过多的固定镜头,不宜设计沉闷严肃的台词,不宜搭配悲凉的配乐。

(5)在追求传播效果和艺术效果的同时,也要考虑脚本的可行性,即从拍摄场地、拍摄器材、服道化、演员调度、法律法规、经费预算等角度确定脚本转化为短视频的可行性。

(6)要确保任一镜头在内容设计上不违反法律法规和社会公德,尽可能不触碰敏感话题。

(7)避免出现侵权,尤其是在画面内容、配乐等细节上。

### 五、例文

短视频内容(剧本):

妈妈原本很漂亮,但在去年的一场大火中毁容后,爸爸再没有带妈妈外出,妈妈也没有怨言。昨天爸爸对妈妈说:"晚上大学同学聚会,一起去吧。"妈妈开心极了,并精心穿着打扮了一番,跟着爸爸出门了。到了餐厅门前,妈妈对爸爸说:"你先进去,我去趟洗手间。"过了几分钟,妈妈走在回家路上给爸爸发了一条短信:"我回家了,今天是我最开心的一天。"

短视频脚本设计与写作（例文）：

| 镜号 | 景别 | 运镜 | 时长 | 内容 | 台词 | 配乐 | 备注 |
|---|---|---|---|---|---|---|---|
| 1 | 近景 | 固定 | 3秒 | 妈妈坐在沙发上看着与爸爸结婚时的合影照，右手不自觉地摸了摸自己毁了容的脸庞 | 无 | 无 | |
| 2 | 全景—近景 | 拉 | 5秒 | 爸爸进门，微笑着走近妈妈，邀请妈妈参加晚上的大学同学聚会，妈妈点头欣然答应 | 爸爸：上次事故后，就没有带你出过门了，今晚一起参加大学同学聚会吧？ | 无 | |
| 3 | 中景 | 固定 | 3秒 | 妈妈站在衣柜前陆续拿了三套衣服在身上比划，爸爸站在旁边参谋 | 无 | 无 | |
| 4 | 中景 | 固定 | 3秒 | 爸爸妈妈走出家门 | 无 | 无 | |
| 5 | 全景 | 固定 | 2秒 | 爸爸妈妈一同出现在一家餐馆门前 | 无 | 无 | |
| 6 | 近景 | 固定 | 3秒 | 妈妈朝着爸爸的方向，让爸爸先进餐馆 | 妈妈：你先进去，我去趟洗手间就来。 | 同期声 | |
| 7 | 全景 | 固定 | 5秒 | 爸爸与在座的大学同学打招呼寒暄 | 无 | 无 | |
| 8 | 中景 | 前跟 | 3秒 | 妈妈走在回家路上，满面笑容 | 无 | 无 | |
| 9 | 中景 | 固定 | 3秒 | 手机铃响，爸爸从口袋里掏出手机 | 无 | 现场环境声 | |
| 10 | 特写 | 固定 | 2秒 | 手机屏幕短信："我回家了，今天是我最开心的一天。" | 无 | 无 | |
| 11 | 特写 | 固定 | 5秒 | 妈妈走在路上满面笑容的表情 | "我回家了，今天是我最开心的一天。" | 温馨的音乐 | |

## 案例分析

优点：

（1）完整地交代了剧情经过。

（2）景别比较丰富。

（3）相邻景别之间衔接较恰当，没有出现很大的跳跃。

（4）个别镜头中景别运用恰当，如第 10 个镜头的特写是突出短信内容，第 11 个镜头的特写是通过突出表情展示女主内心的幸福感。

（5）画面内容和台词起到了交代剧情因果的作用，如"摸了摸毁容的脸""上次事故后"，这在逻辑上避免了剧情的断层。

（6）结尾设计的升格镜头（慢镜头）搭配温馨背景音乐，让整个短片充满抒情，留下持久回味。

不足：

（1）几乎都是固定镜头，运镜方式较单一、动感偏少。

（2）第 2 个镜头的景别表述与镜头运动产生逻辑矛盾，画面内容是"爸爸走近坐在沙发上的妈妈"，这个过程用拉镜头从男主身上过渡到房间环境中两个人的互动，镜头运动恰当，但这里的景别应该是从中景过渡到全景。

（3）第 3 个镜头的时长不太合理，画面内容是"妈妈陆续比划三套衣服"，3 秒的时长无法展示完这一画面内容，所以需要适当延长到 5～8 秒。

（4）第 3 个镜头中，女主当时处于很开心的状态，一直没有背景音乐，视频可以考虑在这一镜头里面加入背景音乐，而且是轻松欢快的音乐，以映衬人物心境。接下来的第 4 个镜头继续在画面内容切换的时候延续上一个镜头的背景音乐，这样可以传达"快乐还在延续"的氛围。

（5）第 6 个镜头是妈妈对爸爸说了一句话，第 7 个镜头直接是爸爸在餐馆里与大学同学打招呼，这中间有些跳跃感，如果在第 6 个和第 7 个镜头之间插入一个镜头展示爸爸对妈妈的回应，更符合观众观影心理。

### 实践训练

（1）文字语言与视听语言在构成要求和表达规划上有何不同？

（2）短视频脚本在短视频的制作中有何作用？短视频脚本包括哪些要素？

（3）根据下列情节，设计出一份短视频脚本。

那天我独自坐在屋里，看着窗外的树叶刷刷啦啦地飘落。母亲进来了，挡在窗前："北海的菊花开了，我推着你去看看吧。"她憔悴的脸上现出央求般的神色。"什么时候？""你要是愿意，就明天？"她说。我的回答已经让她喜出望外了。"好吧，就明天。"我说。她高兴得一会儿坐下，一会儿站起："那就赶紧准备准备。""唉呀，烦不烦，几步路，有什么好准备的！"她也笑了，坐在我身边，唠唠叨叨地说着："看完菊花，咱们就去'仿善'，你小时候最爱吃那儿的豌豆黄儿。还记得那回我带你去北海吗？你偏说那杨树花是毛毛虫，跑着，一脚踩扁一个……"她忽然不说了。对于"跑"和"踩"一类的字眼儿，她比我还敏感。她又悄悄地出去了。

——摘自史铁生《秋天的怀念》

### 任务实操

见《阅读与写作》实操训练手册。

# 模块八 感恩思源

## 模块导读

鸦有反哺之义，羊知跪乳之恩。作为万物之灵的人类，更应该"落其实者思其树，饮其流者怀其源"。

中华民族自古就有感恩、思源的优良传统。"谁言寸草心，报得三春晖"是对父母的感恩；"吃水不忘挖井人"是对前人造福的感谢；"鞠躬尽瘁，死而后已"是对国家的报答。在生命的历程中，我们应该常思源、多感恩。因为知恩，所以感激；因为知恩，所以重任在肩。

本模块让我们一起通过古代典籍，去了解前人理想中的大同社会；通过诗人咏唱，去歌颂我们的祖国；通过家书片言只语，去寻找家国情怀；通过名人笔下的社会民俗，去体察我们相恋的祖国。

家是最小国，国是千万家。饮水思源，知恩图报，应该从了解社会、了解家乡开始。本模块我们将学习调查报告的写作，学会通过调研发现问题、分析问题、解决问题。这种能力的提升，将会使我们将来走进职场、报效祖国如虎添翼。

## 学习目标

**阅读目标**

阅读选文，了解儒家源远流长的大同社会理想，体会诗人对祖国炽热的情感，感受作者深沉的家国情怀，加深对乡土中国的了解，触摸生动活泼的中国。

**写作目标**

掌握调研报告的写作思路和写作技巧。通过模块项目训练，在调查报告的写作中学会发现问题、分析问题、解决问题。

**思政目标**

阅读选文，培养家国情怀，进一步明白饮水思源，感恩惜情，为实现中华民族伟大复兴的中国梦贡献自己的力量。

# 1. 礼记·礼运（节选）

## 选文背景

《礼运》是《礼记》中的第九篇，"礼运"即礼之运行。《礼运》全篇主要记载了古代社会政治风俗的演变，社会历史的进化，礼的起源、内容以及与社会生活的关系等内容，表达了儒家的社会历史观和对礼的看法。选文部分选取孔子心目中对"大同""小康"的论述，这代表了孔子和儒家对于理想社会的憧憬，也就是中国文化中对于理想政治的最为人所知的论述。

## 选文

昔者仲尼与于蜡宾[1]，事毕，出游于观之上[2]，喟然而叹。仲尼之叹，盖叹鲁也。言偃在侧[3]，曰："君子何叹？"孔子曰："大道之行也[4]，与三代之英[5]，丘未之逮也，而有志焉[6]。

"大道之行也，天下为公，选贤与能，讲信修睦，故人不独亲其亲，不独子其子，使老有所终，壮有所用，幼有所长，矜寡孤独废疾者皆有所养[7]。男有分[8]，女有归[9]。货恶其弃于地也，不必藏于己；力恶其不出于身也，不必为己。是故谋闭而不兴，盗窃乱贼而不作，故外户而不闭。是谓大同。

"今大道既隐，天下为家，各亲其亲，各子其子，货力为己，大人世及以为礼[10]。城郭沟池以为固，礼义以为纪；以正君臣，以笃父子；以睦兄弟，以和夫妇，以设制度，以立田里，以贤勇知，以功为己，故谋用是作，而兵由此起。禹、汤、文、武、成王、周公，由此其选也。此六君子者，未有不谨于礼者也。以著其义，以考其信，著有过，刑仁讲让，示民有常。如有不由此者，在执者去[11]，众以为殃。是谓小康。"

## 选文注释

[1] 蜡（zhà）宾：蜡祭的助祭之宾。蜡，祭名，蜡祭在每年十二月举行。

[2] 观（guàn）：宫廷门前两侧的楼台式建筑，可登高远眺，或称"阙"，或称"台"。

[3] 言偃：姓言名偃，字子游。孔子的弟子。

[4] 大道之行：指能够遵行广大之道的五帝时代。五帝，历来有不同的说法，《史记·五帝本纪》记为轩辕黄帝、颛顼、帝喾、尧、舜。

《礼记·礼运》
（节选）参考译文

[5] 三代之英：即下文所说的禹、汤、文、武、成王、周公。英，指才能出众的人。

[6] 志：识，记载。

[7] 矜：亦作"鳏"（guān）。

[8] 分：职分、职业。

[9] 归：归宁，出嫁女子回娘家。

[10] 大人：指诸侯。世及：诸侯传位，世袭制度。父子相传为"世"，兄弟相传为"及"。

[11] 埶：同"势"。

### 选文赏析

《礼运》反映了儒家的政治思想和历史观点，尤其是书中的"大同"思想。"大同社会"代表了人们对未来社会的美好憧憬，也是中国传统思想中的理想社会或人类社会的最高阶段。儒家大同的理想是天下为公，没有私有制，人人为社会劳动而不是"为己"；对内"选贤与能"，老弱病残受到社会照顾，儿童由社会教养，一切有劳动能力的人都有机会充分发挥自己的才能；社会秩序安定，夜不闭户，道不拾遗；对外"讲信修睦"，与邻国友好往来，没有战争。

两千多年来，儒家的大同理想激励着很多仁人志士为之奋斗。历代不少文人士大夫孜孜不倦地探寻"天下为公，选贤与能，讲信修睦"大同社会之路。到了近代，康有为写了《大同书》，设想未来的大同社会是一种以生产资料公有制为基础、没有剥削的"公政府"社会。孙中山的"天下为公"，追求土地国有，大企业国营，国家举办教育、文化、医疗等公共福利事业，与儒家大同社会理想一脉相承。

当前，中国特色社会主义进入新时代，中华民族实现了从站起来、富起来到强起来的伟大飞跃，我们所做的一切都是为人民谋幸福、为民族谋复兴、为世界谋大同，努力实现中华民族伟大复兴的中国梦。

### 学必有问

（1）选文中描绘的"大同"社会与"小康"社会各有哪些特征？

（2）查阅相关资料，说说选文中描绘的小康和我们今天全面小康社会有何异同。

（3）谈一谈你对中国梦的理解，并试着描述一下你理想中的社会是什么样子的。

## 2. 现代诗三首

### 选文背景

家国情怀是历代诗人努力表现的主题。艾青的《雪落在中国的土地上》写于1937年抗日战争全面爆发之时，舒婷的《祖国啊，我亲爱的祖国》写于1978年十一届三中全会之后，王怀让的《我骄傲，我是中国人》写于中国式现代化建设时期。三首现代诗分别反映了祖国从苦难、富强到腾飞的历程，让我们看到伟大的祖国从弱到强所经历的"站起来、富起来、强起来"的过程。

### 选文

雪落在中国的土地上

艾青

雪落在中国的土地上，
寒冷在封锁着中国呀……

风，
像一个太悲哀了的老妇，
紧紧地跟随着
伸出寒冷的指爪
拉扯着行人的衣襟，
用着像土地一样古老的话
一刻也不停地絮聒[1]着……

那从林间出现的，
赶着马车的
你中国的农夫
戴着皮帽
冒着大雪
你要到哪儿去呢？

告诉你
我也是农人的后裔——
由于你们的

《雪落在中国的土地上》朗诵

刻满了痛苦的皱纹的脸
我能如此深深地
知道了
生活在草原上的人们的
岁月的艰辛

而我
也并不比你们快乐啊
——躺在时间的河流上
苦难的浪涛
曾经几次把我吞没而又卷起——
流浪与监禁
已失去了我的青春的
最可贵的日子,
我的生命
也像你们的生命
一样的憔悴呀

雪落在中国的土地上,
寒冷在封锁着中国呀……

沿着雪夜的河流,
一盏小油灯在徐缓地移行,
那破烂的乌篷船里
映着灯光,垂着头
坐着的是谁呀?

——啊,你
蓬发垢面的少妇,
是不是
你的家,
——那幸福与温暖的巢穴——
已被暴戾[2]的敌人
烧毁了吗?
是不是

也像这样的夜间，
失去了男人的保护，
在死亡的恐怖里
你已经受尽敌人刺刀的戏弄？

咳，就在如此寒冷的今夜，
无数的

我们的年老的母亲，
都蜷伏在不是自己的家里，
就像异邦人
不知明天的车轮
要滚上怎样的路程……
——而且
中国的路
是如此的崎岖
是如此的泥泞呀

雪落在中国的土地上，
寒冷在封锁着中国呀……

透过雪夜的草原
那些被烽火所啮啃着的地域，
无数的，土地的垦殖者
失去了他们所饲养的家畜
失去了他们肥沃的田地
拥挤在
生活的绝望的污巷里；
饥馑的大地
朝向阴暗的天
伸出乞援的
颤抖着的两臂

中国的苦痛与灾难
像这雪夜一样广阔而又漫长呀！

雪落在中国的土地上，
寒冷在封锁着中国呀……

中国
我的在没有灯光的晚上
所写的无力的诗句
能给你些许的温暖吗？

一九三七年十二月二十八日夜间

### 选文注释

[1] 絮聒（guō）：唠叨不休。

[2] 暴戾（lì）：残暴，凶狠。

### 选文赏析

本诗是现代诗人艾青于1937年12月创作的一首抒情现代诗。当时爆发了"七七事变"，国家正处于国难当头、山河沦陷的抗战初期，作为一个对祖国前途和人民命运深切关怀的诗人，艾青陷入了深沉的思考，写下了这首诗。

此诗通过描写大雪纷扬下的老妇、农夫、少妇的形象，表现中华民族的苦痛与灾难，展现了旧中国的图景。"雪落在中国的土地上，/寒冷在封锁着中国呀"在诗中多次反复咏叹，重章叠句，表达了诗人深厚的爱国热情，表现了诗人深沉的忧患意识与赤子之心。全诗皆以散文化的语言写就，无雕琢和虚饰的痕迹，其语言强有力的弹性和张力，使诗的情境得以拓展，深邃广漠。

### 选文

祖国啊，我亲爱的祖国

舒婷

我是你河边上破旧的老水车，
数百年来纺着疲惫的歌；
我是你额上熏黑的矿灯，
照你在历史的隧洞里蜗行摸索；
我是干瘪的稻穗；是失修的路基；
是淤滩上的驳船
把纤绳深深
勒进你的肩膊；
——祖国啊！

《祖国啊，我亲爱的祖国》朗诵

## 阅读与写作

我是贫困，
我是悲哀。
我是你祖祖辈辈
痛苦的希望啊，
是"飞天"袖间
千百年来未落到地面的花朵；
——祖国啊！

我是你簇新的理想，
刚从神话的蛛网里挣脱；
我是你雪被下古莲的胚芽；
我是你挂着眼泪的笑涡；
我是新刷出的雪白的起跑线；
是绯红的黎明
正在喷薄；
——祖国啊！

我是你的十亿分之一，
是你九百六十万平方的总和；
你以伤痕累累的乳房
喂养了
迷惘的我、深思的我、沸腾的我；
那就从我的血肉之躯上
去取得
你的富饶、你的荣光、你的自由；
——祖国啊，
我亲爱的祖国！

1979 年 4 月

### 选文赏析

本诗是当代诗人舒婷于 1979 年 4 月创作的一首现代抒情诗。随着十一届三中全会的顺利召开，祖国摆脱苦难、正欲奋飞，全面进入改革开放新时期，舒婷满怀喜悦，写下了这首诗。

此诗精选了一组组意象，描写了旧中国的贫穷和千百年来的苦难和梦想，展现了中国让人振奋的崛起和新生，深情地抒发了诗人对祖国的无比热爱、无限期盼和献身的决心。

诗歌前两节沉郁、凝重，充满对祖国多灾多难的哀痛；后两节清新、明快，流露出对祖国摆脱苦难、新生奋飞的欢悦。全诗交融着深沉的历史感与强烈的时代感，激情涌动，读来令人荡气回肠。

### 选文

《我骄傲，我是中国人》朗诵

我骄傲，我是中国人
王怀让

在无数蓝色的眼睛和棕色的眼睛之中，
我有着一双宝石般的黑色眼睛，
我骄傲，我是中国人！
在无数白色的皮肤和黑色的皮肤之中，
我有着大地般的黄色皮肤。
我骄傲，我是中国人！

我是中国人——
黄土高原是我挺起的胸脯，
黄河流水是我沸腾的血液，
长城是我扬起的手臂，
泰山是我站立的脚跟！
我骄傲，我是中国人！

我是中国人——
我的祖宗最早走出森林，
我的祖宗最早开始耕耘，
我是指南针、印刷术的后裔，
我是圆周率、地动仪的子孙！
在我的民族中，
不光有史册上万古不朽的
孔夫子、司马迁、李自成、孙中山……
还有那文学史上永远活着的
花木兰、林黛玉、孙悟空、鲁智深……
我骄傲，我是中国人！

阅读与写作

我是中国人——
在我的国土上，
不光有雷电轰不倒的
长白雪杉、黄山劲松……
还有那风雨扑不灭的
井冈传统、延安精神……

我是中国人——
我那黄河一样粗犷的声音，
不光响彻在联合国的大厦里，
大声发表着中国的议论；
也响彻在奥林匹克的赛场上，
大声呼喊着"中国得分"。
当掌声把五星红旗托上蓝天，
我骄傲，我是中国人！

我是中国人——
我那长城一样巨大的手臂，
不光把采油钻杆钻进外国人预言打不出石油的地心；
也把通信卫星送上祖先们梦中不曾到过的白云。
当五大洲倾听东方声音的时候，
我骄傲，我是中国人！

我是中国人——
我是莫高窟壁画的传人，
让那翩翩欲飞的壁画与我们同行，
我们就是飞天！
飞天就是我们！
我骄傲，我是中国人！

### 选文赏析

这是当代诗人王怀让创作的一首极具爱国热情的现代诗歌。随着现代化建设的推进，我们伟大的祖国已经日益强大，诗人满怀自信和骄傲，大声地喊出"我骄傲，我是中国人"。

诗人在诗中把中华民族优秀的文化传统和现代改革开放的成就结合起来，从祖国的地大物博、历史文化和近几年来取得的伟大成就等方面弘扬中华民族精神，营造一种既植根于深厚的生活土壤又遨游于广阔的理想天空的现代诗风。诗歌字里行间洋溢着浓浓的民族情、中国魂，表达了作为一个中国人的骄傲与自豪。

### 学必有问

（1）请分析艾青的《雪落在中国的土地上》和王怀让的《我骄傲，我是中国人》，谈谈这两首诗歌在表现手法上有什么共同特点。

（2）意象是诗歌形象构成的基本元素，是诗人表达情感的重要寄托。舒婷《祖国啊，我亲爱的祖国》营造了哪些意象？它们分别代表了什么？

（3）试分析王怀让的《我骄傲，我是中国人》中哪些诗句表现了诗人强烈的爱国热情和浓厚的民族自信心。

# 3. 家书两则

## 选文背景

古人云:"家书抵万金。"历代名人的不少家书,既有父母对子女充满智慧的训诫,又有子女对父母浓浓的牵挂。

《傅雷家书》是由文艺评论家傅雷及其夫人朱梅馥写给儿子的书信编纂而成的一本家信集,由次子傅敏编辑而成。摘编了傅雷夫妇与儿子之间1954年至1966年5月的186封书信,字里行间充满了父母对儿子的挚爱和期望。

《抗疫家书》节选自北京医院援助武汉医疗队队员文力致爸妈的一封信,这封家书刊登在2020年1月31日的《北京晚报》上,引起了读者极大的关注。尤其是他在信中所说的"'战火'烧到老家门前,这仗我不打,着实面对不了自己""对家而言,我跑得像个'逃兵'"等语句,震撼了读者,成为抗疫热语,表达了一名白衣战士面对疫情逆行而上的心声。

## 选文

### 傅雷家书(节选)

八月十六日[1]

天天想写信,老是忙不过来。房子还没收拾好,天气又热,汗流浃背。爸爸照样在三楼工作,大概到月底能搬下来。

这几天,这里为了防台防汛,各单位各组织都紧张非凡,日夜赶着防御工程,抵抗大潮汛的侵袭。据预测,今年的潮水特别大,有高出黄浦江数尺的可能,为预防起见,故特别忙碌辛苦。长江淮河水患已有数月之久,非常艰苦,为了抢修抢救,不知牺牲了多少生命,同时又保全了多少生命财产。都是些英雄与水搏斗。听说水涨最高的地方,老百姓无处安身,躲在树上,大小便、死尸、脏物都漂浮河内,多少的党员团员领先抢救。筑堤筑坝,先得打桩,但是水势太猛,非有一个人把桩把住,让另外一个人打下去不可;听说打桩的人,有时会不慎打在抱桩的身上、头上、手上,或是水流湍急就这么把抱着桩的人淹没了;光是打桩一件事,已不知牺牲了多少人,他们都是不出怨言地那么无声无息地死去,为了与自然斗争而死去。许多悲惨的传闻,都令人心惊胆战。牛家的大妹,不久就要出发到淮河做卫生工作,同时去有上千的医务人员,这是困苦万状的工作,都是冒着生命危险去的。你想先是饮水一项,已是危险万分,何况疟疾伤寒那些病菌的传染,简直不堪设想。我看了《保卫延安》[2]以后,更可以想象得出大小干部为了水患而艰苦地斗争是怎么一回事。那是一样的可怕,一样的伟大。(好像楼伯伯送你一部,你看过没有?)我常常联想起你,你不用参加这件与自然的残酷斗争。幸运的孩子,你在中国可说是史无前例的天之骄子。一个人的机会、享受,是以千千万万人的代价换来的,那是多么宝贵。你得抓住时间,提高警惕,非苦修苦练,不足以报效国家,对得住同胞。看重自己就是看重国家。不要忘记了祖国千万同胞都在自己的岗位上努力,为人类的幸福而努力。尤其要想到目前国内生灵所受的威胁,所作的牺牲。把你个人的烦闷,小小的感情上的苦恼,一齐割舍干净。这也是你爸爸常常和我提到的。我想到爸爸前信要求你在这几年中要过等于僧侣的生活,现在我觉得这句话更重要了。你在万里之外,这样舒服,跟着别人跟不到的老师;学到别人学不到的东西;感受到别人感受不到的气氛;享受到别人享受不到的山水之美,艺术之美,所以在大大小小的地方不能有对不起国家、对不起同胞的事发生。否则,艺术家的慈悲与博爱就等于一句空话了。爸爸一再说你懂得多而表现少,尤其是在人事方面,我也有同感。但我相信你慢慢会有进步的,不会辜负我们的。我又想到国内学艺术的人中间,没有一个人像你这样,从小受了那么多的道德教训。你爸爸花的心血,希望你去完成它;你的成功,应该是你们父子两人合起来的成功。我的感想很多,可怜我不能完全表达出来。

### 选文注释

[1] 这封信是1954年8月16日,母亲朱梅馥写给儿子傅聪的。1954年1月,傅聪应波兰政府邀请,参加《第五届萧邦国际钢琴比赛》并留学波兰。

[2] 《保卫延安》:现代作家杜鹏程所创作的一部长篇小说,于1954年出版。这是中国当代文学史上首次大规模正面描写解放战争的作品,艺术地再现了1947年延安保卫战的历史画面。

### 选文

抗疫家书(节选)<br>——北京医院援助武汉医疗队队员文力致爸妈

爸妈:

不好意思。大过节,家里装修,又有传染病的时候,家里现成的"劳力"+"大夫"就这么没影了。

我并不在自己所说的南方某城市出差。实际上,作为国家医疗队的成员,(我)已经在武汉新型冠状病毒肺炎病房里开始救治患者了。你们问的俞姐姐、白姐姐都说了假话。别怪她们,是我请她们帮我圆谎的。

现在新的工作进入了正轨,有了点时间,你们也可能在网络媒体上看见了我的身影,谎言不攻自破。那就希望你们担心之余少一点被骗的伤心吧。我也一把年纪,检讨就免了。写此生第一封家书,表达歉意吧。

在这里挺好的,能吃能睡,还能帮助到他人。不过还是对不起,说了假话,还在别人阖家团聚的日子让你们担心我的安危。着实是不得已:从接到通知到踏上飞机只有十来个小时,出发前还有太多的业务准备,时间紧迫,我没有精力面对作为儿子的责任和内心深处的波澜。所以,我就干脆"忽悠"了你们一下"溜"了。

我比普通民众更深知这次疫情危险,我也怕感染,我也怕让你们今年又得不了孙子了。可武汉离咱们的家乡长沙那么近。"战火"烧到老家门前,这仗我不打,着实面对不了自己。

对家而言,我跑得像个"逃兵",挺狼狈的。但是请宽心,对国家需要而言,我们是武装到牙齿的"先锋部队"。儿子不是"出走",而是胜券在握地"出征"。

所以请原谅我这个成年人犯的"孩子错"。我们一定能够战胜疫情,平安回家。

文力
2020年1月29日

## 选文赏析

《傅雷家书》选文中这封信是母亲朱梅馥写给儿子傅聪的。母亲给儿子的信中,从聊家常开始,说到了防台防汛工作,叙述了各单位各部门联合抢险的故事,以及不知从哪里听来的英雄故事,自然升华到"你得抓住时间,提高警惕,非苦修苦练,不足以报效国家,对得住同胞。看重自己就是看重国家。不要忘记了祖国千万同胞都在自己的岗位上努力,为人类的幸福而努力",娓娓道来,又自然提到了"艺术家的慈悲与博爱"。在《傅雷家书》里面,还有很多父亲傅雷对儿子的谆谆教导,强调要把道德与艺术放在第一位,把舐犊之情放在第二位。

《抗疫家书》节选自北京医院急诊科副主任医师文力写给父母的家书。面对突如其来的新冠疫情,为了驰援疫情最严重的武汉,文力和无数医务人员、志愿者一样,主动报名,英勇逆行。文力为了不让父母担心,谎称自己只是去南方某城市出差。

在祖国和家庭都需要自己忠孝难两全的时候,文力舍小家为大家,义无反顾地英勇前行。在这个没有硝烟的战场,最美逆行者以朴实诚挚的家书回应亲人朋友的关怀,表达了对家人的爱与牵挂,流露出炽烈的家国情怀,以及全国上下同舟共济、共克时艰的坚定信念。

## 学必有问

(1)在《傅雷家书》选文中,朱梅馥给儿子傅聪的书信所谈的主题是什么?她是怎样谆谆善诱教导傅聪的?

(2)《抗疫家书》选文中说:"对国家需要而言,我们是武装到牙齿的'先锋部队'。儿子不是'出走',而是胜券在握地'出征'。"谈谈你对这句话的理解。

(3)《抗疫家书》选文中哪些词句让你感动?书信中表现了怎样的家国情怀?

# 4. 乡土中国（节选）

## 选文背景

《乡土中国》是费孝通1946年在西南联大和云南大学所讲的"乡村社会学"一课的内容，后辑录成一部中国乡土社会传统文化和社会结构理论研究作品。全书由14篇文章组成，涉及乡土社会人文环境、传统社会结构、权力分配、道德体系、法礼、血缘地缘等方面，对中国基层社会的主要特征进行了概述和分析，讲述了乡村人生活现状及其背后的原因，被认为是中国乡土社会传统文化和社会结构理论研究的重要代表作之一。

## 选文

从基层上看去，中国社会是乡土性的。我说中国社会的基层是乡土性的，那是因为我考虑到从这基层上曾长出一层比较上和乡土基层不完全相同的社会，而且在近百年来更在东西方接触边缘上发生了一种很特殊的社会。这些社会的特性我们暂时不提，将来再说。我们不妨先集中注意那些被称为土头土脑的乡下人。他们才是中国社会的基层。

我们说乡下人土气，虽则似乎带着几分藐视的意味，但这个土字却用得很好。土字的基本意义是指泥土。乡下人离不了泥土，因为在乡下住，种地是最普通的谋生办法。在我们这片远东大陆上，可能在很古的时候住过些还不知道种地的原始人，那些人的生活怎样，对于我们至多只有一些好奇的兴趣罢了。以现在的情形来说，这片大陆上最大多数的人是拖泥带水下田讨生活的了。我们不妨缩小一些范围来看，三条大河的流域已经全是农业区。而且，据说凡是从这个农业老家里迁移到四围边地上去的子弟，也老是很忠实地守着这直接向土里去讨生活的传统。最近我遇着一位到内蒙旅行回来的美国朋友，他很奇怪地问我：你们中原去的人，到了这最适宜于放牧的草原上，依旧锄地播种，一家家划着小小的一方地，种植起来；真像是向土里一钻，看不到其他利用这片地的方法了。我记得我的老师史禄国先生也告诉过我，远在西伯利亚，中国人住下了，不管天气如何，还是要下些种子，试试看能不能种地。——这样说来，我们的民族确是和泥土分不开的了。从土里长出过光荣的历史，自然也会受到土的束缚，现在很有些飞不上天的样子。

靠种地谋生的人才明白泥土的可贵。城里人可以用土气来藐视乡下人，但是乡下，"土"是他们的命根。在数量上占着最高地位的神，无疑的是"土地"。"土地"这位最近于人性的神，老夫老妻白首偕老的一对，管着乡间一切的闲事。他们象征着可贵的泥土。我初次出国时，我的奶妈偷偷地把一包用红纸裹着的东西，塞在我

箱子底下。后来,她又避了人和我说,假如水土不服,老是想家时,可以把红纸包裹的东西煮一点汤吃。这是一包灶上的泥土。——我在《一曲难忘》的电影里看到了东欧农业国家的波兰也有着类似的风俗,使我更领略了"土"在我们这种文化里所占和所应当占的地位了。

  农业和游牧或工业不同,它是直接取资于土地的。游牧的人可以逐水草而居,飘忽无定;做工业的人可以择地而居,迁移无碍;而种地的人却搬不动地,长在土里的庄稼行动不得,侍候庄稼的老农也因之像是半身插入了土里,土气是因为不流动而发生的。

  直接靠农业来谋生的人是黏着在土地上的。我遇见过一位在张北一带研究语言的朋友。我问他说在这一带的语言中有没有受蒙古话的影响。他摇了摇头,不但语言上看不出什么影响,其他方面也很少。他接着说:"村子里几百年来老是这几个姓,我从墓碑上去重构每家的家谱,清清楚楚的,一直到现在还是那些人。乡村里的人口似乎是附着在土上的,一代一代地下去,不太有变动。"——这结论自然应当加以条件的,但是大体上说,这是乡土社会的特性之一。我们很可以相信,以农为生的人,世代定居是常态,迁移是变态。大旱大水,连年兵乱,可以使一部分农民抛井离乡;即使像抗战这样大事件所引起基层人口的流动,我相信还是微乎其微的。

  当然,我并不是说中国乡村人口是固定的。这是不可能的,因为人口在增加,一块地上只要几代的繁殖,人口就到了饱和点;过剩的人口自得宣泄出外,负起锄头去另辟新地。可是老根是不常动的。这些宣泄出外的人,像是从老树上被风吹出去的种子,找到土地的生存了,又形成一个小小的家族殖民地,找不到土地的也就在各式各样的运命下被淘汰了,或是"发迹了"。我在广西靠近瑶山的区域里还看见过这类从老树上吹出来的种子,拼命在垦地。在云南,我看见过这类种子所长成的小村落,还不过是两三代的事;我在那里也看见过找不着地的那些"孤魂",以及死了给狗吃的路毙尸体。

  不流动是从人和空间的关系上说的,从人和人在空间的排列关系上说就是孤立和隔膜。孤立和隔膜并不是以个人为单位的,而是以住在一处的集团为单位的。本来,从农业本身看,许多人群居在一处是无需的。耕种活动里分工的程度很浅,至多在男女间有一些分工,好像女的插秧、男的锄地等。这种合作与其说是为了增加效率,不如说是因为在某一时间男的忙不过来,家里人出来帮帮忙罢了。耕种活动中既不向分工专业方面充分发展,农业本身也就没有聚集许多人住在一起的需要了。我们看见乡下有大小不同的聚居社区,也可以想到那里出于农业本身以外的原因了。

  乡下最小的社区可以只有一户人家。夫妇和孩子聚居于一处有着两性和抚育上的需要。无论在什么性质的社会里,除了军队、学校这些特殊的团体外,家庭总是最基本的抚育社群。在中国乡下这种只有一户人家的小社区是不常见的。在四川的山区种梯田的地方,可能有这类情形,大多的农民是聚村而居。这一点对于我们乡土社会的性质很有影响。美国的乡下大多是一户人家自成一个单位，很少屋檐相接的邻舍。这是他们早年拓殖时代，人少地多的结果，同时也保持了他们个别负责、独来独往的精神。我们中国很少类似的情形。

中国农民聚村而居的原因大致说来有下列几点：一、每家所耕的面积小，所谓小农经营，所以聚在一起住，住宅和农场不会距离得过分远；二、需要水利的地方，他们有合作的需要，在一起住，合作起来比较方便；三、为了安全，人多了容易保卫；四、土地平等继承的原则下，兄弟分别继承祖上的遗业，使人口在一地方一代一代地积起来，成为相当大的村落。

无论出于什么原因，中国乡土社区的单位是村落，从三家村起可以到几千户的大村。我在上文所说的孤立、隔膜是以村和村之间的关系而说的。孤立和隔膜并不是绝对的，但是人口的流动率小，社区间的往来也必然疏少。我想我们很可以说，乡土社会的生活是富于地方性的。地方性是指他们活动范围有地域上的限制，在区域间接触少，生活隔离，各自保持着孤立的社会圈子。

乡土社会在地方性的限制下成了生于斯、死于斯的社会。常态的生活是终老是乡。假如在一个村子里的人都是这样的话，在人和人的关系上也就发生了一种特色，每个孩子都是在人家眼中看着长大的，在孩子眼里周围的人也是从小就看惯的。这是一个"熟悉"的社会，没有陌生人的社会。

在社会学里，我们常分出两种不同性质的社会，一种并没有具体目的，只是因为在一起生长而发生的社会，一种是为了要完成一件任务而结合的社会。用Tönnies的话说：前者是Gemeinschaft，后者是Gesellschaft。用Durkheim的话说：前者是"有机的团结"，后者是"机械的团结"。用我们自己的话说，前者是礼俗社会，后者是法理社会。——我以后还要详细分析这两种社会的不同。在这里我想说明的是生活上被土地所囿住的乡民，他们平素所接触的是生而与俱的人物，正像我们的父母兄弟一般，并不是由于我们选择得来的关系，而是无须选择，甚至先我而在的一个生活环境。

熟悉是从时间里、多方面、经常的接触中所发生的亲密的感觉。这感觉是无数次的小磨擦里陶炼出来的结果。这过程是《论语》第一句里的"习"字。"学"是和陌生事物的最初接触，"习"是陶炼，"不亦悦乎"是描写熟悉之后的亲密感觉。在一个熟悉的社会中，我们会得到从心所欲而不逾规矩的自由。这和法律所保障的自由不同。规矩不是法律，规矩是"习"出来的礼俗。从俗即是从心。换一句话说，社会和个人在这里通了家。

"我们大家是熟人，打个招呼就是了，还用得着多说么？"——这类的话已经成了我们现代社会的阻碍。现代社会是个陌生人组成的社会，各人不知道各人的底细，所以得讲个明白；还要怕口说无凭，画个押，签个字。这样才发生法律。在乡土社会中法律是无从发生的。"这不是见外了么？"乡土社会里从熟悉得到信任。

这信任并非没有根据的，其实最可靠也没有了，因为这是规矩。西洋的商人到现在还时常说中国人的信用是天生的。类于神话的故事真多：说是某人接到了大批瓷器，还是他祖父在中国时订的货，一文不要地交了来，还说着许多不能及早寄出的抱歉话。——乡土社会的信用并不是对契约的重视，而是发生于对一种行为的规矩熟悉到不假思索时的可靠性。

这自是"土气"的一种特色。因为只有直接有赖于泥土的生活才会像植物一般地在一个地方生下根，这些生了根在一个小地方的人，才能在悠长的时间中，从容地去摸熟每个人的生活，像母亲对于她儿女一般。陌生人对于婴孩的话是无法懂的，但是在做母亲的人听来都清清楚楚，还能听出没有用字音表达的意思来。

不但对人，他们对物也是"熟悉"的。一个老农看见蚂蚁在搬家了，会忙着去田里开沟，他熟悉蚂蚁搬家的意义。从熟悉里得来的认识是个别的，并不是抽象的普遍原则。在熟悉的环境里生长的人，不需要这种原则，他只要在接触所及的范围之中知道从手段到目的间的个别关联。在乡土社会中生长的人似乎不太追求这笼罩万有的真理。我读《论语》时，看到孔子在不同人面前说着不同的话来解释"孝"的意义时，我感觉到这乡土社会的特性了。孝是什么？孔子并没有抽象地加以说明，而列举具体的行为，因人而异地答复了他的学生。最后甚至归结到"心安"两字。做子女的得在日常接触中去摸熟父母的性格，然后去承他们的欢，做到自己的心安。这说明了乡土社会中人和人相处的基本办法。

这种办法在一个陌生人面前是无法应用的。在我们社会的激速变迁中，从乡土社会进入现在社会的过程中，我们在乡土社会中所养成的生活方式处处产生了流弊。陌生人所组成的现代社会是无法用乡土社会的风俗来应付的。于是"土气"成了骂人的词汇，"乡"也不再是衣锦荣归的去处了。

### 选文赏析

该章是《乡土中国》的第一章"乡土本色"，大约相当于全书的总论。"从基层上看去，中国社会是乡土性的。"在这一章中，费孝通从"乡"与"土"的社会特征入手来谈乡村社区如何从家庭这样的种子长成中国基层社会的参天大树。费孝通为中国社会下了一个定性——"土"。他认为，中国社会是乡土性的。这种乡土性有三个特点：第一，与泥土分不开；第二，不流动性；第三，熟人社会。"土"指的是土地、社、农业和守土意识，"乡"指的是群、故乡和具体的时空坐落。乡土社会是熟人社会，而与熟悉感的培养有关。

"乡土性"强调的是对土地的重视，"土"字的基本意义是泥土，乡下人离不了泥土，因为在乡下住，种地是最普通的谋生方法；"直接靠农业来谋生的人是黏着在土地上的"，靠土地为生的人是离不开土地的，以土地形成了人们居住的环境形成了家庭，形成了中国乡土社会的基本单元——乡村。乡土社会的人口流动性缓慢的特点使乡村生活很富于"地方性"特点，所以，乡土社会是个熟人之间的社会，是一个"从心所欲，而不逾矩"的社会，是一个规则暗含的社会，是一个"抬头不见低头见"的社会，是一个生活成员之间互相了解的社会。在这样的社会中，熟悉产生信任，因此乡土社会没有法律，也不需要法律。

这一章描述了中国社会的基础，同时也是全书的基础，后文差序格局，礼俗社会之根源，都在于此"乡土性"。

### 学必有问

（1）选文第一句说"从基层上看去，中国社会是乡土性的"。想一想，为什么说中国社会是乡土性的？

（2）选文第八段提到，中国乡下"大多的农民是聚村而居"，而"美国的乡下大多是一户人家自成一个单位，很少屋檐相接的邻舍"。试分析造成这种不同的原因是什么。

（3）阅读选文，说说"礼俗社会"和"法理社会"两种社会形态有什么不同？造成这种不同的历史渊源和文化背景是什么？

# 5. 手下留情

## 选文背景

冯骥才，中国当代作家、画家、社会活动家，晚年全身心地投入中国民间文化的保护工作，发起并主持了"中国民间文化遗产抢救工程"，对现代社会进程中濒临灭绝的中国民间文化遗产进行普查和保护，包括民间口头文学的搜集与整理、古城区的历史资料留存、中国古村落的保护等，引起了社会的广泛关注，被誉为"中国民间文化的守望者"。

## 选文

文人的悲哀，是他们总以为自己庄严的呼吁，必然激起反响，随即取得良好的社会效应。然而实际上却如面对空谷一呼，其后了无回应。那喉咙的脆弱唯有自知。

近年来，知识界关于保护城市历史文化风貌的呼声，也算够响亮、够强烈、够急切的。但响应的声音只在文化圈子里转转罢了。反过来，那种被称作"建设性破坏"的城市改造狂潮，倒是更加猛烈。只要是旧房老屋，一律被称为危房陋屋。其中深在的历史文化内涵，说它有就有，说它没有就没有。文化价值本来是看不见的，有识者才能看见。当然，也可以视而不见，见而不言，装聋作哑推倒了再说。在推土机的巨铲面前，城市的历史如同城市的垃圾等待着清理。

前年，当具有六个世纪历史的天津老城面临被彻底铲除的命运时，我邀集了历史、建筑、文博、摄影等界人士入城考察，选取文化遗存之精华，拍照后编印成册。本想以此促动一些文化拯救，但于事无补，没人理睬。在老城中雄赳赳拔地而起的第一座玻璃幕墙的大楼，便把一眼明代古井压在下边了。谁又料到，这画册竟然给古董贩子们帮了忙。贩子们以此为据，人手一册，按图索骥，将城中刻砖雕石，一一取去。历史就这样被肢解和毁灭了。

一时我痛恨自己。

我经常向一些城市管理者发问，你们到底要把城市改造成什么样子？回答有两种：前一种是，没想那么多，先解决老百姓的住房问题再说；后一种是，建成现代化城市。后一种回答听起来有明确目标。但只要追问一句，这现代化城市具体的形态呢？高楼林立、汽车飞驰、灯如繁星？像香港，像东京，像纽约？回答便卡壳了，或者又变成前一种回答：没想那么多。

你心中没有明确的城市形态，但城市最终会把你的观念呈现。于是，从关外到岭南，从滨海到河西，城市的面目开始趋同化。到处似曾相识，人在异地他乡，恍如本乡本土。这种奇怪的感受已经把一个悲剧性的事实摆在人们面前——城市正在失去个性!

我真奇怪,一个创造了那么灿烂多姿文化的民族,对环境文化变得如此类同单一,怎么竟然毫无敏感和反应?

长期以来,我们只看重了城市的使用功能,忽略了城市是有性格的生命。任何一个城市,它独有的历史都是它的性格史和精神史。文字的历史只能启动想象,建筑的历史才是摸得着的物证。它所有的空间都神奇地充满着历史遗留下来的精神。而它们本身又是各个城市独具的思维方式、生存方式、审美方式,以及创造性和想象力的最生动的体现。一个城市不能被代替的个性内容,都在它的形态中了。为此,巴黎人不会创造出开罗,纽约人不会创造出雅典,太原人不会创造出苏州,广东人也不会创造出北京。一旦这个城市失去它固有的形态,不仅与历史中断,失却了精神载体和心灵的巢,看不到自己的性格轮廓,也必然在彼此走向雷同的城市中陷入迷茫。

可是,我们对待城市的态度一直过于功利化。以至今天说起城市的精神文化价值,仍然像是在说一个城市的神话。

城市,你若把它视为一种精神,就会尊敬它,保卫它,珍惜它;你若把它仅仅视为一种物质,就会无度地使用它,任意地改造它,随心所欲地破坏它。

于是,有一种荒唐的说法,把城市的改造和城市特色的保护说成一对矛盾。只有舍鱼才能获取熊掌,二者不可兼得。这说法成了放开手脚、对城市大拆大改的一种理由。同时,在这种说法的背后还有一种潜台词,似乎任何不加文化限定的城市改造都是为民谋利,而执意强调保护城市历史文化特征,则成了文化人的精神奢侈。

我曾把我国中原的三座古城洛阳、郑州和开封,与意大利的三座名城罗马、佛罗伦萨与威尼斯进行比较。这里,且不说那三座意大利古城怎样把自己的文化奉若神明,怎样给我们以深刻而崇高的文明感染,只说我们自己——

如今面对着我们这中原名城,哪里还能感受到什么"九朝古都""商城"和"大宋汴京"[1]的气象?这分明是在内地常见的那种新兴城市。连老房子也多半是本世纪建造和失修的旧屋。郑州那条土夯的商代城墙,被挤在城市中间,好似一条废弃的河堤,落寞又尴尬;从历史文化的眼光看,白马寺差不多像个空庙;开封那条花花绿绿的仿古宋街呢?一条如同影城中常见的仿古街道,唤起我们的是自豪感还是自卑感?真实的历史给我们充填精神和力量,仿造的历史只为了向游客伸手讨钱。

我们曾经创造了无与伦比的文化,但必须承认,我们缺乏文化意识,也很少文化自珍。从无形的文化财富上说,我们极其富有;从有形的文化遗存上说,我们早已变得贫穷。如果今天仍然把这些觉悟和要求当作精神奢侈,那才是真正的文化的悲哀!

世界上有无数例子可以说明,城市的建设改造与特色保护,完全能够并行不悖。要做到这点其实不难。首先要对自己城市的精神文化有深刻认识,要有在文化上清

醒的、富于远见的城市规划，还要有严格的法规保障。当然，在城市的建设发展过程中，文化不可能没有损失，必然有所牺牲，但这一切都必须是在高度的文化认识的层面上。

于是，问题就清楚了——我们很少站在这层面高瞻远瞩，规划缺乏法制保证而显得无力，这就不免受到开发商左右和金钱的支配。如果那些有历史人文价值的建筑的命运，主要看它是不是在黄金地段上，那么城市风貌必毁无疑。其实盖在黄金地段的并不是老百姓的安居工程。到底换取这历史文化的是什么？不言而喻，不说自明。任何精神文化性质的事物一旦听凭金钱驾驭，只能陷入危机与无奈。

城市的历史文化形态，是人类文化的重要财富。凡历史创造的，都是一次性的，失去了便无复再生。尤其那些历史文化名城，都是地球上活着的最大的文物，是千姿百态的人文奇迹，是个个充满魅力的精神空间。任何文明的民族都懂得，必须珍惜它，保护它，加强它和衍续它。这样做既是为了先人，更是为了后人。凡是具有历史价值的事物，都更具有未来价值。那么，我们这华夏一代该怎么做？难道等着后代骂我们是文化空白的一代？没有文化才是最大的文盲！

现在的关键人物是城市的管理者们。如果他们先觉悟，未来的文明便提前一步来到今天；如果他们还没觉悟呢？我们只有大呼一声：手下留情！为了后代，请留住城市这些仅存的历史吧！

1997年6月25日

## 选文注释

[1] 大宋汴京：是北宋时期世界较为出名的大都会，位于河南省开封市鼓楼区朱雀苑广场，占地约54平方千米。开封素有"七朝古都"之称，战国的魏，五代的梁、晋、汉、周和北宋，以及金代的后期均曾建都于此。

## 选文赏析

"历史文化遗产承载着中华民族的基因和血脉，不仅属于我们这一代人，也属于子孙万代。要敬畏历史、敬畏文化、敬畏生态，全面保护好历史文化遗产。"党和国家领导人高度重视历史文化遗产的保护和传承工作。选文《手下留情》写于1997年6月，标题振聋发聩，既是开门见山的呼吁，又是发人深省的反思。虽然知识界关于保护城市历史文化风貌的呼声很大，但还是比不过"建设性破坏"的城市改造狂潮。城市文化的价值内涵被忽略，被视而不见。

面对此种情况，作者开始担忧，邀集了历史、建筑、文博、摄影等界人士入城考察，选取文化遗存之精华，拍照后编印成册。本想以此促动一些文化拯救，却比不过城市改造推土机的巨铲。作者接着提出，在城市现代化建设的过程中，城市趋同化的现象越来越严重，城市正在逐渐失去个性。作者认为这是一种莫大的悲哀，城市建设应该重视城市的性格生命，每个城市应该保有自己特有的思维方式、生存方式、审美方式，以及创造性和想象力。城市建设不应过于功利化，应该关注其精神文化价值。作者随后将我国中原的三座古城洛阳、郑州和开封，与意大利的三座名城罗马、佛罗伦萨与威尼斯进行比较，提出观点：世界上有无数例子可以说明，城市的建设改造与特色保护，完全能够并行不悖。

作者最后明确指出"城市的历史文化形态，是人类文化的重要财富"。中国是一个文化大国，我们应该珍视自己的文化遗产，应对自己的文化创造、文化积累有自豪感和光荣感。民间文化抢救工程迫在眉睫，我们不能丢掉自己的文化。

### 学必有问

（1）为什么说我国的一些城市在改造中"正在失去个性"？这是什么原因造成的？

（2）你觉得城市应该如何改造，才能兼顾安居与城市文化保护，实现"保护性改造"？

（3）为什么说"城市的历史文化形态，是人类文化的重要财富"？

# 6. 过节和观灯（节选）

## 选文背景

沈从文（1902—1988），湖南凤凰县人，著名作家、历史文物研究者。沈从文先生在《边城》《长河》《湘行散记》等一系列的文学作品中，构筑了具有独特民俗、民风、民情的"湘西世界"。在《过节和观灯》的选文中，沈从文站在历史和文化高度，对"端午节"和"元宵节"进行重新审视，探源溯流，纵横开阖，再现了闹龙舟（赛船）和观灯的节日风俗，是一篇触摸中华民俗文化生命的美文。

## 选文

端午给我的特别印象

说起过节和观灯，每人都有一份不同的经验。

中国是世界上一个大国，地面广，人口多，历史长，分布全国各民族语言文化风俗习惯又不一样，所以一年四季就有许多种节日，使用不同方式，分别在山上、水边、乡村、城镇举行。属于个人的且家家有分。这些节日影响到衣食住行各方面，丰富人民生活的内容，扩大历史文化的面貌，也加深了民族团结的感情。一般吃的如年糕、粽子、月饼、腊八粥，玩的如花炮、焰火、秋千、风筝、灯彩、陀螺、兔儿爷、胖阿福，穿戴的如虎头帽、猫猫鞋，做闹龙舟和百子观灯图的衣裙、坎肩、涎围和围裙……就无一不和节令密切相关。较古节日已延长了二三千年，后起的也有千把年历史，经史等古籍中曾提起它种种来历和举行的仪式。大多数节日常和农事生产相关，小部分则由名人故事或神话传说而来，因此有的虽具全国性，依旧会留下些区域特征。比如为纪念屈原的五月端阳，包粽子，悬蒲艾，戴石榴花，虽然已成全国习惯，但南方的龙舟竞渡，给青年、妇女及小孩子带来的兴奋和快乐，就绝不是生长在北方平原的人所能想象的！

大江以南，凡是有河流可通船舶处，无论大城小市，端午必照例举行赛船。这些特制龙船多窄而长，有的且分五色，头尾高张，转动十分灵便。平时搁在岸上，节日来临前，才由二三十个特选少壮青年，在鞭炮轰响、欢笑呼喊中送请下水。初五叫小端阳，十五叫大端阳，正式比赛或由初三到初五，或由初五到十五。沅水流域的渔家子弟，白天玩不尽兴，晚上犹继续进行，三更半夜后，住在河边的人从睡梦中醒来时，还可听到水面飘来蓬蓬当当的锣鼓声。近年来我的记忆力日益衰退，可是四十多年前在一条六百里长的沅水和五个支流一些大城小镇度过的端阳节，由于乡情风俗热烈活泼，将近半个世纪，种种景象在记忆中还明朗清楚，不褪色，不走样。

226

因此还可联想起许多用"闹龙舟"作题材的艺术品。较早出现的龙舟,似应数敦煌壁画,东王公坐在上面去会西王母,云游远方,象征"驾六龙以驭天"。画虽成于北朝人手,最先稿本或可早到汉代。其次是《洛神赋图卷》,也有个相似而不同的龙舟,仿佛"驾玉虬而偕逝"[1]情形,作为曹植对洛神的眷恋悬想。虽历来当作晋代大画家顾恺之手笔,产生时代又可能较晚些。还有个长及数丈元明人传摹唐李昭道《阿房宫图卷》,也有几只装饰华美的龙凤舟,在一派清波中从容荡漾,和结构宏伟建筑群相呼应。只是这些龙舟有的近于在水云中游行的无轮车子,有的又和五月端阳少直接关系。由宋到清,比较著名的画还有张择端《金明争标图》,宋人《龙舟图》,元人王振鹏《龙舟竞渡图》,宋人《西湖竞渡图》,明人《龙舟竞渡图》,……画幅虽不大,作得都相当生动美丽,反映出部分历史真实。故宫收藏清初十二月令画轴《五月端阳龙舟图》,且画得格外华美热闹。

此外明清工人用象牙、竹木和剔红雕填漆作的龙船,也有工艺精巧绝伦的。至于应用到生活服用方面,实无过西南各省民间挑花刺绣。被面、帐檐、门帘、枕帕、围裙、手巾、头巾,和小孩穿的坎肩、涎围,戴的花帽,经常都把闹龙舟作主题,加以各种不同艺术表现,作得异常精美出色。当地妇女制作这些刺绣时,照例必把个人节日欢乐的回忆,作新嫁娘作母亲对于家庭的幸福愿望,对于儿女的热爱关心,连同彩色丝线交织在图案中。闹龙舟的五彩版画,也特别受农村中和长年寄居在渔船上货船上的妇孺欢迎,能引起他们种种欢乐回忆和联想。

## 灯节的灯

元宵主要在观灯。观灯成为一种制度,似乎《荆楚岁时记》中就提起过,比较具体的记载,实起始于唐初,发展于两宋,来源则出于汉代燃灯祀太乙。灯事迟早不一,有的由十四到十六,有的又由十五到十九。"灯市"得名并扩大作用,也是从宋代起始。论灯景壮丽,过去多以为无过唐宋。笔记小说记载,大都说宫廷中和贵族戚里灯彩奢侈华美的情况。

观灯有"灯市",唐人笔记虽记载过,正式举行还是从北宋汴梁起始,南宋临安续有发展,明代则集中在北京东华门大街以东八面槽一带。从《东京梦华录》和其它记述,得知宋代灯市计五天,由十五到十九。事先必搭一座高达数丈的"鳌山灯棚",上面布置各种灯彩,燃灯数万盏。封建皇帝到这一天,照例坐了一顶敞轿,由几个亲信太监抬着,倒退行进,名叫"鹁鸽旋",便于四面看人观灯。又或叫几个游人上前,打发一点酒食,旧戏中常用的"金杯赐酒"即由之而来。说的虽是"与民同乐",事实上不过是这个皇帝久闭深宫,十分寂寞无聊,大臣们出些巧主意,哄着他开心遣闷而已。宋人笔记同时还记下许多灯彩名目,"琉璃灯"可说是新品种,不仅在富贵人家出现,商店中也起始用它来招引主顾,光如满月。"万眼罗"则用红白纱罗拼凑而成。至于灯棚和各种灯球的式样,有《宋人观灯图》和《宋人百子闹元宵

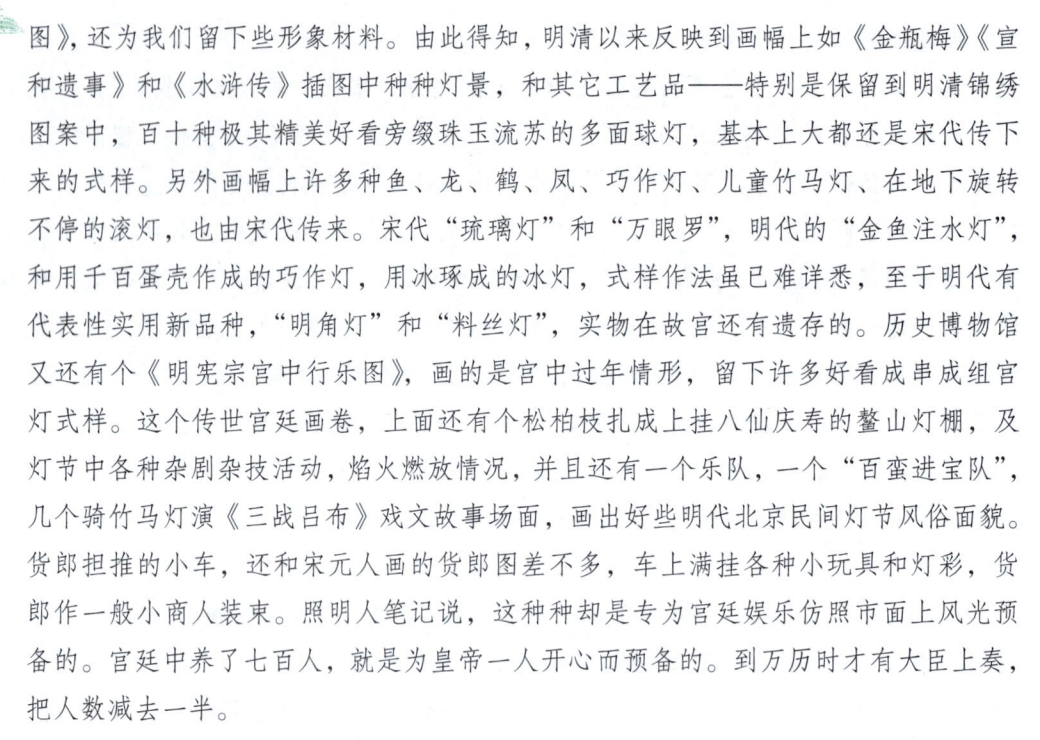

图》，还为我们留下些形象材料。由此得知，明清以来反映到画幅上如《金瓶梅》《宣和遗事》和《水浒传》插图中种种灯景，和其它工艺品——特别是保留到明清锦绣图案中，百十种极其精美好看旁缀珠玉流苏的多面球灯，基本上大都还是宋代传下来的式样。另外画幅上许多种鱼、龙、鹤、凤、巧作灯、儿童竹马灯、在地下旋转不停的滚灯，也由宋代传来。宋代"琉璃灯"和"万眼罗"，明代的"金鱼注水灯"，和用千百蛋壳作成的巧作灯，用冰琢成的冰灯，式样作法虽已难详悉，至于明代有代表性实用新品种，"明角灯"和"料丝灯"，实物在故宫还有遗存的。历史博物馆又还有个《明宪宗官中行乐图》，画的是宫中过年情形，留下许多好看成串成组官灯式样。这个传世宫廷画卷，上面还有个松柏枝扎成上挂八仙庆寿的鳌山灯棚，及灯节中各种杂剧杂技活动，焰火燃放情况，并且还有一个乐队，一个"百蛮进宝队"，几个骑竹马灯演《三战吕布》戏文故事场面，画出好些明代北京民间灯节风俗面貌。货郎担推的小车，还和宋元人画的货郎图差不多，车上满挂各种小玩具和灯彩，货郎作一般小商人装束。照明人笔记说，这种种却是专为宫廷娱乐仿照市面上风光预备的。宫廷中养了七百人，就是为皇帝一人开心而预备的。到万历时才有大臣上奏，把人数减去一半。

新的时代灯节已完全为人民所有，作灯器材也大不同过去，对于灯的要求又有了基本改变，节日即或依旧照时令举行，意义已大不相同了。

古代灯节不只是正月元宵，七月的中元，八月的中秋，也常有灯事。解放后，则"五一"劳动节和"十一"国庆节，全国各处都无不有盛会庆祝。天安门前广场和人民大会堂的节日灯景，应说是极尽人间壮观。不仅是历史上少见，更重要还是人民亲手创造，又真正同享共有这一切。

……[2]

社会不断前进、而灯节灯景也越来越宏伟辉煌，并且赋以各种不同深刻意义。回过头来看看半世纪前另外一些小地方年节风俗，和规模极小的灯节灯景，就真像是回到一个极其古老的历史故事里去了。

我生长家乡是湘西边上一个居民不到一万户口的小县城，但是狮子龙灯焰火，半世纪前在湘西各县却极著名。逢年过节，各街坊多有自己的灯。由初一到十二叫"送灯"，只是全城敲锣打鼓各处玩去。白天多大锣大鼓在桥头上表演戏水，或在八九张方桌上盘旋上下。晚上则在灯火下玩蚌壳精，用细乐伴奏。十三到十五叫"烧灯"，主要比赛转到另一方面，看谁家焰火出众超群。我照例凭顽童资格，和百十个大小顽童，追随队伍城厢内外各处走去，和大伙在炮仗焰火中消磨。玩灯的不仅要气力，还得要勇敢，为表示英雄无畏，每当场坪中焰火上升时，白光直泻数丈，有的还大吼如雷，这些人却不管是"震天雷"还是"猛虎下山"，照例得赤膊上阵，迎面奋勇而前。我们年纪小，还无资格参与这种剧烈活动，只能趁热闹在旁呐喊助威。有时自告奋勇帮忙，许可拿个松明火炬或者背背鼓，已算是运气不坏。因为始终能跟随队伍走,马不离群,直到天快发白,大家都烧得个焦头烂额,精疲力尽。队伍中附随着老渔翁和蚌壳精的,蚌壳精向例多选十二三岁面目俊秀姣好男孩子充当,老渔翁白须白发也做得俨然,这时节都现了原形,狼狈可笑。乐队鼓笛也常有气无力板眼散乱地随意敲打着。有时为振作大伙精神,乐队中忽然又悠悠扬扬吹起"踹八板"来,狮子耳朵只那么摇动几下,老渔翁和蚌壳精即或得应着鼓笛节奏,当街随意兜两个圈子,不到终曲照例就瘫下来,惹得大家好笑!最后集中到个会馆前点验家伙散场时,正街上江西人开的南货店、布店,福建人开的烟铺,已经放鞭炮烧开门纸迎财神,家住对河的年轻苗族女人,也挑着豆豉萝卜丝担子上街叫卖了。

有了这个玩灯烧灯经验底子,长大后读宋代咏灯节事的诗词,便觉得相当面熟,体会也比较深刻。例如吴文英作的《玉楼春》词上半阕:

茸茸狸帽遮眉额,金蝉罗剪胡衫窄,

乘肩争看小腰身,倦态强随闲鼓拍。

写的虽是八百年前元夜所见,一个小小乐舞队年轻女子,在夜半灯火阑珊兴尽归来时的情形,和半世纪前我的见闻竟相差不太多。因为那八百年虽经过元明清三个朝代,只是政体转移,社会变化却不太大。至于解放后虽不过十多年,社会却已起了根本变化,我那点儿时经验,事实上便完全成了历史陈迹,一种过去社会的风俗画。边远小地方年轻人,或者还能有些相似而不同经验,可以印证,生长于大都市见多识广的年轻人,倒反而已不大容易想象种种情形了。

一九六三年三月北京

## 选文注释

[1] 驾玉虬而偕逝:驾着玉制的龙形车子一齐离去。虬(qiú),是古代神话传说中无角的小龙。偕逝,一起前往。

[2] 由于篇幅所限,选文省略号部分删掉了解放后天安门节日的灯火、十三陵水库大坝落成前夕的灯、井冈山见到的灯。

## 选文赏析

中国各民族有着丰富的传统节日,既有全国性节日,也有区域性民族性的节日。中国大部分节日跟农事生产相关,小部分则由名人故事或神话传说而来。中国的传统节日影响着人们的衣食住行各方面,丰富了人民生活的内容,扩大了历史文化的面貌,也加深了民族团结的感情。"端午给我的特别印象"和"灯节的灯"这两部分选文虽然各自独立,却又以对湘西民俗文化的真切体验为纽带,相互照应。

第一部分"端午给我的特别印象",主要是写端午节江南的"闹龙舟",特别是

"我们的节日"中国民俗知识集锦小视频

家乡沅水流域的"闹龙舟",通过描写"闹龙舟"的壮观场景和热烈气氛,再现它经久不衰的生命力以及对中国传统文化的影响。这部分可以分成三个层次。第一层即文章的第一、二段,作者根据自己的研究和学识,从中国历史和文化的大视角,宏观介绍中国民俗文化丰富的内容、复杂的来历、悠久的历史、地域的差异以及所形成的厚重的文化意义,目的在于引出端午节和江南所特有的"龙舟竞渡"的风俗。第二层即文章的第三段,重点写江南尤其是沅水流域的"闹龙舟",是这一部分最出彩的内容。它具体介绍了端午赛船是江南普遍性的民间活动,龙船的形制和特点,赛船的具体情景和日期,沅水流域赛船的特别等。末一句是作者的议论和抒情,指出沅水流域的赛船给自己留下了近半个世纪的深刻印象。第三层是文章第四、五段,主要写江南"闹龙舟"的民俗不仅是中国古代绘画艺术的一种表现资源,而且还对明清的工艺、西南各省民间的服饰文化产生了重要影响。

第二部分"灯节的灯",主要记述中华民族"观灯"这一民俗文化。作者采用两种基本表现手法——点面照应、历史和现实结合,记述了"观灯"的起源、沿革、文化意义及其具体的生活情境。这部分分为两个层次。第一层,以时间为线,从遥远的历史一直写到解放以后的新中国,描绘"观灯"的起源、发展、变化的文化轨迹,参考大量的文献资料,再现历史上"观灯"繁荣而热闹的场景,并且指出新中国的节日灯庆,不仅是从古代的"观灯"传统中传承而来的,而且赋予了"观灯"以新的内容和形式,产生了新的深刻的文化意义。这一层文字,由于作者运用大量的历史文献和古代的笔记小说等资料,因此能让新时代的人们对中国"观灯"这一民俗文化的来龙去脉有一个比较完整而详细的了解,同时,也能把人们的想象带回遥远的历史之中,身临"灯市"丰富多彩之境,重新体验它热闹的场面,感受它活泼的生命。第二层是最后三段,作者笔锋突转,依据儿童时代美好的记忆,重点描绘湘西小县城半个世纪前的"灯市"(狮子龙灯焰火)——奔放、热闹,令人难以忘怀。

### 学必有问

(1)结合选文,你能说说我国传统节日的主要来源吗?民间过节的社会意义是什么?

(2)我国西南各省以闹龙舟为主题的民间挑花刺绣,寄托了人民群众什么样的情思?

(3)有人说《过节和观灯》是一篇触摸中华民俗文化生命的美文,再现了端午赛船和元宵观灯这两项民俗源远流长的生命。请谈谈作者在写作手法上的高超之处。

## 写作指导

# 调查报告写作

### 情景导入

近日,陈一豪同学到金葵商务咨询有限公司进行顶岗实习,公司交给他一项任务:对大学生的消费习惯做一个调查并写成调查报告上交给公司。陈一豪晚上回到学校后,对和他同住一个宿舍的7位同学的消费习惯进行了解,并据此写成了一份调查报告上交公司领导。公司领导看后却对他说,这个调查报告的结论未必科学可信。

你知道是什么原因吗?

### 知识链接

调查报告是一种常用的应用文体,是针对某个问题、某个事件或某方面情况进行深入、细致、周密的调查后,经过认真分析研究,将所获得的结果写成反映客观实际、揭示事物本质规律的书面报告。调查报告在社会经济生活和实际工作中发挥着非常重要的作用,从大处说,它是国家有关部门科学决策、制定方针政策的重要依据;从小处讲,它是单位或个人处理问题、决定下一步行动的重要参考。

调查报告按调查对象的性质,可分为综合性调查报告和专题性调查报告;按调查的内容,可分为情况调查报告、经验调查报告和问题调查报告。

"凡事预则立,不预则废",一份合格的调查报告,必须回答好以下几个问题:

(1)本次调查的目的是什么?要回答什么问题?

(2)用什么方法或路径去开展前期的调查研究,以保证获取的数据和资料是科学有效的?

(3)调查研究得出的结论是否客观全面、揭示了本质规律?

"没有调查,就没有发言权",调查报告的撰写要注意以下几个方面。

#### 一、提前谋划,编制详细的调查计划

这是开展调查活动之前的一项重要准备工作,也是搞好调查研究的有力保障。调查计划的内容一般应包括调查目的、调查对象、调查步骤、调查项目和调查方法等。在开始调查之前,调查人员应围绕调查目的,多渠道地搜集有关资料,以熟悉和掌握调查对象的基本情况,并通过初步分析,确定调查的重点和主题。

#### 二、深入调查,重视调查研究信息材料的搜集

调查的目的在于掌握大量、翔实的客观事实和具体数据,对研究对象有一个系统全面的了解,这就要求写作前应该尽量收集、占有更多信息资料。

调查报告常用的方法主要有以下几种：

一是实地观察法。调查者在实地通过观察获得直接的、生动的感性认识和真实可靠的第一手资料。但这种方法所观察到的往往是事物的表面现象或外部联系，带有一定的偶然性，且受调查者主观因素影响较大，因此需要和其他调查方法一起使用。

二是访谈调查法。这种方法是比实地观察法更深层次的调查方法，它能获得更多、更有价值的信息，适用于调查的问题比较深入、调查的对象差别较大、调查的样本较小或者调查的场所不易接近等情况，包括个别访谈法、集体访谈法、电话访谈法等。但由于访谈标准不一，其结果难以进行定量研究，且访谈过程耗时长、成本较高、隐秘性差、受周围环境影响大，故难以大规模进行。

三是会议调查法。这种方法是访谈调查法的扩展和延伸，通过邀请若干调查对象以座谈会形式来搜集资料、分析和研究社会问题。因其简便易行，故在调查研究工作中比较常用。最突出的优点是工作效率高，可以较快地了解到比较详细、可靠的社会信息，节省人力和时间。但由于这种做法不能完全排除被调查者之间的社会心理因素影响，调查结论往往难以全面地反映真实的客观情况，且受时间条件的限制，很难做深入细致的交谈，调查的结论和质量在很大程度上受调查者自身因素影响。

四是问卷调查法，即间接的书面访问。该方法的最大优点是能突破时空的限制，在广阔的范围内，对众多的调查对象同时进行调查，适用于对现实问题在样本较大且时间较短的情况下相对简单的调查，被调查对象应有一定的文字理解能力和表达能力。如对某地区农村党员教育培训情况的调查、中小学教师队伍科研现状的调查等。由于问卷调查法只能获得书面的社会信息，而不能了解到生动、具体的社会情况，因此该方法不能代替实地考察，特别是对那些新事物、新情况、新问题的研究，应与其他调查方法一起使用。

五是专家调查法。这是一种预测方法，即以专家作为索取信息的对象，依靠其知识和经验，通过调查研究，对问题做出判断和评估。这种方法最大的优点是简便直观，特别适用于缺少信息资料和历史数据，而又较多地受到社会、政治、人为因素影响的信息分析与预测课题。它广泛应用于对某一方案做出评价，对若干个备选方案评价出相对名次选出最优者，或对达到某一目标的条件、途径、手段及它们的相对重要程度做出估计。

六是抽样调查法。抽样调查法指按照一定方式，从调查总体中抽取部分样本进行调查，并用所得结果说明总体情况。它最大的优点是节约人力、物力和财力，能在较短的时间内取得相对准确的调查结果，具有较强的时效性。对于范围广、耗时长、难度大的大型调查，常采用抽样调查的方法进行检查和验证。这种方法的局限性在于抽样数目不足时会影响调查结果的准确性。

七是典型调查法。典型调查法指在特定范围内选出具有代表性的特定对象进行调查研究，借以认识同类事物的发展变化规律及本质的一种方法。在调查样本太大时，可以采用此种方法。但必须注意对象的选择，要准确地选择对总体情况比较了解、有代表性的对象。

八是统计调查法。通过分析固定统计报表的形式,把下边的情况反映上来的一种调查方法。由于统计报表的内容是比较固定的,因此适用于分析某项事物的发展轨迹和未来走势。如通过党员统计年报表,可以分析出某地全年党员的发展、转接、流动等情况,并能分析出比上年同期增减情况,还可对下一步趋势做出预测。运用统计调查法,统计口径要统一,以统计部门的数字为准,报表分析和实际调查相结合,不能就报表进行单纯分析。如某一个数据大幅度上升或下降的原因,报表中难以反映出来,只有通过实际调查才能得出正确结论。

九是文献调查法。通过对文献的搜集和摘取,以获得关于调查对象信息的方法。适用于研究调查对象在一段时期内的发展变化,研究角度往往是探寻一种趋势,或弄清一个演变过程。这种方法能突破时空的限制,进行大范围的调查,调查资料便于汇总整理和分析。同时,还具有资料可靠、用较小的人力物力收到较大效果等优点。但它往往是一种先行的调查方法,一般只能作为调查的先导,而不能作为调查结论的现实依据。

以上介绍的只是经常被采用的九种方法。事实上,在调查研究工作中,调查者可以不拘泥于某种特定方法,灵活运用多种方法开展调查工作。

### 三、认真分析,由表及里透过现象看本质

调查阶段取得的材料有真伪、有主次,写作前要对材料进行整理、归类,去粗取精、去伪存真,下功夫进行一番由表及里的分析、归纳,抓住问题的关键,善于提出观点见解,分析有理有据,推导出合乎实际的正确结论。那种不分主次、不管真伪、没有逻辑的材料罗列和脱离材料的空洞议论,都是不妥当的。

### 四、周密行文,努力做到观点和材料统一

一篇好的调查报告,需要有丰富的材料和明确的观点,用观点统率材料,用材料说明观点。调查报告离不开确凿的事实,但又不是材料的简单堆砌,而是对核实无误的数据和事实进行严密的逻辑论证,探明事物发展变化的原因,预测事物发展变化的趋势,揭示本质性和规律性的东西,得出科学的结论。同时,恰当地运用不同时期、不同类型、不同情况下的统计数字,往往可以增强调查报告的概括力和表现力,从而更好地说明主题。另外,调查报告要在决策之前完成,才能更好地为科学决策提供参考。

**写作范例**

关于大学生体育锻炼情况的调查报告<br>——以某职业技术大学为例

为进一步了解大学生的体育锻炼情况,提高大学生体育锻炼的意识,探究如何根据学校实际,改善并利用现有的资源,调动学生进行体育锻炼的积极性,我们小

组决定对某职业技术大学学生的体育锻炼情况进行调查。本次调查我们采用了问卷调查法、抽样调查法、访谈调查法、文献调查法等调查方法。调查组共发出问卷300份，收回有效问卷286份，其中男生130份，女生156份。调查组还专门访谈了学校公共体育组教师、学生会体育部成员等。现就调查有关情况和结论报告如下。

## 一、结果分析

本文把调查内容分解为课余体育锻炼的参与率、频率、时间、项目、方式、场所、兴趣、价值取向、影响因素以及度过余暇的活动方式等多个方面。在此，结合调研所取得的大量第一手资料，现对学校大学生课余体育锻炼现状做以下分析。

### （一）存在问题

**1. 体育锻炼意识薄弱**

在此次调查中，很多学生没有意识到体育锻炼的重要性，在调查我校学生是否进行体育锻炼时，在被调查的学生中，有74.1%的学生不进行体育锻炼，尤其是女生，在被调查的156位女生中，有78.2%的人不进行体育锻炼，与男生相比要高出九个百分点。

**2. 体育锻炼时间和频率明显不足**

我校大学生参加体育锻炼的时间和频率明显不足，近一半的学生每周不锻炼或者锻炼少于一个小时。每周锻炼7小时以上的学生只占总人数的2.6%，也就是说我校97.4%的学生平均每天锻炼不足一小时。这与《全民健身活动条例》中规定每天活动1小时的要求相差甚远，说明我校大学生还未养成每天锻炼的好习惯，反映了我校在学生体育锻炼方面的严重不足。我校大学生参加课余体育活动的积极性和自觉性还有待进一步提高。

**3. 对体育锻炼的基本知识和技巧掌握甚少**

表现在男女生在选择锻炼项目时有明显的差异，跑步在我校学生体育锻炼中占近半比例。跑步项目之外，男生多以球类项目为主，而乒乓球则是大多数女生的首选。为什么跑步在我校学生锻炼中有如此之高的比例？三分之一的被调查者坦承自己几乎没有任何体育锻炼方面的知识与技巧。只有5.1%的同学认为自己掌握了较多的关于体育方面的知识与技巧。从调查中我们不难发现，学生对体育的锻炼方法和手段等知识了解甚少，其原因是多方面的，其中很大程度是受应试教育的影响，中学的体育课作为他用已不足为奇，因此，尽管学生进入大学后自主锻炼的意识有所增强，但苦于不知如何锻炼而只好作罢。

### （二）原因分析

**1. 学业负担过重影响体育锻炼**

有一半的学生认为学业负担重、课程安排紧是自己较少进行体育锻炼的原因。学生们普遍表示，大学的课业负担较重，除了日常的课业学习，还要考一些国家级证书，致使他们没有时间进行体育锻炼。

## 2. 学校体育设施缺乏影响体育锻炼

通过调查得知，我校学生认为体育设施很好的只有2.6%，53.8%认为我校体育设施一般，43.6%学生对我校的体育设施不满意。在这些对学校设施不满意的学生中，70%的学生认为这限制了他们进行体育锻炼。认为学校体育设施一般的学生中，也有三分之二的学生认为这降低了他们进行体育锻炼的积极性。

## 3. 主观因素影响学生进行体育锻炼

大学生体育锻炼的意识是我们研究的重要课题之一。71%的学生认为进行体育锻炼有利于学习和生活，只有12.8%的学生对自己的体能感到很满意，52.6%的学生认为自己现在的体育锻炼不如以前。综合来看，我校大学生认识到了进行体育锻炼的意义。

## 4. 客观因素影响学生进行体育锻炼

根据调查结果还可以分析出，许多客观因素也影响学生进行体育锻炼。23.1%的学生认为没有自己喜欢的项目，所以不喜欢体育锻炼。此外，缺少同伴和天气不好也是我校学生较少进行体育锻炼的原因。影响我校学生体育锻炼的还有一些其他因素，如课余生活丰富与否等。当今大学生的课余生活十分丰富，有诸多的选择，如逛街、购物、上网、打游戏、K歌等，体育锻炼相对于其他的休闲娱乐活动，显然不具备太多的优势和吸引力。

## 二、建议与对策

### （一）加强组织和引导，创设良好的活动氛围

大学生的体育观念正在逐步转变，终身体育的思想得到加强，休闲体育逐步取代竞技体育将成为高校体育的热点。学校应加强对课余体育活动的引导工作，通过相关媒介推广、传播体育知识，创建浓郁的体育氛围，增强学生对体育的关注程度，形成一个正确的舆论导向和声势，使体育锻炼成为人人享有、人人参与、人人有责的社会活动。

### （二）完善体育资源配置，适应学生锻炼需求

体育资源是学生进行课外体育锻炼的重要保证，但我校在场地、器材的配置上还不是很完善，学生进行锻炼的场地局限于操场和学生活动中心，没有其他场地，这使得很多学生因没有场地而无法进行锻炼。同时，学校体育场所的开放时间也很短，学校很多体育锻炼器材未对学生开放，这使学生不能够充分地运用学校的体育资源。为此，学校应继续加大体育的投入，扩大体育场地和器材规模，建设更多供学生运动的场地；充分利用现有学校体育设施，吸引学生参加课余体育活动。

### （三）体育教师要加强对学生运动技能的传授

在体育教学中，体育教师应该加强对大学生的体育知识和运动技能的传授，培养学生的体育学习兴趣，提高大学生课外体育活动的参与意识和锻炼身体的良好习惯，使每个学生至少掌握1~2种体育锻炼的方法。在教学过程中，教师还要给学

生创设一个宽松的学习环境，使学生充分发挥主观能动性，变被动学习为主动学习，把教与学和谐统一起来，引导学生逐渐养成坚持课余体育活动的习惯。

### （四）建立体育奖励机制，定期评选先进集体和个人

每年定期举行开展体育活动先进班级和先进个人的评选活动，由校体育运动委员会、体育部、学生会联合组织评选工作。在此基础上，每年举行一次全校的先进班级与个人的表彰大会，除给予精神鼓励之外，适当给予物质奖励，比如奖励篮球、排球、足球等，促进大学生基层体育活动的开展。

### （五）加大组织宣传力度，促进学校体育锻炼开展

学生进行科学的体育锻炼能够有效地促进学生身心健康发展，所以应当定期开展体育锻炼的相关讲座，设计各类关于科学开展体育锻炼的板报，使学生能够真正地从身体、心理多个角度去了解课外体育锻炼的作用，认识课外体育锻炼的意义，促进学校体育锻炼活动开展。

生命在于运动，坚持体育锻炼，可以增进健康，愉悦身心。希望我们此次调查有利于学生养成体育锻炼的习惯，提高进行体育锻炼的意识。

附件：《某职业技术大学关于大学生体育锻炼情况的调查问卷》

某职业技术大学生"生命在于运动"调查组

××年××月××日

这是一篇情况调查报告，以叙述情况、描述事实为主，结合分析、议论，为有关部门做决策提供事实依据。它的标题由"事由＋文种"构成，"事由"指调查的对象，"文种"即"调查"或"调查报告"。调查报告开头部分交代了调查的目的，调查的对象、范围，以及调查方法，给人以整体印象。全文有情况、有分析、有对策，既提出了问题，又给出积极建议，调查报告写作可以此为借鉴。

## 实践训练

（1）常用的调查方法有哪几种？谈谈它们各自的优缺点。

（2）请仔细阅读例文《关于大学生体育锻炼情况的调查》，根据内容设计一份完整的调查问卷。

提示：一份完整的调查问卷由标题、引导语、问题列表三部分组成。引导语要介绍调查的目的和意义，以及题目用时等应告知的事项。问题列表要合理设置问题和选项，必要时可以设置1～2个主观题，但不宜太多。

（3）想一想，调查报告怎样才能透过现象抓住本质？

## 任务实操

见《阅读与写作》实操训练手册。

# 参 考 文 献

[1] 徐中玉. 大学语文：高职版 [M]. 4 版. 北京：高等教育出版社，2020.
[2] 徐中玉，齐森华，谭帆. 大学语文 [M]. 11 版. 上海：华东师范大学出版社，2018.
[3] 谭小琴. 大学语文 [M]. 北京：高等教育出版社，2022.
[4] 许明欣，杨亚林. 大学语文 [M]. 北京：高等教育出版社，2022.
[5] 王桂宏. 大学语文学本 [M]. 北京：高等教育出版社，2021.
[6] 蒋雪艳. 大学语文 [M]. 2 版. 北京：高等教育出版社，2019.
[7] 王树清. 大学语文 [M]. 2 版. 北京：高等教育出版社，2019.
[8] 金振邦. 阅读与写作 [M]. 北京：中央广播电视大学出版社，2001.
[9] 吴军. 吴军阅读与写作讲义 [M]. 北京：新星出版社，2021.
[10] 陈秀泉. 实用情境口才：口才与沟通训练 [M]. 北京：科学出版社，2014.
[11] 陈秀泉. 应用写作教程 [M]. 北京：科学出版社，2011.
[12] 杨文丰. 高职应用写作 [M]. 5 版. 北京：高等教育出版社，2022.
[13] 宋亦佳. 高职高专应用写作 [M]. 2 版. 北京：中国财政经济出版社，2021.
[14] 张建. 应用写作 [M]. 4 版. 北京：高等教育出版社，2019.
[15] 丘海翔. 新编行政公文写作一点通 [M]. 北京：中国文史出版社，2014.
[16] 文锋. 新编办公室常用应用文 [M]. 北京：中国商业出版社，2011.
[17] 王国轩. 大学·中庸 [M]. 北京：中华书局，2006.
[18] 杨燕起. 史记 [M]. 长沙：岳麓书社，2018.
[19] 梁启超. 梁启超演讲集 [M]. 天津：天津古籍出版社，2005.
[20] 蔡元培. 中国人的修养 [M]. 青岛：青岛出版社，2020.
[21] 朱光潜. 谈文学 [M]. 桂林：漓江出版社，2011.
[22] 王秀梅. 中华经典藏书：诗经 [M]. 北京：中华书局，2016.
[23] 郭茂倩. 乐府诗集 [M]. 上海：上海古籍出版社，2016.
[24] 杨伯峻. 论语译注 [M]. 北京：中华书局，2015.
[25] 周啸天. 唐诗鉴赏辞典 [M]. 北京：商务印书馆国际有限公司，2012.
[26] 缪钺，霍松林，周振甫，等. 宋诗鉴赏辞典：新 1 版 [M]. 上海：上海辞书出版社，2015.
[27] 唐圭璋，钟振振. 宋词鉴赏辞典 [M]. 北京：商务印书馆国际有限公司，2018.
[28] 张燕瑾，黄克. 元曲三百首 [M]. 北京：人民文学出版社，2016.
[29] 弘丰. 唐宋八大家散文鉴赏 [M]. 北京：中国文联出版社，2016.
[30] 闻人军. 考工记译注 [M]. 上海：上海古籍出版社，2021.
[31] 上海古籍出版社. 全唐诗：上 [M]. 上海：上海古籍出版社，1986.

[32] 齐白石．匠人匠心：齐白石自述 [M]．北京：新世界出版社，2017．
[33] 李铁．手工 [J]．十月，2021（4）：65-70．
[34] 路遥．平凡的世界：第三部 [M]．北京：人民文学出版社，2004．
[35] 司马迁．史记 [M]．郭逸，郭曼，标点．上海：上海古籍出版社，1997．
[36] 李可．杜拉拉升职记 [M]．海口：南海出版公司，2013．
[37] 洛克菲勒．洛克菲勒写给儿子的 38 封信 [M]．梁素娟，编译．北京：北京联合出版公司，2016．
[38] 阿尔伯特·哈伯德．致加西亚的信 [M]．赵立光，艾柯，译．哈尔滨：哈尔滨出版社，2002．
[39] 稻盛和夫．干法 [M]．曹岫云，译．北京：华文出版社，2010．
[40] 易小冬．任正非：致新员工书 [M]．深圳：海天出版社，2017．
[41] 龚金平．光影之魅：电影鉴赏的方法与实践 [M]．上海：复旦大学出版社，2016．
[42] 柴焰．电影鉴赏 [M]．北京：高等教育出版社，2020．
[43] 胡适，鲁迅，梁启超，等．民国语文 [M]．北京：中国长安出版社，2011．
[44] 叶蓓卿．列子 [M]．北京：中华书局，2015．
[45] 斯蒂芬·威廉·霍金．十问：霍金沉思录 [M]．吴忠超，译．长沙：湖南科技出版社，2019．
[46] 陈寅恪．国学有滋有味 [M]．哈尔滨：哈尔滨出版社，2020．
[47] 樊锦诗，顾春芳．我心归处是敦煌 [M]．南京：译林出版社，2019．
[48] 顾春芳．《我心归处是敦煌》曾很久没有书名 [J]．博览群书，2020（1）：10．
[49] 朱必松．与时代同构的敦煌精神生活史：评《我心归处是敦煌——樊锦诗自述》[J]．长江文艺评论．2021，000（002）：124-128．
[50] 李培根．告别：在华中科技大学 2013 届本科生毕业典礼上的致词告别 [J]．语文世界：中学生之窗，2014（1）：2．
[51] 人民教育出版社．演讲与辩论 [M]．北京：人民教育出版社，2009．
[52] 汪国真．汪国真诗文集 1/2[M]．广州：广东旅游出版社，2006．
[53] 杰拉尔德·达雷尔．希腊三部曲 1：追逐阳光之岛 [M]．唐嘉慧，译．北京：中国人民大学出版社，2008．
[54] 王水照．唐宋散文精选 [M]．南京：凤凰出版社，2018．
[55] 吕明涛，谷学彝．宋词三百首 [M]．北京：中华书局，2016．
[56] 钱钟书．写在人生边上 [M]．沈阳：辽宁人民出版社，2000．
[57] 胡平生，张萌．礼记 [M]．北京：中华书局，2017．
[58] 艾青．艾青诗选 [M]．南昌：百花洲文艺出版社，2019．
[59] 舒婷．舒婷的诗 [M]．北京：人民文学出版社，2003．
[60] 王怀让．王怀让诗选 [M]．郑州：黄河文艺出版社，1988．
[61] 傅雷，朱梅馥，傅聪．傅雷家书 [M]．南京：译林出版社，2016．
[62] 张丁．抗疫家书 [M]．北京：中国方正出版社，2020．
[63] 费孝通．乡土中国 [M]．北京：人民出版社，2015．
[64] 冯骥才．手下留情：现代都市文化的忧患 [M]．上海：学林出版社，2000．
[65] 沈从文．沈从文作品精选 [M]．南京：江苏凤凰文艺出版社，2020．

# 阅读与写作
## 实操训练手册

中国水利水电出版社
www.waterpub.com.cn

# 目　　录

写作训练一　计划书写作实操 ································································ 1
　　训练任务一　工作计划写作 ····················································· 2
　　训练任务二　学习计划写作 ····················································· 5
　　训练任务三　大学阶段个人发展计划写作 ··································· 8
写作训练二　新媒体文案写作实操 ·················································· 12
　　训练任务一　新媒体文案写作（我的大学生活）·························· 13
　　训练任务二　新媒体文案写作（家乡）······································ 15
　　训练任务三　新媒体文案写作（我喜欢的一本书）······················· 18
写作训练三　总结写作实操 ···························································· 21
　　训练任务一　学习总结写作 ··················································· 22
　　训练任务二　工作总结写作 ··················································· 25
　　训练任务三　思想总结写作 ··················································· 28
写作训练四　简历写作实操 ···························································· 31
　　训练任务一　简历写作 ························································· 32
　　训练任务二　自我介绍写作 ··················································· 34
　　训练任务三　做好自我评价 ··················································· 37
写作训练五　请示写作实操 ···························································· 40
　　训练任务一　请求批准和指导类请示的写作 ····························· 41
　　训练任务二　请求支持和帮助类请示的写作 ····························· 43
　　训练任务三　请求转批请示的写作 ·········································· 46
写作训练六　演讲稿写作实操 ························································· 50
　　训练任务一　竞选演讲稿写作 ················································ 51
　　训练任务二　就职演讲稿写作 ················································ 54
　　训练任务三　主题演讲稿写作 ················································ 57
写作训练七　短视频脚本设计与写作实操 ········································ 60
　　训练任务一　风光美·短视频脚本写作 ····································· 61
　　训练任务二　人性美·短视频脚本写作 ····································· 63
　　训练任务三　生活美·短视频脚本写作 ····································· 66
写作训练八　调查报告写作实操 ····················································· 70
　　训练任务一　情况调查报告写作 ············································· 71
　　训练任务二　经验调查报告写作 ············································· 74
　　训练任务三　问题调查报告写作 ············································· 76

# 写作训练一　计划书写作实操

 **写作准备**

根据写作指导"知识链接"专题内容,完成思维导图的制作。

# 训练任务一　工作计划写作

【任务描述】

认真阅读任务情境，完成一篇500字左右的工作计划写作。

学校学生会以"全心全意为同学们服务"为宗旨，在学校党组织的领导和团组织的指导下，组织同学们开展学习、文体、社会实践、志愿服务、创新创业等多种活动，促进同学们全面发展。在这个组织里，你有幸成为了学生会某部门的一名部长，新学期开始，你将带领部门的成员开展工作。

下面是学生会部分部门的工作职责，请你选择一个感兴趣的部门，以部长的身份写一篇新学期工作计划。

（1）学习部。学习部主要负责配合老师开展学风建设和学术交流、开展各种同学喜闻乐见的学习活动、收集同学们在学习方面的意见和要求，在师生之间搭起一座桥梁。新学期学生部的主要工作有配合老师做好新学期开学工作、日常教学检查、向督导反馈教学方面的意见、组织开展文化大讲堂及各类考级证书报名等工作。

（2）文艺部。文艺部的主要工作是以丰富大学生活、活跃校园气氛为主，负责学校各项文艺活动、各院系之间的互动联谊活动，指导大学生艺术团进行日常训练及演出。新学期文艺部主要开展迎新晚会、新生才艺大赛、迎国庆唱红歌比赛、校园主持人大赛、校园十大歌手比赛等活动。为了提高工作能力，本学期计划对部门成员进行视频剪辑、摄影、化妆等工作培训。

（3）体育部。体育部负责学校各类体育活动和体育竞赛的组织、宣传，在各类赛事上做好运动员们的后勤保障工作，同时指导学校篮球队、足球队、田径队等开展日常训练。新学期体育部的主要工作有开展新生系列运动联赛、大学生运动会等学校经典品牌活动。

（4）生劳部。生劳部是一个以服务学生为宗旨、帮助同学们协调生活与学习关系的部门，主要任务是为全校学生创建一个美好的学习生活环境。新学期生劳部的主要工作有新生宿舍环境评比及常规工作，如宿舍卫生大检查、食堂卫生检查及向全校师生宣传生活常识等。

（5）纪检部。纪检部以提高学生文明修养、增强学生自律意识为目标，在完成上级布置及例行的各项任务的同时，带领全体同学做到自我管理、自我教育、自我监督、自我服务。新学期纪检部的常规工作有课堂纪律检查、文明校园检查、宿舍晚归检查以及调和学生间矛盾等。

【任务分析】

制订工作计划是为了完成工作目标、达到预想的效果而使用的一种事务文书。制订工作计划前，首先要明确自己这一时期的目标，然后才能根据目标制订相应的步骤或措施。

计划一般由标题、正文和结尾三部分构成。标题说明计划的适用时间和计划内容；正文主要阐述想要做成的事、什么时候做、如何做等；结尾一般是提出号召或希望，也可针对正文内容提出注意事项，或是在计划实施过程当中需要得到什么支持，对确保计划能顺利实施表明态度等。

## 【任务要求】

| 步骤 | 要求 |
| --- | --- |
| 1. 形成任务小组 | （1）形成5～6人的写作小组<br>（2）确定小组长 |
| 2. 任务情境分析 | （1）小组研讨任务情境，确定拟写部门及工作计划写作提纲<br>（2）小组代表上台解说工作计划写作提纲，教师对小组研讨结果进行记录并点评 |
| 3. 计划书写作 | 个人参照工作计划写作提纲完成学生会某部门新学期工作计划写作 |
| 4. 计划书作品研讨 | （1）小组内交流工作计划书写作情况<br>（2）小组选出优秀计划书及代表参加班级展示<br>（3）教师对各小组优秀计划书及小组代表展示进行点评<br>（4）个人进一步修改完善学生会部门新学期工作计划书<br>（5）班级模拟组织学生会新学期第一次工作布置会，并请优秀计划书作者模拟学生会部长上台介绍工作计划 |

## 【任务提醒】

1. 学生会部门新学期工作计划书写作要熟悉该部门的工作职责，并了解该部门的主要活动。

2. 部门工作计划书要明确新学期主要目标是什么，要完成什么目标任务。

3. 部门工作计划书要写清楚为了完成新学期的目标任务要做什么、采用什么措施方法实现目标任务。

## 【任务测评】

任务完成情况和展示环节的评分表

| 任务编号 | 1-1 | | 任务名称 | | 工作计划写作 | |
| --- | --- | --- | --- | --- | --- | --- |
| 学生姓名 | | 组别 | | 组内职务 | | |
| 评测项目 | | | 自评 | 小组评分 | | 教师评分 |
| 课堂表现 | 学习态度（10分） | | | | | |
| | 团队合作（10分） | | | | | |
| | 课堂发言（10分） | | | | | |
| 写作技能 | 内容主题（20分） | | | | | |
| | 目标明确（15分） | | | | | |
| | 结构清晰（15分） | | | | | |
| | 表达准确（20分） | | | | | |

| 评分结果 | 小计 | | | | |
|---|---|---|---|---|---|
| | 总分 | | | | |
| 学生签字 | | 年　月　日 | 教师签字 | | 年　月　日 |

| 评分标准 | | | | | | |
|---|---|---|---|---|---|---|
| 项目 | | A | B | C | D | E |
| 课堂表现 | 学习态度（10分） | 9分~10分 | 7分~8分 | 5分~6分 | 3分~4分 | 0分~2分 |
| | | 在积极主动、虚心求教、自主学习、细致严谨方面表现优秀，令师生称赞 | 在积极主动、虚心求教、自主学习、细致严谨方面表现良好 | 在积极主动、虚心求教、自主学习、细致严谨方面表现较好 | 在积极主动、虚心求教、自主学习、细致严谨方面表现尚可 | 在积极主动、虚心求教、自主学习、细致严谨方面均有待加强 |
| | 团队合作（10分） | 9分~10分 | 7分~8分 | 5分~6分 | 3分~4分 | 0分~2分 |
| | | 在师生之间具有很好的沟通能力，在小组学习中具有很强的团队合作能力 | 在师生之间具有很好的沟通能力，在小组学习中具有良好的团队合作能力 | 在师生之间具有很好的沟通能力，在小组学习中具有较好的团队合作能力 | 在师生之间具有很好的沟通能力，在小组学习中能够参与团队合作 | 在师生之间具有很好的沟通能力，在小组学习中不能参与团队合作 |
| | 课堂发言（10分） | 9分~10分 | 7分~8分 | 5分~6分 | 3分~4分 | 0分~2分 |
| | | 积极踊跃参与小组研讨，并代表小组回答问题，且表达清晰准确 | 比较积极踊跃参与小组研讨，并代表小组回答问题 | 能够主动参与小组研讨 | 能够参与小组研讨 | 不能参与小组研讨 |
| 写作技能 | 内容主题（20分） | 16分~20分 | 12分~15分 | 8分~11分 | 4分~7分 | 0分~3分 |
| | | 能独立完成学生会某部门工作计划写作，文案结构与内容主题符合工作计划写作要求 | 能独自完成学生会某部门工作计划写作，文案结构与内容主题基本符合工作计划写作要求 | 能在他人指导下完成写作，文案结构与内容主题基本符合工作计划写作要求 | 能在他人多次指导下完成写作，文案结构基本符合工作计划写作要求 | 未能完成写作 |
| | 目标明确（15分） | 13分~15分 | 10分~12分 | 7分~9分 | 4分~6分 | 0分~3分 |
| | | 能独立完成写作，工作计划书目标明确，内容具体，制订详细的措施方案 | 能独自较为熟练完成写作，工作计划书目标比较明确，制订比较详细的措施方案 | 能在他人指导下完成写作，工作计划书有目标，并能制订措施方案 | 能在他人多次指导下完成写作，制定1~2项工作目标及措施方案 | 未能完成写作 |
| | 结构清晰（15分） | 13分~15分 | 10分~12分 | 7分~9分 | 4分~6分 | 0分~3分 |
| | | 能根据工作计划要求独立完成写作，中心明确、行文流畅、结构完整、条理清楚 | 能根据工作计划要求独自较为熟练地完成写作，中心明确、结构完整、条理较为清楚 | 能根据工作计划要求在他人指导下完成写作，中心明确、结构较为完整、条理较为清楚 | 能在他人多次指导下完成写作，中心较为明确、结构较为完整、条理较为清楚 | 未能完成写作 |

| 写作技能 | 表达准确（20分） | 16分~20分 | 12分~15分 | 8分~11分 | 4分~7分 | 0分~3分 |
|---|---|---|---|---|---|---|
| | | 思想表达清晰，文笔好，语句连贯性强，基本没有语言错误 | 思想表达清晰，语句连贯，只有少数小错误 | 思想表达比较清楚，语句勉强连贯，有少量语言错误 | 思想表达不清楚，语句连贯性差，有较多语言错误 | 未能完成写作 |

# 训练任务二  学习计划写作

【任务描述】

认真阅读任务情境，完成一篇500字左右的学习计划写作。

进入大学，面对新的起点，你暗自下决心，要珍惜时间，刻苦学习，博览群书，不断完善自身的知识结构，丰富自身的专业知识，提高自己的专业技能和综合素质，努力将自己塑造成为社会需要的高技能专业人才。

请结合你就读的专业和自身实际情况，撰写一份本学期学习计划书，以便更充分高效地利用时间，取得更大的进步。

【任务分析】

每个专业都有一套的学习课程及人才培养的标准，都有本专业必修课程、选修课程及与这个专业相关的技能要求。要制订一份切合实际的有价值的计划，就要对所学专业的课程内容、培养目标、就业方向有比较精准的认识和了解，以便更好地树立自己的学习目标，做好自己的职业规划。为此，你要结合自身实际，对如何加强专业学习，提高自身综合素质，发挥优势，补齐短板进行思考。正文一般先表达自己学习的目标及方向。主体部分分析自身现状，有哪些优势和不足之处，该如何提升自己完善不足，结合当前专业人才培养的要求，对自己的学习进行规划。

【任务要求】

| 步骤 | 要求 |
|---|---|
| 1. 形成任务小组 | （1）按专业分成5~6人的写作小组<br>（2）确定小组长 |
| 2. 任务情境分析 | （1）小组研讨任务情境，确定本学习计划提纲<br>（2）小组代表上台解说学习计划写作提纲，教师对小组研讨结果进行记录并点评 |
| 3. 学习计划写作 | 个人参照学习计划写作提纲完成学习计划写作 |
| 4. 学习计划作品研讨 | （1）小组内评议每个人的学习计划撰写情况<br>（2）小组选出优秀计划书及代表参加班级展示<br>（3）教师对专业学习计划及小组代表展示进行点评<br>（4）个人进一步修改完善学习计划<br>（5）班级模拟组织学习分享会，各小组选出代表上台分享自己的学习计划 |

【任务提醒】

1. 写学习计划，要全面分析，正确地认识自己。分析自己的长处和短处，才能明确自己的学习努力方向。

2. 要结合实际确定目标。不要脱离专业学习的实际，目标不能定得太高或过低，以通过自己的努力能达到为宜。

3. 要突出重点。明确自己学习中的弱项和薄弱环节，集中时间、精力保证完成重点任务。

4. 安排好常规学习时间和自由学习时间。除了完成老师布置的学习任务，充分利用课余时间发展自己的优势或特长。

5. 注意效果，定期检查，及时调整。制订的计划是否做到？学习效果如何？要根据学习情况总结分析原因，适时调整。

【任务测评】

任务完成情况和展示环节的评分表

| 任务编号 | 1-2 | | 任务名称 | 学习计划写作 | |
|---|---|---|---|---|---|
| 学生姓名 | | 组别 | | 组内职务 | |
| | 评测项目 | | 自评 | 小组评分 | 教师评分 |
| 课堂表现 | 学习态度（10分） | | | | |
| | 团队合作（10分） | | | | |
| | 课堂发言（10分） | | | | |
| 写作技能 | 内容主题（20分） | | | | |
| | 目标明确（15分） | | | | |
| | 结构清晰（15分） | | | | |
| | 表达准确（20分） | | | | |
| 评分结果 | 小计 | | | | |
| | 总分 | | | | |
| 学生签字 | | 年 月 日 | 教师签字 | | 年 月 日 |

| 评分标准 |||||||
|---|---|---|---|---|---|---|
| | 项目 | A | B | C | D | E |
| 课堂表现 | 学习态度（10分） | 9分~10分 | 7分~8分 | 5分~6分 | 3分~4分 | 0分~2分 |
| | | 在积极主动、虚心求教、自主学习、细致严谨方面表现优秀，令师生称赞 | 在积极主动、虚心求教、自主学习、细致严谨方面表现良好 | 在积极主动、虚心求教、自主学习、细致严谨方面表现较好 | 在积极主动、虚心求教、自主学习、细致严谨方面表现尚可 | 在积极主动、虚心求教、自主学习、细致严谨方面均有待加强 |
| | 团队合作（10分） | 9分~10分 | 7分~8分 | 5分~6分 | 3分~4分 | 0分~2分 |
| | | 在师生之间具有很好的沟通能力，在小组学习中具有很强的团队合作能力 | 在师生之间具有很好的沟通能力，在小组学习中具有良好的团队合作能力 | 在师生之间具有很好的沟通能力，在小组学习中具有较好的团队合作能力 | 在师生之间具有很好的沟通能力，在小组学习中能够参与团队合作 | 在师生之间具有很好的沟通能力，在小组学习中不能参与团队合作 |
| | 课堂发言（10分） | 9分~10分 | 7分~8分 | 5分~6分 | 3分~4分 | 0分~2分 |
| | | 积极踊跃参与小组研讨，并代表小组回答问题，且表达清晰准确 | 比较积极踊跃参与小组研讨，并代表小组回答问题 | 能够主动参与小组研讨 | 能够参与小组研讨 | 不能参与小组研讨 |
| 写作技能 | 内容主题（20分） | 16分~20分 | 12分~15分 | 8分~11分 | 4分~7分 | 0分~3分 |
| | | 能独立完成个人学习计划写作，文案结构与内容主题符合学习计划写作要求 | 能独自完成个人学习计划写作，文案结构与内容主题基本符合学习计划写作要求 | 能在他人指导下完成写作，文案结构与内容主题基本符合学习计划写作要求 | 能在他人多次指导下完成写作，文案结构基本符合学习计划写作要求 | 未能完成写作 |
| | 目标明确（15分） | 13分~15分 | 10分~12分 | 7分~9分 | 4分~6分 | 0分~3分 |
| | | 能独立完成学习计划写作，学习计划突出重点，目标明确，制订详细的措施方案 | 能独自较为熟练地完成学习计划写作，计划书目标比较明确，制订比较详细的措施方案 | 能在他人指导下完成学习计划写作，计划书有目标，并能制订措施方案 | 能在他人多次指导下完成学习计划写作，制定1~2项工作目标及措施方案 | 未能完成写作 |
| | 结构清晰（15分） | 13分~15分 | 10分~12分 | 7分~9分 | 4分~6分 | 0分~3分 |
| | | 能根据学习计划要求独立完成写作，中心明确、行文流畅、结构完整、条理清楚 | 能根据学习计划要求独自较为熟练地完成写作，中心明确、结构完整、条理较为清楚 | 能根据学习计划要求在他人指导下完成写作，中心明确、结构较为完整、条理较为清楚 | 能在他人多次指导下完成学习计划写作，中心较为明确、结构较为完整、条理较为清楚 | 未能完成写作 |
| | 表达准确（20分） | 16分~20分 | 12分~15分 | 8分~11分 | 4分~7分 | 0分~3分 |
| | | 思想表达清晰，文笔好，语句连贯性强，基本没有语言错误 | 思想表达清晰，语句连贯，只有少数小错误 | 思想表达比较清楚，语句勉强连贯，有少量语言错误 | 思想表达不清楚，语句连贯性差，有较多语言错误 | 未能完成写作 |

# 训练任务三　大学阶段个人发展计划写作

## 【任务描述】

认真阅读任务情境，完成一篇600字左右的大学阶段个人发展计划写作。

大学生活既紧张忙碌又丰富多彩。面对五彩缤纷的大学生活，有的同学整天忙忙碌碌，随波逐流，走一步算一步，在享受大学生活乐趣的同时迷失自我，找不到方向。要想大学生活过得精彩且有意义，一定要做好规划，认真分析自己的职业兴趣、能力特点、优势短板，给自己设立一个努力的方向目标，在大学里努力提高自己的综合素质，成就自我，发展自我，为今后进入社会奠定个人发展的良好基础。

请认真思考自己的大学生活，撰写一份大学阶段的个人发展计划书。

## 【任务分析】

大学阶段的个人发展计划，是针对大学这个特定的时期来写的。经过了高考这个"没有硝烟的战场"，走进大学校园，你对自己有什么期待？经过认真思考后写出你的计划。个人发展计划可以从思想、学习、生活等方面着手。

做大学阶段的个人发展计划首先要了解自身的优势及短板，使自己在大学的学习生活中有针对性地进行学习提高。要通过对自己的分析，认识自己，了解自己，找出自己的特点，明确自己的优势，正确设定自己的发展目标，并制订行动计划，在大学里有意识地提高自我，完善自我。

个人发展计划一般由标题、正文和结尾三部分构成。标题说明计划的适用时间和计划主题，也可以用简练的语言概括计划的内容作为主标题，副标题写明计划的适用时间和计划内容（如：充实度过每一天，做最好的自己——×××大学三年个人发展计划）；正文主体部分围绕思想、学习、生活等方面进行规划，要做到条理清晰、层次分明；结尾对计划的实施作展望，也可以自我激励。

## 【任务要求】

| 步骤 | 要求 |
| --- | --- |
| 1．形成任务小组 | （1）形成5～8人的写作小组<br>（2）确定小组长 |
| 2．任务情境分析 | （1）小组研讨任务情境，确定大学阶段个人发展计划写作提纲<br>（2）小组代表上台解说写作提纲，教师对小组研讨结果进行记录并点评 |
| 3．个人发展计划写作 | 个人参照确定的写作提纲完成个人发展计划写作 |
| 4．个人发展计划作品研讨 | （1）小组内评议个人发展计划<br>（2）小组选出优秀计划书及代表参加班级展示<br>（3）教师对个人发展计划及小组代表展示进行点评<br>（4）个人进一步修改完善个人发展计划<br>（5）班级模拟组织交流会，分享大学阶段个人发展计划 |

**【任务提醒】**

1. 个人发展计划，也就是我们对自己的大学学习生活做一个安排，对自己的职业生涯进行规划。首先要对自己有个正确的认知，找出自己的优势及劣势；其次要对社会发展趋势进行分析，对社会人才需求进行预判；最后对自己的学习生活进行规划。

2. 个人发展的计划一定要结合自身实际情况来写，制订的计划措施应该具有可操作性和可能性。

3. 按下面的提示准备个人发展计划：
（1）对自己的自我认知。
（2）我对本专业的认识。
（3）我对今后就业的想法。
（4）大学期间思想、学习、生活上要达到什么目标？怎么做？

**【任务测评】**

任务完成情况和展示环节的评分表

| 任务编号 | 1-3 | | 任务名称 | 大学阶段个人发展计划写作 | |
|---|---|---|---|---|---|
| 学生姓名 | | 组别 | | 组内职务 | |
| 评测项目 | | | 自评 | 小组评分 | 教师评分 |
| 课堂表现 | 学习态度（10分） | | | | |
| | 团队合作（10分） | | | | |
| | 课堂发言（10分） | | | | |
| 写作技能 | 内容主题（20分） | | | | |
| | 目标明确（15分） | | | | |
| | 结构清晰（15分） | | | | |
| | 表达准确（20分） | | | | |
| 评分结果 | 小计 | | | | |
| | 总分 | | | | |
| 学生签字 | | | 年 月 日 | 教师签字 | 年 月 日 |

| | | 评分标准 | | | | |
|---|---|---|---|---|---|---|
| | 项目 | A | B | C | D | E |
| 课堂表现 | 学习态度（10分） | 9分～10分 | 7分～8分 | 5分～6分 | 3分～4分 | 0分～2分 |
| | | 在积极主动、虚心求教、自主学习、细致严谨方面表现优秀，令师生称赞 | 在积极主动、虚心求教、自主学习、细致严谨方面表现良好 | 在积极主动、虚心求教、自主学习、细致严谨方面表现较好 | 在积极主动、虚心求教、自主学习、细致严谨方面表现尚可 | 在积极主动、虚心求教、自主学习、细致严谨方面均有待加强 |
| | 团队合作（10分） | 9分～10分 | 7分～8分 | 5分～6分 | 3分～4分 | 0分～2分 |
| | | 在师生之间具有很好的沟通能力，在小组学习中具有很强的团队合作能力 | 在师生之间具有很好的沟通能力，在小组学习中具有良好的团队合作能力 | 在师生之间具有很好的沟通能力，在小组学习中具有较好的团队合作能力 | 在师生之间具有很好的沟通能力，在小组学习中能够参与团队合作 | 在师生之间具有很好的沟通能力，在小组学习中不能参与团队合作 |
| | 课堂发言（10分） | 9分～10分 | 7分～8分 | 5分～6分 | 3分～4分 | 0分～2分 |
| | | 积极踊跃参与小组研讨，并代表小组回答问题，且表达清晰准确 | 比较积极踊跃参与小组研讨，并代表小组回答问题 | 能够主动参与小组研讨 | 能够参与小组研讨 | 不能参与小组研讨 |
| 写作技能 | 内容主题（20分） | 16分～20分 | 12分～15分 | 8分～11分 | 4分～7分 | 0分～3分 |
| | | 能对大学阶段的学习生活进行思考，独立完成个人发展计划写作，文案结构与内容主题符合个人发展计划写作要求 | 对大学阶段的学习生活进行思考，能完成个人学习计划写作，文案结构与内容主题基本符合个人发展计划写作要求 | 能在他人指导下对大学阶段的学习生活进行思考，完成写作，文案结构与内容主题基本符合个人发展计划写作要求 | 能在他人多次指导下完成写作，文案结构基本符合个人发展计划写作要求 | 未能完成写作 |
| | 目标明确（15分） | 13分～15分 | 10分～12分 | 7分～9分 | 4分～6分 | 0分～3分 |
| | | 能明确大学阶段目标，独立完成个人发展计划写作，突出重点，制订详细的措施方案 | 能明确大学阶段目标，独立完成个人发展计划写作，重点较为突出，制订比较详细的措施方案 | 大学阶段有一定目标，在他人指导下完成个人发展计划写作，计划书有目标，并能制订措施方案 | 能在他人多次指导下完成个人发展计划写作，制订1～2项工作目标及措施方案 | 未能完成写作 |
| | 结构清晰（15分） | 13分～15分 | 10分～12分 | 7分～9分 | 4分～6分 | 0分～3分 |
| | | 能根据大学目标要求独立完成个人发展计划写作，中心明确、行文流畅、结构完整、条理清楚 | 能根据大学目标独自较为熟练地完成个人发展计划写作，中心明确、结构完整、条理较为清楚 | 能根据大学目标在他人指导下完成个人发展计划写作，中心明确、结构较为完整、条理较为清楚 | 能根据大学目标在他人指导下完成个人发展计划写作，中心较为明确、结构较为完整、条理较为清楚 | 未能完成写作 |

| 写作技能 | 表达准确（20分） | 16分~20分 | 12分~15分 | 8分~11分 | 4分~7分 | 0分~3分 |
|---|---|---|---|---|---|---|
| | | 思想表达清晰，文笔好，语句连贯性强，基本没有语言错误 | 思想表达清晰，语句连贯，只有少数小错误 | 思想表达比较清楚，语句勉强连贯，有少量语言错误 | 思想表达不清楚，语句连贯性差，有较多语言错误 | 未能完成写作 |

# 写作训练二　新媒体文案写作实操

 **写作准备**

根据写作指导"知识链接"专题内容,完成思维导图的制作。

# 训练任务一  新媒体文案写作（我的大学生活）

【任务描述】

请认真阅读任务情境，完成以"我的大学生活"为主题的新媒体文案写作。

大学生活是一段美好的记忆。

天色刚亮，宿舍楼下就传来了读英语的声音。课堂上，我们看到认真严谨的老师在讲授着知识。下课铃响，同学们相邀走进食堂，酸的甜的辣的，大学食堂永远都有你喜欢的味道。运动场上，夕阳的余晖将运动健儿的影子拉得很长很长。足球场上，两队激烈地比拼，汗水飞扬。夜里，图书馆的灯光总是那么温馨，陪伴着莘莘学子成长进步……

这就是我们的大学生活——一个充满才华、学问，饱含竞争、成长的舞台，让人喜悦，使人奋进，面对挑战，收获成长。在人生中最美好的年纪，遇见了最美好的校园生活。

【任务分析】

新媒体文案以其形式灵活与图文并茂的特点深受网民的喜爱。新媒体文案一般由标题、开头、正文和结尾四部分组成。文案的标题设计要吸引眼球，让读者看到标题就想点击阅读。开头可以选择多种写作手法，如对比、引用（名人名言、数据等）、设问等，吸引读者继续往后阅读。新媒体文案的正文部分讲述文案主要内容，一般要求语言简洁明快，通过文字、图片等对所要描述的事物进行精准表达。结尾部分应与开头相呼应，给人意犹未尽之感。

【任务要求】

| 步骤 | 要求 |
| --- | --- |
| 1. 形成任务小组 | （1）形成6~8人的写作小组<br>（2）确定小组长 |
| 2. 分析任务情境 | （1）小组研讨任务情境，确定新媒体文案写作思路<br>（2）小组代表在课堂上汇报写作思路，教师对小组研讨结果进行记录并点评 |
| 3. 新媒体文案写作 | 个人参照写作思路（提纲）完成文案写作 |
| 4. 作品研讨 | （1）小组内展示个人新媒体文案写作成果<br>（2）小组选出优秀作品及代表参加展示<br>（3）教师对小组新媒体文案代表作进行点评<br>（4）个人进一步修改完善新媒体文案<br>（5）在课程学习微信公众号展示优秀文案 |

【任务提醒】

1. 围绕"我的大学生活"的主题进行新媒体文案写作，文案标题可自行拟定，要求新

颖独特,能够激发读者的阅读兴趣。

2．文案主体内容应真实准确,思想内容积极向上,能反映当代大学生追求上进、奋发图强的精神面貌,选取的人、物、事应具有代表性和典型性。

3．文案可以适当配图,提升文案的可读性。

【任务测评】

任务完成情况和展示环节的评分表

| 任务编号 | 2-1 | | 任务名称 | | 新媒体文案写作（我的大学生活） | |
|---|---|---|---|---|---|---|
| 学生姓名 | | 组别 | | 组内职务 | | |
| | 评测项目 | | 自评 | 小组评分 | | 教师评分 |
| 课堂表现 | 学习态度（15分） | | | | | |
| | 沟通合作（15分） | | | | | |
| | 课堂发言（10分） | | | | | |
| 写作技能 | 内容主题（20分） | | | | | |
| | 文字表达（20分） | | | | | |
| 展示效果 | 展示效果（20分） | | | | | |
| 评分结果 | 小计 | | | | | |
| | 总分 | | | | | |
| 学生签字 | | | 年　月　日 | 教师签字 | | 年　月　日 |
| 评分标准 | | | | | | |

| | 项目 | A | B | C | D | E |
|---|---|---|---|---|---|---|
| 课堂表现 | 学习态度（15分） | 13分~15分 | 9分~12分 | 6分~8分 | 3分~5分 | 0分~2分 |
| | | 在积极主动、虚心求教、自主学习、细致严谨方面表现优秀,令师生称赞 | 在积极主动、虚心求教、自主学习、细致严谨方面表现良好 | 在积极主动、虚心求教、自主学习、细致严谨方面表现较好 | 在积极主动、虚心求教、自主学习、细致严谨方面表现尚可 | 在积极主动、虚心求教、自主学习、细致严谨方面均有待加强 |
| | 沟通合作（15分） | 13分~15分 | 9分~12分 | 6分~8分 | 3分~5分 | 0分~2分 |
| | | 在师生之间具有很好的沟通能力,在小组学习中具有很强的团队合作能力 | 在师生之间具有很好的沟通能力,在小组学习中具有良好的团队合作能力 | 在师生之间具有很好的沟通能力,在小组学习中具有较好的团队合作能力 | 在师生之间具有很好的沟通能力,在小组学习中能够参与团队合作 | 在师生之间具有很好的沟通能力,在小组学习中不能参与团队合作 |

| 课堂表现 | 课堂发言（10分） | 9分～10分 | 7分～8分 | 4分～6分 | 2分～3分 | 0分～1分 |
|---|---|---|---|---|---|---|
| | | 积极踊跃参与小组研讨，并代表小组回答问题，且表达清晰准确 | 比较积极踊跃参与小组研讨，并代表小组回答问题 | 能够主动参与小组研讨 | 能够参与小组研讨 | 不能参与小组研讨 |
| 写作技能 | 内容主题（20分） | 16分～20分 | 12分～15分 | 8分～11分 | 4分～7分 | 0分～3分 |
| | | 能独立完成新媒体文案写作，图文并茂，文案结构与内容主题符合新媒体文案写作要求 | 能独自完成写作，文案结构与内容主题基本符合新媒体文案写作要求 | 能在他人指导下完成写作，文案结构与内容主题基本符合新媒体文案写作要求 | 能在他人多次指导下完成写作，文案结构基本符合新媒体文案写作要求 | 未能完成写作 |
| | 文字表达（20分） | 16分～20分 | 12分～15分 | 8分～11分 | 4分～7分 | 0分～3分 |
| | | 文案行文流畅，逻辑清晰，能善用巧用网络语言，能正确使用修辞手法 | 行文较为流畅，逻辑较为清晰，文案语言无明显错误缺陷 | 行文较为流畅，基本符合新媒体文案文字表达要求 | 行文较为流畅 | 未能有效表达 |
| 展示效果 | 展示效果（20分） | 16分～20分 | 12分～15分 | 8分～11分 | 4分～7分 | 0分～3分 |
| | | 能够流畅地展示个人或小组新媒体文案作品，能熟练地使用教学仪器设备，展示过程声情并茂，富有感染力 | 能够较为流畅地展示新媒体文案作品，较为合理地使用仪器设备，展示过程语言表达较为自然 | 能够借助文案稿件完成展示，演示过程较为流畅 | 能够在教师和组员的帮助下完成展示 | 未能完成展示 |

# 训练任务二　新媒体文案写作（家乡）

【任务描述】

请认真阅读任务情境，完成以"家乡"为主题的新媒体文案写作。

进入大学，我们开始了新的人生旅程。

夜里，宿舍楼外传来蟋蟀的叫声，把我们带回熟悉的家乡，望着窗外的一弯明月，月光洒满寂静的校园。食堂的饭菜尝了个遍，总有一种家乡的味道在召唤我们：也许是酸辣爽口的螺蛳粉，也许是鲜甜可口的龟苓膏，也许是妈妈亲自烹制的白切鸡。

总记得儿时在家乡的田野奔跑，清澈见底的山泉、沁人心脾的空气、绿油油的稻田，家乡的每一点变化，都印在我们的记忆里。

【任务分析】

介绍家乡的新媒体文案，通常是以抓住家乡具有特色的人、物、事引入正文。在描写

家乡时,可以通过独白的方式开头,以寄托对家乡的思念。在叙述家乡具有特色的事物时,可以从嗅觉、听觉、视觉、触觉等感官角度进行介绍,描写的角度也可以从由远到近、由近到远变化,以便全方位、多角度地介绍自己的家乡。

**【任务要求】**

| 步骤 | 要求 |
|---|---|
| 1. 形成任务小组 | (1) 形成6~8人的写作小组<br>(2) 确定小组长 |
| 2. 分析任务情境 | (1) 小组研讨任务情境,确定新媒体文案写作思路<br>(2) 小组代表在课堂上汇报写作思路,教师对小组研讨结果进行记录并点评 |
| 3. 新媒体文案写作 | 个人参照写作思路(提纲)完成文案写作 |
| 4. 作品研讨 | (1) 小组内展示个人新媒体文案写作成果<br>(2) 小组选出优秀作品及代表参加展示<br>(3) 教师对小组新媒体文案代表作进行点评<br>(4) 个人进一步修改完善新媒体文案<br>(5) 在课程学习微信公众号展示优秀文案 |

**【任务提醒】**

1. 以"家乡"为主题进行新媒体文案写作,文案标题可自行拟定,要求新颖独特,能够激发读者的阅读兴趣。

2. 描写的家乡事物应真实准确,能反映家乡具有的特点和特色的事物,体现家乡的新变化和新面貌等。

3. 文案可以适当配图,提升文案的可读性。

**【任务测评】**

**任务完成情况和展示环节的评分表**

| 任务编号 | 2-2 | | 任务名称 | 新媒体文案写作(家乡) | |
|---|---|---|---|---|---|
| 学生姓名 | | 组别 | | 组内职务 | |
| 评测项目 | | 自评 | 小组评分 | 教师评分 | |
| 课堂表现 | 学习态度(15分) | | | | |
| | 沟通合作(15分) | | | | |
| | 课堂发言(10分) | | | | |
| 写作技能 | 内容主题(20分) | | | | |
| | 文字表达(20分) | | | | |
| 展示效果 | 展示效果(20分) | | | | |

| 评分结果 | | 小计 | | | | |
|---|---|---|---|---|---|---|
| | | 总分 | | | | |
| 学生签字 | | 年 月 日 | | 教师签字 | | 年 月 日 |

| 评分标准 |||||||
|---|---|---|---|---|---|---|
| 项目 || A | B | C | D | E |
| 课堂表现 | 学习态度（15分） | 13分～15分 | 9分～12分 | 6分～8分 | 3分～5分 | 0分～2分 |
| | | 在积极主动、虚心求教、自主学习、细致严谨方面表现优秀，令师生称赞 | 在积极主动、虚心求教、自主学习、细致严谨方面表现良好 | 在积极主动、虚心求教、自主学习、细致严谨方面表现较好 | 在积极主动、虚心求教、自主学习、细致严谨方面表现尚可 | 在积极主动、虚心求教、自主学习、细致严谨方面均有待加强 |
| | 沟通合作（15分） | 13分～15分 | 9分～12分 | 6分～8分 | 3分～5分 | 0分～2分 |
| | | 在师生之间具有很好的沟通能力，在小组学习中具有很强的团队合作能力 | 在师生之间具有很好的沟通能力，在小组学习中具有良好的团队合作能力 | 在师生之间具有很好的沟通能力，在小组学习中具有较好的团队合作能力 | 在师生之间具有很好的沟通能力，在小组学习中能够参与团队合作 | 在师生之间具有很好的沟通能力，在小组学习中不能参与团队合作 |
| | 课堂发言（10分） | 9分～10分 | 7分～8分 | 4分～6分 | 2分～3分 | 0分～1分 |
| | | 积极踊跃参与小组研讨，代表小组回答问题，且表达清晰准确 | 比较积极踊跃参与小组研讨，并代表小组回答问题 | 能够主动参与小组研讨 | 能够参与小组研讨 | 不能参与小组研讨 |
| 写作技能 | 内容主题（20分） | 16分～20分 | 12分～15分 | 8分～11分 | 4分～7分 | 0分～3分 |
| | | 能独立完成新媒体文案写作，图文并茂，文案结构与内容主题符合新媒体文案写作要求 | 能独自完成写作，文案结构与内容主题基本符合新媒体文案写作要求 | 能在他人指导下完成写作，文案结构与内容主题基本符合新媒体文案写作要求 | 能在他人多次指导下完成写作，文案结构基本符合新媒体文案写作要求 | 未能完成写作 |
| | 文字表达（20分） | 16分～20分 | 12分～15分 | 8分～11分 | 4分～7分 | 0分～3分 |
| | | 文案行文流畅，逻辑清晰，能善用巧用网络语言，能正确使用修辞手法 | 行文较为流畅，逻辑较为清晰，文案语言无明显错误缺陷 | 行文较为流畅，基本符合新媒体文案文字表达要求 | 行文较为流畅 | 未能有效表达 |
| 展示效果 | 展示效果（20分） | 16分～20分 | 12分～15分 | 8分～11分 | 4分～7分 | 0分～3分 |
| | | 能够流畅地展示个人或小组新媒体文案作品，能熟练地使用教学仪器设备，展示过程声情并茂，富有感染力 | 能够较为流畅地展示新媒体文案作品，较为合理地使用仪器设备，展示过程语言表达较为自然 | 能够借助文案稿件完成展示，演示过程较为流畅 | 能够在教师和组员的帮助下完成展示 | 未能完成展示 |

# 训练任务三　新媒体文案写作（我喜欢的一本书）

【任务描述】

请认真阅读任务情境，完成以"我喜欢的一本书"为主题的新媒体文案写作。

书是人类进步的阶梯，书也是我们最好的朋友。从小到大，书本一直陪伴我们的成长。读一本好书，如同攀登一座名山，沿途可以看到美丽的风景，可以遇见各种各样的人。一本好书，可以让我们获取知识、启迪、涵养道德。或许因为一本书，你对纷繁复杂的社会有了全新的理解；或许因为一本书，你找到了人生的方向……

你一定读过一本书，给你帮助、让你难忘，请通过新媒体平台，与大家一起分享吧。

【任务分析】

介绍一本自己喜欢的书，主要从书本的主题、创作背景、思想内容以及读后的收获、感悟、帮助等方面展开。

在该书的主要内容方面，如果是小说，应介绍主人公和主要的故事情节、阅读后的收获和帮助；如果是其他方面的书籍，也要谈谈自己推荐这本书的理由，谈谈自己读此书的感受，给人何种启发，传授了什么认识，对自己起到了什么样的帮助。

新媒体文案，不管如何写，重要的是要吸人眼球，有吸引人的标题和开头，找到与受众的共鸣点、互动点。

【任务要求】

| 步骤 | 要求 |
| --- | --- |
| 1. 形成任务小组 | （1）形成6~8人的写作小组<br>（2）确定小组长 |
| 2. 分析任务情境 | （1）小组研讨任务情境，确定新媒体文案写作思路<br>（2）小组代表在课堂上汇报写作思路，教师对小组研讨结果进行记录并点评 |
| 3. 新媒体文案写作 | 个人参照写作思路（提纲）完成文案写作 |
| 4. 作品研讨 | （1）小组内展示个人新媒体文案写作成果<br>（2）小组选出优秀作品及代表参加展示<br>（3）教师对小组新媒体文案代表作进行点评<br>（4）个人进一步修改完善新媒体文案<br>（5）在课程学习微信公众号展示优秀文案 |

【任务提醒】

1. 以介绍自己阅读过并且比较喜欢的一本书为主要内容进行新媒体文案写作，文案标题自拟，要求新颖独特，能够激发读者的阅读兴趣。

2. 写作的内容应真实准确，包含个人推荐这本书的理由，以及与这本书的故事。

3. 为切合新媒体平台传播需要，文案可以适当配图，提升文案的可读性。

【任务测评】

### 任务完成情况和展示环节的评分表

| 任务编号 | | 2-3 | | 任务名称 | | 新媒体文案写作（我喜欢的一本书） | |
|---|---|---|---|---|---|---|---|
| 学生姓名 | | | 组别 | | | 组内职务 | |
| 评测项目 | | | | 自评 | 小组评分 | | 教师评分 |
| 课堂表现 | | 学习态度（15分） | | | | | |
| | | 沟通合作（15分） | | | | | |
| | | 课堂发言（10分） | | | | | |
| 写作技能 | | 内容主题（20分） | | | | | |
| | | 文字表达（20分） | | | | | |
| 展示效果 | | 展示效果（20分） | | | | | |
| 评分结果 | | 小计 | | | | | |
| | | 总分 | | | | | |
| 学生签字 | | | | 年　月　日 | 教师签字 | | 年　月　日 |

| 评分标准 | | | | | | |
|---|---|---|---|---|---|---|
| | 项目 | A | B | C | D | E |
| 课堂表现 | 学习态度（15分） | 13分~15分<br>在积极主动、虚心求教、自主学习、细致严谨方面表现优秀，令师生称赞 | 9分~12分<br>在积极主动、虚心求教、自主学习、细致严谨方面表现良好 | 6分~8分<br>在积极主动、虚心求教、自主学习、细致严谨方面表现较好 | 3分~5分<br>在积极主动、虚心求教、自主学习、细致严谨方面表现尚可 | 0分~2分<br>在积极主动、虚心求教、自主学习、细致严谨方面均有待加强 |
| | 沟通合作（15分） | 13分~15分<br>在师生之间具有很好的沟通能力，在小组学习中具有很强的团队合作能力 | 9分~12分<br>在师生之间具有很好的沟通能力，在小组学习中具有良好的团队合作能力 | 6分~8分<br>在师生之间具有很好的沟通能力，在小组学习中具有较好的团队合作能力 | 3分~5分<br>在师生之间具有很好的沟通能力，在小组学习中能够参与团队合作 | 0分~2分<br>在师生之间具有很好的沟通能力，在小组学习中不能参与团队合作 |
| | 课堂发言（10分） | 9分~10分<br>积极踊跃参与小组研讨，并代表小组回答问题，且表达清晰准确 | 7分~8分<br>比较积极踊跃参与小组研讨，并代表小组回答问题 | 4分~6分<br>能够主动参与小组研讨 | 2分~3分<br>能够参与小组研讨 | 0分~1分<br>不能参与小组研讨 |

| | | 16分~20分 | 12分~15分 | 8分~11分 | 4分~7分 | 0分~3分 |
|---|---|---|---|---|---|---|
| 写作技能 | 内容主题（20分） | 能独立完成新媒体文案写作，图文并茂，文案结构与内容主题符合新媒体文案写作要求 | 能独自完成写作，文案结构与内容主题基本符合新媒体文案写作要求 | 能在他人指导下完成写作，文案结构与内容主题基本符合新媒体文案写作要求 | 能在他人多次指导下完成写作，文案结构基本符合新媒体文案写作要求 | 未能完成写作 |
| | | 16分~20分 | 12分~15分 | 8分~11分 | 4分~7分 | 0分~3分 |
| | 文字表达（20分） | 文案行文流畅、逻辑清晰，能善用巧用网络语言，能正确使用修辞手法 | 行文较为流畅，逻辑较为清晰，文案语言无明显错误缺陷 | 行文较为流畅，基本符合新媒体文案文字表达要求 | 行文较为流畅 | 未能有效表达 |
| 展示效果 | 展示效果（20分） | 16分~20分 | 12分~15分 | 8分~11分 | 4分~7分 | 0分~3分 |
| | | 能够流畅地展示个人或小组新媒体文案作品，能熟练地使用教学仪器设备，展示过程声情并茂，富有感染力 | 能够较为流畅地展示新媒体文案作品，较为合理地使用仪器设备，展示过程语言表达较为自然 | 能够借助文案稿件完成展示，演示过程较为流畅 | 能够在教师和组员的帮助下完成展示 | 未能完成展示 |

# 写作训练三　总结写作实操

 **写作准备**

根据写作指导"知识链接"专题内容,完成思维导图的制作。

# 训练任务一　学习总结写作

## 【任务描述】

请认真阅读任务情境，完成一篇 600 字左右的个人学习总结写作。

新学期开始了，同学们又开始了紧张繁忙的学习生活。在"阅读与写作"的课堂上，老师要求同学们总结这学期开学以来的学习情况，要求列出这个学期以来学习所经历的事情（事无大小，只要能给人启发、启示、领悟，助人成长进步的都可以），按 STAR 法列出提纲来完成"个人学习总结"。

Situation（情境）——学习内容或科目发生时的时间、背景。
Task（任务）——学习内容或科目要解决的问题或者任务。
Action（行动）——自己的学习方法以及采取的行动。
Result（结果）——自己在学习上取得的效果。

填写学习事件盘点表，学得不好或退步的计负数，带来进步成长的计正数。

**学习事件盘点表**

| 序号 | 学习事件 | 成就点数 |
|---|---|---|
| 1 |  |  |
| 2 |  |  |
| 3 |  |  |
| 4 |  |  |
| 5 |  |  |
| 6 |  |  |

思考：从所填的盘点表中可以看出你有哪些进步，以及引起这些进步的原因。有没有刚开始很差，经过一段时间学习或练习后逐渐变强变好，能力素质逐步提高？你的学习能力比之入学前有了哪些改变？

请结合自己的学习计划以及学习事件盘点表，完成一篇 600 字左右开学以来个人的学习总结。

## 【任务分析】

学习总结是把前一个阶段的学习所获得的成绩、心得、体会、经验、知识、技能等加以整理、分析、提升，把零碎、感性的认识条理化、系统化、理性化，把有关学习情况做分析研究，归纳出有指导性的经验方法以及结论。

写个人学习总结是为了总结学习上的收获、感悟，纠正学风，改进学习方法，帮助养成良好的学习生活习惯，所以总结的写作一定要客观真实，要实事求是地梳理过程，总结经验教训，提出下一步计划和努力方向。行文上要条理清楚，简明扼要。这样写出来的总结对自己的学习才有帮助，对别人也有借鉴意义。

## 【任务要求】

| 步骤 | 要求 |
|---|---|
| 1. 形成任务小组 | （1）形成 6～8 人的写作小组<br>（2）确定小组长 |
| 2. 任务情境分析 | （1）小组共同研讨任务情境，明确任务要求，提出写作难点和重点<br>（2）小组代表上台报告本小组研讨情况，教师对小组研讨结果进行记录并点评 |
| 3. 学习总结写作 | 个人按照任务项目要求撰写个人学习总结提纲，完成个人学习总结写作 |
| 4. 作品研讨 | （1）小组内交流个人学习总结<br>（2）小组选出优秀作品及代表参加班级学习经验交流会<br>（3）教师对个人学习总结及小组代表表现进行点评<br>（4）个人进一步修改完善各自的学习总结 |

## 【任务提醒】

1. 学习总结要与学习计划相结合，学习计划越详细，盘点就越细致，总结就越到位。

2. 要活用总结的写作方法。个人学习总结的写作比较灵活，在叙述事实的基础上，概括出经验等规律，可以采用边叙边议、叙议结合的表达方法进行写作。

3. 要总结出主要的学习方法、学习经验、个人体会以及学习上存在的问题和经验教训，要根据内容灵活地组织好总结的结构。

这部分是总结的重点，可以先讲具体的学习方法，后讲体会、经验；可以根据学习上遇到的问题，一个一个地写，每个问题既有具体的应对方法，又有学习体会；也可以把学习总结分成几个阶段，按时间顺序来介绍情况，谈体会经验。

4. 写明今后的努力方向。努力方向要写得具体明确，对下一步的学习目标或计划等要写得切实可行，最好具体到某项任务的完成，比如通过英语 B 级考试。

## 【任务测评】

任务完成情况和展示环节的评分表

| 任务编号 | 3-1 | 任务名称 | | 学习总结写作 | |
|---|---|---|---|---|---|
| 学生姓名 | | 组别 | | 组内职务 | |
| | 评测项目 | | 自评 | 小组评分 | 教师评分 |
| 课堂表现 | 学习态度（10 分） | | | | |
| | 沟通合作（10 分） | | | | |
| | 当众发言（10 分） | | | | |
| 写作技能 | 内容详实（20 分） | | | | |

|  |  | 格式规范（15分） |  |  |  |  |
|---|---|---|---|---|---|---|
|  |  | 条理清晰（15分） |  |  |  |  |
|  |  | 语言准确（20分） |  |  |  |  |
|  | 评分结果 | 小计 |  |  |  |  |
|  |  | 总分 |  |  |  |  |
|  | 学生签字 |  | 年　月　日 | 教师签字 |  | 年　月　日 |

评分标准

| 项目 | | A | B | C | D | E |
|---|---|---|---|---|---|---|
| 课堂表现 | 学习态度（10分） | 9分~10分 在积极主动、虚心求教、自主学习、细致严谨方面表现优秀，令师生称赞 | 7分~8分 在积极主动、虚心求教、自主学习、细致严谨方面表现良好 | 5分~6分 在积极主动、虚心求教、自主学习、细致严谨方面表现较好 | 3分~4分 在积极主动、虚心求教、自主学习、细致严谨方面表现尚可 | 0分~2分 在积极主动、虚心求教、自主学习、细致严谨方面均有待加强 |
| | 沟通合作（10分） | 9分~10分 在师生之间具有很好的沟通能力，在小组学习中具有很强的团队合作能力 | 7分~8分 在师生之间具有很好的沟通能力，在小组学习中具有良好的团队合作能力 | 5分~6分 在师生之间具有很好的沟通能力，在小组学习中具有较好的团队合作能力 | 3分~4分 在师生之间具有很好的沟通能力，在小组学习中能够参与团队合作 | 0分~2分 在师生之间具有很好的沟通能力，在小组学习中不能参与团队合作 |
| | 当众发言（10分） | 9分~10分 积极踊跃参与小组研讨，并代表小组回答问题，且表达清晰准确 | 7分~8分 比较积极踊跃参与小组研讨，并代表小组回答问题 | 5分~6分 能够主动参与小组研讨 | 3分~4分 能够参与小组研讨 | 0分~2分 不能参与小组研讨 |
| 写作技能 | 内容详实（20分） | 16分~20分 内容详实，材料充分，有成绩、经验、体会及今后努力的方向，理论联系实际，重点亮点突出 | 12分~15分 内容较详实，材料比较充分，有一定的理论联系实际，重点亮点较突出 | 8分~11分 能在他人指导下完成写作，内容较详实，理论基本联系实际，有重点亮点 | 4分~7分 能在他人多次指导下完成写作，内容不够详实，欠缺理论联系实际 | 0分~3分 未能完成写作 |
| | 格式规范（15分） | 13分~15分 能独立完成写作，结构完整，格式符合总结要求 | 10分~12分 能独自完成写作，结构较完整，格式基本符合总结要求 | 7分~9分 能在他人指导下完成写作，格式基本符合总结要求 | 4分~6分 能在他人多次指导下完成写作，格式基本符合总结要求 | 0分~3分 未能完成写作 |

| | | 13分~15分 | 10分~12分 | 7分~9分 | 4分~6分 | 0分~3分 |
|---|---|---|---|---|---|---|
| 写作技能 | 条理清晰（15分） | 能根据总结的要求独立完成写作，行文流畅，逻辑清晰 | 能根据总结的要求独自较为熟练地完成写作，行文较为流畅，逻辑较为清晰 | 能根据总结的要求在他人指导下完成写作，行文较为流畅，逻辑较为清晰 | 能在他人多次指导下完成写作，行文不够流畅，逻辑不够清晰 | 未能完成写作 |
| | | 16分~20分 | 12分~15分 | 8分~11分 | 4分~7分 | 0分~3分 |
| | 语言准确（20分） | 能独立完成写作，语言表达准确、简练、平实、严谨 | 能独自较为熟练地完成写作，语言表达较为准确、简练、平实、严谨 | 能在他人指导下完成写作，语言表达较为准确、简练、平实、严谨 | 能在他人多次指导下完成写作，语言表达不够准确、简练、平实、严谨 | 未能完成写作 |

# 训练任务二　工作总结写作

**【任务描述】**

认真阅读任务情境，完成一篇800字左右的班委工作总结。

新学期开学以来，各班班委按照学校的要求，团结带领全班同学创先争优，积极开展课堂内外的各种活动，配合班级辅导员做了大量的工作。为总结经验，再创佳绩，学校学生会要求各班班委对开学以来的工作进行总结，请你协助班委撰写一份全面的班委工作总结。

**【任务分析】**

班委工作总结是一份集体总结，也是一份全面的综合性的总结，要涉及班委各方面的工作。

这就需要对开学以来班委的工作认真地回顾分析，工作总结内容要提到带领班集体具体做了哪些事、取得了怎样的成绩、哪些做法值得肯定、哪些成绩要进一步发扬等。我们既要写取得的成绩，又要找出存在的问题和不足，归纳出经验教训，提高认识，明确下一步的方向，以便进一步做好工作。

班委工作总结虽然是代表集体所做，但要使用第一人称，即要从主体的角度来撰写。表达方式以叙述、议论为主，说明为辅，可以夹叙夹议。一方面要抓主要矛盾，无论谈成绩或是谈问题，都不需要面面俱到；另一方面要进行深入细致的分析，如谈成绩要写清是怎么做的、为什么这样做、效果如何、经验是什么；谈存在的问题要写清是什么问题、为什么会出现这种问题、其性质是什么、教训是什么、解决的办法是什么。

**【任务要求】**

| 步骤 | 要求 |
|---|---|
| 1. 形成任务小组 | （1）形成6~8人的写作小组<br>（2）以某班班干为小组长 |

| 步骤 | 要求 |
|---|---|
| 2．任务情境分析 | （1）小组研讨任务情境，确定工作总结写作提纲<br>（2）小组代表上台解说工作总结写作提纲，教师对小组研讨结果进行记录并点评 |
| 3．工作总结写作 | 以小组为单位搜集材料，完成某班班委工作总结写作 |
| 4．工作总结研讨 | （1）各小组代表上台，代表某班班委作新学期开学以来的工作总结发言<br>（2）教师对各班班委工作总结及小组代表进行点评<br>（3）各小组进一步修改完善班委工作总结<br>（4）选出优秀工作总结进行展示 |

## 【任务提醒】

工作总结要把一个时间段的工作进行一次全面系统的总回顾、总评价、总分析、总研究，分析成绩和不足，从而得出规律和经验。

1．拟定一个好的标题。标题要能揭示工作总结的主旨。

2．开头部分要做简要的情况介绍。比如工作集体的名称，工作的时间、地点、背景、人员、主要工作任务等，并对工作做总的评价。这部分要简洁精练，要能够概括全部材料。

3．主体部分要突出成绩和做法。工作的主要内容需要较多事实和数据以及佐证材料，比如工作取得了哪些主要成绩，采取了哪些方法、措施，收到了什么效果等，也可以列出图表来说明成绩。

4．突出典型性的经验。要详略得当，突出重点，详细写"量身定制""重点打造"的标志性、典型性成绩。经验要有特色和深度，要具有推广的价值。可以用"思想认识+工作重点+工作方法+工作效果+取得的荣誉"来完成规律性的提炼。

5．行文结构要完整。结尾处可以再次总结成绩，展望未来，表达信心决心，争取更大的进步，或者表达对同学们和老师的感谢等。

## 【任务测评】

**任务完成情况和展示环节的评分表**

| 任务编号 | 3-2 | | 任务名称 | 工作总结写作 | |
|---|---|---|---|---|---|
| 学生姓名 | | 组别 | | 组内职务 | |
| 评测项目 | | | 自评 | 小组评分 | 教师评分 |
| 课堂表现 | 学习态度（10分） | | | | |
| | 沟通合作（10分） | | | | |
| | 当众发言（10分） | | | | |
| 写作技能 | 内容详实（20分） | | | | |

|  | 格式规范（15分） |  |  |  |  |
|---|---|---|---|---|---|
|  | 条理清晰（15分） |  |  |  |  |
|  | 语言准确（20分） |  |  |  |  |
| 评分结果 | 小计 |  |  |  |  |
|  | 总分 |  |  |  |  |
| 学生签字 |  | 年　月　日 | 教师签字 |  | 年　月　日 |

| 评分标准 |||||||
|---|---|---|---|---|---|---|
| 项目 || A | B | C | D | E |
| 课堂表现 | 学习态度（10分） | 9分~10分 | 7分~8分 | 5分~6分 | 3分~4分 | 0分~2分 |
|  |  | 在积极主动、虚心求教、自主学习、细致严谨方面表现优秀，令师生称赞 | 在积极主动、虚心求教、自主学习、细致严谨方面表现良好 | 在积极主动、虚心求教、自主学习、细致严谨方面表现较好 | 在积极主动、虚心求教、自主学习、细致严谨方面表现尚可 | 在积极主动、虚心求教、自主学习、细致严谨方面均有待加强 |
|  | 沟通合作（10分） | 9分~10分 | 7分~8分 | 5分~6分 | 3分~4分 | 0分~2分 |
|  |  | 在师生之间具有很好的沟通能力，在小组学习中具有很强的团队合作能力 | 在师生之间具有很好的沟通能力，在小组学习中具有良好的团队合作能力 | 在师生之间具有很好的沟通能力，在小组学习中具有较好的团队合作能力 | 在师生之间具有很好的沟通能力，在小组学习中能够参与团队合作 | 在师生之间具有很好的沟通能力，在小组学习中不能参与团队合作 |
|  | 当众发言（10分） | 9分~10分 | 7分~8分 | 5分~6分 | 3分~4分 | 0分~2分 |
|  |  | 积极踊跃参与小组研讨，并代表小组回答问题，且表达清晰准确 | 比较积极踊跃参与小组研讨，并代表小组回答问题 | 能够主动参与小组研讨 | 能够参与小组研讨 | 不能参与小组研讨 |
| 写作技能 | 内容详实（20分） | 16分~20分 | 12分~15分 | 8分~11分 | 4分~7分 | 0分~3分 |
|  |  | 内容详实，材料充分，有成绩、经验、体会及今后努力的方向，理论联系实际，重点亮点突出 | 内容较详实，材料比较充分，有一定的理论联系实际，重点亮点较突出 | 能在他人指导下完成写作，内容较详实，理论基本联系实际，有重点亮点 | 能在他人多次指导下完成写作，内容不够详实，欠缺理论联系实际 | 未能完成写作 |
|  | 格式规范（15分） | 13分~15分 | 10分~12分 | 7分~9分 | 4分~6分 | 0分~3分 |
|  |  | 能独立完成写作，结构完整，格式符合总结要求 | 能独自完成写作，结构较完整，格式基本符合总结要求 | 能在他人指导下完成写作，格式基本符合总结要求 | 能在他人多次指导下完成写作，格式基本符合总结要求 | 未能完成写作 |

写作训练三　总结写作实操

| 写作技能 | 条理清晰（15分） | 13分~15分 | 10分~12分 | 7分~9分 | 4分~6分 | 0分~3分 |
|---|---|---|---|---|---|---|
| | | 能根据总结的要求独立完成写作，行文流畅，逻辑清晰 | 能根据总结的要求独自较为熟练地完成写作，行文较为流畅，逻辑较为清晰 | 能根据总结的要求在他人指导下完成写作，行文较为流畅，逻辑较为清晰 | 能在他人多次指导下完成写作，行文不够流畅，逻辑不够清晰 | 未能完成写作 |
| | 语言准确（20分） | 16分~20分 | 12分~15分 | 8分~11分 | 4分~7分 | 0分~3分 |
| | | 能独立完成写作，语言表达准确、简练、平实、严谨 | 能独自较为熟练地完成写作，语言表达较为准确、简练、平实、严谨 | 能在他人指导下完成写作，语言表达较为准确、简练、平实、严谨 | 能在他人多次指导下完成写作，语言表达不够准确、简练、平实、严谨 | 未能完成写作 |

# 训练任务三　思想总结写作

【任务描述】

认真阅读任务情境，完成一篇600字左右的军训生活思想汇报。

军训是"集体主义的熔炉"。军训对每一位热血青年都极具吸引力，如成为普通一兵，过战士的生活，接受教官的指令，接受严格的纪律约束，接受艰苦的生活锤炼；唱军歌，进行国防思想教育，参加军事理论学习，培养坚韧不拔意志，感受爱国主义情怀。

每个同学都忘不了刚进大学不久开展的军训，两周的军训生活让你的思想一定受到很大的触动，在思想境界上有了很大提高。那就请你做个军训生活的思想汇报吧。

【任务分析】

思想汇报也是思想总结的一种，是指经过一段时间的实践活动，将自己在思想上、认识上、理论水平上有什么变化、提高做一个归纳概括。

本次任务是撰写军训生活的思想汇报。军训作为我国国防教育、学生体能素质训练、爱国主义集体主义教育的一个重要实践课程，其思想教育的作用也十分明显。同学们可以把自己军训前后的思想进行对比，写军训后自己对某些事物的思想认识有什么变化、在思想上有什么收获、认识上有什么提高，并提出下一步的努力方向。

【任务要求】

| 步骤 | 要求 |
|---|---|
| 1. 形成任务小组 | （1）形成6~8人的写作小组<br>（2）确定小组长 |
| 2. 任务情境分析 | （1）小组研讨任务情境，确定军训生活思想汇报写作提纲<br>（2）小组代表上台交流军训生活思想汇报写作提纲，教师对小组研讨结果进行记录并点评 |

| 步骤 | 要求 |
|---|---|
| 3．军训生活思想汇报写作 | 个人参照军训生活思想总结写作提纲完成主题写作 |
| 4．军训思想汇报研讨 | （1）小组内交流阅读组员的思想汇报稿<br>（2）小组选出优秀作品，并派代表参加班级交流展示<br>（3）教师对军训生活思想汇报写作及小组代表交流展示进行点评<br>（4）个人进一步修改完善军训生活思想总结 |

【任务提醒】

军训生活思想汇报写作时应注意把握以下几点：

1．要写真情实感，要真实、真诚、真切，切忌假话、大话、套话。

2．集中谈两三个方面的体会和认识，谈深谈透，不要泛泛而谈。

3．要结合本人的实际情况，不要长篇大段地抄录领导讲话和报刊文章的内容。

4．要实事求是，一分为二，肯定本人的思想成长进步，思想问题不足之处也要找出来，不要怕暴露弱点和问题。

【任务测评】

任务完成情况和展示环节的评分表

| 任务编号 | 3-3 | 任务名称 | | 思想总结写作 |
|---|---|---|---|---|
| 学生姓名 | | 组别 | 组内职务 | |
| | 评测项目 | 自评 | 小组评分 | 教师评分 |
| 课堂表现 | 学习态度（10分） | | | |
| | 沟通合作（10分） | | | |
| | 当众发言（10分） | | | |
| 写作技能 | 内容详实（20分） | | | |
| | 格式规范（15分） | | | |
| | 条理清晰（15分） | | | |
| | 语言准确（20分） | | | |
| 评分结果 | 小计 | | | |
| | 总分 | | | |
| 学生签字 | | 年 月 日 | 教师签字 | 年 月 日 |

| 项目 | | 评分标准 | | | | |
|---|---|---|---|---|---|---|
| | | A | B | C | D | E |
| 课堂表现 | 学习态度（10分） | 9分~10分<br>在积极主动、虚心求教、自主学习、细致严谨方面表现优秀，令师生称赞 | 7分~8分<br>在积极主动、虚心求教、自主学习、细致严谨方面表现良好 | 5分~6分<br>在积极主动、虚心求教、自主学习、细致严谨方面表现较好 | 3分~4分<br>在积极主动、虚心求教、自主学习、细致严谨方面表现尚可 | 0分~2分<br>在积极主动、虚心求教、自主学习、细致严谨方面均有待加强 |
| | 沟通合作（10分） | 9分~10分<br>在师生之间具有很好的沟通能力，在小组学习中具有很强的团队合作能力 | 7分~8分<br>在师生之间具有很好的沟通能力，在小组学习中具有良好的团队合作能力 | 5分~6分<br>在师生之间具有很好的沟通能力，在小组学习中具有较好的团队合作能力 | 3分~4分<br>在师生之间具有很好的沟通能力，在小组学习中能够参与团队合作 | 0分~2分<br>在师生之间具有很好的沟通能力，在小组学习中不能参与团队合作 |
| | 当众发言（10分） | 9分~10分<br>积极踊跃参与小组研讨，并代表小组回答问题，且表达清晰准确 | 7分~8分<br>比较积极踊跃参与小组研讨，并代表小组回答问题 | 5分~6分<br>能够主动参与小组研讨 | 3分~4分<br>能够参与小组研讨 | 0分~2分<br>不能参与小组研讨 |
| 写作技能 | 内容详实（20分） | 16分~20分<br>内容详实，材料充分，有成绩、经验、体会及今后努力的方向，理论联系实际，重点亮点突出 | 12分~15分<br>内容较详实，材料比较充分，有一定的理论联系实际，重点亮点较突出 | 8分~11分<br>能在他人指导下完成写作，内容较详实，理论基本联系实际，有重点亮点 | 4分~7分<br>能在他人多次指导下完成写作，内容不够详实，欠缺理论联系实际 | 0分~3分<br>未能完成写作 |
| | 格式规范（15分） | 13分~15分<br>能独立完成写作，结构完整，格式符合总结要求 | 10分~12分<br>能独自完成写作，结构较完整，格式基本符合总结要求 | 7分~9分<br>能在他人指导下完成写作，格式基本符合总结要求 | 4分~6分<br>能在他人多次指导下完成写作，格式基本符合总结要求 | 0分~3分<br>未能完成写作 |
| | 条理清晰（15分） | 13分~15分<br>能根据总结的要求独立完成写作，行文流畅，逻辑清晰 | 10分~12分<br>能根据总结的要求独自完成写作，行文较为流畅，逻辑较为清晰 | 7分~9分<br>能在他人指导下完成写作，行文较为流畅，逻辑较为清晰 | 4分~6分<br>能在他人多次指导下完成写作，行文不够流畅，逻辑不够清晰 | 0分~3分<br>未能完成写作 |
| | 语言准确（20分） | 16分~20分<br>能独立完成写作，语言表达准确、简练、平实、严谨 | 12分~15分<br>能独自完成写作，语言表达较为准确、简练、平实、严谨 | 8分~11分<br>能在他人指导下完成写作，语言表达较为准确、简练、平实、严谨 | 4分~7分<br>能在他人多次指导下完成写作，语言表达不够准确、简练、平实、严谨 | 0分~3分<br>未能完成写作 |

# 写作训练四　简历写作实操

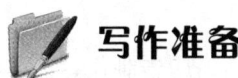

根据写作指导"知识链接"专题内容,完成思维导图的制作。

# 训练任务一　简历写作

## 【任务描述】

请认真阅读任务情境，撰写一篇 500～1000 字的个人简历。

金葵公司是一家大型商贸企业，业务范围覆盖会展服务、文化传播、广告制作、艺术设计、旅游餐饮、信息网络、建筑装饰、机电维修、学前教育、贸易营销等行业。该公司因业务拓展需要，拟在学校招聘办公室文员、广告制作、市场营销、室内装修、机电维修、会计岗位兼职人员各 2 名，具有相关能力的在校学生均可应聘。有意者可将求职简历发送至公司指定邮箱。

请就截至目前你个人的情况，制作一份 500～1000 字的求职简历。

## 【任务分析】

撰写求职简历是为了在有限的篇幅内更好地展示自己，获得用人单位的青睐。一般来说，简历中应包含个人基本信息、教育背景、工作经历、自我介绍等内容。

在撰写简历前要了解自己的求职目标，明确岗位要求，有针对性地突出自己的知识、能力、特长与岗位的匹配度，有的工作要求耐心细致，有的工作要求热情主动，有的工作要求吃苦耐劳。应聘者在撰写简历时要精心准备，"投其所好"，在简历中勾勒出自己最美的"画像"，提高求职命中率。

## 【任务要求】

| 步骤 | 要求 |
| --- | --- |
| 1. 形成任务小组 | （1）形成 6～8 人的写作小组<br>（2）确定小组长 |
| 2. 分析任务情境 | （1）小组研讨任务情境，确定简历写作内容提纲，推选出一名代表<br>（2）小组代表上台介绍本组写作提纲，教师记录小组研讨结果并进行点评 |
| 3. 撰写求职简历 | 每位组员参照本组写作提纲撰写一份简历 |
| 4. 开展研讨活动 | （1）小组内朗读个人简历<br>（2）小组选出优秀简历参加班级展示<br>（3）教师对展示的简历进行点评<br>（4）根据教师点评进一步修改完善简历<br>（5）展示修改后的简历 |

## 【任务提醒】

求职者在撰写求职简历时，应注意以下几点：

1. 事先对目标岗位进行了解分析。
2. 在简历中凸显自己与岗位要求对应的优势。
3. 简历不需要面面俱到，要根据岗位特点和要求突出用人单位重点关注的优势与特长。

4．可按下面的提示准备简历：

（1）我的基本情况。

（2）我的目标岗位。

（3）我应聘该岗位的优势。

（4）我的希望。

……

【任务测评】

任务完成情况和展示环节的评分表

| 任务编号 | 4-1 | | 任务名称 | | 简历写作 | |
|---|---|---|---|---|---|---|
| 学生姓名 | | 组别 | | 组内职务 | | |
| | 评测项目 | 自评 | | 小组评分 | | 教师评分 |
| 课堂表现 | 学习态度（15分） | | | | | |
| | 沟通合作（15分） | | | | | |
| | 当众发言（10分） | | | | | |
| 写作技能 | 内容主题（20分） | | | | | |
| | 文字表达（20分） | | | | | |
| 展示效果 | 展示效果（20分） | | | | | |
| 评分结果 | 小计 | | | | | |
| | 总分 | | | | | |
| 学生签字 | | 年 月 日 | 教师签字 | | | 年 月 日 |
| 评分标准 | | | | | | |

| | 项目 | A | B | C | D | E |
|---|---|---|---|---|---|---|
| 课堂表现 | 学习态度（15分） | 13分~15分 | 9分~12分 | 6分~8分 | 3分~5分 | 0分~2分 |
| | | 在积极主动、虚心求教、自主学习、细致严谨方面表现优秀，令师生称赞 | 在积极主动、虚心求教、自主学习、细致严谨方面表现良好 | 在积极主动、虚心求教、自主学习、细致严谨方面表现较好 | 在积极主动、虚心求教、自主学习、细致严谨方面表现尚可 | 在积极主动、虚心求教、自主学习、细致严谨方面均有待加强 |
| | 沟通合作（15分） | 13分~15分 | 9分~12分 | 6分~8分 | 3分~5分 | 0分~2分 |
| | | 在师生之间具有很好的沟通能力，在小组学习中具有很强的团队合作能力 | 在师生之间具有很好的沟通能力，在小组学习中具有良好的团队合作能力 | 在师生之间具有很好的沟通能力，在小组学习中具有较好的团队合作能力 | 在师生之间具有很好的沟通能力，在小组学习中能够参与团队合作 | 在师生之间具有很好的沟通能力，在小组学习中不能参与团队合作 |

| | | 9分~10分 | 7分~8分 | 4分~6分 | 2分~3分 | 0分~1分 |
|---|---|---|---|---|---|---|
| 课堂表现 | 当众发言（10分） | 积极踊跃参与小组研讨，并代表小组回答问题，且表达清晰准确 | 比较积极踊跃参与小组研讨，并代表小组回答问题 | 能够主动参与小组研讨 | 能够参与小组研讨 | 不能参与小组研讨 |
| | | 16分~20分 | 12分~15分 | 8分~11分 | 4分~7分 | 0分~3分 |
| 写作技能 | 内容主题（20分） | 能独立完成写作，文章结构与内容主题符合简历要求 | 能独自较为熟练完成写作，文章结构与内容主题基本符合简历要求 | 能在他人指导下完成写作，文章结构与内容主题基本符合简历要求 | 能在他人多次指导下完成写作，文章结构基本符合简历要求 | 未能完成写作 |
| | | 16分~20分 | 12分~15分 | 8分~11分 | 4分~7分 | 0分~3分 |
| | 文字表达（20分） | 行文流畅，逻辑清晰，能根据简历要求充分展示自己、推销自己，让听众了解自己 | 行文较为流畅，逻辑较为清晰，能根据简历要求让听众了解自己 | 行文较为流畅，基本符合简历要求 | 行文较为流畅 | 未能有效表达 |
| | | 16分~20分 | 12分~15分 | 8分~11分 | 4分~7分 | 0分~3分 |
| 展示效果 | 展示效果（20分） | 能够脱稿展示，充分吸引听众注意力，获得支持，赢得选票 | 能够脱稿展示，并吸引听众注意力 | 能够凭借文稿完成展示，并吸引听众注意力 | 能够凭借文稿完成展示 | 未能完成展示 |

# 训练任务二　自我介绍写作

一分钟自我介绍

**【任务描述】**

请认真阅读任务情境，撰写一篇300字左右的自我介绍。

自我介绍就是把自己介绍给别人，使别人认识自己。自我介绍在求职简历中往往以"本人概况"或"本人自评"等形式出现。如果学校要在学生中招一批班主任助理，而你又想应聘该岗位，请你撰写一篇300字左右的自我介绍，把你自己介绍给班主任，让班主任进一步认识你、了解你。

**【任务分析】**

自我介绍是应聘者给招聘者的第一印象，一定要突出应聘者的特点和亮点，给招聘者留下良好印象。请注意内容不要过于琐碎，也不能过于简单。主要内容应包括个人基本情况（如姓名、学历、专业等）、个人经历及岗位竞争优势等。在写作之前应先了解拟应聘岗位的情况，梳理个人经历、能力，提炼自身亮点，找准与拟聘岗位相匹配的能力与优势。

【任务要求】

| 步骤 | 要求 |
|---|---|
| 1. 形成任务小组 | （1）形成 6～8 人的写作小组<br>（2）确定小组长 |
| 2. 分析任务情境 | （1）小组研讨任务情境，确定自我介绍写作提纲，推选一名代表<br>（2）小组代表上台介绍写作提纲，教师记录情况并进行点评 |
| 3. 撰写自我介绍 | 每位组员参照本组写作提纲撰写自我介绍 |
| 4. 自我介绍研讨 | （1）小组内朗读个人自我介绍<br>（2）小组选出优秀作品及代表上台展示<br>（3）教师对展示情况进行点评<br>（4）个人进一步修改完善自我介绍<br>（5）展示修改后的自我介绍 |

【任务提醒】

1. 自我介绍不需要面面俱到地罗列自己所有的信息，以免分散招聘人员的注意力。要注意突出重点、详略得当，做到客观、真实，不夸大、不虚构，也不要过于谦虚。

2. 自我介绍要"投其所好"。撰写自我介绍前要先搞清楚自己应聘该岗位具有的优势和强项。

3. 内容排列的次序也很重要。放在最前面的，一定是你最希望招聘人员记住的事情。

4. 要把握好篇幅，合理分配各项内容所占篇幅。要着重突出自己在岗位竞聘中的优势，争取让招聘人员记住你、看重你。

【任务测评】

任务完成情况和展示环节的评分表

| 任务编号 | 4-2 | | 任务名称 | | 自我介绍写作 | |
|---|---|---|---|---|---|---|
| 学生姓名 | | 组别 | | 组内职务 | | |
| 评测项目 | | | 自评 | 小组评分 | | 教师评分 |
| 课堂表现 | 学习态度（15 分） | | | | | |
| | 沟通合作（15 分） | | | | | |
| | 当众发言（10 分） | | | | | |
| 写作技能 | 内容主题（20 分） | | | | | |
| | 文字表达（20 分） | | | | | |

| 展示效果 | 展示效果（20分） | | | | |
|---|---|---|---|---|---|
| 评分结果 | 小计 | | | | |
| | 总分 | | | | |
| 学生签字 | | 年 月 日 | 教师签字 | | 年 月 日 |

### 评分标准

| 项目 | | A | B | C | D | E |
|---|---|---|---|---|---|---|
| 课堂表现 | 学习态度（15分） | 13分～15分 在积极主动、虚心求教、自主学习、细致严谨方面表现优秀，令师生称赞 | 9分～12分 在积极主动、虚心求教、自主学习、细致严谨方面表现良好 | 6分～8分 在积极主动、虚心求教、自主学习、细致严谨方面表现较好 | 3分～5分 在积极主动、虚心求教、自主学习、细致严谨方面表现尚可 | 0分～2分 在积极主动、虚心求教、自主学习、细致严谨方面均有待加强 |
| | 沟通合作（15分） | 13分～15分 在师生之间具有很好的沟通能力，在小组学习中具有很强的团队合作能力 | 9分～12分 在师生之间具有很好的沟通能力，在小组学习中具有良好的团队合作能力 | 6分～8分 在师生之间具有很好的沟通能力，在小组学习中具有较好的团队合作能力 | 3分～5分 在师生之间具有很好的沟通能力，在小组学习中能够参与团队合作 | 0分～2分 在师生之间具有很好的沟通能力，在小组学习中不能参与团队合作 |
| | 当众发言（10分） | 9分～10分 积极踊跃参与小组研讨，并代表小组回答问题，且表达清晰准确 | 7分～8分 比较积极踊跃参与小组研讨，并代表小组回答问题 | 4分～6分 能够主动参与小组研讨 | 2分～3分 能够参与小组研讨 | 0分～1分 不能参与小组研讨 |
| 写作技能 | 内容主题（20分） | 16分～20分 能独立完成写作，文章结构与内容主题符合自我介绍要求 | 12分～15分 能独自较为熟练完成写作，文章结构与内容主题基本符合自我介绍要求 | 8分～11分 能在他人指导下完成写作，文章结构与内容主题基本符合自我介绍要求 | 4分～7分 能在他人多次指导下完成写作，文章结构基本符合自我介绍要求 | 0分～3分 未能完成写作 |
| | 文字表达（20分） | 16分～20分 行文流畅，逻辑清晰，能根据自我介绍要求充分展示自己、推销自己，让听众了解自己 | 12分～15分 行文较为流畅，逻辑较为清晰，能根据自我介绍要求让听众了解自己 | 8分～11分 行文较为流畅，基本符合自我介绍要求 | 4分～7分 行文较为流畅 | 0分～3分 未能有效表达 |
| 展示效果 | 展示效果（20分） | 16分～20分 能够脱稿展示，充分吸引听众注意力，获得支持，赢得选票 | 12分～15分 能够脱稿展示，并吸引听众注意力 | 8分～11分 能够凭借文稿完成展示，并吸引听众注意力 | 4分～7分 能够凭借文稿完成展示 | 0分～3分 未能完成展示 |

# 训练任务三　做好自我评价

## 【任务描述】

请认真阅读任务情境，对下面的自我评价做修改。

陈强即将大学毕业，为参加校园招聘会，他特地制作了一份简历。他在简历中的"自我评价"一栏中写到："对自己喜欢的工作负责。有更深层次的思考维度，不轻易随波逐流。有一定的团队意识和抗压能力。为人随和且不迁怒于他人。"你认为他这样写合适吗？运用所学知识，指出这则自我评价的不妥之处并对这则自我评价做修改。

## 【任务分析】

简历中的自我评价是应聘者对自己的能力特长、思想、愿望、行为、个性特点等各方面表现的判断和评价。自我评价是求职者进行自我导向与控制、自我审视与诊断、自我促进与激励的过程。正确的自我评价，可以促进自我设计、自我发展、自我实现和自我完善，也是招聘者对应聘者做出初步评估的重要考量因素。要想充分发挥自我评价的积极作用，需要克服心理上自我提高和自我保护的干扰，客观、准确地把握自己的状态和发展趋势，实事求是地评价自己。

## 【任务要求】

| 步骤 | 要求 |
| --- | --- |
| 1. 形成任务小组 | （1）形成6~8人的写作小组<br>（2）确定小组长 |
| 2. 分析任务情境 | （1）小组研讨任务情境，找出题目中自我评价表述不合适的地方，指出表述不恰当的原因<br>（2）各小组推选出一名代表上台介绍小组研讨结果，教师记录情况并进行点评 |
| 3. 撰写自我评价 | 各小组成员每人根据自己目前的情况和意愿，设定一个目标岗位，撰写一个超过200~300字的自我评价 |
| 4. 自我评价研讨 | （1）小组内朗读个人自我评价<br>（2）小组选出优秀作品上台展示<br>（3）教师对展示情况进行点评<br>（4）个人进一步修改完善自我评价<br>（5）展示修改后的自我评价 |

## 【任务提醒】

撰写自我评价可从以下几点着手：

1. 个性特点，如招聘信息中有性格方面的要求，可突显自己相应的特点。
2. 学习情况，如成绩情况，各类证书、奖励获得情况。
3. 社会活动、社会实践情况，如担任学生助理、学生干部，参加社会活动等情况。

4. 能力与特长，突显与岗位相匹配的能力与特长。

5. 今后打算，表达自己录用后奋发有为的意愿、期望等。

自我评价的结构，可采用一段式，也可采用多段式。要实事求是，条理清晰，用语准确。

【任务测评】

任务完成情况和展示环节的评分表

| 任务编号 | 4-3 | | 任务名称 | | 做好自我评价 | |
|---|---|---|---|---|---|---|
| 学生姓名 | | 组别 | | 组内职务 | | |
| | 评测项目 | | 自评 | 小组评分 | | 教师评分 |
| 课堂表现 | 学习态度（15分） | | | | | |
| | 沟通合作（15分） | | | | | |
| | 当众发言（10分） | | | | | |
| 写作技能 | 内容主题（20分） | | | | | |
| | 文字表达（20分） | | | | | |
| 展示效果 | 展示效果（20分） | | | | | |
| 评分结果 | 小计 | | | | | |
| | 总分 | | | | | |
| 学生签字 | | 年　月　日 | | 教师签字 | | 年　月　日 |
| | | | 评分标准 | | | |
| 项目 | | A | B | C | D | E |
| 课堂表现 | 学习态度（15分） | 13分~15分 | 9分~12分 | 6分~8分 | 3分~5分 | 0分~2分 |
| | | 在积极主动、虚心求教、自主学习、细致严谨方面表现优秀，令师生称赞 | 在积极主动、虚心求教、自主学习、细致严谨方面表现良好 | 在积极主动、虚心求教、自主学习、细致严谨方面表现较好 | 在积极主动、虚心求教、自主学习、细致严谨方面表现尚可 | 在积极主动、虚心求教、自主学习、细致严谨方面均有待加强 |
| | 沟通合作（15分） | 13分~15分 | 9分~12分 | 6分~8分 | 3分~5分 | 0分~2分 |
| | | 在师生之间具有很好的沟通能力，在小组学习中具有很强的团队合作能力 | 在师生之间具有很好的沟通能力，在小组学习中具有良好的团队合作能力 | 在师生之间具有很好的沟通能力，在小组学习中具有较好的团队合作能力 | 在师生之间具有很好的沟通能力，在小组学习中能够参与团队合作 | 在师生之间具有很好的沟通能力，在小组学习中不能参与团队合作 |

| | | 9分~10分 | 7分~8分 | 4分~6分 | 2分~3分 | 0分~1分 |
|---|---|---|---|---|---|---|
| 课堂表现 | 当众发言（10分） | 积极踊跃参与小组研讨，并代表小组回答问题，且表达清晰准确 | 比较积极踊跃参与小组研讨，并代表小组回答问题 | 能够主动参与小组研讨 | 能够参与小组研讨 | 不能参与小组研讨 |
| | | 16分~20分 | 12分~15分 | 8分~11分 | 4分~7分 | 0分~3分 |
| 写作技能 | 内容主题（20分） | 能独立完成写作，文章结构与内容主题符合自我评价要求 | 能独自较为熟练完成写作，文章结构与内容主题基本符合自我评价要求 | 能在他人指导下完成写作，文章结构与内容主题基本符合自我评价要求 | 能在他人多次指导下完成写作，文章结构基本符合自我评价要求 | 未能完成写作 |
| | | 16分~20分 | 12分~15分 | 8分~11分 | 4分~7分 | 0分~3分 |
| | 文字表达（20分） | 行文流畅，逻辑清晰，能根据自我评价要求充分展示自己、推销自己，让听众了解自己 | 行文较为流畅，逻辑较为清晰，能根据自我评价要求让听众了解自己 | 行文较为流畅，基本符合自我评价要求 | 行文较为流畅 | 未能有效表达 |
| | | 16分~20分 | 12分~15分 | 8分~11分 | 4分~7分 | 0分~3分 |
| 展示效果 | 展示效果（20分） | 能够脱稿展示，充分吸引听众注意力，获得支持，赢得选票 | 能够脱稿展示，并吸引听众注意力 | 能够凭借文稿完成展示，并吸引听众注意力 | 能够凭借文稿完成展示 | 未能完成展示 |

写作训练四　简历写作实操

# 写作训练五　请示写作实操

**写作准备**

根据写作指导"知识链接"专题内容,完成思维导图的制作。

# 训练任务一　请求批准和指导类请示的写作

【任务描述】

请认真阅读任务情境，完成关于成立金葵影视艺术协会请示的写作。

随着影视产业高速发展和影视的普及，看电影、追剧已经成为大学生重要的休闲方式之一。我们把看电影、电视剧当作一种娱乐方式，但电影和电视剧却改变着我们的生活，对我们的世界观、价值观、道德观等产生了潜移默化的影响。张阳、王静、程龙是来自同一所大学不同专业的学生，因为爱看电影经常聚在一起。他们看到不少同学都爱看电影、爱追剧，决定成立一个关于影视艺术的学生社团。该社团以丰富大学生校园文化生活、提高大学生影视鉴赏能力为目的，引导大学生通过影视作品培养高尚情操，提升文化素质和道德修养。

社团已经按照学校学生社团管理办法，完成相关筹备工作，准备好了协会章程草案、发起人和拟任负责人基本情况介绍及相关证件的复印件、指导教师确认书及基本情况、身份证明和业务指导部门意见等材料。

【任务分析】

该任务是要写一份请求上级机关批准成立新社团的请示，属于请求批准和指导类请示，上级机关只需要做出答复，明确表态或给出相关指导意见即可，一般不涉及具体的实物、资金帮扶和支持。请示应该严格按照公文格式进行写作：标题可以选用事由+文种的方式；主送机关应为社团主管部门，一般为校级团委；主体部分重点说明成立金葵影视艺术协会的必要性、重要性和前期筹备情况，这直接关系到请示事项是否能通过；章程草案、相关情况介绍、指导老师和业务部门确认书等不需要在正文一一列举，可作为附件呈现。

【任务要求】

| 步骤 | 要求 |
| --- | --- |
| 1. 形成任务小组 | （1）形成6~8人的写作小组<br>（2）确定小组长 |
| 2. 分析任务情境 | （1）小组共同研讨任务情境，明确任务要求，提出写作难点和重点<br>（2）小组代表上台报告本小组研讨情况，教师对小组研讨结果进行记录并点评 |
| 3. 个人拟写请示 | 个人按任务要求完成请示的写作 |
| 4. 开展作品研讨 | （1）小组内交流个人拟写的请示<br>（2）小组选出优秀作品及代表参加班级展示<br>（3）教师对作业和学生表现进行点评<br>（4）个人进一步修改完善各自拟写的请示 |

写作训练五　请示写作实操

【任务提醒】

1. 主体部分重点说明成立金葵影视艺术协会的必要性，可以使用"为了……""进一

步扩大……""更好地……"等句式,一一列举社团成立的必要性,层层推进,逻辑清晰。

2. 注意一事一文,集中围绕协会成立一事论述,切勿掺杂其他事项请示。

【任务测评】

任务完成情况和展示环节的评分表

| 任务编号 | 5-1 | | 任务名称 | | 请求批准和指导类请示的写作 | |
|---|---|---|---|---|---|---|
| 学生姓名 | | | 组别 | | 组内职务 | |
| | 评测项目 | | 自评 | | 小组评分 | 教师评分 |
| 课堂表现 | 学习态度(10分) | | | | | |
| | 沟通合作(10分) | | | | | |
| | 当众发言(10分) | | | | | |
| 写作技能 | 格式规范(20分) | | | | | |
| | 事由充分(15分) | | | | | |
| | 条理清晰(15分) | | | | | |
| | 语言准确(20分) | | | | | |
| 评分结果 | 小计 | | | | | |
| | 总分 | | | | | |
| 学生签字 | | | 年  月  日 | 教师签字 | | 年  月  日 |

| 评分标准 |||||||
|---|---|---|---|---|---|---|
| 项目 || A | B | C | D | E |
| 课堂表现 | 学习态度(10分) | 9分~10分 | 7分~8分 | 5分~6分 | 3分~4分 | 0分~2分 |
| | | 在积极主动、虚心求教、自主学习、细致严谨方面表现优秀,令师生称赞 | 在积极主动、虚心求教、自主学习、细致严谨方面表现良好 | 在积极主动、虚心求教、自主学习、细致严谨方面表现较好 | 在积极主动、虚心求教、自主学习、细致严谨方面表现尚可 | 在积极主动、虚心求教、自主学习、细致严谨方面均有待加强 |
| | 沟通合作(10分) | 9分~10分 | 7分~8分 | 5分~6分 | 3分~4分 | 0分~2分 |
| | | 在师生之间具有很好的沟通能力,在小组学习中具有很强的团队合作能力 | 在师生之间具有很好的沟通能力,在小组学习中具有良好的团队合作能力 | 在师生之间具有很好的沟通能力,在小组学习中具有较好的团队合作能力 | 在师生之间具有很好的沟通能力,在小组学习中能够参与团队合作 | 在师生之间具有很好的沟通能力,在小组学习中不能参与团队合作 |

| 课堂表现 | 当众发言（10分） | 9分~10分 积极踊跃参与小组研讨，并代表小组回答问题，且表达清晰准确 | 7分~8分 比较积极踊跃参与小组研讨，并代表小组回答问题 | 5分~6分 能够主动参与小组研讨 | 3分~4分 能够参与小组研讨 | 0分~2分 不能参与小组研讨 |
|---|---|---|---|---|---|---|
| 写作技能 | 格式规范（20分） | 16分~20分 能独立完成写作，文章格式符合请示要求 | 12分~15分 能独自较为熟练完成写作，文章格式基本符合请示要求 | 8分~11分 能在他人指导下完成写作，文章格式基本符合请示要求 | 4分~7分 能在他人多次指导下完成写作，文章格式符合请示要求 | 0分~3分 未能完成写作 |
| | 事由充分（15分） | 13分~15分 能独立完成写作，请示事由客观、具体、合理、充分，请示事项明确，以便上级机关及时决断，做出有针对性的批复 | 10分~12分 能独自较为熟练完成写作，请示事由较为客观、具体、合理、充分，请示事项较为明确，能给上级机关决断和批复提供一定的参考 | 7分~9分 能在他人指导下完成写作，请示事由较为客观、具体、合理、充分，请示事项较明确 | 4分~6分 能在他人多次指导下完成写作，请示事由不够充分，请示事项不明确 | 0分~3分 未能完成写作 |
| | 条理清晰（15分） | 13分~15分 能根据请示要求独立完成写作，行文流畅，逻辑清晰 | 10分~12分 能根据请示要求独自较为熟练完成写作，行文较为流畅，逻辑较为清晰 | 7分~9分 能根据请示要求在他人指导下完成写作，行文较为流畅，逻辑较为清晰 | 4分~6分 能在他人多次指导下完成写作，行文不够流畅，逻辑不够清晰 | 0分~3分 未能完成写作 |
| | 语言准确（20分） | 16分~20分 能独立完成写作，语言表达准确、简练、得体、平实 | 12分~15分 能独自较为熟练完成写作，语言表达较为准确、简练、得体、平实 | 8分~11分 能在他人指导下完成写作，语言表达较为准确、简练、得体、平实 | 4分~7分 能在他人多次指导下完成写作，语言表达不够准确、简练、得体、平实 | 0分~3分 未能完成写作 |

## 训练任务二　请求支持和帮助类请示的写作

### 【任务描述】

认真阅读任务情境，完成关于金葵影视艺术协会办公场地请示的写作。

金葵影视艺术协会是由学校党委领导、校团委具体指导，人文学院协助管理，依照学校有关规章制度成立的一个年轻协会。协会成立至今已有一年，以"展现影视魅力，丰富校园生活"为理念，带领同学在欣赏优秀影视作品的同时，了解影视文化，挖掘影视作品内涵，深受同学们欢迎，协会现有会员三百多人。

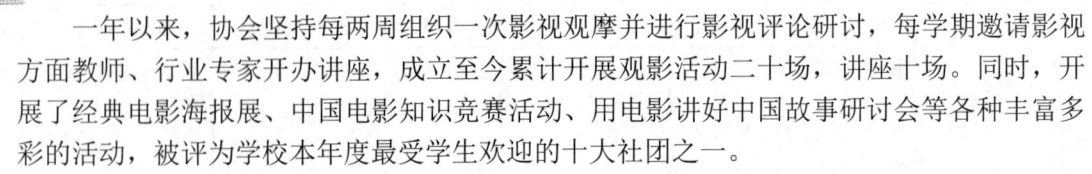

一年以来，协会坚持每两周组织一次影视观摩并进行影视评论研讨，每学期邀请影视方面教师、行业专家开办讲座，成立至今累计开展观影活动二十场，讲座十场。同时，开展了经典电影海报展、中国电影知识竞赛活动、用电影讲好中国故事研讨会等各种丰富多彩的活动，被评为学校本年度最受学生欢迎的十大社团之一。

社团成立至今尚无办公场所。随着社团的不断发展壮大，为方便社团管理及开展社团日常工作、存放社团重要文件资料，现申请一间可以容纳十人工作的办公室作为社团固定办公场所。

【任务分析】

该任务是写一份关于请求上级机关提供场地作为社团固定办公室的请示，属于请求支持和帮助类请示。此类请示往往是下级机关因为自己无法解决的事情而向上级发请求，希望上级机关给予人力、物力、财力、场地等方面的支持，所以请示正文中要写清楚谁、为何需要支持和帮助、具体需要上级提供什么支持或帮助。金葵影视艺术协会请求上级机关予以固定场地的支持，理由包括：协会一年来开展了丰富多彩的活动，深受同学们喜欢；协会成立一年尚无固定场地；协会持续发展需要固定场地。为了方便上级机关更有针对性地解决问题，正文中也需要交代需要多大的办公室场地。

【任务要求】

| 步骤 | 要求 |
| --- | --- |
| 1. 形成任务小组 | （1）形成6~8人的写作小组<br>（2）确定小组长 |
| 2. 分析任务情境 | （1）小组共同研讨任务情境，明确任务要求，提出写作难点和重点<br>（2）小组代表上台报告本小组研讨情况，教师对小组研讨结果进行记录并点评 |
| 3. 个人拟写请示 | 个人按照任务要求完成请示的写作 |
| 4. 开展作品研讨 | （1）小组内交流个人拟写的请示<br>（2）小组选出优秀作品及代表参加班级展示<br>（3）教师对作业和学生表现进行点评<br>（4）个人进一步修改完善各自拟写的请示 |

【任务提醒】

1. 要明确主送机关。金葵影视协会属于学校团委统一管理的学生社团，但是请示事项为办公场地，办公场地一般由学校后勤处负责管理。

2. 该请示为请求支持和帮助类请示，一般先写请示缘由，然后水到渠成地引出请示事项。

3. 请示的事项要具体，正文必须明确所需要场地是用于什么、供多少人使用，以便上级机关决策。

【任务测评】

### 任务完成情况和展示环节的评分表

| 任务编号 | 5-2 | | 任务名称 | | 请求支持和帮助类请示的写作 |
|---|---|---|---|---|---|
| 学生姓名 | | 组别 | | 组内职务 | |
| | 评测项目 | | 自评 | 小组评分 | 教师评分 |
| 课堂表现 | 学习态度（10分） | | | | |
| | 沟通合作（10分） | | | | |
| | 当众发言（10分） | | | | |
| 写作技能 | 格式规范（20分） | | | | |
| | 事由充分（15分） | | | | |
| | 条理清晰（15分） | | | | |
| | 语言准确（20分） | | | | |
| 评分结果 | 小计 | | | | |
| | 总分 | | | | |
| 学生签字 | | 年　月　日 | 教师签字 | | 年　月　日 |

### 评分标准

| | 项目 | A | B | C | D | E |
|---|---|---|---|---|---|---|
| 课堂表现 | 学习态度（10分） | 9分~10分 在积极主动、虚心求教、自主学习、细致严谨方面表现优秀，令师生称赞 | 7分~8分 在积极主动、虚心求教、自主学习、细致严谨方面表现良好 | 5分~6分 在积极主动、虚心求教、自主学习、细致严谨方面表现较好 | 3分~4分 在积极主动、虚心求教、自主学习、细致严谨方面表现尚可 | 0分~2分 在积极主动、虚心求教、自主学习、细致严谨方面均有待加强 |
| | 沟通合作（10分） | 9分~10分 在师生之间具有很好的沟通能力，在小组学习中具有很强的团队合作能力 | 7分~8分 在师生之间具有很好的沟通能力，在小组学习中具有良好的团队合作能力 | 5分~6分 在师生之间具有很好的沟通能力，在小组学习中具有较好的团队合作能力 | 3分~4分 在师生之间具有很好的沟通能力，在小组学习中能够参与团队合作 | 0分~2分 在师生之间具有很好的沟通能力，在小组学习中不能参与团队合作 |
| | 当众发言（10分） | 9分~10分 积极踊跃参与小组研讨，并代表小组回答问题，且表达清晰准确 | 7分~8分 比较积极踊跃参与小组研讨，并代表小组回答问题 | 5分~6分 能够主动参与小组研讨 | 3分~4分 能够参与小组研讨 | 0分~2分 不能参与小组研讨 |

| | | 16分~20分 | 12分~15分 | 8分~11分 | 4分~7分 | 0分~3分 |
| --- | --- | --- | --- | --- | --- | --- |
| 写作技能 | 格式规范（20分） | 能独立完成写作，文章格式符合请示要求 | 能独自较为熟练完成写作，文章格式基本符合请示要求 | 能在他人指导下完成写作，文章格式基本符合请示要求 | 能在他人多次指导下完成写作，文章格式符合请示要求 | 未能完成写作 |
| | | 13分~15分 | 10分~12分 | 7分~9分 | 4分~6分 | 0分~3分 |
| | 事由充分（15分） | 能独立完成写作，请示事由客观、具体、合理、充分，请示事项明确，以便上级机关及时决断，做出有针对性的批复 | 能独自较为熟练完成写作，请示事由较为客观、具体、合理、充分，请示事项较为明确，能给上级机关决断和批复提供一定的参考 | 能在他人指导下完成写作，请示事由较为客观、具体、合理、充分，请示事项较明确 | 能在他人多次指导下完成写作，请示事由不够充分，请示事项不明确 | 未能完成写作 |
| | | 13分~15分 | 10分~12分 | 7分~9分 | 4分~6分 | 0分~3分 |
| | 条理清晰（15分） | 能根据请示要求独立完成写作，行文流畅，逻辑清晰 | 能根据请示要求独自较为熟练完成写作，行文较为流畅，逻辑较为清晰 | 能根据请示要求在他人指导下完成写作，行文较为流畅，逻辑较为清晰 | 能在他人多次指导下完成写作，行文不够流畅，逻辑不够清晰 | 未能完成写作 |
| | | 16分~20分 | 12分~15分 | 8分~11分 | 4分~7分 | 0分~3分 |
| | 语言准确（20分） | 能独立完成写作，语言表达准确、简练、得体、平实 | 能独自较为熟练完成写作，语言表达较为准确、简练、得体、平实 | 能在他人指导下完成写作，语言表达较为准确、简练、得体、平实 | 能在他人多次指导下完成写作，语言表达不够准确、简练、得体、平实 | 未能完成写作 |

# 训练任务三　请求转批请示的写作

## 【任务描述】

认真阅读任务情境，完成关于学校举办首届影视文化节请示的写作。

家国情怀是我们中国人特有的情愫。近年来，越来越多的影视作品用视听语言讲述家国与共的故事：《流浪地球》带着家一起"流浪"，是一种嵌入到内心深处的家国情怀；《航拍中国》以上帝视角带领观众领略中华大地的壮美，以大好河山激荡家国情怀；《掬水月在手》既是对叶嘉莹先生个人诗词人生的讲述，也显示出华夏民族独有的诗词情怀；电视剧《大山的女儿》中黄文秀带着对祖国和人民的爱，用生命谱写扶贫路上的青春赞歌。

为了丰富校园文化生活，传播优秀国产影视作品，提高广大师生影视鉴赏能力，弘扬社会主义核心价值观，进一步培养和增强大学生的文化自觉、文化自信和使命担当，校团委将举办以"家·国"为主题的首届大学生影视文化节，金葵影视艺术协会作为承办单位，负责影视文化节的策划和组织工作。现在金葵影视艺术协会已经完成活动策划并经过可行性论证，需要将本届大学生影视文化节的活动方案呈报给校团委审批。

【任务分析】

该任务是要写一份关于请求上级机关审批活动方案的请示，属于请求转批类请示。此类请示往往是下级机关根据相关规定、上级工作安排和本部门职责权限，制定某些规划、方案、细则等，需经过上级机关批准方能公布实行，所以请示标题采用事由+文种的形式，具体为"关于呈报某某方案的请示"。请示正文的内容一般较为简短，请示原因多为交代背景、引用文件或要求，用于表明向上级请示的必要性和程序性，常用语句为"为贯彻落实……指示要求/会议精神，进一步推动……现根据……的相关规定，结合……实际情况，特制定……方案。"上级机关是否予以批准通过，较少受请示原因是否"情理"充沛影响，真正需要上级机关审批的内容是方案本身是否科学合理、切实可行。活动方案作为附件出现。

【任务要求】

| 步骤 | 要求 |
| --- | --- |
| 1. 形成任务小组 | （1）形成6~8人的写作小组<br>（2）确定小组长 |
| 2. 分析任务情境 | （1）小组共同研讨任务情境，明确任务要求，提出写作难点和重点<br>（2）小组代表上台报告本小组研讨情况，教师对小组研讨结果进行记录并点评 |
| 3. 个人拟写请示 | 个人按照任务要求完成请示的写作 |
| 4. 开展作品研讨 | （1）小组内交流个人拟写的请示<br>（2）小组选出优秀作品及代表参加班级展示<br>（3）教师对作业和学生表现进行点评<br>（4）个人进一步修改完善各自拟写的请示 |

【任务提醒】

1. 请求转批类请示关于请示原因的论述，较其他两种类型的请示文种而言更加简短，因为该类请示呈请一般是"规定动作"，附件中呈报审批的方案才是该请示的重点。

2. 请求转批类请示需要上级机关审批的规划、方案、条例虽然是请示的真正重点所在，但不要列在请示的正文中，应以附件的形式出现。

【任务测评】

**任务完成情况和展示环节的评分表**

| 任务编号 | 5-3 | | 任务名称 | 请求转批请示的写作 | |
|---|---|---|---|---|---|
| 学生姓名 | | 组别 | | 组内职务 | |
| | 评测项目 | | 自评 | 小组评分 | 教师评分 |
| 课堂表现 | 学习态度（10分） | | | | |
| | 沟通合作（10分） | | | | |
| | 当众发言（10分） | | | | |
| 写作技能 | 格式规范（20分） | | | | |
| | 事由充分（15分） | | | | |
| | 条理清晰（15分） | | | | |
| | 语言准确（20分） | | | | |
| 评分结果 | 小计 | | | | |
| | 总分 | | | | |
| 学生签字 | | 年　月　日 | 教师签字 | | 年　月　日 |
| | | 评分标准 | | | |

| | 项目 | A | B | C | D | E |
|---|---|---|---|---|---|---|
| 课堂表现 | 学习态度（10分） | 9分~10分 | 7分~8分 | 5分~6分 | 3分~4分 | 0分~2分 |
| | | 在积极主动、虚心求教、自主学习、细致严谨方面表现优秀，令师生称赞 | 在积极主动、虚心求教、自主学习、细致严谨方面表现良好 | 在积极主动、虚心求教、自主学习、细致严谨方面表现较好 | 在积极主动、虚心求教、自主学习、细致严谨方面表现尚可 | 在积极主动、虚心求教、自主学习、细致严谨方面均有待加强 |
| | 沟通合作（10分） | 9分~10分 | 7分~8分 | 5分~6分 | 3分~4分 | 0分~2分 |
| | | 在师生之间具有很好的沟通能力，在小组学习中具有很强的团队合作能力 | 在师生之间具有很好的沟通能力，在小组学习中具有良好的团队合作能力 | 在师生之间具有很好的沟通能力，在小组学习中具有较好的团队合作能力 | 在师生之间具有很好的沟通能力，在小组学习中能够参与团队合作 | 在师生之间具有很好的沟通能力，在小组学习中不能参与团队合作 |

| | | 9分~10分 | 7分~8分 | 5分~6分 | 3分~4分 | 0分~2分 |
|---|---|---|---|---|---|---|
| 课堂表现 | 当众发言（10分） | 积极踊跃参与小组研讨，并代表小组回答问题，且表达清晰准确 | 比较积极踊跃参与小组研讨，并代表小组回答问题 | 能够主动参与小组研讨 | 能够参与小组研讨 | 不能参与小组研讨 |
| | | 16分~20分 | 12分~15分 | 8分~11分 | 4分~7分 | 0分~3分 |
| 写作技能 | 格式规范（20分） | 能独立完成写作，文章格式符合请示要求 | 能独自较为熟练完成写作，文章格式基本符合请示要求 | 能在他人指导下完成写作，文章格式基本符合请示要求 | 能在他人多次指导下完成写作，文章格式符合请示要求 | 未能完成写作 |
| | | 13分~15分 | 10分~12分 | 7分~9分 | 4分~6分 | 0分~3分 |
| | 事由充分（15分） | 能独立完成写作，请示事由客观、具体、合理、充分，请示事项明确，以便上级机关及时决断，做出有针对性的批复 | 能独自较为熟练完成写作，请示事由较为客观、具体、合理、充分，请示事项较为明确，能给上级机关决断和批复提供一定的参考 | 能在他人指导下完成写作，请示事由较为客观、具体、合理、充分，请示事项较明确 | 能在他人多次指导下完成写作，请示事由不够充分，请示事项不明确 | 未能完成写作 |
| | | 13分~15分 | 10分~12分 | 7分~9分 | 4分~6分 | 0分~3分 |
| | 条理清晰（15分） | 能根据请示要求独立完成写作，行文流畅，逻辑清晰 | 能根据请示要求独自较为熟练完成写作，行文较为流畅，逻辑较为清晰 | 能根据请示要求在他人指导下完成写作，行文较为流畅，逻辑较为清晰 | 能在他人多次指导下完成写作，行文不够流畅，逻辑不够清晰 | 未能完成写作 |
| | | 16分~20分 | 12分~15分 | 8分~11分 | 4分~7分 | 0分~3分 |
| | 语言准确（20分） | 能独立完成写作，语言表达准确、简练、得体、平实 | 能独自较为熟练完成写作，语言表达较为准确、简练、得体、平实 | 能在他人指导下完成写作，语言表达较为准确、简练、得体、平实 | 能在他人多次指导下完成写作，语言表达不够准确、简练、得体、平实 | 未能完成写作 |

# 写作训练六　演讲稿写作实操

 **写作准备**

根据写作指导"知识链接"专题内容,完成思维导图的制作。

# 训练任务一　竞选演讲稿写作

【任务描述】

请认真阅读任务情境，完成一篇600字左右的竞选演讲稿写作。

理想的大学生活是什么样的？青春该是什么模样？无社团，不青春！芳华学子邂逅丰富多彩的社团文化，是人生经历的一道美丽彩虹。进入大学，在众多的大学社团中，你中意哪一个？

下面是学校部分社团简介，请写一篇社团面试演讲稿，做好社团竞选面试演讲准备。

1．金葵花合唱团是一支朝气蓬勃、特色鲜明的合唱队伍，作为学校文化交流的重要窗口，将人文素质教育的优秀成果展现给社会，为展示学校师生良好的精神风貌与人文素养搭建了优质的艺术实践平台。金葵花合唱团配备了专业的教师指导团队，获得社会各界的广泛好评。

2．南朝街舞社是一个为校内热爱Hip-Hop文化的学生创建的社团组织，致力于推广纯正的街舞文化，传扬和平、友爱、自由和分享快乐的Hip-Hop文化精神，他们活跃在校内外各大舞台，取得了许多令人瞩目的成绩。

3．墨香缘书画协会成立于1992年，是学校成立最早的社团之一，现有新老会员2000余名。社团不仅培养书画方面的人才，还传授装裱书画的技艺，旨在传承我国历史悠久的书法及国画文化，弘扬中华民族博大精深的优秀传统文化。

4．飞扬乒乓球协会，简称"飞扬乒协"，成立于2004年，以"展示自我，锻炼自我，提高自我"为口号，秉承"以球会友，拼搏人生"的协会宗旨，致力于打造一个优秀的乒乓球交流平台，创建一个锻炼自我展示自我的空间。

5．翰林演讲与口才协会，成立于2005年，是一个面向全校，旨在提高学生演讲与口才水平，增强学生社交能力的社团。它集演讲、辩论、表演为一体，以"丰富会员知识，锻炼会员口才"为宗旨，积极开展活动，推动校园文化建设，活跃校园气氛，丰富学生课余生活。

6．艺葵非遗手工创客协会，成立于2017年，主要开展传统手工制作学习交流活动，目前影响比较大的活动有创意集市、汉服集市、中秋集市等课外活动，开设刺绣、扎染、缝纫等手工学习培训，对外承接手工制作接单，对内实行手工制作派单，在培养学生的动手能力和创新思维方面打响了自己的品牌。

7．青年志愿者协会，成立于2020年，以"奉献、友爱、互助、进步"为服务宗旨，以"团结进取、服务社会、提升自我"为服务精神，组织和指导全校青年志愿服务活动，为需要帮助的同学或校外有特殊困难人群提供服务，课余开展社会公益与社会保障等方面的活动。

【任务分析】

竞选演讲是为了展示自己、推销自己，让听众了解自己，从而获得支持，赢得选票。竞选演讲稿一般由标题、称呼和正文三部分构成。标题说明竞选的目标；称呼要视听众而定；正文开头简要介绍自己的情况，主体部分可以展示自

大学社团竞选演讲

己的优势，表明自己的打算，委婉地点一下自身的不足之处，化不利为有利，结尾可以用希望语气赢得选票，也可以恳切地表明自己竞选的态度，赢得支持。

## 【任务要求】

| 步骤 | 要求 |
|---|---|
| 1．形成任务小组 | （1）形成6~8人的写作小组<br>（2）确定小组长 |
| 2．任务情境分析 | （1）小组研讨任务情境，确定竞选演讲稿写作提纲<br>（2）小组代表上台解说演讲稿写作提纲，教师对小组研讨结果进行记录并点评 |
| 3．演讲稿写作 | 个人参照演讲稿写作提纲完成竞选演讲稿写作 |
| 4．演讲稿作品研讨 | （1）小组内朗读个人竞选演讲稿<br>（2）小组选出优秀作品及代表参加班级展示<br>（3）教师对演讲稿及小组代表展示进行点评<br>（4）个人进一步修改完善竞选演讲稿<br>（5）班级模拟组织竞选演讲会 |

## 【任务提醒】

竞选演讲稿写作要建立在对社团调查研究的基础上。

竞选演讲稿首先要凸显自己的优势。

竞选演讲稿要讲清自己进入社团后将怎么做，有什么打算，突出自己可能带给社团的贡献或改变。

按下面的提示准备竞选演讲：

1．为什么要参加竞选。

2．我竞选的优势。

3．我的目标。

4．我的希望。

……

## 【任务测评】

任务完成情况和展示环节的评分表

| 任务编号 | 6-1 |  | 任务名称 |  | 竞选演讲稿写作 |
|---|---|---|---|---|---|
| 学生姓名 |  | 组别 |  | 组内职务 |  |
|  | 评测项目 | 自评 |  | 小组评分 | 教师评分 |
| 课堂表现 | 学习态度（15分） |  |  |  |  |
|  | 沟通合作（15分） |  |  |  |  |
|  | 当众发言（10分） |  |  |  |  |

| | | | | | | |
|---|---|---|---|---|---|---|
| 写作技能 | 内容主题（20 分） | | | | | |
| | 文字表达（20 分） | | | | | |
| 演讲效果 | 演讲效果（20 分） | | | | | |
| 评分结果 | 小计 | | | | | |
| | 总分 | | | | | |
| 学生签字 | | 年　月　日 | | 教师签字 | | 年　月　日 |

| | | 评分标准 | | | | |
|---|---|---|---|---|---|---|
| | 项目 | A | B | C | D | E |
| 课堂表现 | 学习态度（15 分） | 13 分～15 分　在积极主动、虚心求教、自主学习、细致严谨方面表现优秀，令师生称赞 | 9 分～12 分　在积极主动、虚心求教、自主学习、细致严谨方面表现良好 | 6 分～8 分　在积极主动、虚心求教、自主学习、细致严谨方面表现较好 | 3 分～5 分　在积极主动、虚心求教、自主学习、细致严谨方面表现尚可 | 0 分～2 分　在积极主动、虚心求教、自主学习、细致严谨方面均有待加强 |
| | 沟通合作（15 分） | 13 分～15 分　在师生之间具有很好的沟通能力，在小组学习中具有很强的团队合作能力 | 9 分～12 分　在师生之间具有很好的沟通能力，在小组学习中具有良好的团队合作能力 | 6 分～8 分　在师生之间具有很好的沟通能力，在小组学习中具有较好的团队合作能力 | 3 分～5 分　在师生之间具有很好的沟通能力，在小组学习中能够参与团队合作 | 0 分～2 分　在师生之间具有很好的沟通能力，在小组学习中不能参与团队合作 |
| | 当众发言（10 分） | 9 分～10 分　积极踊跃参与小组研讨，并代表小组回答问题，且表达清晰准确 | 7 分～8 分　比较积极踊跃参与小组研讨，并代表小组回答问题 | 4 分～6 分　能够主动参与小组研讨 | 2 分～3 分　能够参与小组研讨 | 0 分～1 分　不能参与小组研讨 |
| 写作技能 | 内容主题（20 分） | 16 分～20 分　能独立完成写作，文章结构与内容主题符合竞选演讲稿要求 | 12 分～15 分　能独自较为熟练完成写作，文章结构与内容主题基本符合竞选演讲稿要求 | 8 分～11 分　能在他人指导下完成写作，文章结构与内容主题基本符合竞选演讲稿要求 | 4 分～7 分　能在他人多次指导下完成写作，文章结构基本符合竞选演讲稿要求 | 0 分～3 分　未能完成写作 |
| | 文字表达（20 分） | 16 分～20 分　行文流畅，逻辑清晰，能根据竞选演讲稿要求充分展示自己 | 12 分～15 分　行文较为流畅，逻辑较为清晰，能根据竞选演讲稿要求让听众了解自己 | 8 分～11 分　行文较为流畅，基本符合竞选演讲稿要求 | 4 分～7 分　行文较为流畅 | 0 分～3 分　未能有效表达 |

| 演讲效果 | 演讲效果（20分） | 16分~20分 | 12分~15分 | 8分~11分 | 4分~7分 | 0分~3分 |
|---|---|---|---|---|---|---|
| | | 能够恰当使用有声语言、态势语等演讲技巧脱稿演讲，充分吸引听众注意力，获得支持 | 能够使用有声语言、态势语等演讲技巧脱稿演讲，并吸引听众注意力 | 能够凭借演讲稿完成演讲，并吸引听众注意力 | 能够凭借演讲稿完成演讲 | 未能完成演讲 |

# 训练任务二　就职演讲稿写作

【任务描述】

请认真阅读任务情境，完成一篇 800 字左右的就职演讲稿写作。

唯改革者进，唯创新者强，唯改革创新者胜。富有改革创新精神的你，经过层层选拔，获聘为社团团长。在即将举行的"梦想起航，薪火相传"学校社团联合会换届大会上，校团委老师选定你担任新任团长代表发言。你面对新的角色、新的挑战，踌躇满志。

请结合 51 页训练任务一"任务描述"中各社团简介，写一篇就职演讲稿，做好换届大会就职演讲准备。

【任务分析】

就职演讲的目的，一般来说带有一定的宣传鼓动性，通过演讲阐述自己的思想理念、任职愿景、方法措施等，希望进一步获得上级或大众的认同和支持。正文一般先表达自己任职的心情、对大家的感谢；主体部分分析当前面临的形势任务，展示自己的任期规划、主要措施、重点工作等；结尾可以表示决心许诺，发出号召，再次感谢。

大学社团就职演讲

【任务要求】

| 步骤 | 要求 |
|---|---|
| 1. 形成任务小组 | （1）形成 6~8 人的写作小组<br>（2）确定小组长 |
| 2. 任务情境分析 | （1）小组研讨任务情境，确定就职演讲稿写作提纲<br>（2）小组代表上台解说演讲稿写作提纲，教师对小组研讨结果进行记录并点评 |
| 3. 演讲稿写作 | 个人参照演讲稿写作提纲完成就职演讲稿写作 |
| 4. 演讲稿作品研讨 | （1）小组内朗读个人就职演讲稿<br>（2）小组选出优秀作品及代表参加班级展示<br>（3）教师对演讲稿及小组代表展示进行点评<br>（4）个人进一步修改完善就职演讲稿<br>（5）班级模拟组织就职演讲会 |

**【任务提醒】**

1. 就职演讲稿写作要有的放矢，充分考虑听众是谁，并思考他们希望听到什么、了解什么。
2. 就职演讲观点要集中、鲜明，联系实际，实事求是，切实可行。
3. 就职演讲稿要突出演讲者的信心能力。
4. 工作规划部分要针对现实亟须解决的问题展开，要言之有物。
5. 演讲语言要通俗易懂，感情充沛真挚。
6. 演讲要条理清楚，逻辑性强，有比较强的说服力和鼓动力。
7. 按下面的提示准备就职演讲：
（1）感谢大家的信任和支持。
（2）面临的形势任务和对任期的规划。
（3）实现规划的主要做法措施。
（4）近期要完成的重点工作。
（5）展望未来，发出号召。
（6）再次感谢。

**【任务测评】**

任务完成情况和展示环节的评分表

| 任务编号 | | 6-2 | | 任务名称 | | 就职演讲稿写作 | |
|---|---|---|---|---|---|---|---|
| 学生姓名 | | | 组别 | | 组内职务 | | |
| | 评测项目 | | 自评 | | 小组评分 | | 教师评分 |
| 课堂表现 | 学习态度（15分） | | | | | | |
| | 沟通合作（15分） | | | | | | |
| | 当众发言（10分） | | | | | | |
| 写作技能 | 内容主题（20分） | | | | | | |
| | 文字表达（20分） | | | | | | |
| 演讲效果 | 演讲效果（20分） | | | | | | |
| 评分结果 | 小计 | | | | | | |
| | 总分 | | | | | | |
| 学生签字 | | | | 年 月 日 | 教师签字 | | 年 月 日 |

| 评分标准 |||||||
|---|---|---|---|---|---|---|
| 项目 || A | B | C | D | E |
| 课堂表现 | 学习态度（15分） | 13分~15分 | 9分~12分 | 6分~8分 | 3分~5分 | 0分~2分 |
| ^ | ^ | 在积极主动、虚心求教、自主学习、细致严谨方面表现优秀，令师生称赞 | 在积极主动、虚心求教、自主学习、细致严谨方面表现良好 | 在积极主动、虚心求教、自主学习、细致严谨方面表现较好 | 在积极主动、虚心求教、自主学习、细致严谨方面表现尚可 | 在积极主动、虚心求教、自主学习、细致严谨方面均有待加强 |
| ^ | 沟通合作（15分） | 13分~15分 | 9分~12分 | 6分~8分 | 3分~5分 | 0分~2分 |
| ^ | ^ | 在师生之间具有很好的沟通能力，在小组学习中具有很强的团队合作能力 | 在师生之间具有很好的沟通能力，在小组学习中具有良好的团队合作能力 | 在师生之间具有很好的沟通能力，在小组学习中具有较好的团队合作能力 | 在师生之间具有很好的沟通能力，在小组学习中能够参与团队合作 | 在师生之间具有很好的沟通能力，在小组学习中不能参与团队合作 |
| ^ | 当众发言（10分） | 9分~10分 | 7分~8分 | 4分~6分 | 2分~3分 | 0分~1分 |
| ^ | ^ | 积极踊跃参与小组研讨，并代表小组回答问题，且表达清晰准确 | 比较积极踊跃参与小组研讨，并代表小组回答问题 | 能够主动参与小组研讨 | 能够参与小组研讨 | 不能参与小组研讨 |
| 写作技能 | 内容主题（20分） | 16分~20分 | 12分~15分 | 8分~11分 | 4分~7分 | 0分~3分 |
| ^ | ^ | 能独立完成写作，文章结构与内容主题符合就职演讲稿要求 | 能独自较为熟练完成写作，文章结构与内容主题基本符合就职演讲稿要求 | 能在他人指导下完成写作，文章结构与内容主题基本符合就职演讲稿要求 | 能在他人多次指导下完成写作，文章结构基本符合就职演讲稿要求 | 未能完成写作 |
| ^ | 文字表达（20分） | 16分~20分 | 12分~15分 | 8分~11分 | 4分~7分 | 0分~3分 |
| ^ | ^ | 行文流畅，逻辑清晰，能根据就职演讲稿要求言之有物，具有号召力，能得到听众支持 | 行文较为流畅，逻辑较为清晰，能根据就职演讲稿要求言之有物，能得到听众支持 | 行文较为流畅，基本符合就职演讲稿要求，言之有物 | 行文较为流畅 | 未能有效表达 |
| 演讲效果 | 演讲效果（20分） | 16分~20分 | 12分~15分 | 8分~11分 | 4分~7分 | 0分~3分 |
| ^ | ^ | 能够恰当使用有声语言、态势语等演讲技巧脱稿演讲，充分吸引听众注意力，获得支持 | 能够使用有声语言、态势语等演讲技巧脱稿演讲，并吸引听众注意力 | 能够凭借演讲稿完成演讲，并吸引听众注意力 | 能够凭借演讲稿完成演讲 | 未能完成演讲 |

# 训练任务三　主题演讲稿写作

## 【任务描述】

请认真阅读任务情境，完成一篇1000字左右的演讲稿写作。

元旦节到来之际，学校贴出一则举办"我们的新时代"演讲比赛的启事。启事内容提到：这是我们的新时代，是奋斗者的新时代。进入大学，我们的学习生活翻开了新的一页，在充满青春活力的校园里，大家踔厉奋发、奋楫争先。请你讲讲自己的事或发生在身边的事，展现在这个新时代里大家扬帆起航、乘风破浪的拼搏精神和感人故事。

社团决定由你作为代表参加演讲比赛，请写一篇以"我们的新时代"为主题的演讲稿，做好主题演讲准备。

## 【任务分析】

"我们的新时代"主题演讲

主题演讲的目的是针对某个问题，阐明自己的见解和主张，引起共鸣，发人深思，宣传鼓动。主题演讲要围绕所给的题目进行演讲，内容不能偏离所给题目的范围，但演讲稿的题目可以自拟。

主题演讲稿一般由标题、称呼和正文三部分构成。标题是主题的高度概括；称呼要视听众而定；正文先揭示主题，或引起听众思考等，主体部分围绕主题，通过一个个故事体现主题和思考，或旁征博引，引经据典，层层推进等，结尾一般要给听众留下深刻印象，或强调主题，或引发思考，或幽默俏皮，或发出号召进行鼓动等。

## 【任务要求】

| 步骤 | 要求 |
| --- | --- |
| 1. 形成任务小组 | （1）形成6~8人的写作小组<br>（2）确定小组长 |
| 2. 任务情境分析 | （1）小组研讨任务情境，确定主题演讲稿写作提纲<br>（2）小组代表上台解说演讲稿写作提纲，教师对小组研讨结果进行记录并点评 |
| 3. 演讲稿写作 | 个人参照演讲稿写作提纲完成主题演讲稿写作 |
| 4. 演讲稿作品研讨 | （1）小组内朗读个人主题演讲稿<br>（2）小组选出优秀作品及代表参加班级展示<br>（3）教师对演讲稿及小组代表展示进行点评<br>（4）个人进一步修改完善主题演讲稿<br>（5）班级模拟组织主题演讲会 |

## 【任务提醒】

1. 最吸引听众的话题，是那些与特定个人背景有关系的话题。要从自己或他人的生活经历中寻找富有启示的话题，深入自己的记忆搜寻那些有意义并给人留下深刻印象的事情，把它们作为演讲的话题。

2．主题演讲要多讲故事、举例子，通过讲故事、摆道理打动听众，感染听众，说服听众。

3．主题演讲要调动自己丰富的想象力、敏捷的思维能力、大量的语言和材料储备，体现一定的知识广度和思想深度。

4．尽量使用古诗、名句、名言或者网络上、社会上切中时代利弊的新词吸引听众。

5．按下面的提示准备主题演讲：

（1）我理解的"新时代"。

（2）这个新时代里发生在自己身上或他人身上感人的故事。

（3）我们应该怎样创造属于我们的"新时代"。

（4）灵活而恰当地引经据典。

（5）给演讲稿配上有力的标题。

（6）尽量首尾呼应，突出重点。

【任务测评】

任务完成情况和展示环节的评分表

| 任务编号 | 6-3 | | 任务名称 | | 主题演讲稿写作 | |
|---|---|---|---|---|---|---|
| 学生姓名 | | 组别 | | 组内职务 | | |
| | 评测项目 | | 自评 | | 小组评分 | 教师评分 |
| 课堂表现 | 学习态度（15分） | | | | | |
| | 沟通合作（15分） | | | | | |
| | 当众发言（10分） | | | | | |
| 写作技能 | 内容主题（20分） | | | | | |
| | 文字表达（20分） | | | | | |
| 演讲效果 | 演讲效果（20分） | | | | | |
| 评分结果 | 小计 | | | | | |
| | 总分 | | | | | |
| 学生签字 | | | 年 月 日 | 教师签字 | | 年 月 日 |

| 评分标准 |||||||
|---|---|---|---|---|---|---|
| | 项目 | A | B | C | D | E |
| 课堂表现 | 学习态度（15分） | 13分~15分<br>在积极主动、虚心求教、自主学习、细致严谨方面表现优秀，令师生称赞 | 9分~12分<br>在积极主动、虚心求教、自主学习、细致严谨方面表现良好 | 6分~8分<br>在积极主动、虚心求教、自主学习、细致严谨方面表现较好 | 3分~5分<br>在积极主动、虚心求教、自主学习、细致严谨方面表现尚可 | 0分~2分<br>在积极主动、虚心求教、自主学习、细致严谨方面均有待加强 |
| | 沟通合作（15分） | 13分~15分<br>在师生之间具有很好的沟通能力，在小组学习中具有很强的团队合作能力 | 9分~12分<br>在师生之间具有很好的沟通能力，在小组学习中具有良好的团队合作能力 | 6分~8分<br>在师生之间具有很好的沟通能力，在小组学习中具有较好的团队合作能力 | 3分~5分<br>在师生之间具有很好的沟通能力，在小组学习中能够参与团队合作 | 0分~2分<br>在师生之间具有很好的沟通能力，在小组学习中不能参与团队合作 |
| | 当众发言（10分） | 9分~10分<br>积极踊跃参与小组研讨，并代表小组回答问题，且表达清晰准确 | 7分~8分<br>比较积极踊跃参与小组研讨，并代表小组回答问题 | 4分~6分<br>能够主动参与小组研讨 | 2分~3分<br>能够参与小组研讨 | 0分~1分<br>不能参与小组研讨 |
| 写作技能 | 内容主题（20分） | 16分~20分<br>能独立完成写作，文章结构与内容主题符合主题演讲稿要求 | 12分~15分<br>能独自较为熟练完成写作，文章结构与内容主题基本符合主题演讲稿要求 | 8分~11分<br>能在他人指导下完成写作，文章结构与内容主题基本符合主题演讲稿要求 | 4分~7分<br>能在他人多次指导下完成写作，文章结构基本符合主题演讲稿要求 | 0分~3分<br>未能完成写作 |
| | 文字表达（20分） | 16分~20分<br>行文流畅，逻辑清晰，能根据主题演讲稿要求，通过讲故事、摆道理等打动、感染、说服听众 | 12分~15分<br>行文较为流畅，逻辑较为清晰，能根据主题演讲稿要求言之有物，能吸引听众 | 8分~11分<br>行文较为流畅，基本符合主题演讲稿要求，言之有物 | 4分~7分<br>行文较为流畅 | 0分~3分<br>未能有效表达 |
| 演讲效果 | 演讲效果（20分） | 16分~20分<br>能够恰当使用有声语言、态势语等演讲技巧脱稿演讲，充分吸引听众注意力，获得支持 | 12分~15分<br>能够使用有声语言、态势语等演讲技巧脱稿演讲，并吸引听众注意力 | 8分~11分<br>能够凭借演讲稿完成演讲，并吸引听众注意力 | 4分~7分<br>能够凭借演讲稿完成演讲 | 0分~3分<br>未能完成演讲 |

# 写作训练七　短视频脚本设计与写作实操

 **写作准备**

根据写作指导"知识链接"专题内容，完成短视频脚本设计与写作的思维导图。

# 训练任务一　风光美·短视频脚本写作

**【任务描述】**

请认真阅读任务情境，完成一份不少于 10 个镜头的短视频脚本。

山清水秀、良辰美景，是上天赠予我们的宝贵财富，在知名的景区、在温暖的家乡、在纯真的校园、在清静的城郊、在我们与亲朋好友相聚的地方，都有可能与美丽的风景偶遇，向我们展示这个世界的美好，让我们更加热爱生活，激发我们的家国情怀。

请选择一处给你留下深刻印象的佳景，思考如何通过一段短视频去展示这个地方的优美风光，并将你的构思写成一份短视频脚本。

**【任务分析】**

以展示美丽风光为主要内容，首先要物色好拍摄对象，最好是自己熟悉并且发自内心觉得美的地方（拍摄对象），然后明确自己想要表达的情感态度，分析这个地方有什么样的标志性物件（如一片湖、一座山、一个雕像、一片花海等），思考这些物件如何构成当地的特色风貌（视频结构、脚本写作框架），每一处地方应该用什么景别和镜头来取得最好的拍摄效果，这个地方在什么季节什么天气什么时段什么角度拍摄最美。

**【任务要求】**

| 步骤 | 要求 |
| --- | --- |
| 1. 形成任务小组 | （1）组建 5 人左右的设计小组<br>（2）确定小组长 |
| 2. 分析任务情境 | （1）小组研讨任务情境，确定短视频要展示的对象<br>（2）小组分析拍摄对象的特色亮点和标志性物件、拍摄视角、视频段落结构、总体风格等 |
| 3. 脚本写作 | 集体研讨，共同设计，参照脚本格式完成脚本写作 |
| 4. 作品分享研讨 | （1）小组代表上台展示脚本并做设计思路汇报<br>（2）班级其他小组对展示的脚本提出存在的问题<br>（3）创作小组作出回应<br>（4）教师进行总结点评 |

**【任务提醒】**

风光短视频脚本设计与写作，需要前期现场踩点、确定典型场景。

每个地方都有其惊艳处，也有其不完美的一角，要善于发现，并在脚本设计中突出其美好的视角。

需要注意脚本的框架和结构，比如是按方位顺序去展示一处美景，还是按物件类别（山、水、楼、庭等），抑或按照冷暖色对比等。

在脚本写作中，要运用"知识链接"里提到的镜头语言知识，正确领会并运用恰当的镜头设计。

要注意短视频的整体氛围和风格，并选择适当的配乐。

【任务测评】

### 任务完成情况和展示环节的评分表

| 任务编号 | | 7-1 | | 任务名称 | | 风光美·短视频脚本写作 | |
|---|---|---|---|---|---|---|---|
| 学生姓名 | | | 组别 | | | 组内职务 | |
| | | 评测项目 | | 自评 | | 小组评分 | 教师评分 |
| 课堂表现 | | 学习态度（15分） | | | | | |
| | | 沟通合作（15分） | | | | | |
| | | 课堂互动（10分） | | | | | |
| 写作技能 | | 内容主题（20分） | | | | | |
| | | 逻辑衔接（20分） | | | | | |
| 视频效果 | | 声画预期（20分） | | | | | |
| 评分结果 | | 小计 | | | | | |
| | | 总分 | | | | | |
| 学生签字 | | | 年　月　日 | | 教师签字 | | 年　月　日 |

### 评分标准

| | 项目 | A | B | C | D | E |
|---|---|---|---|---|---|---|
| 课堂表现 | 学习态度（15分） | 13分～15分 | 9分～12分 | 6分～8分 | 3分～5分 | 0分～2分 |
| | | 在积极主动、虚心求教、自主学习、细致严谨方面表现优秀，令师生称赞 | 在积极主动、虚心求教、自主学习、细致严谨方面表现良好 | 在积极主动、虚心求教、自主学习、细致严谨方面表现较好 | 在积极主动、虚心求教、自主学习、细致严谨方面表现尚可 | 在积极主动、虚心求教、自主学习、细致严谨方面均有待加强 |
| | 沟通合作（15分） | 13分～15分 | 9分～12分 | 6分～8分 | 3分～5分 | 0分～2分 |
| | | 在师生之间具有很好的沟通能力，在小组学习中具有很强的团队合作能力 | 在师生之间具有很好的沟通能力，在小组学习中具有良好的团队合作能力 | 在师生之间具有很好的沟通能力，在小组学习中具有较好的团队合作能力 | 在师生之间具有很好的沟通能力，在小组学习中能够参与团队合作 | 在师生之间具有很好的沟通能力，在小组学习中不能参与团队合作 |

| 课堂表现 | 课堂互动（10分） | 9分~10分 | 7分~8分 | 4分~6分 | 2分~3分 | 0分~1分 |
|---|---|---|---|---|---|---|
| | | 积极踊跃参与小组研讨，并代表小组回答问题，且表达清晰准确 | 比较积极踊跃参与小组研讨，并代表小组回答问题 | 能够主动参与小组研讨 | 能够参与小组研讨 | 不能参与小组研讨 |
| 写作技能 | 内容主题（20分） | 16分~20分 | 12分~15分 | 8分~11分 | 4分~7分 | 0分~3分 |
| | | 能独立完成写作，脚本结构与内容主题展现风光美 | 能较为熟练地完成写作，脚本结构与内容主题展现风光美 | 能在他人指导下完成写作，脚本结构与内容主题基本能展现风光美 | 能在他人多次指导下完成写作，脚本结构与内容主题基本能展现风光美 | 未能完成写作 |
| | 逻辑衔接（20分） | 16分~20分 | 12分~15分 | 8分~11分 | 4分~7分 | 0分~3分 |
| | | 内容合理，表达流畅，逻辑清晰，不存在视听语言各要素间的相互矛盾，构图、运镜、配音等元素贴合画面内在事实或情绪表达 | 内容合理，表达流畅，逻辑清晰，存在个别视听语言各要素间的相互矛盾，构图、运镜、配音等元素基本贴合画面内在事实或情绪表达 | 内容较合理，表达较流畅，视听语言各要素间存在较多相互矛盾，视听语言与内容表达存在一定程度的脱节 | 内容较合理，表达较流畅，视听语言各要素间存在较多矛盾，视听语言与内容表达严重脱节 | 内容不合理，表达不流畅，视听语言各要素间存在很多矛盾，视听语言与内容表达严重脱节 |
| 视频效果 | 声画预期（20分） | 16分~20分 | 12分~15分 | 8分~11分 | 4分~7分 | 0分~3分 |
| | | 镜头内容完整，连贯性和逻辑性强，画面预期精美，景别、运镜设计丰富、合理，配乐恰当，镜头简洁且具意象美 | 镜头内容完整，连贯性和逻辑性强，画面预期精美，景别、运镜设计较丰富、合理，配乐较恰当，镜头简洁且具意象美 | 镜头内容较完整，连贯性和逻辑性较强，画面预期较好，景别、运镜不够丰富，配乐一般，镜头简洁不足 | 镜头内容不完整，连贯性和逻辑性不足，画面预期一般，景别、运镜不当，配乐一般、镜头简洁不足 | 镜头内容不完整，连贯性和逻辑性严重失误，画面预期差，景别、运镜不当，配乐不当 |

# 训练任务二　人性美·短视频脚本写作

【任务描述】

请认真阅读任务情境，完成一份不少于12个镜头的短视频脚本。

正义、良知、赤诚、友爱、诚信……总有一种情怀，让我们泪流满面；总有一种力量，伴我们勇敢前行。在我们所经历的和正在经历的生活中，总有一些人、一些事，也许是我们的亲朋好友，也许是发生在我们身边的故事，也许是网友分享的故事……这个世界每天都有动人的故事发生，那些展现了人性美好的小故事，温暖着我们，激励着我们成为更好的人。

回忆你经历或听说的往事，把其中的一件美好往事，写成短视频脚本分享给别人。

## 【任务分析】

1. 展现人性美，就必然有人的存在，以人物身上的故事作为主体。故事性是短视频吸引受众的重要因素，而故事背后体现出的情感因素（人性美），则可以让视频升格为精神食粮，令人久久回味。

2. 打动他人之前，先要打动自己。脚本设计的故事来源，一定是自己真切被感动过的人和事，如果是自己亲身经历的事件更佳。

3. 故事，意味着有相对完整的剧情，以及必要的因果铺垫或背景交代。在脚本设计中要注意镜头之间的呼应关系，避免脚本中的故事线索令人摸不着头脑。

4. 故事中的人物与事件，必然有情感元素的存在。在脚本设计中，要在理解景别、运镜等镜头语言的基础上，正确运用镜头、恰当传达情绪。

## 【任务要求】

| 步骤 | 要求 |
| --- | --- |
| 1．形成任务小组 | （1）组建5人左右的设计小组<br>（2）确定小组长 |
| 2．分析任务情境 | （1）组员交换故事、交流观点，最终选定一则可以体现"人性美"的故事作为脚本设计依据<br>（2）提炼故事框架（因果、逻辑、起因和结局等）、确定叙事方式（顺序、倒叙、插叙）等 |
| 3．脚本设计与写作 | 集体研讨景别、运镜的功能，参照叙事线条排列镜头内容，梳理画面内容和台词，选定恰当的背景音乐，参照脚本格式完成脚本写作 |
| 4．作品分享研讨 | （1）小组代表上台展示脚本并做设计思路汇报<br>（2）班级其他小组交流讨论，对脚本设计与写作存在的不足提出问题<br>（3）创作小组回应<br>（4）教师进行总结点评 |

## 【任务提醒】

1. 脚本所展现的剧情不但要有故事，还要有情感，即体现"人性美"的情感。

2. 故事应有头有尾，镜头所讲述的故事发展要交代清楚因果关系并符合生活逻辑，叙事与抒情镜头要做到情景交融（前者常用中景镜头，后者常用特写镜头并配上背景音乐）。

3. 脚本各镜头之间要体现内容上的因果（逻辑性）和形式上的变化（丰富性），单个镜头里面注意景别、运镜方式、镜头时长等要素的搭配合理性。

4. 脚本的结尾镜头如果能带来引人深思的效果，会强化短视频的艺术感，提高审美趣味。

【任务测评】

**任务完成情况和展示环节的评分表**

| 任务编号 | 7-2 | | 任务名称 | | 人性美·短视频脚本写作 | |
|---|---|---|---|---|---|---|
| 学生姓名 | | | 组别 | | 组内职务 | |
| 评测项目 | | | 自评 | | 小组评分 | 教师评分 |
| 课堂表现 | 学习态度（15分） | | | | | |
| | 沟通合作（15分） | | | | | |
| | 课堂互动（10分） | | | | | |
| 写作技能 | 内容主题（20分） | | | | | |
| | 逻辑衔接（20分） | | | | | |
| 视频效果 | 声画预期（20分） | | | | | |
| 评分结果 | 小计 | | | | | |
| | 总分 | | | | | |
| 学生签字 | | | 年 月 日 | 教师签字 | | 年 月 日 |
| 评分标准 | | | | | | |

| 项目 | | A | B | C | D | E |
|---|---|---|---|---|---|---|
| 课堂表现 | 学习态度（15分） | 13分~15分<br>在积极主动、虚心求教、自主学习、细致严谨方面表现优秀，令师生称赞 | 9分~12分<br>在积极主动、虚心求教、自主学习、细致严谨方面表现良好 | 6分~8分<br>在积极主动、虚心求教、自主学习、细致严谨方面表现较好 | 3分~5分<br>在积极主动、虚心求教、自主学习、细致严谨方面表现尚可 | 0分~2分<br>在积极主动、虚心求教、自主学习、细致严谨方面均有待加强 |
| | 沟通合作（15分） | 13分~15分<br>在师生之间具有很好的沟通能力，在小组学习中具有很强的团队合作能力 | 9分~12分<br>在师生之间具有很好的沟通能力，在小组学习中具有良好的团队合作能力 | 6分~8分<br>在师生之间具有很好的沟通能力，在小组学习中具有较好的团队合作能力 | 3分~5分<br>在师生之间具有很好的沟通能力，在小组学习中能够参与团队合作 | 0分~2分<br>在师生之间具有很好的沟通能力，在小组学习中不能参与团队合作 |
| | 课堂互动（10分） | 9分~10分<br>积极踊跃参与小组研讨，并代表小组回答问题，且表达清晰准确 | 7分~8分<br>比较积极踊跃参与小组研讨，并代表小组回答问题 | 4分~6分<br>能够主动参与小组研讨 | 2分~3分<br>能够参与小组研讨 | 0分~1分<br>不能参与小组研讨 |

| | | 16分~20分 | 12分~15分 | 8分~11分 | 4分~7分 | 0分~3分 |
|---|---|---|---|---|---|---|
| 写作技能 | 内容主题（20分） | 能独立完成写作，脚本结构与内容主题展现人性美 | 能较为熟练地完成写作，脚本结构与内容主题展现人性美 | 能在他人指导下完成写作，脚本结构与内容主题基本能展现人性美 | 能在他人多次指导下完成写作，脚本结构与内容主题基本能展现人性美 | 未能完成写作 |
| | | 16分~20分 | 12分~15分 | 8分~11分 | 4分~7分 | 0分~3分 |
| | 逻辑衔接（20分） | 内容合理，表达流畅，逻辑清晰，不存在视听语言各要素间的相互矛盾，构图、运镜、配音等元素贴合画面内在事实或情绪表达 | 内容合理，表达流畅，逻辑清晰，存在个别视听语言各要素间的相互矛盾，构图、运镜、配音等元素基本贴合画面内在事实或情绪表达 | 内容较合理，表达较流畅，视听语言各要素间存在较多相互矛盾，视听语言与内容表达存在一定程度的脱节 | 内容较合理，表达较流畅，视听语言各要素间存在较多矛盾，视听语言与内容表达严重脱节 | 内容不合理，表达不流畅，视听语言各要素间存在很多矛盾，视听语言与内容表达严重脱节 |
| 视频效果 | 声画预期（20分） | 16分~20分 | 12分~15分 | 8分~11分 | 4分~7分 | 0分~3分 |
| | | 镜头内容完整，连贯性和逻辑性强，画面预期精美，景别、运镜设计丰富、合理，配乐恰当，镜头简洁且具意象美 | 镜头内容完整，连贯性和逻辑性强，画面预期精美，景别、运镜设计较丰富、合理，配乐较恰当，镜头简洁且具意象美 | 镜头内容较完整，连贯性和逻辑性较强，画面预期较好，景别、运镜不够丰富，配乐一般，镜头简洁不足 | 镜头内容不完整，连贯性和逻辑性不足，画面预期一般，景别、运镜不当，配乐一般，镜头简洁不足 | 镜头内容不完整，连贯性和逻辑性严重失误，画面预期差，景别、运镜不当，配乐不当 |

# 训练任务三 生活美·短视频脚本写作

## 【任务描述】

请认真阅读任务情境，完成一份不少于12个镜头的短视频脚本。

一年四季，有风霜雨雪，也有皓月晴天；我们的人生路上，可能会遭遇坎坷，然后一次次踏上坦途，遇见万丈星辉。每当遇到挫折与失败，保持积极乐观的心态是战胜困难的最大力量源泉。心怀希冀，永不放弃，跨过眼前的沟壑，前路一定会花团锦簇。

莫泊桑说过："生活不可能像你想象得那么好，但也不会像你想象得那么糟。我觉得人的脆弱和坚强都超乎自己的想象。有时，我可能脆弱得因为一句话就泪流满面；有时，也发现自己咬着牙走了很长的路。"

回忆往事，你曾经如何战胜内心的彷徨与恐惧？你如何面对前行的沟壑，一跃而过，踏上另一段征程？请以短视频脚本的形式，与大家一起分享你的一段光辉岁月，或是你难忘的一件事。

**【任务分析】**

1. 生活美，可以是自己的一段生活感受，也可以是自己的一段人生经历，或是自己曾经遇到的一件事，重要的是什么样的生活感受经历，承托着这份美。

2. 这段生活的美，其本质是滋润我们心灵的甘露，让我们成长，赋予我们将来战胜困难的信念、勇气和力量。

3. 这一段生活经历或事件，是否让你难以忘怀，启发过你、激励过你？

完成上述思考之后，写一个什么样的故事，你心中已经有了答案。接下来的事情就是，用镜头语言去把这样的人或事讲述出来，传递正能量。

**【任务要求】**

| 步骤 | 要求 |
| --- | --- |
| 1. 形成任务小组 | （1）组建 5 人左右的设计小组<br>（2）确定小组长 |
| 2. 分析任务情境 | （1）组员交换故事、交流观点，最终选定一则可以体现"生活美"的故事作为脚本设计依据<br>（2）提炼故事框架（因果、逻辑、起因和结局等）、确定叙事方式（顺序、倒叙、插叙）等 |
| 3. 脚本设计与写作 | 集体研讨景别、运镜的功能，参照叙事线条排列镜头内容，梳理画面内容和台词，选定恰当的背景音乐，参照脚本格式完成脚本写作 |
| 4. 作品分享研讨 | （1）小组代表上台展示脚本并做设计思路汇报<br>（2）班级其他小组交流讨论，对脚本设计与写作存在的不足提出问题<br>（3）创作小组回应<br>（4）教师进行总结点评 |

**【任务提醒】**

1. 一个恰当的故事，只是一个完美的载体，重要的是这个载体所承载的内容，即给人以力量的"生活美"。

2. 故事应具备"困境"与"希望"的前后对比，更重要的是两者之间当事人所呈现出来的积极心态、战胜困难的勇气与精神，表达出热爱生活的主题。

3. 脚本各镜头之间既要注重镜头语言上的丰富性和艺术性，又要体现剧情内容的连贯性和逻辑性。单个镜头内部，必须确保景别、运镜、时长、内容、台词等要素的一致性和合理性。

4. 设计出一两句让人深思、带有一定哲理性的文字，配上恰当的音乐，置于片头或片尾，会极大提升片子的品质，并给观众留下更深刻的印象。

【任务测评】

任务完成情况和展示环节的评分表

| 任务编号 | 7-3 | 任务名称 | | 生活美·短视频脚本写作 | |
|---|---|---|---|---|---|
| 学生姓名 | | 组别 | | 组内职务 | |
| | 评测项目 | | 自评 | 小组评分 | 教师评分 |
| 课堂表现 | 学习态度（15分） | | | | |
| | 沟通合作（15分） | | | | |
| | 课堂互动（10分） | | | | |
| 写作技能 | 内容主题（20分） | | | | |
| | 逻辑衔接（20分） | | | | |
| 视频效果 | 声画预期（20分） | | | | |
| 评分结果 | 小计 | | | | |
| | 总分 | | | | |
| 学生签字 | | 年 月 日 | 教师签字 | | 年 月 日 |
| 评分标准 ||||||

| 项目 | | A | B | C | D | E |
|---|---|---|---|---|---|---|
| 课堂表现 | 学习态度（15分） | 13分~15分 | 9分~12分 | 6分~8分 | 3分~5分 | 0分~2分 |
| | | 在积极主动、虚心求教、自主学习、细致严谨方面表现优秀，令师生称赞 | 在积极主动、虚心求教、自主学习、细致严谨方面表现良好 | 在积极主动、虚心求教、自主学习、细致严谨方面表现较好 | 在积极主动、虚心求教、自主学习、细致严谨方面表现尚可 | 在积极主动、虚心求教、自主学习、细致严谨方面均有待加强 |
| | 沟通合作（15分） | 13分~15分 | 9分~12分 | 6分~8分 | 3分~5分 | 0分~2分 |
| | | 在师生之间具有很好的沟通能力，在小组学习中具有很强的团队合作能力 | 在师生之间具有很好的沟通能力，在小组学习中具有良好的团队合作能力 | 在师生之间具有很好的沟通能力，在小组学习中具有较好的团队合作能力 | 在师生之间具有很好的沟通能力，在小组学习中能够参与团队合作 | 在师生之间具有很好的沟通能力，在小组学习中不能参与团队合作 |
| | 课堂互动（10分） | 9分~10分 | 7分~8分 | 4分~6分 | 2分~3分 | 0分~1分 |
| | | 积极踊跃参与小组研讨，并代表小组回答问题，且表达清晰准确 | 比较积极踊跃参与小组研讨，并代表小组回答问题 | 能够主动参与小组研讨 | 能够参与小组研讨 | 不能参与小组研讨 |

| | | 16分~20分 | 12分~15分 | 8分~11分 | 4分~7分 | 0分~3分 |
|---|---|---|---|---|---|---|
| 写作技能 | 内容主题（20分） | 能独立完成写作，脚本结构与内容主题展现生活美 | 能较为熟练地完成写作，脚本结构与内容主题展现生活美 | 能在他人指导下完成写作，脚本结构与内容主题基本能展现生活美 | 能在他人多次指导下完成写作，脚本结构与内容主题基本能展现生活美 | 未能完成写作 |
| | | 16分~20分 | 12分~15分 | 8分~11分 | 4分~7分 | 0分~3分 |
| | 逻辑衔接（20分） | 内容合理，表达流畅，逻辑清晰，不存在视听语言各要素间的相互矛盾，构图、运镜、配音等元素贴合画面内在事实或情绪表达 | 内容合理，表达流畅，逻辑清晰，存在个别视听语言各要素间的相互矛盾，构图、运镜、配音等元素基本贴合画面内在事实或情绪表达 | 内容较合理，表达较流畅，视听语言各要素间存在较多相互矛盾，视听语言与内容表达存在一定程度的脱节 | 内容较合理，表达较流畅，视听语言各要素间存在较多矛盾，视听语言与内容表达严重脱节 | 内容不合理，表达不流畅，视听语言各要素间存在很多矛盾，视听语言与内容表达严重脱节 |
| | | 16分~20分 | 12分~15分 | 8分~11分 | 4分~7分 | 0分~3分 |
| 视频效果 | 声画预期（20分） | 镜头内容完整，连贯性和逻辑性强，画面预期精美，景别、运镜设计丰富、合理，配乐恰当，镜头简洁且具意象美 | 镜头内容完整，连贯性和逻辑性强，画面预期精美，景别、运镜设计较丰富、合理，配乐较恰当，镜头简洁且具意象美 | 镜头内容较完整，连贯性和逻辑性较强，画面预期较好，景别、运镜不够丰富，配乐一般，镜头简洁不足 | 镜头内容不完整，连贯性和逻辑性不足，画面预期一般，景别、运镜不当，配乐一般，镜头简洁不足 | 镜头内容不完整，连贯性和逻辑性严重失误，画面预期差，景别、运镜不当，配乐不当 |

# 写作训练八　调查报告写作实操

 **写作准备**

根据写作指导"知识链接"专题内容,完成思维导图的制作。

# 训练任务一 情况调查报告写作

## 【任务描述】

请认真阅读任务情境,完成一篇 700 字左右的情况调查报告。

高校图书馆是大学生获取信息、开阔视野的重要场所,也是大学生重要的"第二课堂"。在现代信息终端获取技术普及的背景下,大学生的阅读方式和内容已经发生了很大变化。学校图书馆为了更好地服务学生,拟对本校大学生阅读习惯做一个调查。你愿意学以致用,协助学校图书馆完成这项调查并撰写一份我校大学生阅读情况的调查报告吗?

## 【任务分析】

情况调查报告所反映的内容比较广泛,它可以对社会上的政治、经济、文化等某一方面的某个问题、某个事件等进行调查研究,从而获得成果。情况调查报告的写法很灵活,一般由标题、前言、主体、结尾四部分组成。

1. 标题。可以直接说明调查的内容和范围,可以用单行标题或者双行标题的形式,如《关于××××的情况调查报告》《关于大学生体育锻炼情况的调查报告——以某职业技术大学为例》等。

2. 前言。可以简要说明调查目的、调查对象、调查时间、调查方法、调查结果等,也可以交代调查对象的基本情况,还可以提纲挈领,揭示整篇调查报告的主要内容。

3. 主体。主体是调查报告的核心,要对调查得来的具体情况进行叙述和评价。写法上可以按事件发生、发展的先后顺序展开叙述,也可以按照情况的几个方面并列来写,还可以两者穿插结合来写。不管采用哪种结构来写主体部分,一定要做到结构清楚、条理清晰。

4. 结尾。可以总结全文,深化主体;可以提出希望,展望未来;可以得出结论,指明方向;可以给出建议,以供参考。

## 【任务要求】

| 步骤 | 要求 |
| --- | --- |
| 1. 形成任务小组 | (1) 形成 6~8 人的写作小组<br>(2) 确定小组长 |
| 2. 分析任务情境 | (1) 小组研讨任务情境,确定小组的分工、调查方法、途径及情况调查报告的写作提纲<br>(2) 小组提交研讨的结果,教师对小组研讨结果进行记录并点评 |
| 3. 开展专题调查 | 按照小组研讨结果和分工开展相关调查工作 |
| 4. 撰写调查报告 | 分析获得的数据,个人撰写情况调查报告 |
| 5. 进行作品研讨 | (1) 小组内展示情况调查报告<br>(2) 小组选出优秀作品及代表参加班级展示<br>(3) 教师对情况调查报告及小组代表展示进行点评<br>(4) 以小组为单位进一步修改完善情况调查报告 |

【任务提醒】

1. 调查报告要先确定调查的目的、对象、方法和途径。

2. 调查报告要根据调查内容选准调查方法，最好同时采用 2～3 种方法，以确保调查数据的真实性和有效性。调查问卷是常用的调查方法，要注意调查问卷的设计，包括问题和选项的设计、调查问卷的投放和回收等。

3. 调查报告要对获得的材料和数据进行分析，逻辑要严密。特别是调查报告结尾部分得出的结论、意见和建议等，应与调查所得的材料和数据保持逻辑关联。

4. 按下面的提示准备调查报告：

（1）本次调查报告的目的是什么？

（2）明确调查报告的对象、方式方法。如果采用问卷调查法要做好调查问卷的设计，采用抽样调查法要做好样本的选取。

（3）对调查得到的数据进行分析。

（4）得出相应的结论、意见和建议，要与前面的调查分析的内容相关联。

【任务测评】

任务完成情况和展示环节的评分表

| 任务编号 | 8-1 | | 任务名称 | | 情况调查报告写作 | |
|---|---|---|---|---|---|---|
| 学生姓名 | | 组别 | | 组内职务 | | |
| | 评测项目 | | 自评 | 小组评分 | | 教师评分 |
| 课堂表现 | 学习态度（15分） | | | | | |
| | 沟通合作（15分） | | | | | |
| | 当众发言（10分） | | | | | |
| 写作技能 | 内容主题（20分） | | | | | |
| | 文字表达（20分） | | | | | |
| 展示效果 | 展示效果（20分） | | | | | |
| 评分结果 | 小计 | | | | | |
| | 总分 | | | | | |
| 学生签字 | | | 年　月　日 | 教师签字 | | 年　月　日 |

| 评分标准 |||||||
|---|---|---|---|---|---|---|
| 项目 || A | B | C | D | E |
| 课堂表现 | 学习态度（15分） | 13分~15分 | 9分~12分 | 6分~8分 | 3分~5分 | 0分~2分 |
| ^ | ^ | 在积极主动、虚心求教、自主学习、细致严谨方面表现优秀，令师生称赞 | 在积极主动、虚心求教、自主学习、细致严谨方面表现良好 | 在积极主动、虚心求教、自主学习、细致严谨方面表现较好 | 在积极主动、虚心求教、自主学习、细致严谨方面表现尚可 | 在积极主动、虚心求教、自主学习、细致严谨方面均有待加强 |
| ^ | 沟通合作（15分） | 13分~15分 | 9分~12分 | 6分~8分 | 3分~5分 | 0分~2分 |
| ^ | ^ | 在师生之间具有很好的沟通能力，在小组学习中具有很强的团队合作能力 | 在师生之间具有很好的沟通能力，在小组学习中具有良好的团队合作能力 | 在师生之间具有很好的沟通能力，在小组学习中具有较好的团队合作能力 | 在师生之间具有很好的沟通能力，在小组学习中能够参与团队合作 | 在师生之间具有很好的沟通能力，在小组学习中不能参与团队合作 |
| ^ | 当众发言（10分） | 9分~10分 | 7分~8分 | 4分~6分 | 2分~3分 | 0分~1分 |
| ^ | ^ | 积极踊跃参与小组研讨，并代表小组回答问题，且表达清晰准确 | 比较积极踊跃参与小组研讨，并代表小组回答问题 | 能够主动参与小组研讨 | 能够参与小组研讨 | 不能参与小组研讨 |
| 写作技能 | 内容主题（20分） | 16分~20分 | 12分~15分 | 8分~11分 | 4分~7分 | 0分~3分 |
| ^ | ^ | 能独立完成写作，文章结构与内容主题符合情况调查报告要求 | 能独自较为熟练地完成写作，文章结构与内容主题基本符合情况调查报告要求 | 能在他人指导下完成写作，文章结构与内容主题基本符合情况调查报告要求 | 能在他人多次指导下完成写作，文章结构基本符合情况调查报告要求 | 未能完成写作 |
| ^ | 文字表达（20分） | 16分~20分 | 12分~15分 | 8分~11分 | 4分~7分 | 0分~3分 |
| ^ | ^ | 行文流畅，逻辑清晰，能根据情况调查报告要求选用恰当的调查方法，调查数据分析合理、调查得出的结论可信度强 | 行文较为流畅，逻辑较为清晰，撰写的情况调查报告能较好地反映真实情况，数据分析较合理、得出的结论可信度较强 | 行文较为流畅，基本符合情况调查报告要求 | 行文较为流畅 | 未能有效表达 |
| 展示效果 | 展示效果（20分） | 16分~20分 | 12分~15分 | 8分~11分 | 4分~7分 | 0分~3分 |
| ^ | ^ | 能够熟练通过有声语言、课件PPT、图表等，充分展示情况调查报告的全过程和各环节，调查报告语言表达规范、逻辑性强，充分吸引听众注意力 | 能够较为熟练地使用有声语言、课件PPT、图表等，较为完整地展示情况调查报告的全过程和各环节，并吸引听众注意力 | 能够凭借情况调查报告完成展示，并吸引听众注意力 | 能够凭借情况调查报告完成展示 | 未能完成情况调查报告展示 |

# 训练任务二 经验调查报告写作

## 【任务描述】

请认真阅读任务情境,完成一篇800字左右的经验调查报告写作。

学校每年都会进行先进班级评选,选择班风学风良好、各项工作成绩突出的班级作为学习的典型。请选择一个上年度的学校先进班集体作为调查对象,总结该先进班集体创先争优的典型经验,并撰写一篇800字左右的典型经验调查报告。

## 【任务分析】

经验调查报告主要是通过对先进典型的先进经验、成功做法进行介绍,将感性认识上升到理性认识的高度进行概括、提炼,从而起到推广典型、树立榜样、指导工作、带动全局的作用。

经验调查报告的结构一般为:成果+具体做法+经验。首先介绍调查对象取得的成绩,然后结合取得的成绩对具体做法进行研究分析,总结经验。

就此次写作任务而言,重点是了解先进班级在日常管理、政治思想工作、班风学风、活动组织等方面取得的新成效、新经验,通过专题的调查,将先进班级的具体做法和成功经验反映出来,形成书面的经验调查报告,供人们借鉴学习。

## 【任务要求】

| 步骤 | 要求 |
| --- | --- |
| 1. 形成任务小组 | (1) 形成6~8人的写作小组<br>(2) 确定小组长 |
| 2. 分析任务情境 | (1) 小组研讨任务情境,确定小组的分工、调查方法、途径及经验调查报告的写作提纲<br>(2) 小组提交研讨的结果,教师对小组研讨结果进行记录并点评 |
| 3. 开展专题调查 | 按照小组研讨结果和分工开展相关调查工作 |
| 4. 撰写调查报告 | 分析获得的数据,个人撰写经验调查报告 |
| 5. 进行作品研讨 | (1) 小组内展示经验调查报告<br>(2) 小组选出优秀作品及代表参加班级展示<br>(3) 教师对经验调查报告及小组代表展示进行点评<br>(4) 以小组为单位进一步修改完善经验调查报告 |

## 【任务提醒】

1. 在调查阶段,要广泛地收集资料,班级集体和学生个人的材料、事实和数据材料都要尽可能地收集和掌握。

2. 典型经验调查报告不是材料的简单堆积,也不是现象的机械罗列,是占有了材料之后的认真分析,反映出事物的本质规律。

3. 典型经验调研报告一般由标题、前言、正文、结尾四部分组成。

(1)标题。标题是调查报告的高度概括,可以采用双行标题,将典型经验提炼出来作为主标题,再用副标题补充说明调查的对象;也可以采用单行标题,如《××学院××班先进班级经验调研报告》。

(2)前言。前言可以简要说明调查目的、调查对象、调查时间、调查方法等,整体介绍先进班级整体情况和典型经验。

(3)主体。主体是调查报告的核心,要对调查得来的具体情况进行叙述和评价,可以按照经验的重要程度分点介绍,也可以分几个层次并列呈现。

(4)结尾。结尾部分可以针对今后班级工作提出几点建议,指明工作方向。

【任务测评】

**任务完成情况和展示环节的评分表**

| 任务编号 | 8-2 | | 任务名称 | | 经验调查报告写作 | |
|---|---|---|---|---|---|---|
| 学生姓名 | | 组别 | | 组内职务 | | |
| | 评测项目 | | 自评 | 小组评分 | | 教师评分 |
| 课堂表现 | 学习态度(15分) | | | | | |
| | 沟通合作(15分) | | | | | |
| | 当众发言(10分) | | | | | |
| 写作技能 | 内容主题(20分) | | | | | |
| | 文字表达(20分) | | | | | |
| 展示效果 | 展示效果(20分) | | | | | |
| 评分结果 | 小计 | | | | | |
| | 总分 | | | | | |
| 学生签字 | | | 年 月 日 | 教师签字 | | 年 月 日 |
| 评分标准 ||||||||
| 项目 || A | B | C | D | E |
| 课堂表现 | 学习态度(15分) | 13分~15分 | 9分~12分 | 6分~8分 | 3分~5分 | 0分~2分 |
| | | 在积极主动、虚心求教、自主学习、细致严谨方面表现优秀,令师生称赞 | 在积极主动、虚心求教、自主学习、细致严谨方面表现良好 | 在积极主动、虚心求教、自主学习、细致严谨方面表现较好 | 在积极主动、虚心求教、自主学习、细致严谨方面表现尚可 | 在积极主动、虚心求教、自主学习、细致严谨方面均有待加强 |

| | | 13分~15分 | 9分~12分 | 6分~8分 | 3分~5分 | 0分~2分 |
|---|---|---|---|---|---|---|
| 课堂表现 | 沟通合作（15分） | 在师生之间具有很好的沟通能力，在小组学习中具有很强的团队合作能力 | 在师生之间具有很好的沟通能力，在小组学习中具有良好的团队合作能力 | 在师生之间具有很好的沟通能力，在小组学习中具有较好的团队合作能力 | 在师生之间具有很好的沟通能力，在小组学习中能够参与团队合作 | 在师生之间具有很好的沟通能力，在小组学习中不能参与团队合作 |
| | | 9分~10分 | 7分~8分 | 4分~6分 | 2分~3分 | 0分~1分 |
| | 当众发言（10分） | 积极踊跃参与小组研讨，并代表小组回答问题，且表达清晰准确 | 比较积极踊跃参与小组研讨，并代表小组回答问题 | 能够主动参与小组研讨 | 能够参与小组研讨 | 不能参与小组研讨 |
| 写作技能 | | 16分~20分 | 12分~15分 | 8分~11分 | 4分~7分 | 0分~3分 |
| | 内容主题（20分） | 能独立完成写作，文章结构与内容主题符合经验调查报告要求 | 能独自较为熟练地完成写作，文章结构与内容主题基本符合经验调查报告要求 | 能在他人指导下完成写作，文章结构与内容主题基本符合经验调查报告要求 | 能在他人多次指导下完成写作，文章结构基本符合经验调查报告要求 | 未能完成写作 |
| | | 16分~20分 | 12分~15分 | 8分~11分 | 4分~7分 | 0分~3分 |
| | 文字表达（20分） | 行文流畅，逻辑清晰，能够充分挖掘出先进班级的典型经验和成功做法，可信度强 | 行文流畅，逻辑清晰，能够较好地挖掘出先进班级的典型经验和成功做法，可信度较强 | 行文较为流畅，基本符合经验调查报告要求 | 行文较为流畅 | 未能有效表达 |
| 展示效果 | | 16分~20分 | 12分~15分 | 8分~11分 | 4分~7分 | 0分~3分 |
| | 展示效果（20分） | 能够熟练通过有声语言、课件PPT、图表等，全方位展示先进经验，经验报告语言表达规范，逻辑性强，充分吸引听众注意力 | 能够较为熟练地使用有声语言、课件PPT、图表等，较好地展示先进经验，并吸引听众注意力 | 能够凭借经验调查报告完成展示，并吸引听众注意力 | 能够凭借经验调查报告完成展示 | 未能完成经验调查报告展示 |

# 训练任务三 问题调查报告写作

## 【任务描述】

请认真阅读任务情境，完成一篇800字左右的问题调查报告写作。

大学生是一个比较特殊的消费群体，近年来大学生的消费支出呈现不断攀升的趋势，出现一些冲动消费和提前消费的现象，"校园贷""蚂蚁花呗"等小额借贷平台打起了学生的主意，透支消费能力的现象令人担忧。

请以小组为单位，对本校大学生做一次消费习惯调查，撰写一篇 800 字左右的大学生消费习惯调查报告。

【任务分析】

问题类的调查报告主要是针对社会上反应比较强烈的社会问题或现象进行调查，通过分析，揭露实质，指出危害，切中时弊，引起学生或有关部门的重视，进而提出解决问题的办法。

问题调查报告一般结构是：问题+原因+意见+建议。

要注重对调查得来的数据材料进行分析。首先，可以按照调查问卷设计的几个方面内容进行逐一分析和研究，可以借助柱状图、饼状图、曲线图等图表形式进行数据的比较研究。其次，结合社会环境和当地消费水平，分析大学生不合理消费习惯背后的原因。最后，针对大学生不合理的消费习惯，提出具体的解决措施和方法，切实引导和培养学生良好的消费习惯。

就本次实操任务而言，大学生消费习惯调查报告可以针对大学生的消费水平、消费支出情况、男女生消费习惯的差异等进行调查和研究，从中分析大学生消费习惯的整体情况，进而引导学生养成科学、理智的消费习惯。

【任务要求】

| 步骤 | 要求 |
| --- | --- |
| 1．形成任务小组 | （1）形成 6～8 人的写作小组<br>（2）确定小组长 |
| 2．分析任务情境 | （1）小组研讨任务情境，确定小组的分工、调查方法、途径，确定问题调查报告的写作提纲<br>（2）小组提交研讨的结果，教师对小组研讨结果进行记录并点评 |
| 3．开展专题调查 | 按照小组研讨结果和分工开展相关调查工作 |
| 4．撰写调查报告 | 分析获得的数据，个人撰写问题调查报告 |
| 5．进行作品研讨 | （1）小组内展示问题调查报告<br>（2）小组选出优秀作品及代表参加班级展示<br>（3）教师对问题调查报告及小组代表展示进行点评<br>（4）以小组为单位进一步修改完善问题调查报告 |

【任务提醒】

1．问题调查针对性特别强，一般是针对现实生活中某一突出的社会现象或社会问题做调查。

2．问题调查报告要遵循"发现问题—分析问题—解决问题"的逻辑顺序，最终提出解决问题的方法和途径。

3. 问题调查报告的分析逻辑要严谨，在调查报告结尾部分得出的结论、意见和建议等，应与调查所得的数据分析保持关联。

4. 按下面的提示准备问题调查报告：

（1）明确调查报告的主要内容，掌握当代大学生消费方式。

（2）在掌握了充分的调查事实和数据的基础上，提炼和概括出当代大学生消费方式共性，归纳出有普遍指导意义的规律性特点。

（3）分析当代大学生消费方式，挖掘共性问题和规律性特点背后的深层次原因。

（4）探讨解决问题的方法和路径。

【任务测评】

任务完成情况和展示环节的评分表

| 任务编号 | | 8-3 | 任务名称 | | 问题调查报告写作 | |
|---|---|---|---|---|---|---|
| 学生姓名 | | | 组别 | | 组内职务 | |
| | 评测项目 | | 自评 | | 小组评分 | 教师评分 |
| 课堂表现 | 学习态度（15分） | | | | | |
| | 沟通合作（15分） | | | | | |
| | 当众发言（10分） | | | | | |
| 写作技能 | 内容主题（20分） | | | | | |
| | 文字表达（20分） | | | | | |
| 展示效果 | 展示效果（20分） | | | | | |
| 评分结果 | 小计 | | | | | |
| | 总分 | | | | | |
| 学生签字 | | | 年 月 日 | 教师签字 | | 年 月 日 |
| 评分标准 | | | | | | |

| | 项目 | A | B | C | D | E |
|---|---|---|---|---|---|---|
| 课堂表现 | 学习态度（15分） | 13分~15分 | 9分~12分 | 6分~8分 | 3分~5分 | 0分~2分 |
| | | 在积极主动、虚心求教、自主学习、细致严谨方面表现优秀，令师生称赞 | 在积极主动、虚心求教、自主学习、细致严谨方面表现良好 | 在积极主动、虚心求教、自主学习、细致严谨方面表现较好 | 在积极主动、虚心求教、自主学习、细致严谨方面表现尚可 | 在积极主动、虚心求教、自主学习、细致严谨方面均有待加强 |

| | | 13分~15分 | 9分~12分 | 6分~8分 | 3分~5分 | 0分~2分 |
|---|---|---|---|---|---|---|
| 课堂表现 | 沟通合作（15分） | 在师生之间具有很好的沟通能力，在小组学习中具有很强的团队合作能力 | 在师生之间具有很好的沟通能力，在小组学习中具有良好的团队合作能力 | 在师生之间具有很好的沟通能力，在小组学习中具有较好的团队合作能力 | 在师生之间具有很好的沟通能力，在小组学习中能够参与团队合作 | 在师生之间具有很好的沟通能力，在小组学习中不能参与团队合作 |
| | | 9分~10分 | 7分~8分 | 4分~6分 | 2分~3分 | 0分~1分 |
| | 当众发言（10分） | 积极踊跃参与小组研讨，并代表小组回答问题，且表达清晰准确 | 比较积极踊跃参与小组研讨，并代表小组回答问题 | 能够主动参与小组研讨 | 能够参与小组研讨 | 不能参与小组研讨 |
| 写作技能 | | 16分~20分 | 12分~15分 | 8分~11分 | 4分~7分 | 0分~3分 |
| | 内容主题（20分） | 能独立完成写作，文章结构与内容主题符合问题调查报告要求 | 能独自较为熟练地完成写作，文章结构与内容主题基本符合问题调查报告要求 | 能在他人指导下完成写作，文章结构与内容主题基本符合问题调查报告要求 | 能在他人多次指导下完成写作，文章结构基本符合问题调查报告要求 | 未能完成写作 |
| | | 16分~20分 | 12分~15分 | 8分~11分 | 4分~7分 | 0分~3分 |
| | 文字表达（20分） | 行文流畅，逻辑清晰，对问题调查能够充分发现问题，善于分析问题，合理解决问题 | 行文流畅，逻辑清晰，对问题调查能够比较充分地发现问题，比较善于分析问题，比较合理地解决问题 | 行文较为流畅，基本符合问题调查报告要求 | 行文较为流畅 | 未能有效表达 |
| 展示效果 | | 16分~20分 | 12分~15分 | 8分~11分 | 4分~7分 | 0分~3分 |
| | 展示效果（20分） | 能够熟练通过有声语言、课件PPT、图表等，充分展示问题调查"发现问题—分析问题—解决问题"的全过程，娓娓道来，逻辑性强，充分吸引听众注意力 | 能够较为熟练通过有声语言、课件PPT、图表等，较好地展示问题调查"发现问题—分析问题—解决问题"的全过程，较好地吸引听众注意力 | 能够凭借问题调查报告完成展示，并吸引听众注意力 | 能够凭借问题调查报告完成展示 | 未能完成问题调查报告展示 |

微信号：Waterpub-Pro
唯一官方微信服务平台

高校经典教材同步辅导丛书
专业辅导 期末不挂
快速提分 一次上岸
同步辅导+习题全解+考研复习
扫码购买更多好书

销售分类 文学/阅读与写作

ISBN 978-7-5226-1543-1
定价：59.00元